# THE STATE

IN THE CHANGE OF
SOCIAL RELATIONS (Vol.3)

徐勇 著

# 关系中的国家

（第三卷）

地域—民族关系中的帝制国家

社会科学文献出版社

SSAP

SOCIAL SCIENCES ACADEMIC PRESS (CHINA)

在人数和多民族方面，欧洲人和中国人很可以相比，同样是人数众多，民族复杂。可是在他们今天的政治生活中，在欧洲和南、北美洲生活的约 10 亿欧洲人分成约 50 个独立的主权国，而 10 亿多的中国人只生活在一个国家中。人们一旦看到 1 和 50 的差别，就不能忽视。……要了解中国，不能仅仅靠移植西方的名词。它是一个不同的生命。它的政治只能从其内部进行演变性的了解。

——费正清

传统国家本质上是裂变性的，其国家机器可以维持的行政权威非常有限。传统国家有边陲……而无国界。

——吉登斯

# 自　序

　　人们的认知总是有限的。即使是读万卷书，行万里路，也是如此。做农村研究的，都会脱口而出"乡土中国"，但也容易将中国定格于此，对乡土之外的中国却知之甚少。行万里路，如果到的都是北京、上海、广州这种城市，那么可能会对前些年尚处于刀耕火种的穷乡僻壤闻所未闻。2015 年，我所在机构启动了大规模的田野调查，调查范围覆盖全国。我直接进入调查现场的有数百个村庄，感受甚多。其中一北一南两个地方的体验尤深。

　　内蒙古大草原是我十分向往的地方。"蓝蓝的天上白云飘，白云下面马儿跑"的歌声经常回荡在耳旁。此次草原调查，尽管路途遥远，但条件很好。"黄金家族"的后裔亲自安排和陪同，有最先进的越野车可供在草原上奔驰。当时正值夏季，牧民们正在草原深处的夏季牧场放牧。我执意前往，一路颠簸，到夏季牧场时已是下午。之后，我们从草原深处往外行。路途中，原本"蓝蓝的天上白云飘"，突然遭遇倾盆大雨。夜幕中的越野车只能在大雨中崎岖穿行，我们牢牢地抓住车把手，唯恐人仰车翻。经过数小时的跋涉，一条原本干涸的河流已满是河水，挡住了我们的去路。车不仅不能前行，而且车轮正在下陷。我们只好赶紧下车将车往回拉。车已不能前行，只能往回返。但草原本无路，我们在漆黑的深夜中迷失了方向，手机无信号，也无法对外联系，在茫茫大草原上显得十分无助。过去听说过草原上有狼，在漆黑的深夜中更增添了一分恐惧。在茫然和恐惧之中，终于我们发现有一个蒙古包。主人热情地邀请我们住下。只是小小的蒙古包实在容不下过多的人，年轻人只能在车上过夜。

草原之夜让我深刻体验到草原的环境远非歌声中的浪漫。正是这种生存环境才生长出司马迁当年所说的"贵健壮，贱老弱"的草原民族性。幸亏时代变迁和"黄金家族"后裔们的照顾，我这个老弱受到的是尊贵的待遇！

从中国最北边的内蒙古大草原到最南边的云南，又是一番景象。与茫茫无际的大草原相比，这里则处于崇山峻岭之中。因为行程太远，我们只能自己租车穿越崇山峻岭。在由小凉山到大凉山的途中，汽车行进在陡峭弯曲的悬崖路上。开车的司机是当地人，为了赶路，下山时车速很快，我只得横躺在车上。因已是老弱，长时间坐车腰酸背痛。更重要的是，坐在车上根本不敢往外看，脚下便是悬崖深渊，不如眼不见为安。

除了翻越大小凉山外，在调查中足踏云、贵、川、湘等地，崇山峻岭比比皆是。多个民族世世代代生活在崇山峻岭之中，并形成其特有的民族性。在穿越崇山峻岭时，我不由得想起司马迁记载的："滇王与汉使者言曰：'汉孰与我大？'及夜郎侯亦然。以道不通故。"（《史记·西南夷列传》）尽管现在道已通，但崇山峻岭依然存在，养育着一方不同的人群。

进入田野调查现场，让我萌生出强烈的问题意识：中国的地域辽阔，为何差异性极大并生长出如此众多的民族？差异性如此大的地域和民族是如何结合为一个统一的多民族国家的？它们在统一的多民族国家的形成中扮演着什么角色？为何中国要在北方修筑万里长城，又是如何超越万里长城将众多差异性极大的民族联结在一起，并形成具有新的统一性的中华民族？帝制国家的历史总是伴随着"天下大势，分久必合，合久必分"，其与多民族国家的结构有何关系？以上政治现象背后的支配性因素是什么？

诸如以上的问题汇聚成本卷的主题：中国作为一个统一的多民族

国家，是在漫长的历史进程中形成的。在相近的地域上生活着多个民族，在共同的地域上形成统一的国家政权，并与国家形成不同的互动关系。受地域—民族关系的支配，帝制国家表现为统一的多民族国家的形式，并呈现出复杂的民族和地域特点。

作为多卷本著作，国家和国家治理是其重点。本卷主要从民族与国家双向互动的角度研究帝制国家的演进。以中国的国家形成和发展，特别是统一的帝制国家的形成和发展为主线，探讨地域—民族关系对于国家演化和国家治理的影响。核心问题是民族与国家政权的关系、民族地方与中央的关系。

中国作为统一的多民族国家是在长期历史中形成的，并具有鲜明的特点。要理解中国的民族与国家进程及其特点，必须进入中国历史，通过比较加以把握。

民族—国家理论是近些年风行于世的一种理论和分析框架。这一理论主要基于近代西欧产生的民族国家建设的历史经验。在西欧民族与国家历史进程中，有三大要素不可忽视。

一是罗马帝国行政统一性的唯一纽带。古罗马是现代西欧的重要起点。"罗马的世界统治的刨子，刨削地中海盆地的所有地区已经有数百年之久。凡在希腊语没有进行抵抗的地方，一切民族语言都不得不让位于被败坏的拉丁语；一切民族差别都消失了，……罗马的行政和罗马的法到处都摧毁了古代的血族团体，这样也就摧毁了地方的和民族的自主性的最后残余。新出炉的罗马公民身份并没有提供任何补偿；而并不表现任何民族性，而只是民族性欠缺的表现。……广大领土上的广大人群，只有一条把他们联结起来的纽带，这就是罗马国家，而这个国家随着时间的推移却成了他们最凶恶的敌人和压迫者。"[1]

二是行政纽带断裂中的民族大迁徙。帝国疆域的规模和距离是帝国统治的天然"敌人"，大量的统治成本和统治者的压榨则使"公民却

---

[1] 《马克思恩格斯选集》第4卷，人民出版社，2012，第164页。

把野蛮人奉为救星来祈望"①。"凡德意志人给罗马世界注入的一切有生命力的和带来生命的东西，都是野蛮时代的东西。的确，只有野蛮人才能使一个在垂死的文明中挣扎的世界年轻起来。而德意志人在民族大迁徙之前已经达到并努力开拓的野蛮时代高级阶段，对于这一过程恰好最为适宜。"②

三是四分五裂的封建状态。民族大迁徙的直接结果是西欧社会陷入四分五裂的封建状态，其政治版图犹如"一条政治上杂乱拼缝的坐褥"③。正是在这个基础上，随着资本主义的兴起，需要有一种纽带将分散分裂的人群联结起来，形成统一的国家。民族国家应运而生。"各自独立的、几乎只有同盟关系的、各有不同利益、不同法律、不同政府、不同关税的各个地区，现在已经结合为一个拥有统一的政府、统一的法律、统一的民族阶级利益和统一的关税的统一的民族。"④ 这里所说的民族，是现代民族，即与国家合为一体的单一民族。"'民族'指居于拥有明确边界的领土上的集体，此集体隶属于统一的行政机构，其反思监控的源泉既有国内的国家机构又有国外的国家机构。"⑤ 从西欧的历史经验可以看出，民族是在对历史的民族性加以摧毁后，在四分五裂的封建"空地"上生长出来的与国家合为一体的人类共同体。

民族—国家理论将民族与国家关联起来，以一个民族一个国家为理想，具有重要意义。但它也有很大局限，这就是主要限于近代西欧的历史经验。民族—国家理论的重要创立者吉登斯再三申明："民族—国家在其发源地，亦即'西方'的发展"，指"'欧洲民族—国家'"⑥。如果简单使用这一概念，就会遮蔽世界不同国家不同时期的

---

① 《马克思恩格斯选集》第4卷，人民出版社，2012，第165页。
② 《马克思恩格斯选集》第4卷，人民出版社，2012，第174页。
③ 〔美〕海斯、穆恩、韦兰：《世界史》，冰心、吴文藻、费孝通译，天津人民出版社，2016，第213页。
④ 《马克思恩格斯选集》第1卷，人民出版社，2012，第405页。
⑤ 〔英〕安东尼·吉登斯：《民族—国家与暴力》，胡宗泽、赵力涛译，三联书店，1998，第141页。
⑥ 〔英〕安东尼·吉登斯：《民族—国家与暴力》，胡宗泽、赵力涛译，三联书店，1998，第6页。

民族与国家的历史进程和特点；如果任意扩展，还会出现与西欧民族和国家建设所不同的结果。正如赋予民族以现代含义的吉登斯所说："传统国家有边陲（包括次位聚落边陲）而无国界，……大型传统国家内部存在异质性，因而我们可以认为，它们是由'众多社会组成的'。"①

在进入现代国家之前，中国属于大型传统国家。与西欧的民族和国家进程不同，中国的文明和国家进程不是在简单地被摧毁的"空地"上行进的，而是具有很强的历史延续性。如黑格尔所说："只有黄河、长江流过的那个中华帝国是世界上惟一持久的国家。"② 中国的文明和国家发源早，且在同一空间中延续下来，使中国的民族与国家一直相伴随。"如果不谈奴隶，不谈附庸性经济，欧洲是不可理解的。同样，如果不谈其国内的未开化民族和国外的藩属，中国也是不可理解的。"③

在中国的民族和国家进程中，至少有三大要素不可忽视。

一是在相邻相近的地理环境中生长出多个民族，这些民族长期延续下来，民族的地域性强。各个民族相对固定地生活在一定地域内，没有发生整体性的民族大迁徙。国家产生之后，没有简单地摧毁地方的和民族的自主性。二是在多个地方和民族相互并存与互动中，始终存在一个核心地区和主体民族，并与其他地方和民族发生互动，由此形成一主多元的民族和地域体系。三是在地方和民族互动中产生的统一的多民族国家延续下来，民族的多样性和国家的统一性相互依存。"尽管中国疆土广袤而各地景象又千差万别，但这次大陆始终维持一个政治统一体，而欧洲却未能做到这一点。"④ 虽然政治统一体会发生朝代更迭，会出现分立，但政治统一体一直延续下来。在中国，民族与

---

① 〔英〕安东尼·吉登斯：《民族—国家与暴力》，胡宗泽、赵力涛译，三联书店，1998，第63页。

② 〔德〕黑格尔：《历史哲学》，王造时译，商务印书馆，2007，第72页。

③ 〔法〕费尔南·布罗代尔：《十五至十八世纪的物质文明、经济和资本主义》第一卷，顾良、施康强译，商务印书馆，2018，第106~107页。

④ 〔美〕费正清：《美国与中国》（第四版），张理京译，世界知识出版社，1999，第8页。

国家的关系特别紧密，多民族结合为统一国家的历史特别漫长，国家对多民族地方的治理经验特别丰富，因为民族关系失衡和处理失当造成的战乱特别频繁。中国的现代民族和国家正是在这一历史基础上建立的，并必然有自己的特点。只是我们还未能基于中国历史建立起相应的民族—国家理论和分析框架，对于中国统一的多民族国家的历史和经验还缺乏理论解释和概括。

近些年，民族与国家问题日益引起中国学界的关注，也取得了相当数量的学术成果。但是，从总体上看，在基本理论上还未能取得重大突破，理论框架还限于近代西方产生的民族国家理论之内，未能形成新的具有解释力的理论框架。其原因之一在于现有的学术分工体系。对中国民族历史比较熟悉的学者，更多的是关注事实经验，缺乏理论概括；而对理论比较熟悉的学者，缺乏对中国事实经验的关注。费正清深刻认识到历史中国对于当下中国、历史经验对于理论建构的重要性。他对比说："欧洲和南、北美洲的民族全加起来，一般地说不会多于中国人。甚至是否有比中国更多的民族也是问题。在人数和多民族方面，欧洲人和中国人很可以相比，同样是人数众多，民族复杂。可是在他们今天的政治生活中，在欧洲和南、北美洲生活的约 10 亿欧洲人分成约 50 个独立的主权国，而 10 亿多的中国人只生活在一个国家中。人们一旦看到 1 和 50 的差别，就不能忽视。以上对事实的简单陈述间接地表明，我们的民族主义和民族—国家等字眼当用于中国时，只会使我们误入歧途。要了解中国，不能仅仅靠移植西方的名词。它是一个不同的生命。它的政治只能从其内部进行演变性的了解。"①

因此，只有基于丰富的中国事实经验，寻找合适的分析框架和因果变量，才能在基本理论上有所突破。本书试图在这方面有所作为。

本书将中国的民族与国家进程置于地域—民族关系这一分析框架中考察，主要观点如下。

---

① 〔美〕R. 麦克法考尔、费正清编《剑桥中华人民共和国史（上卷），革命的中国的兴起：1949—1965 年》，谢亮生等译，中国社会科学出版社，1990，第 12~13 页。

其一，人类以氏族部落为基础，形成一个具有共同特征的民族。不同的民族因地域的相互联结会产生民族之间的关系。

其二，与血缘氏族单位不同，国家是按地区划分它的国民的。任何国家都有一定范围的地域。在这一地域上生活着不同的人群（包括民族）并形成地域关系。

其三，传统国家的地域范围有大有小，而且会发生变动，国家疆域上的民族也有多有少，且不时变动。

其四，在由多个民族结合而成的国家中，地域关系居主导地位，民族与民族的结合及互动关系是因为地域相近或同处于国家疆域下而发生的。

其五，在多民族国家中，各个民族居于不同地位，扮演着不同角色，形成不同的民族关系，并影响着地域关系。有的民族加入并继续存在于同一疆域之中，有的则不再在同一疆域之内。所谓"天下大势，分久必合，合久必分"。

其六，在多民族国家，统一的国家政权居于核心地位。国家政权的力量决定着其地域范围和民族数量，特别是赋予共同地域范围的民族以政治统一性，从而将原生的民族结合为一个具有政治统一性的更大和更高层次的民族共同体。各个民族所生活的地方结合为一个全国地域整体，并为全国地域整体的代表——中央所统一管辖。民族原有之地纳入全国统一之地内。作为人群共同体的民族置于作为地域共同体的国家之中。

其七，中国作为统一的多民族国家是在漫长的历史中形成的。特别是随着秦始皇统一中国，地域关系开始居于主导地位，地域相近的民族围绕国家政权发生联系，并深刻影响着帝制国家的历史进程。帝制国家时期的"天下大势，分久必合，合久必分"的政治表象，受地域—民族关系的支配。

其八，不同历史时期的地域—民族关系有不同的结构，从而使帝制国家和国家治理表现出不同的地域和民族特点。多数时间是由中心向边陲扩展，少数时间是由边陲向中心推动；多数时间是主体民族居政治主导地位，少数时间是非主体民族居政治主导地位。

基于地域—民族关系的分析框架，我们发现，中国作为统一的多民族国家是在长期历史上形成的，有深厚的根基，又有历史的更迭，形成不同的地域—民族关系模式。经过多个族群的融合扩大和联结，至秦朝形成统一的多民族国家。汉朝时期的显著特征是强悍匈奴与强汉的碰撞，是两强互动。之后的"五胡十六国"表现为多个少数民族政权分立继替，相互竞争，是众多民族主体的互动。在此基础上唐朝以核心竞争力推动族群大联结和地域大扩展，这是一主多元的互动。整合难度太大和核心能力的缺失，造成宋朝时期的中国多个民族政权的并立竞争，表现为四方力量的互动。而蒙古自外向内实现总体性整合，包容了包括主体民族在内的众多族群，是复合主体的多元互动。元朝总体整合的脆弱性使明朝更加注重内部秩序的稳定，并力图制度化，由一个稳定的主体应对多元互动。只是这种稳定性难以持续，后由清朝在更大的疆域上致力于吸附多个民族，以强有力和包容性的主体进行多元互动。

建立地域—民族关系的分析框架，是试图寻找影响中国的民族与国家历史进程的支配性因素，便于对中国历史经验的分析。地域—民族关系是一种具有规定性的结构，也是制约民族和国家演化的内在基础与条件。但是，民族和国家都不是一种消极的存在。它们在文明进程中是积极的行动者，并扮演着不同的角色。民族与国家的演化既受制于关系，又取决于构成民族和国家的人们的行为，由此表现为关系—行为主义的特性。如果将民族和国家作为有意识的行动者来看，可以发现，在帝制国家的民族与国家的互动中，有三个重要变量在发挥作用，这就是国家化、民族性和文明进程。其一般的理论分析要点如下。

国家是由野蛮时代向文明时代跨越的产物，又是"文明社会的概括"①。国家同旧的氏族组织不同的地方，一是它按地区来划分它的国

---

① 《马克思恩格斯选集》第4卷，人民出版社，2012，第193页。

民；二是公共权力的设立，由此构成国家性：国家的地域性和公共权力性。

国家化是人们超越血缘氏族组织，设立国家政权并利用国家政权的力量推动组成社会的人们获得国家性的过程。包括人们由一般的社会成员成为国家居民的过程和人们在国家权力体系中获得其地位的过程。这一过程体现为国家整合或者国家的一体化，即将异质化的人群整合到国家体系中，并获得国家的统一性。国家化是一个历史过程概念，有助于认识国家演化的过程性、层次性和类型性。它包括两个不可分离的过程：一是人们从社会走向国家，以国家形态存在的过程；二是国家政权将人们整合到国家体系中来的过程。"国家化"是对"国家性"的过程概括。恩格斯在对国家性加以定义时指出："按照居住地组织国民的办法是一切国家共同的。因此，我们才觉得这种办法很自然；但是我们已经看到，当它在雅典和罗马能够代替按血族来组织的旧办法以前，曾经需要进行多么顽强而长久的斗争。"① "顽强而长久的斗争"便是一种国家性不断成长的国家化过程。从文明进程看，国家化是将异质化的人群整合到国家体系中的过程，但在这一过程中也会产生不同的结果。

民族是经由原始部落跨越到政治社会的产物，是文明进步的表现。人以群分。由于自然和历史条件，人们形成具有一定共同特征的民族性。民族性这一概念的价值在于将不同的人群共同体加以区别，赋予其特有的属性。它包括不可分离的两个方面：一是民族与部落、部落联盟等其他人群共同体的不同；二是此民族与彼民族的不同。只是这种民族性不是一成不变的。在文明进程中，有的民族长期保留着原有的民族特性；有的民族在与其他民族的联结中相互影响，锤炼出新的民族性。作为文明社会概括的国家在其中扮演着重要角色。

不同的民族在文明和国家进程中处于不同阶段和地位。国家按地区划分国民，包容性更大；国家是特殊的公共权力，拥有超越民族的

---

① 《马克思恩格斯选集》第 4 卷，人民出版社，2012，第 187 页。

国家力量。一些自为性的民族通过组成国家，建立国家政权，具有更大的国家性，从而在文明进程中率先获得发展，民族以国家的形态存在，即民族的国家化。

另外一些民族尚处于没有外部影响的原生自在状态，或者在文明和国家进程中处于较低层次。执掌国家政权的民族运用国家的力量，将不同的民族置于国家化进程的通道之中，使其获得越来越多的国家元素，形成国家化的民族。这种民族超越了原生形态，是获得了国家元素的次生形态和再生形态的民族。

在历史进程中，一般是那些在文明进程中处于先行地位的民族，率先组成国家并利用国家政权的力量推动民族的国家化。但是，也存在一些在总体文明进程中处于较为落后地位的民族，通过所保存的野性力量并吸收先进文明要素而获得国家政权，并成为国家化的主导力量，只是国家化的要素更多的是较为先进民族的文明要素。

国家化、民族性与文明进程是一个互动的过程。在文明进程中，国家要面对多样性的民族，并努力将众多异质性的民族整合到统一的国家体系中来，赋予这些不同的民族共同的国家属性，从而推进国家的一体化。而在这一过程中，民族不是被动的产物，她还会顽强地表现自己，并在国家化进程中扮演着不同的角色，由此而影响和制约文明进程。

通过以上三个变量，我们可以发现：中国是一个古老的文明国家，也是一个多民族结合的民族国家，还是一个在同一空间里不断演进和扩展的历史国家。在中国，由于文明和国家进程，民族具有鲜明的历史层次性和差异性。中原的人群率先一步，以农业为典型特征，形成同文同种的华夏民族，并建立起国家，成为国家化的民族。而在华夏民族脱颖而出的同时，便存在所谓"东夷西戎南蛮北狄"的非华夏族类。当华夏民族进一步建立统一的帝制国家，扩展为更大的汉族时，尚存在许多保留着原始状态的原生民族，如"贵壮健，贱老弱"的北方游牧民族。这种文明差异极大的民族关系状态一直伴随着中国历史进程，如大量的民族已进入次生状态时，还存在诸如"生黎""生苗"

"生女真""生番""生蛮"等原生民族。随着国家化，他们由"生"到"熟"。除了汉族外，许多非汉族人通过自我整合，汲取先进民族因素，成为次生形态的民族，如"并为一家"的蒙古族类，包容有女真、蒙古人和汉人在内的"满人"等。这些经过整合的民族在保留原有民族性的同时，通过国家化形成强大的力量，进而成为挑战者，有的还获得全国性政权。但在他们推动国家化的进程中，主要凭借的是先进的汉族元素。随着国家化和原生民族向次生民族的转变，生活在共同的国家疆域之上的民族结合再生为更大和更高层次的民族，这就是统一的中华民族，即"华夷一家"的民族共同体。这种民族共同体正是获得了国家统一性的人群。

中国的民族与国家的成长和提升，正是国家化、民族性和文明进程互动的过程。只是在这一过程中充满不同的历史、地域和民族特点。首先，近代之前的中国属于王朝国家，经常发生王朝更迭。不同的王朝时期，国家化、民族性和文明进程互动的表现不一样。其次，中国的各个民族是在不同地域里生长出来的，不同地域和不同民族在国家化、民族性和文明进程互动中的作用不一样。最后，正是国家化、民族性和文明进程的互动，最终推动了中国的民族和国家的不断成长和提升。尽管这种成长和提升是渐进的、曲折的甚至是反复的，但它是不断积累、渐进扩展的。它不像西方文明和国家进程是在不断地"炸毁"的"废墟"上重构和重建的。西欧的民族国家理论正是在这种重构和重建中产生的。只是这种理论更多的是一种想象，一种理想状态。如果以这种理想状态的理论剪裁和套用丰富的历史和现实，就与理论构建者的初衷相去甚远了。因此，我们有必要将丰富的中国历史带入民族国家理论的研究之中，从而超越既有的理论限定。好在中国正在兴起的民族政治学和历史政治学，会不断推进这方面的研究。本卷试图将中国的民族与国家的演化置于"关系—行为主义"框架下，以国家化、民族性和文明进程三个变量为坐标进行分析，算是一块探路石。

# 目　录

# 第一章
# 地域—民族关系及民族与国家理论

血缘关系是人类最初的，甚至是唯一的社会关系，人们通过血缘关系的联结而产生家庭、氏族等组织。随着交往的扩大，人们形成以历史、经济、文化等共同特征为标识的民族。民族是一个历史性的概念。它是在历史进程中形成的，并随着历史的发展而不断演化和提升。中华民族是在漫长的历史过程中，由地域相近的族群联结而成的民族共同体。民族从一产生便与作为政治共同体的国家有着密切的联系。中国的国家产生，特别是帝制国家的演化受制于特定的地域—民族关系。帝制国家作为大型传统国家，在其疆域上存在多个不同的民族，并与在共同地域基础上的国家政权发生联系。中国的帝制国家历史漫长且波动极大，在相当程度上与地域—民族关系的变动和支配有关。

## 一 地域相近的族群联结

人不是孤立的个人，必然通过各种关系与他人联结，并因此形成社会群体。那些在长期历史上形成的群体便构成稳定的共同体。共同体一方面表示共同体成员具有共同的属性，并通过一定的纽带将彼此联结为一个整体；另一方面也标志着此类人群与彼类人群的差别，并以特定的方式将这种差别表现出来。

血缘关系是人类最初的甚至是唯一的社会关系。人们依据血缘关系而形成稳定的共同体，如氏族、家庭、家族、宗族等。

基于血缘关系而形成的共同体是历史的产物。在人类社会初期，个别家户并不能独立存在，它必须高度依赖和附着于更大的群体，这就是氏族部落。因此，在人类初期，社会的基本单元是超越个别家庭的氏族部落。它有自己的标识和共同的属性。氏族部落是一个独立存续的整体，人们高度依附于它。氏族部落不是个别的存在，而是多个氏族部落的同时存在。只是这些氏族部落最初主要在自己的地域范围内活动。但随着交往的扩大，氏族部落之间有了更多的联系，甚至会发生冲突。为了保卫自己或者扩大自己的领域，部落之间会形成联盟。这种联盟最初主要限于地域相近的氏族部落之间的经常性联结。它已超越了单一的血缘关系，是不同血缘族群因地域相近和共同利益联结成的更大群体。氏族部落之间的交往、冲突和联盟，造成了来自血缘又超越血缘的更大群体的形成。摩尔根通过大量的第一手资料，对人类初生的社会组织进行了考察和分类。他指出："第一、氏族，是具有共同氏族名称的血亲团体；第二、胞族，若干氏族为了社会目的和宗教目的而结合成的一种集团；第三、部落，同一种族的各个氏族按胞族组织而结合成的一种集团；第四、民族，在一个共同领域内联合诸部落而形成一个氏族社会的集团。"[①] 由此可以看出，原始的民族是比氏族、部落、部落联盟更大的一类社会群体。在恩格斯看来，永久部落的联盟，"就朝民族［Nation］的形成跨出了第一步"[②]。恩格斯在《家庭、私有制和国家的起源》一文中将"民族"视为某一类人，如"游牧民族"，更为确切的是由部落联盟而发展出来的某一类人，如古希腊人、罗马人等。这类人与政权形态密切相关。这是因为，只有通过政权才能将超越血缘关系的更多的人联结在一起，形成稳定的民族

---

① 〔美〕路易斯·亨利·摩尔根：《古代社会》上册，杨东莼、马雍、马巨译，商务印书馆，1977，第65页。

② 《马克思恩格斯选集》第4卷，人民出版社，2012，第105~106页。

共同体。

与血缘群体这种自然性的群体不同，民族不是人类社会一开始就存在的，而是历史长期演化的产物。她伴随着历史而生长、发育和发展，有一个从无到有、从小到大、从曾经存在后又消失、从彼此分离到彼此交融的过程。在漫长的历史过程中，有的民族存续下来，有的民族消失了；有的民族如滚雪球一样越滚越大，成为人口众多的超级大民族，也有人口极少的袖珍小民族。正因为民族是一个变化较大的共同体，人们往往以不同的名称加以称呼，从不同的角度加以定义。

费孝通指出："'民族'一词，在古代汉语里没有构成，而用'人'、'种人'、'族类'、'部落'、'种落'等词表示。……直到目前，各家在使用这个词的时候，含义也不尽相同。"[①] 林耀华从词源和翻译的角度对"民族"一词多层含义做了详尽的解释。[②] 但无论含义怎样不同，都离不开人的共同体这一基本含义，是对某一类人的概括。"族"所表达的是"群"的意思，是某一群人。中国古典文献记载："史佚之《志》有之，曰：'非我族类，其心必异。'楚虽大，非吾族也，其肯字我乎？"（《左传·成公四年》）这里所说的"族类"既包括以血缘关系界定的人的共同体，也包括超越了血缘关系的更大的人的共同体。"楚"显然是基于血缘关系又超越血缘关系的更大的人群。

一般来讲，民族是一个在历史上形成、具有某些共同特性，并通过一定纽带将人们联结起来的稳定的共同体。斯大林认为："民族是人们在历史上形成的一个有共同语言、共同地域、共同经济生活以及表现在共同文化上的共同心理素质的稳定的共同体。"[③] 斯大林的定义是一个较为严格的定义，主要是指现代民族。但斯大林的定义给我们提供了理解民族的一些向导。

第一，民族是历史的产物。它从一开始出现，其内在规定性的要素是逐渐生长出来的。"民族的要素——语言、地域、文化共同性等

---

① 费孝通等：《中华民族多元一体格局》，中央民族学院出版社，1989，第110页。
② 林耀华：《民族学研究》，中国社会科学出版社，1985，第37页。
③ 《斯大林选集》上卷，人民出版社，1979，第64页。

等——都不是从天上掉下来的，而是还在资本主义以前的时期逐渐形成的。"① 由此有原始民族、古代民族和现代民族之分；有"蒙昧民族"、"野蛮民族"和"文明民族"之别。② 这种分别都是对不同民族的定性。

第二，民族是一个稳定的共同体，有共同的属性。尽管这些共同的属性并不是一开始就十分明显和完整。民族指在文化、语言、历史与其他人群在客观上有所区分的一群人。通常讲，一方水土养一方人。这方水土造就相应的生产方式。如恩格斯所说的"狩猎民族""游牧民族"③。一定的生产方式和社会会形成相应的意识，如宗教。人作为社会动物，最重要的是社会交往。而交往则需要文字和语言，特别是后者。只有人们相互之间能了解对方的意思，才能进行正常的交往。民族的共同属性便构成民族性。

第三，由于某些稳定的共同性，民族构成某一类人的共同体，并与其他群体区别开来。"物以类聚，人以群分。"民族便是一种较大规模的人群。这种类型的共同体，既有因为共同的属性而形成的内在凝聚力，也有因为不具备共同属性而产生的外在的排他性。从这一方面看，民族与历史上的血缘性族群一样，会形成某种自我认同和对他者怀疑的心理。所谓"非我族类，其心必异"。

第四，民族是一个不断生长和再生的过程。"由于人类有组织社会的需要，才产生了氏族；由于有了氏族，才产生酋长、部落及其酋长会议；由于有了部落，才通过分裂作用而产生部落群，然后再联合为部落联盟，最后合并而形成一个民族。"④ 从民族产生看，有最初出现的原生民族，也有通过一些原生民族的联结而再生的更高一级的民族。这种更高一级的民族成分来自原生民族，但不是原生民族的简单组合，

---

① 《斯大林全集》第 11 卷，人民出版社，1955，第 289 页。
② 《马克思恩格斯选集》第 4 卷，人民出版社，2012，第 20 页。
③ 《马克思恩格斯选集》第 4 卷，人民出版社，2012，第 30、80 页。
④ 〔美〕路易斯·亨利·摩尔根：《古代社会》下册，杨东莼、马雍、马巨译，商务印书馆，1977，第 318 页。

而是原生民族之间相互交往衍生更高形态的民族。民族的不断提升也是基于人类组织的需要。

第五，民族具有相对性。没有一个民族从产生到后来是纯而又纯的，总是在不断吸取其他民族的元素中发展起来的。民族的发展过程就是一个不同的民族交往并吸取其他民族元素的过程。

第六，民族具有客观条件属性，又具有主观意识特点。"民族之所以存在，有一些'客观'的因素在起作用，比如传统的居住地域、语言、宗教、家族血缘等等，也有很多'主观'的因素，比如人们的感情、心理归属，即民族认同，……除了这群人自己认为属于同一个民族之外，他们群体之外的人，也用这样的一种眼光看待他们。"[1]

正是基于民族是历史的产物，规模有大有小，层次有高有低，民族的概念有不同的含义。宁骚对民族的概念做了以下归纳："第一种：广义的民族，含义相当于'族类共同体'，用于指称从原始时代一直到社会主义时代的所有族体。……第二种：与国家概念紧密相连的民族，'国族'一词可以确切地表达这层含义。如'中华民族'、'美利坚民族'、'法兰西民族'等，确切的含义应是'中华国族'、'美利坚国族'、'法兰西国族'等。……第三种：作为国族……的组成部分的民族，亦即狭义的民族，如中国的 56 个民族。……第四种：小民族和不够发达的民族，'部族'一词可以确切地表达这层含义。"[2] 在区分民族的层次性时，人们还往往运用族群、族类概念指称民族。与族群、族类等概念相比，民族具有长期稳定性，其区别他我的民族性特别鲜明，并与国家有着紧密的联系。

在人类文明进程中，民族与国家都是非常重要的组织，且关系紧密。"国家是文明社会的概括。"[3] 以文明和国家为参照，我们又可以将民族分别为三类：一是前国家形态的民族。由于这类民族尚处于野

---

① 关凯：《族群政治》，中央民族大学出版社，2007，第 42~43 页。
② 宁骚：《民族与国家——民族关系与民族政策的国际比较》，北京大学出版社，1995，第 4~5 页。
③ 《马克思恩格斯选集》第 4 卷，人民出版社，2012，第 193 页。

蛮时代向文明时代的过渡阶段，没有取得国家形态，共同体的特征尚不突出且处于变化之中，我们通常以族群或原始民族加以指代。二是传统国家形态的民族。这类民族与国家有着或多或少的联系，是相对稳定的人群共同体。三是现代国家形态的民族。指与现代领土国家相一致并取得共同国民资格的人群共同体。而在由多个民族构成的国家，民族又可以进一步分为两个层次：一是长期历史延续的民族群体，二是由这些民族群体共同结合而成的民族整体，后者如中华民族。

民族的不同层次构成在于人类的交往进程。人类最初产生的民族及民族之间的差别，最重要的是地域的限制。人类最初的社会关系是血缘关系。任何人都是在某一特定的地域空间里生长、繁衍。越是人类初期，受地域的限制越大。在马克思看来，"人的依赖关系（起初完全是自然发生的），是最初的社会形式，在这种形式下，人的生产能力只是在狭小的范围内和孤立的地点上发展着。"① 只是随着地域限制的突破，交往的扩大，人们的联系才越来越密切。原来生活在某一区域的民族便会与其他民族发生联系。"民族联系是建立在地域联系的基础上的。而地域联系的建立、巩固和扩大，没有有关族体之间的相互接近、渗透与混合是不可设想的。"② 只是民族联系受地域因素的限制，最初主要发生于地域相近的民族之间。"相邻的各部落的单纯的联盟，已经由这些部落融合为单一的民族［Volk］所代替了。"③ 正如人们外出首先必须经过邻居的家一样。人们与相邻的其他民族的联系，既有相互交流互助，也有相互矛盾冲突。越是在人类早期，后者越突出。

我们今天所界定的中华民族是世界民族之林中的一个规模超大的族体。她是在漫长的历史进程中形成的。"自从有文字记载以来，中国就进入了多民族统一的过程，大致经历了各民族内部的统一、地区性

---

① 《马克思恩格斯文集》第8卷，人民出版社，2009，第52页。
② 宁骚：《民族与国家——民族关系与民族政策的国际比较》，北京大学出版社，1995，第45页。
③ 《马克思恩格斯选集》第4卷，人民出版社，2012，第124页。

的多民族的统一，而达到全国性的多民族的统一。"① 经过统一而形成的中华民族有两个重要特点：一是在当今中华民族赖以生存的地域上，生活或曾经生活着多个不同的族群。由于自然地理上的巨大差异，族群之间的差异性极大。二是在漫长的历史长河里，这些地域相近但又相互隔离、差异极大的民族联结为一个更大的群体，即中华民族。"中华民族，是中国古今各民族的总称；是由众多民族在形成为统一国家的长期历史发展中逐渐形成的民族集合体。"② 以"民族集合体"指称"中华民族"是非常精准的。这一集合体是由构成中华民族整体的各个民族部分所组成的，同时也与各个民族部分有所区别。因此，中华民族整体与组成中华民族的各个部分是有区别的，是不同层次的民族，具有相对性。中华民族的概念具有双重性，既指构成中华民族整体的各个民族部分，又指中华民族整体。为了对中华民族整体与其部分有所区别，在同时使用中华民族及其构成部分时，本卷有时以"族群"的概念加以区分。

民族是一个区分我者和他者的概念，同时它又以客观自在和主观自为的方式加以表达。这种表达与交往的扩大及交往产生的参照系相关。"生活在一个共同社区之内的人，如果不和外界接触不会自觉地认同。民族是一个具有共同生活方式的人们共同体，必须和'非我族类'的外人接触才发生民族的认同，也就是所谓民族意识，所以有一个从自在到自觉的过程。"③ 在相当长的时间里，人们只能在狭隘的地点上以孤立的方式存在，民族只是一个自在的群体。随着交往的扩大，民族开始成为一个自为的群体。只是这种自为性最初限于某种地方的狭隘性。如居住在中原地带的民族将周边其他民族以"东夷北狄西戎南蛮"加以界定。随着民族的互动，中原民族与其他民族联结为一个整

---

① 白寿彝主编《中国通史》第一卷导论，上海人民出版社，2004。

② 陈连开：《中国·华夷·蕃汉·中华·中华民族——一个内在联系发展被认识的过程》，载费孝通等《中华民族多元一体格局》，中央民族学院出版社，1989，第113页。

③ 费孝通等：《中华民族多元一体格局》，中央民族学院出版社，1989，第7页。

体，形成了中华民族。中华民族作为一个客观自在的民族实体，存续了漫长的时间。"现代的中华民族，是吸收无数民族，在一定文化一定民族的基础上，经四五千年的长期斗争和融化，才逐渐形成起来。"① 只是到了近代，在各民族相互联系和相互依赖的全球关系时代，人们以世界民族之林为参照系，有了民族自觉，中华民族才作为一个自为的民族整体存在，并因此有了中华民族是一家的自我意识。

中华民族是一家，表明在世界民族之林中，中华民族是一个不可分离的整体。但中华民族是在长期历史中形成的。正如建筑房屋一样，由地域相近的族群在互动中联结，搭建起中华民族这座房屋。后来居住的族群越来越多，房屋越来越大。与此同时，在中华民族这座大房屋里，各个族群又相对稳定地居住在自己的小房间内。小家之间更多的是彼此相容相融，如亲人一般；但也伴随彼此的矛盾冲突，甚至兵戎相见，如仇敌一般，直至通过漫长的过程才有了今天的中华民族一家亲。过去各个民族之间的冲突，"今天看来，却是兄弟阋墙，家里打架"。②

恩格斯在谈到以地域国家代替血缘氏族为组织民众的方式时说道："这种按照居住地组织国民的办法是一切国家共同的。因此，我们才觉得这种办法很自然；但是我们已经看到，当它在雅典和罗马能够代替按血族来组织的旧办法以前，曾经需要进行多么顽强而长久的斗争。"③

中华民族是在长期历史中形成的，由最初的多个族群形成一个具有共同属性的中华民族整体，曾经需要进行多么顽强而长久的斗争。各个族群之间相互交融又相互冲突，深刻影响着中国的国家进程。

## 二　民族的多样性与国家的统一性

民族与国家都是人类的组织方式。它们之间相互区别又相互依存。

---

① 范文澜：《中国通史简编》上册，商务印书馆，2017，第12页。
② 范文澜：《中国历史上的民族斗争与融合》，《历史研究》1980年第1期。
③ 《马克思恩格斯选集》第4卷，人民出版社，2012，第187页。

　　民族是一个在历史上形成、具有某些共同特性，并通过一定纽带将人们联结起来的人群共同体。国家是通过政权体系将一定地域上的人口联结起来并加以治理的政治共同体。"从迄今为止的人类历史来看，民族是最为持久也最为稳定的人群共同体，而国家则是最为持久也最为稳定的政治共同体。"①

　　民族与国家有相同之处。它们都是人类社会的组织，是人们通过特定关系联结起来的共同体。人们是某一民族的成员，同时又可能是某一国家的国民。

　　民族与国家又是两个有区别的组织。"民族的本质内容是具有统一文化的人民；国家的本质内容是国家政权即国家机器。"② 民族注重的是在长期历史中形成的具有某些共同性的某一类人，是人的共同体。从这个意义上讲，在没有国家时就有了民族。有些民族长期处于没有国家的状态之下。从人群的角度看，民族具有多样性的特性。

　　国家是人类的高级组织。构成国家的基本要素有三个：一是人口，二是地域，三是政权。政权是国家最为重要的核心要素。只有同时具备这三个基本要素，特别是政权要素，才能构成国家。在恩格斯看来，"国家和旧的氏族组织不同的地方，第一点就是它按地区来划分它的国民。……按地区来划分就被作为出发点，并允许公民在他们居住的地方实现他们的公共权利和义务，不管他们属于哪一氏族或哪一部落。这种按照居住地组织国民的办法是一切国家共同的。……第二个不同点，是公共权力的设立"③。从恩格斯这一表述可以看出，地域关系是国家存在的基础。国家是单一的血缘氏族组织无法包容一个地方居住不同氏族的人而产生的。由于人口增多且性质不同，"由血缘关系形成和联结起来的旧的氏族公社已经很不够了。……地区依然，但人们已

---

① 周平：《多民族国家的族际政治整合》，中央编译出版社，2012，第17页。
② 宁骚：《民族与国家——民族关系与民族政策的国际比较》，北京大学出版社，1995，第252页。
③ 《马克思恩格斯选集》第4卷，人民出版社，2012，第187页。

经是流动的了。"① 这种人已经不再只是某一氏族或某一部落的人了，而是在他们居住的地方实现公共权力的人，也就是为国家重新定义的人，成为国家的属民。作为国家的属民，其依托是人们所居住的地区。这种地区不是原有氏族所居住的地区，而是有一定边界的领土疆域。这种领土疆域是以国家政权所能管辖和影响的范围为标志的。为了进行管辖，政权组织划分行政区域，以将政权力量输入居住在各个地方的人们那里。"政治社会是按地域组织起来的，它通过地域关系来处理财产和处理个人的问题。其顺序相承的阶段如下：首先是乡区或市区，这是这种组织的基本单位；然后是县或省，这是乡区或市区的集合体；最后是全国领土，这是县或省的集合体。其中每一层组织的人民都形成一个政治团体。"②

作为政治共同体的国家具有统一性的特点。国家按地区划分国民。这里的地区是在国家统辖下的地区。由各个地区部分组成国家整体。各个地区部分获得国家整体的统一性。尽管在国家成立之前存在不同的氏族部落等人群，但一旦国家建立之后，这些人群都在他们居住的地方实现他们的公共权力，不管他们属于哪一氏族或哪一部落，由此获得国民的统一性。各个人群也有其内在的公共权力，有"居民的自动的武装组织"③。但国家拥有特殊的公共权力，"这个特殊的公共权力之所以需要，是因为自从社会分裂为阶级以后，居民的自动的武装组织已经成为不可能了。"④ 特殊的公共权力凌驾于社会之上，具有把冲突保持在秩序范围内的统一性力量。"国家是整个社会的正式代表，是社会在一个有形的组织中的集中表现。"⑤ 特殊的公共权力具有唯一性，而且要将这种唯一性的权力传递到所属的地区和人群中，使所属地区和人口具有国家的统一属性。

---

① 《马克思恩格斯选集》第 4 卷，人民出版社，2012，第 187 页。
② 〔美〕路易斯·亨利·摩尔根：《古代社会》上册，杨东莼、马雍、马巨译，商务印书馆，1977，第 6~7 页。
③ 《马克思恩格斯选集》第 4 卷，人民出版社，2012，第 87 页。
④ 《马克思恩格斯选集》第 4 卷，人民出版社，2012，第 87 页。
⑤ 《马克思恩格斯全集》第 26 卷，人民出版社，2014，第 298 页。

从国家的构成要素看，国家的统一性包括三个方面：一是国家疆域的统一性，国家疆域是一个不可分离的地域整体；二是国家居民的统一性，国家居民是一个不可分离的人群共同体；三是国家政权的统一性，统治和管理国家的公共权力是不可分割的权力整体。其关键要素是第三个方面。当然，这是一个历史过程。正如国家不是从来就有并不断发展的一样，国家统一属性的形成和传递也是一个过程，反映这一动态过程的标志便是国家化的程度。

与国家相比，民族的构成要素相对比较灵活。从民族的产生看，最初都有其相对稳定的地域。但是，也有些民族由于迁徙离开了故土，甚至从此之后没有了属于自己的地域，但仍然保持着自己的民族特性。将他们联结为一个民族的，更多的是文化和心理。

由于国家建立在固定的领土疆域之上，人们一般都是一个国家的属民。作为具有主权地位的国家只有一个，具有唯一性。而民族则不同，它与国家的关系表现为多种形式。有一个民族存在于一个国家，有一个民族存在于多个国家，也有多个民族共同组织一个国家。由此出现单一民族构成的国家和多个民族构成的国家。

从民族与国家的区别看，民族主要指人的共同体，国家则是以同一地域上的人为基础的政治共同体。孙中山指出："国家之本，在于人民。合汉、满、蒙、回、藏诸地为一国，即合汉、满、蒙、回、藏诸族为一人。——是曰民族之统一。"[①] 由诸地为一国，由诸族为一人。国家与民族有所区别，相互指称的重点有所不同。在不同民族共同居住的地方，合为一个国家；在具有共同地域基础上的国家内生活着不同的民族，并形成一个统一的民族整体。

民族与国家尽管是两个不同的组织单位，但彼此之间有着紧密的联系。

国家以民族为存在的基础。人口是国家的基本要素。但是，"物以类聚，人以群分"。人口有各种天然和后天形成的特有属性，包括民

---

① 《孙中山选集》上卷，人民出版社，2011，第95页。

族、种族、性别、职业、家庭出身、宗教信仰、教育程度、财产状况、居住期限等。这些属性将人与人区别开来。其中最重要的属性是民族。这是因为，民族是在长期历史中形成的较大的社会群体，且在相当长的时间内居住和活动于特定的区域，从而构成民族之间的较大差别。这种在长期历史中形成的差异性势必影响和制约国家的整体性和稳定性。政治共同体并不能均等地涵盖或包容到每个成员。由于文明进化不一，许多地方的许多民族仍然处于前国家形态，保留着前国家的原始状态，尚没有"组成为国家的新社会"①。"在阶级对立还没有发展起来的社会和偏远的地区，这种公共权力可能极其微小，几乎是若有若无的。"② 国家组织规模大，国家治理能力有限，造成国家统治鞭长莫及，存在大量国家直接统治不及的地方，在这些地方，国家统治只是象征性的，前国家形态大量被保存下来，并自我缓慢地发展。如国家的边缘地带。在这种状态下，人们更加认同的是自己长期生活在其中的民族，而不是国家。

民族以国家为存续发展的条件。民族是历史自然形成的人的共同体。国家则带有强烈的建构性。人们之所以建立国家，是因为原有的组织已经很不够了，需要国家这样更高级的组织来满足人们的需要。"为了使这些对立面，这些经济利益互相冲突的阶级，不致在无谓的斗争中把自己和社会消灭，就需要有一种表面上凌驾于社会之上的力量，这种力量应当缓和冲突，把冲突保持在'秩序'的范围以内；这种从社会中产生但又自居于社会之上并且日益同社会相异化的力量，就是国家。"③ 民族不是简单的文化联结，且有自己的利益要求。民族内部由不同的人群构成，民族之间会发生矛盾冲突。到一定历史阶段，仅仅依靠民族的自我力量已远远不够，而需要国家作为自己存续发展的条件。在历史上，许多民族曾经存在，后来却消失了；许多民族有过自己的地域，后来却四处流浪，饱受欺凌，重要原因是没有国家这一

---

① 《马克思恩格斯选集》第4卷，人民出版社，2012，第13页。
② 《马克思恩格斯选集》第4卷，人民出版社，2012，第187~188页。
③ 《马克思恩格斯选集》第4卷，人民出版社，2012，第187页。

人类高级共同体的保护。

正是因为国家的必要和重要，人们希望以民族为载体建立自己的国家或者争取国家的统治权。这是因为国家与氏族组织的"第二个不同点，是公共权力的设立，……这种公共权力在每一个国家里都存在。构成这种权力的，不仅有武装的人，而且还有物质的附属物，如监狱和各种强制设施，……为了维持这种公共权力，就需要公民缴纳费用——捐税"①。在相当长的时间里，国家统治权具有公共性的一面，也具有阶级性和民族性的一面。获得国家统治权的阶级或民族，便会居于优势地位。由此便可能加剧阶级或民族之间的不平等，难以平等地实现他们的公共权利和义务，从而造成阶级或民族之间的矛盾和冲突。在长期历史上，"国家从来就不能一视同仁地对待它的每一个民族成员，它常常为了一个阶级或阶层的利益而残酷地对待其它阶级和阶层，甚至为了一个统治集团的利益而残酷地对待其它统治集团。因此，那些遭受奴役、虐待和迫害的民族成员，常常对本民族的国家产生不认同，通过采取逃亡、迁徙等手段与本民族的国家脱离关系。"②

正因为如此，国家自一产生，便面临着如何对待和处理民族及民族矛盾的问题，它们成为国家治理的重大课题。民族成分越多，越难处理。

中华民族作为人群共同体，中国作为政治共同体，都是在长期历史中形成的。中国作为在历史中形成的统一的多民族国家，民族的多样性与国家的统一性是一对长期存在的矛盾，国家对民族问题的处理特别艰难。

首先，中华民族是由地域相近的族群在漫长的历史中逐步形成的。中华民族所在的地域，不仅面积大，更重要的是地域差别大。有世界上最适宜农耕的江河平原地区，也有世界上最适宜游牧的草原高原地带。这种自然地理上的差别，造成各民族之间巨大的民族差异。特别

---

① 《马克思恩格斯选集》第4卷，人民出版社，2012，第187~188页。
② 宁骚：《民族与国家——民族关系与民族政策的国际比较》，北京大学出版社，1995，第252页。

是由于交通的限制，民族之间虽然地域相近，但来往不便。交通上的阻隔进一步隔离了民族之间的往来，使民族的特性长久保留下来。这种在历史上长期形成的民族特性在相当长的时间里会存续，并形成自己的民族利益。

其次，中华民族是在多个族群基础上形成的，但由于文明进程不同，逐渐形成并长期存在一个核心地域和核心族群。最初的国家是以族成国的。一方面，由核心地域产生的核心族群如滚动着的雪球越滚越大，吸附和带动着周边其他地域和族群；另一方面，周边其他地域上的族群也会与核心地域上的核心族群发生互动，甚至矛盾和冲突。尽管非核心地域的族群人数相对较少，但地域面积大，且有自己独特的民族性，在民族之间的互动中有可能占据优势地位。

最后，尽管国家是人类高级组织，但也不是无所不能的。越是早期国家，国家治理能力越弱。因此，在相当长的时间里，国家只能将统治权输送到有限的地域内。在相当多数的地域，特别是边远的民族地方，主要依靠当地人进行治理。当地人尽可能依据其长期形成的习惯自我治理，由此使久远的民族特性得以保留下来，并对国家的统一治理形成相当程度的阻隔。这种长期保留的民族特性为国家的统一性和有效治理带来困难。

正是基于民族的多样性和国家的统一性，才有了国家化、民族性与文明进程的互动。这就是在文明进程中，国家要面对多样性的民族，并努力将这些众多异质性的民族整合到统一的国家体系中来，赋予这些不同的民族以共同的国家属性，从而推进国家的一体化。而在这一过程中，民族不是被动的产物，她还会顽强地表现自己，并在国家化进程中扮演着不同的角色，由此影响和制约着文明进程。

# 三　多元一体与一体多元的互动

人类最初都居住和生活在狭隘的地点上，处于相互隔离的状态。人类文明是在多个地点上发育生长的，由此有了文明的多样性。作为人类文明成果的民族也是在多个地点上发育生长出来的，由此有了民族的多样性。但在漫长的历史过程中，不同的民族联结为一个整体，形成更高层次的民族。原有的民族成为更高层次的民族整体的一部分，由此构成民族整体与民族部分之间的关系。这种关系可以以多元一体的概念加以表达。

费孝通最早使用"多元一体"的概念来描述和概括中华民族。费孝通将中华民族视为中国疆域上具有民族认同的人民。"它所包括的五十多个民族单位是多元，中华民族是一体，它们虽则都称'民族'，但层次不同。"[1] 宁骚认为："在中国几千年的历史过程中，由许许多多原先孤立存在的民族单位，经过不断的接触、混杂、混合和融合，同时也有分裂和消亡，同质性因素越来越发展，逐渐形成一个我中有你、你中有我的多元统一体。这里的'多元'，指的是中国各民族都有其自身的历史与文化；'统一体'指的是统一而不可分割的中华民族这个实体。"[2]

中华民族是一个人群概念。但任何人都要生活在一定的空间里。中华民族是以特定的地域为基础的。从世界来看，中华民族生活的地域具有显著的特点。

其一是中华民族生活的区域具有相对的封闭性。其北部是茫茫的高原，西部有无尽的戈壁，西南部有连绵的高山，东南部有无际的大海。这种地理状态不利于人们与外界接触。越是在文明不发达的早期，这种地理越是会阻隔着人们与外部世界的交往。由此为中华民族整体提供了一个具有共同生活条件的地理环境。换言之，与外部世界的地理阻隔，有助于其内部自我生长出一个民族整体。"中国文明之所以能绵延久远，一个原因在于地理方面：它与人类其他伟大文明相隔绝的

---

① 费孝通等：《中华民族多元一体格局》，中央民族学院出版社，1989，第1页。
② 宁骚：《民族与国家——民族关系与民族政策的国际比较》，北京大学出版社，1995，第570页。

程度举世无双。"① 在早期人类文明发源地中，其他文明发源地在地理上处于敞开状态，缺乏地理上的阻隔屏障，民族之间的交往容易，由此也难以由多个民族联结为一个更大的稳定的民族整体。

其二是中华民族生活的区域具有内在的相关性。中华民族生活的区域对外具有相对封闭性，在内部却有密切的相关性。水是人类生命之源，更是农业生产的命脉。中华民族生活的区域得以成为人类文明的发源地，同时中华民族生生不息地延续，均与水有关。而水与山不同，它是流动的，需要穿越不同区域而流动。这种流动性增加了人们的交往，并使人们的生活相互联系。发源于西部青藏高原的黄河和长河，一直奔向大海，将整个中华民族生活的区域联结起来。除了这两条大河以外，还有数不尽的河流将一个个相对独立的区域联结为一体。尽管北部是高原，但属于平坦的草原，从南到北并没有难以逾越的屏障。这种区域内在的相关性，有助于起源并生活于这一区域内的各个民族联结为一个相对独立的民族整体。而且只有联结为一个整体，人们才能获得更美好的生活。"这片大陆四周有自然屏障，内部有结构完整的体系，形成一个地理单元。"② 因此，中华民族能够成为一个民族整体，具有内生性的条件。反之，正是这种内生性的条件，使构成中华民族的各个部分能够不断地联结为一个民族整体。

其三是中华民族生活的区域具有显著的差异性。中华民族生活的区域对外具有相对封闭性，重要原因是地理上的屏障。高山雪原、戈壁沙滩、大海大洋将中华民族生活的区域与外部世界隔离开来。而在中华民族生活的区域内部又存在地理的多样性和差异性。由南到北的气温相差可达 60 多度。由西到东从世界第一高峰一直到大海的地势落差可达数千米。其内部还有无数的崇山峻岭、大江大河阻隔着人们的相互交往。特别是在长期历史中形成的农牧经济，属于自给自足的自

---

① 〔美〕斯塔夫里阿诺斯：《全球通史：从史前史到 21 世纪》（第 7 版修订版）（下册），吴象婴、梁赤民、董书慧、王昶译，梁赤民审校，北京大学出版社，2006，第 359 页。

② 费孝通等：《中华民族多元一体格局》，中央民族学院出版社，1989，第 2 页。

然经济，没有对外交换的条件和需要。这就使生活在中华民族区域内的人群形成了不同的族群，且具有很大的差异性，人们有着不同的经济基础、文化心理和治理方式。

以上三个方面说明，中华民族能够作为一个统一的民族整体，具有内生的条件；与此同时，中华民族是由多个族群联结而成的，这些族群之间存在很大的差异性，这又为中华民族作为一个有机联系的民族整体带来相当大的困难。

多元是一体的出发点。中华民族不是一开始就存在的；一开始存在的是不同的族群。没有最早生成的族群，就不可能有之后的中华民族。早先生成的民族之间存在的差异巨大，决定了中华民族联结为一个民族整体，是一个漫长的历史过程，其间要经历民族交流、民族融合，甚至民族冲突。正如中华民族区域上的长江黄河一样，尽管都奔向了大海，但中间要经历无数的险阻。费孝通指出，中华民族多元一体格局的形成过程，"它的主流是由许许多多分散孤立存在的民族单位，经过接触、混杂、联结和融合，同时也有分裂和消亡，形成一个你来我去、我来你去，我中有你、你中有我，而又各具个性的多元统一体"①。

多元一体是一个历史过程。但这一过程不是自然而然发生的。整体是部分的结合。部分的内在力量推动着整体的形成，整体一旦形成又会促进部分的结合。与族群的形成生长一样，中华民族也有一个形成生长的过程。当中华民族作为一个多民族结合而成的整体之后，她就会以其整体的力量影响和推动着各个族群之间的交流和融合，由此构成一体多元的状态。多元一体是由多元的起点走向一体的过程；一体多元则是以一体的力量促进多元进一步联结为一体的过程。"中国各民族特点与特长的发展，存在着相辅相成、相互促进的关系。某个或某些民族的特点与特长一旦为全国各民族或多数民族所接受，就变成

---

① 费孝通等：《中华民族多元一体格局》，中央民族学院出版社，1989，第1页。

中华民族的共同性。"① 这种具有共同性的整体反过来会推动多元联结为一体，且共性越来越多。因此，多元一体与一体多元是双向互动的。共同语言是民族的重要特征。最开始的族群运用的都是本族群才能知晓的方言。随着人们交往的扩大，人们要使用更多的人都能知晓的文字语言。通过文字语言的纽带，将不同的族群联结在一起，有可能形成超越原有族群的更大族群。这种文字语言的同一，既是不同的族群主动接受具有某种同一性语言的过程，也是不同族群共同创造具有某种同一性语言的过程，更是具有同一性语言的民族整体将同一性语言扩散到民族个体，进而将民族个体联结为一个整体的过程。在这一过程中，原有族群的个性会有所消失，中华民族的整体性会逐渐提升。"这种共同的书面语是为中国提供统一性和历史连续性的一种重要力量。"②

在民族整体的一体化过程中，除了经济社会发展的需要之外，国家扮演着重要角色。国家为了在其管辖的范围内行使统一的意志，必须通过各种方式将这种意志渗透到所属的各个地方和各个人群，而无论人群属于哪一地方或哪一民族。如秦始皇统一中国，实行"书同文""车同轨"，通过统一性的文字和交通将不同地区的人们联结起来，使之获得整体性。"这种统一文字由于中国文字所具有的性质，被证明是一种非常有效且持久的统一的黏合剂。""这种文字对中国后来的民族统一，对中国文化对整个东亚的影响来说，其重要性是不难想象的。"③而统一的文字正是由国家政权的力量所建构的。"秦国规范了此前相互之间无法用语言沟通的人群的书写方式，这个革新把帝国内所有的地

① 宁骚：《民族与国家——民族关系与民族政策的国际比较》，北京大学出版社，1995，第570页。
② 〔美〕斯塔夫里阿诺斯：《全球通史：从史前史到21世纪》（第7版修订版）（下册），吴象婴、梁赤民、董书慧、王昶译，梁赤民审校，北京大学出版社，2006，第360页。
③ 〔美〕斯塔夫里阿诺斯：《全球通史：从史前史到21世纪》（第7版修订版）（上册），吴象婴、梁赤民、董书慧、王昶译，吴象婴审校，北京大学出版社，2006，第160、161页。

区联结为一体，并建立起一个国家认可的文化典籍体系。"[1] "文字统一为确定中国身份发挥了不可估量的作用，不但行政部门有统一语言，而且全国各地都可分享经典的同一文本。"[2] 这一过程便是国家化的过程。"书同文"可以使不同的族群使用同一种文字，并接受相应的文化，从而造成原生民族性的弱化和结合为新的民族。

无论是多元一体，还是一体多元，都是一个漫长的历史过程，并会经历各种困难。

首先，从民族发生的角度来看，中华民族是由所属的各个族群联结而成的。中华民族整体之下的各个族群是原生的，与人们的生活直接相关。人们最早生活成长于这种原生的族群之中，并会形成对原生族群的天然情感。就如人们最早出生和生活于家庭之中并会对家庭产生天然情感一样。中华民族是在原生族群的基础上次生的更高级的族体。人们对这一族体的认识，特别是认同，需要更高的条件，如交往的扩大和理性的扩展。中华民族作为一个自在的民族整体存续数千年，但只是到了近代才作为一个自为的民族整体。这是因为，只是到了全球关系的近代，人们对于中华民族作为一个"同生死共命运"的整体才有自觉认识，才意识到了"中华民族到了最危险的时候"，才将中华民族的整体利益置于各族群利益之上，并形成中华民族的认同。

其次，从民族发展的状态来看，中华民族是一个由各个族群联结而成的民族整体。在长期历史进程中，各个族群的发展并不是均衡同一的。直至 20 世纪，在中华民族的各个族群之中，有的族群已经历了多个社会形态，进入很高层次的文明形态；有的族群还处于较低级的社会形态之中，甚至是原始状态。这种非均衡的状态，决定了在中华民族的各个族群之中，有具有主导地位的民族，同时也决定了族群之间会发生矛盾和冲突。中华民族这一整体正是在各族群之间的交流、融合，甚至矛盾冲突中才逐渐形成的。

---

[1] 〔美〕陆威仪:《早期中华帝国：秦与汉》，王兴亮译，中信出版社，2016，第 4 页。

[2] 〔美〕弗朗西斯·福山:《政治秩序的起源——从前人类时代到法国大革命》，毛俊杰译，广西师范大学出版社，2012，第 127 页。

最后，从民族发展的环境来看，中华民族作为一个民族整体的存续受到环境的影响。中华民族是以承认在中华民族之外还存在其他民族为条件的。这些民族尽管不属于中华民族整体，但会构成对中华民族的影响。如同一个原生族群，有的已成为中华民族整体的一部分，有的则处于中华民族整体之外。作为同一个原生的族群，有可能因为族群的自我认同而脱离中华民族整体，或者缺乏对中华民族整体的认同，造成对中华民族整体的分离。中华民族之外的各种力量也会因为各种因素，利用中华民族内部的族群差异和矛盾，强化族群对立和冲突，甚至造成中华民族的分裂。

# 四　民族的韧性与国家的力量

人类社会由分散到整体是一个大趋势。民族也是如此。中华民族区域内的各个族群联结为一个中华民族整体是总体趋势。多元是起点，一体是目标。但一体目标的实现建立在对多元认识的基础上，是一个长期的历史过程。这是由民族的韧性决定的。

民族是在长期历史中形成的稳定的人的共同体。它得以长期存在并能够延续，必然有其理由，并会在克服各种艰难困苦中锤炼出坚韧不拔的特性。

其一是物质生产方式。恩格斯指出："根据唯物主义观点，历史中的决定性因素，归根结底是直接生活的生产和再生产。"① 由于一定的自然条件，人们会形成相应的物质生产方式。只要自然条件不改变，这种物质生产方式就难以改变。特别是在人类早期，物质生产方式主要依赖与自然交换，生产方式的改变极为困难。特定的生产方式决定了人们的组织方式，并在此基础上形成不同的民族特性。这种民族特性是在长期历史上的生产方式和组织方式基础上形成的，并成为人们赖以生存和生活的基本依据。它一旦形成便难以轻易改变。

---

① 《马克思恩格斯选集》第4卷，人民出版社，2012，第13页。

中华民族生活的区域辽阔，自然条件差异性大。最主要的特征是有世界上最为庞大的高原草地和最适宜耕作的土地，还有大量森林山地。正是在这一自然条件下，形成了以农耕为主的族群和以游牧、采集、狩猎、捕获为主的族群。在早期中国，中原族群称呼周边其他族群的重要依据便是其物质生产方式。以上物质生产方式的共同特征是与自然交换，高度依赖自然条件，是根据自然条件而形成的。这种生产方式一旦形成便会形成历史的惯性，难以改变。历史上曾经有过强悍的游牧民族依据其习惯要求其他从事农耕的民族改为游牧，但后来不了了之。

其二是精神生产方式。人是有意识的动物，人的行为受其意识支配。人的意识是由特定的精神生产方式决定的。这种精神生产方式尽管受制于物质生产方式，但有其相对独立性。它一旦形成便难以改变。特别是在人类早期，人类必须高度依赖群体才能生存。群体的联结和维系需要相应的意识，并需要通过相应的精神生产方式将群体意识生产和再生产出来。这种不断生产和再生产出来的意识久而久之便会形成一定的文化模式。民族正是在这种共同文化的基础上产生并长期延续的。构成民族的其他条件可能会发生改变，但文化可以将一个民族保存下来并延续下去。

在精神生产方式中，语言是最基础的。语言是人们交往的工具。离开了语言，人们的交往便无法进行，难以形成社会的人。语言又是在长期的生产生活中形成的。它一旦形成便具有稳定性。正因为如此，共同的语言成为民族共同体的重要特征。"语言是族类共同体的最牢固、最有活力的联系纽带。它既表明同一族体的人民的一致性，也表明他们的连续性，因而是民族的可靠标志。"① 通过共同的语言，人们可以顺畅地交流，形成认同感，并成为此类人与彼类人的重要区别。通过语言，可以实现精神生产和再生产，对人们的意识和精神进行加

---

① 宁骚：《民族与国家——民族关系与民族政策的国际比较》，北京大学出版社，1995，第17页。

工，并反过来支配和影响人们的意识和精神。语言形成之后难以轻易改变，并支撑着一个民族的精神和文化。

在精神生产方式中，宗教信仰是最为牢固的。宗教信仰是与人的生长并行的。它是基于人对外部世界和人对自我认识的有限性而产生的。越是在人类早期，人们对外部世界和自我的认识越有限，宗教信仰的力量越强大。宗教信仰的重要特点是对某一神圣之物坚定不移地相信。正是这种信仰的力量支撑着许多人群在世界上的存续。人类早期以群体的方式存在。共同的宗教信仰不仅支持着群体的存在，而且成为将不同的个人联结为一体的纽带。共同的宗教信仰因此成为民族共同体的重要基础。许多民族尽管其内部存在多种差异性，但因为共同的宗教信仰而形成民族共同体。宗教信仰是一种意识。这种意识可以超越时空，将更大范围的人群联结为一体，其影响范围甚至可以超越民族和国家。同时，宗教信仰是一种精神生产方式。它通过组织、教义、仪式、传播等方式不断生产和再生产并强化人们的宗教意识，使之难以改变。一些民族和国家正是通过宗教信仰来巩固共同体。宗教信仰因此成为民族韧性的重要支撑。

在中华民族生活的区域有过多个族群，也有多种宗教。一些族群尽管生产方式不同，但因为共同的宗教而联结为一个族群。在各个族群中，最具标识性和延续时间最长的族群都与突出的宗教性相关。这也是一些族群更加认同具有宗教信仰的原生族群而不是中华民族的重要原因所在。

在精神生产方式中，传统习俗具有特有的坚韧性。传统习俗是人们在长期生活中形成的习惯。习惯一旦形成便会成为人们的自觉行为。它就像吃饭、睡觉一样自然而然发生而不需要外部的干预。特别是人类早期，人们以群体的方式生活，并会形成共同的习俗。这种习俗既是人们生活的依据，也是将人们联结为一体的纽带。许多民族正是由于共同的习俗而形成一个有别于他者的民族共同体。

习俗在中华民族的形成和延续中发挥了重要作用。费正清通过比较认为，"对一个享有较高物质生活水平的美国人来说，使他感到惊异的是中国农民在这样困苦的生活条件下，竟能维持一种高度文明的生活。问题的答案在于他们的社会习俗，这些习俗使每个家庭的人员，按照根深蒂固的行为准则经历人生的各个阶段和变迁。这些习俗和行为准则，一向是世界上最古老而又最牢固不变的社会现象。"① 作为中华民族一部分的一些族群有自己的习俗。国家对这些族群的治理的重要方式便是"因俗而治"，即尊重这些族群的习俗。这是因为习俗具有坚韧的力量，难以轻易改变，同时也构成了民族的韧性。

其三是文明成果的积累。文明是人类进步的标志。正是从这一意义上，恩格斯将民族区分为野蛮民族和文明民族。文明的重要特点是人类物质和精神生产成果的积累，从而使人类社会由低级到高级的提升。这种提升是人类在长期历史上形成并创造出来的。人类之所以创造文明，是基于内在生活的需要。这种基于美好生活需要而创造出来的文明成果成为一个民族得以生存和延续的重要支柱。用火是人类文明进步的重要标志，正是因为用火，人类与其他动物相揖别，步入了崭新的生活时代。在世界上曾经存在许多民族，后来他们消失了，重要原因之一是缺乏文明成果的支撑。

当然，文明成果的积累只是为民族的生存和延续提供了必要条件，但并不意味着民族可以自然而然地生存和延续。恩格斯在讲到历史的进步时说过一句非常深刻的话："只有野蛮人才能使一个在垂死的文明中挣扎的世界年轻起来。"② 在历史上，大量存在野蛮民族战胜文明民族的现象。但这种战胜是一时的，且并不意味着所有文明成果被毁灭。就是所谓的野蛮民族也不愿意退回到茹毛饮血的野蛮时代。在中华民族生活的区域，曾经有过游牧民族执掌政权的时代，并希望以强制性的力量改农耕为游牧，但后来难以实现。重要原因是在适宜农耕的地方，农耕比游牧能产出更多的物质财富。有的族群成为统治者之后，可以用强制性力量改变人的头发样式，但难以取消原本的文字。这是

---

① 〔美〕费正清：《美国与中国》（第四版），张理京译，世界知识出版社，1999，第21页。

② 《马克思恩格斯选集》第4卷，人民出版社，2012，第174页。

因为离开了文字，统治者一天也难以继续统治。

文明成果是民族韧性的重要条件，这意味着成果是积累的、创造的、动态的。如果一个民族仅仅依靠原有成果而缺乏新的创造，她是难以存续的。在中华民族区域内存在的一些族群后来消失无踪了，重要原因是缺乏文明成果的创造性。中华民族作为一个自为的民族在近代才得以产生，重要原因是在全球关系时代，中华民族原有赖以生存的文明已难以支撑，只有通过自强才能立于世界民族之林。

民族具有坚韧不拔的特性，是就民族的内在属性而言。各个民族都有自己的民族性。但这种民族性不是一成不变的。特别是随着人类社会由氏族社会进入国家状态，不同的民族相互交往又相互竞争。在这一过程中，有的民族保留着原生的民族性，有的民族接受新的社会要素提升自己的民族性。正是在文明进程中，一些民族消失了，一些民族成长了。造成这一状况的重要原因，便是在国家状态下，任何一个民族都要面对国家，而国家拥有民族所不具有的特殊力量。

国家是人类的高级组织形态。它与原生的氏族组织不同，是在氏族组织的基础上产生的。它的产生标志着"由血缘关系形成和联结起来的旧的氏族公社已经很不够了"①。国家组织与氏族组织的根本不同之处在于特殊的公共权力，即国家政权。国家政权是一种有组织的强制力。这种力量是其他组织所不具备，只有国家才有的。因此，政权是国家力量的核心和关键要素。国家的力量首先在于政权的力量。正是依靠政权的力量，人类被带入一个新的组织体系之中，"组成为国家的新社会"②，从而满足自己的生活需求。

第一，国家通过政权将一定地域上的人口联结为一个整体。在前国家时代，地域和人口处于自然状态。有了国家之后，人们有意识地重新定义地域和人口。国家是在地域关系基础上形成的。但国家政权管辖和影响的地域范围是有限的，表现为由其控制的疆域。国家按地

①《马克思恩格斯选集》第4卷，人民出版社，2012，第187页。
②《马克思恩格斯选集》第4卷，人民出版社，2012，第13页。

区来划分它的国民。国民被组织到国家所在地区之内，"在他们居住的地方实现他们的公共权利和义务，不管他们属于哪一氏族或哪一部落。"① 由此表明，国家比氏族部落要大，在国家的地域范围内存在多个氏族或部落。在国家产生之后，无论国家疆域范围内的哪一氏族或哪一部落都属于共同的国民，从而形成一个国家组织整体。

第二，国家通过政权建构秩序，保障人们过上有秩序的生活。人类早期处于无序竞争和冲突之中。"为了使这些对立面，这些经济利益互相冲突的阶级，不致在无谓的斗争中把自己和社会消灭，就需要有一种表面上凌驾于社会之上的力量，这种力量应当缓和冲突，把冲突保持在'秩序'的范围以内；这种从社会中产生但又自居于社会之上并且日益同社会相异化的力量，就是国家。"② 国家之所以能够把冲突保持在秩序的范围以内，便在于特殊的公共权力，因此国家"不仅有武装的人，而且还有物质的附属物，如监狱和各种强制设施，这些东西都是以前的氏族社会所没有的"③。国家依靠这些东西来维持秩序。这种秩序包括两个方面：一是外部秩序，即维护国家疆域内的人口不受外部侵犯；二是内部秩序，即维护国家内部的统治和社会秩序。

第三，国家具有集聚和分配资源的特性。国家的强制力和对秩序的维护不是凭空产生的，而是建立在获取和分配资源的能力基础上。恩格斯指出，"为了维持这种公共权力，就需要公民缴纳费用——捐税。捐税是以前的氏族社会完全没有的。"④ 以强制力为基础的国家将分散在社会中的资源集聚到自己手里，以贯彻自己的意志，如兴办大型工程；同时，通过分配资源将社会成员集聚起来，建立对国家的认同。集聚和分配资源的过程便是推动国家一体化的过程，将社会成员作为国民联结为一个整体。当然，捐税不会自然而然产生。为了获得更多的捐税或其他资源，国家还需要发展经济，扩大经济来源。经济

---

① 《马克思恩格斯选集》第4卷，人民出版社，2012，第187页。
② 《马克思恩格斯选集》第4卷，人民出版社，2012，第187页。
③ 《马克思恩格斯选集》第4卷，人民出版社，2012，第187页。
④ 《马克思恩格斯选集》第4卷，人民出版社，2012，第188页。

建设成为国家的自为行为。这也是国家的独特力量。

第四，国家有着完整的治理体系并具备治理国家的能力。国家依靠一定的治理体系将一定地域上的人口联结起来，并形成处理各种事务的能力。国家通过各种机构形成的治理体系对各方面的事务进行治理，使国家得以持续地运转。如稳定的和专门的军事力量、行政管理机构、意识形态和文化系统等。

第五，国家具有一体性的力量。在国家的疆域范围内，存在多个不同的人群。国家要通过多种力量将这些不同的民族、种族、性别、职业、家庭出身、宗教信仰、教育程度、财产状况、居住期限的人联结为一个具有统一性的整体，推动着国家的一体化。这种一体化的力量是国家所特有的。如一个民族在自己的区域使用其自己的语言便已足够了。但在由多个民族共同构成的国家，国家必须通过统一的官方文字语言传达政权的意志，行使统治权。这是不以人的意志为转移的。

正是由于国家具有其他组织所不具有的特殊力量，许多民族不约而同地寻求建立国家，或者争取国家的统治权。"只要国家存在，每个社会就总有一个集团进行管理，发号施令，实行统治，并且为了维持政权而把实力强制机构、其装备同每个时代的技术水平相适应的暴力机构把持在自己手中。"① 有的民族凭借国家的力量不断成长壮大，将不同的民族融为一体；有的民族因为没有国家的力量而不断萎缩，直至消失或者融合于其他民族之中。中华民族作为民族共同体得以长期延续，在于有中国这一政治实体作为支撑，以国家的力量保护和发展民族共同体。

国家的力量不是自然而然和先天就存在的。国家的力量取决于政权的性质和国家的治理。"由于国家是从控制阶级对立的需要中产生的，由于它同时又是在这些阶级的冲突中产生的，所以，它照例是最强大的、在经济上占统治地位的阶级的国家，这个阶级借助于国家而在政治上也成为占统治地位的阶级，因而获得了镇压和剥削被压迫阶

---

① 《列宁选集》第 4 卷，人民出版社，2012，第 31 页。

级的新手段。"① "这种从社会中产生但又自居于社会之上并且日益同社会相异化的力量，就是国家。"② 国家政权因此具有二元属性，一是维护少数统治者地位的职能，二是超越少数统治者局限性的公共职能。这两种职能并不是均衡同一的，甚至是对立和冲突的。当处于对立和冲突时，政权便处于不稳定状态，甚至造成作为政治共同体的国家的解体。恩格斯描述了古罗马国家衰败的情形。"罗马国家变成了一架庞大的复杂机器，专门用来榨取臣民的膏血。捐税、国家徭役和各种代役租使人民大众日益陷于穷困的深渊；地方官、收税官以及兵士的勒索，更使压迫加重到使人不能忍受的地步。罗马国家及其世界统治引起了这样的结果：它把自己的生存权建立在对内维持秩序对外防御野蛮人的基础上，然而它的秩序却比最坏的无秩序还要坏，它借口保护公民防御野蛮人，而公民却把野蛮人奉为救星来祈望。"③ 帝国的解体，使原有的社会蛮族化。除了国家性质外，国家政权的形式也非常重要。在政权高度集中于一人之手的帝制下，皇帝居于核心地位。皇帝的强弱决定着国家政权的强弱，从而决定着国家的命运。

因此，国家的力量并不是自动生成的。国家政权的性质和形式使之有天生的软肋。历史上大量存在政权衰败导致的作为政治共同体的国家的解体和重建。国家政权虽然灭亡了，但民族作为一个人的共同体却会延续下来，直至在其基础上重新建立国家。

由此我们可以看出，国家化、民族性和文明进程是一个多向互动的过程。国家化将不同民族整合为一体。这种整合有可能是强制性整合，也有可能是能够得到被整合者认同的非强制性整合；有可能整合成功，也有可能整合失败；在整合中国家政权本身也会发生变化，如王朝的更迭，并会带来民族的变化。如罗马帝国的解体造成的是蛮族入侵和"民族大迁徙"。民族性在国家化过程中的表现形式也不一样。有的民族顺利地进入国家体系中，有的民族顽强地坚守和表现出

---

① 《马克思恩格斯选集》第4卷，人民出版社，2012，第188页。
② 《马克思恩格斯选集》第4卷，人民出版社，2012，第187页。
③ 《马克思恩格斯选集》第4卷，人民出版社，2012，第165页。

自己的民族性；有的民族在国家化进程中表现出历史主动性，有的则处于消极无为的状态；有的民族努力与国家相结合，成为文明进程中的主导性力量，有的民族则努力逃避国家，成为文明进程中的自组织力量。

作为民族共同体的中华民族与作为政治共同体的中国都是在漫长的历史过程中形成的。在漫长的历史进程中，曾经存在多个不同的族群，也存在多个不同的地方性政权。由于国家政权的性质和国家的治理，国家的力量时大时小，有的政权力量强，有的政权力量弱，由此造成民族与国家的复杂关系。从总体上看，汉民族因为国家的力量而不断发展壮大，成为中国的主体民族，也是国家化的主体性力量。这种国家化在历史上通常被称为"汉制""汉化"。而以汉民族为主体的国家并不是一直如此，其间也存在非主体民族居于政治统治地位的现象，存在以多个族群为基础建立的政权并存的分裂分治的现象，其国家化、民族性和文明进程的互动过程表现为不同特点。

总的来说，中华民族是作为一个由多个族群联结而成的民族统一体，中国作为一个由多个族群及多个政权联结而成的政治统一体，都经历了漫长的历史过程。在这一过程中，中华民族作为民族统一体，为中国这一政治统一体提供了基础；中国这一政治统一体则为中华民族统一体提供了条件。两者相互依存。只是这一相互依存的关系经历了无数的困难和斗争，充满曲折和复杂性。

# 五　地域—民族关系中的国家演化

中华民族作为一个民族整体是由多个族群联结起来的。中国作为一个政治整体，是在多个族群共同构成统一国民的基础上形成的。中国的国家演化因此具有自己突出的特点，这便是地域关系与民族关系的双重叠加。

国家是地域关系的产物。"按地区来划分就被作为出发点，并允许公民在他们居住的地方实现他们的公共权利和义务，不管他们属于哪一氏族或哪一部落。这种按照居住地组织国民的办法是一切国家共同的。"① 这就是说，在国家产生之后，人口是以地域关系为基础的国民，而不再是以血缘关系为基础的氏族或部落成员。只是在相当长的时间里，原有的血缘族群还被保留下来，由此形成血缘关系与地域关系的叠加。人们既是国家的属民，又是血缘族群的成员。这种状况在中国的国家演化中表现得特别突出。

除了血缘关系与地域关系的双重叠加之外，民族关系与地域关系的双重叠加也是中国国家演化的重要支配因素。

国家的生成和演化是一个历史过程。国家最初都是在狭隘的地点生长起来的，最初的地域范围都不大。其基础是单一的族群，即在一个相对稳定的地域内，以一个具有共同性的民族为基础，建立起一个国家。

在国家产生之后，除了建立国家的民族外，还同时存在多个民族。这些民族并没有进入某个国家地域范围之内。在现有的中华民族生活的区域内，不仅存在多个民族，也曾经同时存在多个政权。只是经过漫长的历史过程，才形成一个以中华民族生活的区域为基础的统一国家。作为政治共同体的国家是统一的，并以中央政府为国家整体的唯一代表。而构成国家共同体的民族则是多个。

在漫长的历史过程中，民族与国家的结合呈现为三种方式：一是早期的族群与国家合为一体；二是多个民族合为一个国家，或者存在多个民族或多个政权；三是多个民族联结为一个中华民族整体，只存在一个统一的国家政权。

在以上三种方式中，第二种和第三种方式存续时间最长。这两种方式的突出特点是民族关系与地域关系的双重叠加，即在一定的地域空间范围内同时存在多个民族。在国家的疆域范围内，既存在人们按地区划分国民的地域关系，又存在不同民族互动的民族关系。国家的演化因此受这两种关系的支配。作为国家要根据地域关系组织国民，

① 《马克思恩格斯选集》第 4 卷，人民出版社，2012，第 187 页。

将所有人口纳入国家的行政建制体系之中，而无论他是哪一个民族；与此同时，国家又必须面对各个民族的差异性，这种差异性长期存在，并会影响和制约着国家的形态和演化。"中国古代王朝时期国家结构形式的基本形态，是以中央集权的行政建置为主，羁縻统辖制度为辅，羁縻统辖制度主要实行于边疆地区。"①

从民族与国家的产生来看，民族产生在前，国家产生在后。民族最开始都是在特定的地域上生长出来的，这与国家相同。只是民族不仅仅建立在地域基础上，它更多的是一个人群的集合体，而且其存在的地域是可以改变的。换言之，民族是可以流动的。正如恩格斯在谈到由氏族社会进入国家状态时所说："地区依然，但人们已经是流动的了。"② 只是在民族存在的条件下，人们往往是以民族的身份发生流动的。与民族不同，国家必须建立在特定的地域基础上，并按照地区来划分它的国民。只是国家的地域范围有大有小而已。

民族关系与地域关系的叠加是一个历史的动态过程，其对国家的演化有着不同的影响。在相当长的时间里，各个民族生活和居住在自己的地域基础上，相互之间的交往极少，处于"背靠背"的状态，即各个民族在自己狭隘的地点上孤立地生活。只是随着交往的扩大，不同民族之间的互动出现，才产生民族之间的关系。而这种民族关系又在以地域关系为基础的国家产生之后，形成地域—民族关系。即在一定的地域基础上，活动着不同的民族并构成互动。特别是早期国家和传统国家，地域边界不确定，或者经常变化。吉登斯指出："传统国家的'边陲'与民族—国家的'国界'两者之间具有显著的差异。"③ "传统国家本质上是裂变性的，其国家机器可以维持的行政权威非常有限。传统国家有边陲（包括次位聚落边陲）而无国界，……大型传统

---

① 程妮娜等：《中国历代边疆治理研究》，经济科学出版社，2017，第9页。
② 《马克思恩格斯选集》第4卷，人民出版社，2012，第187页。
③ 〔英〕安东尼·吉登斯：《民族—国家与暴力》，胡宗泽、赵力涛译，三联书店，1998，第60页。

国家内部存在异质性，因而我们可以认为，它们是由‘众多社会组成的’。”① 严格的国界只是近代历史的产物，是通过当事人双方共同认可并由严格条约加以固定的地理和统治界限。“国界只是在民族—国家产生过程中才开始出现的。”“只有现代国家，才能准确地使其行政管辖范围同具有明确边界的领土对应起来。凡是国家就都有地域范围的一面。然而，在民族—国家产生以前，国家机构的行政力量很少能与业已划定的疆界保持一致。”②

在中国的长期历史上，地域范围主要是指“天下”，泛指人们所认知的整个地域范围。国家机器所能控制的天下范围是有限的，但天下的地域范围是无限的。“整个中国是一个‘天下’，‘天下’没有边，也没有界线，只有向远处扩散而逐渐淡化的影响力。而且，这种影响力不一定是统治的权力，而是通过文化交融而构成的一个新文化，其中包含了各种地方文化。将各种地方文化吸纳入中原文化，使‘天下’的文化多元而渐变，共存而不排他。这样一个核心，加上其放射的影响力，终于形成了后世的‘中国’。”③ 在“天下”的地域里，居住和生活着多个民族。他们之间既是民族关系，又是同在一个“天下”相邻而居的地域关系。各个地域相近的民族活动范围并没有严格的地域限制，国家机器所能控制的地域范围也不确定。由于没有固定和严格的“国界”，在民族生活的联结地区或不同民族共同生活的“天下”地域空间里会经常发生“面对面”的交往，甚至碰撞。有的民族甚至会深入其他民族生活的地域之内，并居于统治地位。不同的民族在一定地域空间内“面对面”的交往，造成了民族关系与地域关系的双重叠加。一方面，人们作为民族的成员归属于自己的共同体，产生民族区域，不同的民族会形成不同的民族关系。另一方面，相邻的民族共

---

① 〔英〕安东尼·吉登斯：《民族—国家与暴力》，胡宗泽、赵力涛译，三联书店，1998，第 63 页。

② 〔英〕安东尼·吉登斯：《民族—国家与暴力》，胡宗泽、赵力涛译，三联书店，1998，第 60、59 页。

③ 许倬云：《说中国：一个不断变化的复杂共同体》，广西师范大学出版社，2015，第 47 页。

同存在于一定的地域空间内，并会形成地域间的关系。这种民族关系与地域关系的叠加会深刻影响国家的演化进程。关系叠加有可能形成和维持统一的更大的民族整体，也有可能造成更大的民族整体的分裂和断裂。

中国作为中国人民的政治共同体，是在多个民族联结过程中形成的。各个民族的互动不仅推动了中华民族由部分到整体的形成，更是推动了中国这一政治实体由小到大的发展，并经历了复杂的历史过程。作为政治实体的中国的国家政权最早发源于中原地区，并以此为中心不断向外扩展。这一扩展就是民族之间的互动过程。这种互动除了交流融合以外，也有矛盾冲突，甚至造成国家政权的更迭，国家政权由不同的民族所执掌。这一方面说明，中华民族和中国是各个民族共同贡献的结果；另一方面也说明，中华民族和中国的国家演化经历了漫长的历史过程，民族关系与地域关系的叠加成为国家演化的重要制约因素。

当然，民族关系与地域关系的叠加不是均衡的。不同民族之间在同一地域上的交往互动，会对国家演化过程造成较大影响；尽管同时存在不同的民族，但交往互动较少，对国家演化过程的影响则相对较弱。

摩尔根指出，人类有两种组织。"第一种，也就是最古的一种，我们称之为社会组织，其基础为氏族、胞族和部落。第二种，也就是最晚近的一种，我们称之为政治组织，其基础为地域和财产。按照第一种方式建立了氏族社会，在氏族社会里，政府与个人之间的关系是通过个人与氏族、部落的关系来体现的。这些关系纯粹属于人身性质。按照第二种方式组成了政治社会，在政治社会里，政府与个人之间的关系是通过个人与地域的关系来体现的，所谓地域，即乡、县和国。"① 民族是由氏族发展起来的一类人群，只是对一定地域上的人口的种类

---

① 〔美〕路易斯·亨利·摩尔根：《古代社会》上册，杨东莼、马雍、马巨译，商务印书馆，1977，第 61 页。

划分，属于社会性质。人们因为共同的语言、文化、历史而形成与某一民族的关系。国家是通过政权将一定地域上的人口联结起来的政治共同体。当国家产生之后，地域关系成为主导性关系。即国家要通过地区而不是民族来划分它的国民，无论是哪一个民族都要服从国家的统一意志。不同民族的成员要与各自所在地域的公共权威建立地域关系。而其各自所在的地域又处于同一天下的相邻地域。相邻的民族都将相邻的地域作为自己的活动范围，并希望控制其地域及其相关民族。由此形成地域关系主导下的民族关系。

在中国的长期历史上，与地域上的"天下"相适应的是统治天下的"天子"。作为统治者的"天子"要统治"天下"所有地方，并使天下人都建立起与"天子"的联系，而无论天下人属于哪一个民族。在帝制时代的中国，以地域关系为主导的民族关系最为集中的表现是"大一统"的理念。"一统"首先是作为"天下"的国家地域的整体性和统一性，各个部分不可分离；其次，"天下"由统一的国家政权所治理，具有国家政权的整体性和统一性，各个地方的政权置于中央统一领导之下；最后，国家疆域上存在多个民族，但具有政治和文化的共同性和统一性，不分彼此，"天下一家"。国家的核心要素是地域、人口和政权。"大一统"集中地反映了通过地域关系基础上的国家政权，将一定疆域上的不同人群联结在一起，置于统一的国家政权治理下的特性。这是中国作为统一的多民族国家的重要基础。

中国作为统一的多民族国家是在长期历史中形成的，并表现出不同的时代特征。"多民族"所说的"民族"主要是在长期历史中自然形成的。这种民族在统一的多民族国家进程中又会联合和提升为更大的民族，即中华民族。随着时代变迁，这一民族整体与国家疆域整体的结合越来越紧密，形成国家性民族。民族因此被赋予新的含义，国家化的属性更为突出。在传统国家，民族具有相当的独立性，民族与国家并不是合为一体的。而在现代国家，民族则与国家合为一体，"'民族'指居于拥有明确边界的领土上的集体，此集体隶属于统一的行政机构，其反思监控的源泉既有国内的国家机构又有国外的国家机构。"① 这里所说的民族便是现代中华民族，是与现代国家联结为一体的。从现代国家的角度看，中华人民共和国是一个不可分割的领土整体。这一领土整体是由中央政府管辖的各个行政区域所构成，其名称有所不同，如省、自治区、直辖市等。在行政区域里居住着构成中华民族的不同民族，在少数民族居住的区域实行民族区域自治制度。自治区属于民族自治地方，它与省、直辖市等其他地方一样，都属于国家整体之下的行政区域部分，所不同的是这一地方具有民族自治的特性。因此，在中华人民共和国领土内，任何人无论是属于哪一个民族，首先都是国家的公民，与政府发生联系，享受平等的权利和义务。其次，在一些民族自治地方，人们是某一民族的成员，享受某些民族的待遇。作为地域关系的国民处于高级层次，作为民族关系的民族成员居于次级地位。与地域关系相比，民族关系处于次一级关系，由此构成地域—民族关系。只是这种关系结合状态不是自然而然已存在的，而是在长期的历史过程中形成的，其间充满历史的复杂性。正如只是到了秦始皇统一中国后，地域关系才取代血缘关系居于主导地位一样，地域关系超越民族关系也发生于这一时代。地域—民族关系对于帝制国家的演化有着深刻的影响。特别是那些交往互动较强的民族对于帝制国家演化的影响更大。如果不从历史的维度认识，不从长期历史上地域关系居于主导地位的角度考虑，就很难理解，现代中国为什么在少数民族地区实行中央统一领导之下的民族区域自治制度，而不是其他制度。

秦始皇统一中国后，中国便开始进入一个统一的多民族国家进程之中。这一国家进程的重要表现是在不同民族地方实行不同的制度。"以统一王朝政治统辖势力所达到的地区为准，这里既包括郡（州）县、行省的辖区，也包括臣属于中央王朝的族群分布地和民族政权辖

---

① 〔英〕安东尼·吉登斯：《民族—国家与暴力》，胡宗泽、赵力涛译，三联书店，1998，第 141 页。

地，前者是一般行政建置统辖区，后者是羁縻建置和朝贡制度统辖区。"① 在恩格斯看来，地域、人口和公共权力及为维持公共权力的税收是国家的核心要素。根据这一标准，以上地区可以分为两类：一是由统一的国家政权直接治理，地方由中央直接管辖，人口纳入国家户籍并提交赋役的地区；二是国家间接治理的地区，中央只是管理地方上层，人口和税役由地方支配。这两种制度构成的两类地区恰恰反映了国家化过程中的不同形式和不同层次。在前一类地区，国家化程度更高，民族统一性更强；在后一类地区，国家化程度相对较低，民族差异性更强。

与此同时，帝制国家是以朝代更迭的方式演进的，不同时代的统辖范围和建制设置有所不同。而在统一的多民族国家进程之中，还存在多个民族政权分立的时期，各有其统辖范围和制度。国家化、民族性在不同朝代的表现又不一样。

中华民族是在长期历史上由多个民族结合而成的，在这种结合中长期存在一个主体民族生活和居住在核心地区，主要实行直接治理；大量非主体民族生活和居住在边缘地带，主要实行间接治理。"秦汉以后，历代王朝无论是统一王朝时期还是分裂时期，都实行中央集权的政治制度，辖区内通常由郡县地区与羁縻统辖地区（朝贡地区或羁縻府州）所构成，史籍中常以'中国'指代郡县地区，以'夷狄'（蛮夷）之地指代郡县以外的边疆地区，隋唐以后，又以'化外'指代边疆民族地区，进而形成了非汉民族居地为边疆的观念。"② 在中心区域，国家化程度更高，民族统一性更强，在边疆地区，国家化程度较低，民族差异性更大。

因此，本卷以国家演化为主线，从民族多样性与国家统一性的互动、主体民族与非主体民族的互动、中心区域与边疆区域的互动等三个维度，重点探讨帝制国家是如何在地域—民族关系中发展和演化的。

---

① 程妮娜等：《中国历代边疆治理研究》，经济科学出版社，2017，第10页。
② 程妮娜等：《中国历代边疆治理研究》，经济科学出版社，2017，第2页。

# 第二章
# 地域—民族关系中的早期族群与国家

　　民族作为一个稳定的人的共同体，是在长期历史中形成的。早期民族的形成对于后来民族的特性的形成至关重要。在早期中国，人们刚从血缘性部族脱胎而来，族类的界限尚不清晰，民族性尚不明显，因此用原始民族或族群加以表述。血缘、国家、文化和地域是早期中国人看待族群的重要标准。在早期中国，各个族群处于相互交融和冲突之中。不同的族群在国家地域结构中处于不同地位，并在国家演化和治理中发挥不同的作用。经济和文化往来促进了各个族群的融合，特别是战争促进了族群之间的结合，进而形成了一个由不同族群结合且长期稳定的民族——汉族和以汉族为主体的国家统一体。

## 一　以血缘看待族群：共同祖先

　　人是社会关系的产物。人们最初的甚至唯一的社会关系是血缘关系。因血缘关系而形成不同的人的组织群体，又因为血缘关系的扩展形成新的联合而使人的组织群体不断扩大。将这些不同的人联结起来的重要纽带，便是超越各个氏族部落的共同祖先，即"天下共祖"。

　　摩尔根将民族视为比氏族、胞族、部落、部落联盟更为高级的人类组织。但作为血缘组织的氏族是最基本的组织。"凡在氏族制度流行而政治社会尚未建立的地方，一切民族均处在氏族社会中，无一超越此范围者。"① 氏族是"以血亲为基础的一种非常古老的社会组织"，"在男性世系下，氏族包括出自一个假定的共同男性始祖、并仅由男性世系传下来的所有的子孙，其证据就是这些人都具有共同的氏"。② 氏族无疑是基于血缘关系世代传递并以血缘关系为纽带世代联结的一种原生的组织。而由最初的氏族结合成更大的社会组织——民族——之后，氏族便逐步被新的组织所替代了。"民族，联合诸部落而形成一个氏族社会的集团。早期罗马人称自己为'罗马民族'。"③ 这在于，"罗马的行政和罗马的法到处都摧毁了古代的血族团体，这样也就摧毁了地方的和民族的自主性的最后残余。新出炉的罗马公民身份并没有提供任何补偿；它并不表现任何民族性，而只是民族性欠缺的表现。……任何地方都不具备能够把这些要素结成新民族〔neue Nation〕的力量。……广大领土上的广大人群，只有一条把他们联结起来的纽带，这就是罗马国家。"④ 当罗马国家解体，罗马民族也因此消亡了。

摩尔根注意到东方中国与其他国家的共同属性和不同特点，这就是血缘关系基础上的氏族组织长期存续。他指出，在亚洲，"社会的转化延续得最长，部落同民族二者彼此相互的影响最频繁"⑤。"在中国人当中流行一种特殊的家族制度，这种制度似乎含有古代某种氏族组织的遗迹。……中国人称民众为百姓（Pih-sing），意指'一百个家族的姓'。"⑥ "当野蛮阶段早已过去之后，它们竟一直维持到现代，这却

---

① 〔美〕路易斯·亨利·摩尔根：《古代社会》上册，杨东莼、马雍、马巨译，商务印书馆，1977，第66页。
② 〔美〕路易斯·亨利·摩尔根：《古代社会》上册，杨东莼、马雍、马巨译，商务印书馆，1977，第66、67页。
③ 〔美〕路易斯·亨利·摩尔根：《古代社会》上册，杨东莼、马雍、马巨译，商务印书馆，1977，第65~66页。
④ 《马克思恩格斯选集》第4卷，人民出版社，2012，第164页。
⑤ 〔美〕路易斯·亨利·摩尔根：《古代社会》下册，杨东莼、马雍、马巨译，商务印书馆，1977，第359页。
⑥ 〔美〕路易斯·亨利·摩尔根：《古代社会》下册，杨东莼、马雍、马巨译，商务印书馆，1977，第361页。

是值得惊异的事，同时，这也是他们这个民族十分固定的又一证据。"① 尽管摩尔根未能到中国实地考察，但他凭借丰富的经验和理论，对中国形成的认识是相当有价值的。

摩尔根指出："氏族就是一个由共同祖先传下来的血亲所组成的团体，这个团体有氏族的专名以资区别，它是按血缘关系结合起来的。"② 早期中国人也是起源于氏族组织。传说中的中国人的始祖为黄帝。尽管黄帝并不一定是最初的祖先，但作为后人总是希望将自己的祖先视为有重要功绩和贡献的人。"黄帝者，少典之子，姓公孙，名曰轩辕。生而神灵，弱而能言，幼而徇齐，长而敦敏，成而聪明。轩辕之时，神农氏世衰。诸侯相侵伐，暴虐百姓，而神农氏弗能征。于是轩辕乃习用干戈，以征不享，诸侯咸来宾从。而蚩尤最为暴，莫能伐。炎帝欲侵陵诸侯，诸侯咸归轩辕。轩辕乃修德振兵，治五气，蓺五种，抚万民，度四方，教熊罴貔貅䝙虎，以与炎帝战于阪泉之野。三战，然后得其志。蚩尤作乱，不用帝命。于是黄帝乃征师诸侯，与蚩尤战于涿鹿之野，遂禽杀蚩尤。而诸侯咸尊轩辕为天子，代神农氏，是为黄帝。"（《史记·五帝本纪》）

在梅因看来，"所有早期社会并不都是由同一祖先的后裔组成，但所有永久和团结巩固的早期社会或者来自同一祖先，或者则自己假定为来自同一祖先。有无数的原因可能会把原始集团加以粉碎，但无论如何，当它们的成分重新结合时，都是以一种亲族联合的型式或原则为根据的。不论在事实上是怎样，所有的思想、言语和法律都被调整，以适合于这个假定"③。传说中的黄帝是一个通过征战能够得到广泛拥戴的英雄人物，后被尊为华夏民族的始祖。"古代学者承认黄帝为华族始祖，因而一切文物制度都推原到黄帝。"④ 从这一始祖开始，经过世

---

① 〔美〕路易斯·亨利·摩尔根：《古代社会》下册，杨东莼、马雍、马巨译，商务印书馆，1977，第362页。

② 〔美〕路易斯·亨利·摩尔根：《古代社会》上册，杨东莼、马雍、马巨译，商务印书馆，1977，第62页。

③ 〔英〕梅因：《古代法》，沈景一译，商务印书馆，1959，第75页。

④ 范文澜：《中国通史》第一册，人民出版社，2015，第17页。

世代代的传递，形成一个庞大的民族大家庭。"黄帝二十五子，其得姓者十四人。"（《史记·五帝本纪》）远古传说中那些有作为的人都被认为源自黄帝，并以作为黄帝子孙为荣。如作为黄帝后代的尧，"其仁如天，其知如神。……能明驯德，以亲九族。九族既睦，便章百姓。百姓昭明，合和万国。"（《史记·五帝本纪》）尧之后的禹有重大贡献，"唯禹之功为大，披九山，通九泽，决九河，定九州。"（《史记·五帝本纪》）夏、商、周及其之后的人群都源自共同的祖先。

人们之所以将自己视为同一祖先的后裔，其重要原因在于血缘关系的联结。梅因指出："一切古代社会都自认为是来自一个原祖，并且除此以外，他们虽经努力，但仍无法想出他们所以会结合在一个政治团体中的任何其他理由。"① 人类最初的甚至唯一的社会关系是血缘关系，人们只能从这一起点出发形成新的社会关系，将更多的人联结在一起。"氏族观念包含着一个信念，即相信有一位共同始祖，这位始祖或是神，或是英雄——我们的确可以把这样的一部世系谱称为杜撰的，但是，氏族成员却把它视为神圣的而深信不疑；并且以此作为他们之间相互结合的一条重要的纽带。"② 尧之所以伟大，便在于首先亲九族，即联结血亲部落团体，然后章百姓、合万国，联结更多的人，直至形成后来所说的"民族"。正如摩尔根所说："联盟是趋向于民族形成的过程中的一个阶段，因为就在这种氏族组织下产生了民族性。"③ 尧因为能够团结更多的人并有重要功劳被称为后人的先祖，并体现其后人作为一类人的民族性。在中国文献中，对于同一血缘关系的氏族团体的联合体，大多用"种""族""类"加以界定。

因此，远古时期的中国人是以血缘看待族群，其标准便是共同的

---

① 〔英〕梅因：《古代法》，沈景一译，商务印书馆，1959，第 74 页。
② 〔美〕路易斯·亨利·摩尔根：《古代社会》上册，杨东莼、马雍、马巨译，商务印书馆，1977，第 232 页。
③ 〔美〕路易斯·亨利·摩尔根：《古代社会》上册，杨东莼、马雍、马巨译，商务印书馆，1977，第 131 页。

祖先。比血缘群体更大的社会群体，包括后来所形成的民族，尽管是不同的人，但是同根同源。承认同一祖先者，便是同一类人。只有认祖归宗，作为同类人才具有正当性。因此，黄帝被视为华夏民族所有人都共同认同的"天下共祖"。

氏族的重要特征便是有自己的姓氏。"任何时候，任何个人都绝不可能丧失他的氏族姓氏；因此，享有氏族姓氏就是他同本氏族人出于同一古老源流的铁证。"① 在中国的历史文献中记载："帝禹为夏后而别氏，姓姒氏。契为商，姓子氏。弃为周，姓姬氏。"（《史记·五帝本纪》）夏、商、周尽管朝代有所不同，但人们从姓氏上都可以追溯到共同的祖先，而无论这一祖先是真实的还是虚拟的。中国人的姓氏不仅源远流长，而且有自己的共同特性，通过这一特性便可以识别某一族类，形成其民族性。"异姓则异德，异德则异类。"（《国语·晋语四》）

从人的记忆看，时间越远，记忆越弱。为了强化后世人们的共同祖先意识，以血缘关系的纽带将人们联结在一起，则需要借助必要的仪式强化人们的祖先意识，进行社会整合。这一整合也源自作为血亲团体的氏族，只是随着社会群体的扩大，将这一历史传统继承并扩展下来，成为国家的大事。"国之大事，在祀与戎。"（《左传·成公十三年》）祭祀祖先成为人们的首要大事，也成为某一类人的重要资格，是其民族性的重要表征。"神不歆非类，民不祀非族。"（《左传·僖公十年》）

血缘关系是与生俱来的，也是后天形成的。后天形成的重要方式便是婚姻关系。这种婚姻关系也早已存在于氏族社会之中。恩格斯指出："在氏族制度之下，家庭从来不是，也不可能是一个组织单位，因为夫与妻必然属于两个不同的氏族。氏族整个包括在胞族内，胞族整个包括在部落内；而家庭却是一半包括在丈夫的氏族内，一半包括在

---

① 〔美〕路易斯·亨利·摩尔根：《古代社会》下册，杨东莼、马雍、马巨译，商务印书馆，1977，第291页。

妻子的氏族内。"① 不同氏族的人通过婚姻关系组成家庭，由此形成亲属关系。这种亲属关系将不同氏族的人联结在一起，并因此具有共同的祖先。婚姻关系扩展了血缘关系。特别是在中国的长期历史上，在父亲世系下，妻子不仅居住在夫家，而且要随夫姓，共同祖先的意识更强。人们通过通婚和联姻将与自己不同氏族的人联结在一起，共同的祖先则将人们凝聚在一起。"周制凡同姓，不管如何疏远，就是相隔许多代也不得通婚。"② "男女同姓，其生不蕃。"（《左传·僖公二十三年》）

异姓通婚会大大扩展不同族类的结合。正因为如此，在中国的历史上，将同胞亲族视为民族性的重要表现。"秦人远祖隶属于炎黄世系，是由于母系成员女修、女华出自炎黄世系之故，而并非由于父系亲属源自炎黄世系。"③

血缘关系的重要特性是时间的连续性。血缘关系体现着人们的生命生产和再生产。根据血缘关系，人们世世代代向下传递。从黄帝开始，中国人作为一个具有共同祖先的族群，世世代代传递下来，子子孙孙从未中断。这正是摩尔根所说的"他们这个民族十分固定的又一证据"④。无论历史进程中发生了什么，一脉相承的中华民族一直延续下来。商是夏一部族，周是商一部族，周人的后代又产生了秦汉，从而构成中华民族的主体。

以血缘看待族群的重要原因是血缘关系具有特殊的作用。在人类早期，与生俱来的血缘关系具有巨大的凝聚力，将人们联结起来为一个集团，形成某一类人。"对不同历史类型的族体来说，族体意识的强弱是不同的。血缘群体的族体意识最为坚韧有力，这是因为族体狭小，成员间的相互交往与沟通比较经常，个人对群体的依赖性强，个人在感情、思想和行动上始终无条件地服从群体，'我族'与'他族'的

---

① 《马克思恩格斯选集》第 4 卷，人民出版社，2012，第 113~114 页。
② 范文澜：《中国通史》第一册，人民出版社，2015，第 57 页。
③ 彭丰文：《先秦两汉时期民族观念与国家认同研究》，中国社会科学出版社，2016，第 21 页。
④ 范文澜：《中国通史》第一册，人民出版社，2015，第 57 页。

界限极其明确而严格。"① 血缘关系因此成为划分此类人区别于彼类人的重要标准。同一血缘关系和同一祖先的人是一类人，非者属于另一类人。同一类人会产生天然的认同，非同一类人则相反。这便是"非我族类，其心必异。楚虽大，非吾族也，其肯字我乎？"（《左传·成公四年》）这里的"族"首先是指同一血缘关系的人群，同时也指认同同一祖先的人群。这一类人形成"族类"。否则便不是同一族类。早在中国远古的禹时，便有了"蛮夷""西戎"等族群。这类族群便不属于同一祖先的后人，即"非我族类"。

血缘关系可以分别他我，成为民族性的重要基准。"血亲联系对于中华民族来说是最重要的联系。一旦认同共同的祖先，就有拉不开扯不断的兄弟亲情。不论是出于纯朴的感性认知还是作为华夏宗法礼乐文明的理论基点，都没有比血缘联系更密切的人际关系了。中国人特别讲究血浓于水，强调的就是这种亲缘的天然紧密联系。"② 但在中国，血缘关系并不是封闭的，而具有开放性。只要承认和认同于共同的祖先，便可以接纳为同一族类的人。在早期中国存在大量不同族群之间的婚姻关系，并相互受到影响。"不同族群上层贵族之间的相互通婚，逐渐融合成新的民族血统，一些历史上闻名的诸侯也是混血儿出身，最典型的就是春秋时期霸业常盛的晋王室。"晋文公在位期间"对母亲一族的狄人十分友善，称之为'亲戚之国'"③。与历史上的一些其他族群相比，中国人的婚姻一直处于开放状态。特别是在汉朝之后汉族人与其他民族交往时通过和亲形成亲戚关系，相当程度在于中国人试图通过开放的血缘关系将具有不同民族性的人群联结起来，形成更大的民族共同体，即天下成为一家。

因此，从民族的发生看，中国的族群以血缘关系和共同祖先为根

---

① 宁骚：《民族与国家——民族关系与民族政策的国际比较》，北京大学出版社，1995，第79页。

② 许殿才、汪高鑫、王志刚：《历史文化认同与中国统一多民族国家》第一卷，河北人民出版社，2013，第16~17页。

③ 徐杰舜、徐桂兰：《中华民族史记》（第三卷，从华夏到汉族），福建教育出版社，2014，第26、27页。

基，是一种血缘民族；同时，祖先认同具有开放性，而没有陷入狭隘排他的血统性之中。当然，在中华民族整体之下，各个族群也有自己的祖先。它反映了中华民族是由多个族群共同构成的特点。

# 二　以国家看待族群：族国一体

一切古代社会的人都自认为是来自同一原祖，并由此形成同一族群。血缘关系成为民族的基础。但是，血缘关系并不是一个民族形成的唯一纽带，而且，民族恰恰是超越血缘关系而形成的，并与国家密切相关。在中国，血缘关系得以在漫长的历史中，成为将人们联结为一个民族的重要纽带，并成为一个固定的民族，其原因在于国家的生成和特性。"国家的形成，在某种意义上可以作为民族形成的标志。"[①]从国家的产生看，中国的民族很早便与国家结合在一起，是政治民族。只是这种政治民族因为血缘关系而能够持续不断地再生产出来。与"天下共祖"相应的是"天下共主"，即通过共同的国家权力将不同的人群联结起来，形成更大的民族共同体。

摩尔根和恩格斯都将从部落联盟到国家这一历史时期视为"民族"产生的重要节点。部落联盟还属于以氏族为基础的社会，以血缘关系为基础。"在氏族制度下，民族尚未兴起；要等到同一个政府所联合的各部落已经合并为一体，……才有民族兴起。组织联盟的条件是各个不同领土范围内的独立部落；但合并作用却以更高级的方式将它们结合于同一领域之中。"[②] 正是在部落联盟向国家的转变中，产生了民族。永久部落的联盟，"就朝民族［Nation］的形成跨出了第一步"[③]。恩格斯以古希腊、罗马和德意志为例，详尽分析了国家产生之前的社会发生的变化。集中到一点，便是人员的混杂和原先氏族组织的崩塌，造

---

①　翁独健主编《中国民族关系史纲要》（上），中国社会科学出版社，2005，第2页。

②　〔美〕路易斯·亨利·摩尔根：《古代社会》上册，杨东莼、马雍、马巨译，商务印书馆，1977，第102页。

③　《马克思恩格斯选集》第4卷，人民出版社，2012，第105~106页。

成氏族制度解体。例如在雅典，"相邻的各部落的单纯的联盟，已经由这些部落融合为单一的民族［Volk］所代替了。于是就产生了凌驾于各个部落和氏族的法的习惯之上的在雅典普遍适用的民族法［Volksrecht］；只要是雅典的公民，即使在非自己部落的地区，也取得了确定的权利和新的法律保护"①。"它第一次不依亲属集团而依共同居住地区为了公共目的来划分人民。"② 在国家产生之后，出现了一种以国家为载体的新的民族。如 "早期罗马人称自己为 '罗马民族'"③。所谓古希腊人、罗马人和德意志人，又可称之为古希腊民族、罗马民族和德意志民族。这种民族与国家是同时产生的。

在中国，原始民族的产生与国家的产生也是同步的。在中国的历史文献中，"国"和"族"往往是一体的。最早的国家——夏王朝的出现，标志着一个新的人群产生了。这就是由夏部族联合其他部族，并通过政权将各个部族联结成为一个稳定的人群共同体。这一人群有自己别于其他人的特征，包括夏王、王制和夏文化。人们因此将这类人称为夏人。"夏王朝的建立可视作夏族形成的标志，也是夏族称谓的来源。"④ 作为一个稳定的族类共同体的"华夏民族"与夏有诸多关联。"'夏'作为夏族的名称，原是取名于夏国和夏王朝，……夏国的建立和夏王朝的出现，是夏族孕育和形成的标志。商，原是商族先祖居住的地名，亦为夏王朝统治下的一个诸侯国名，商君汤灭夏，又以商为国名，建立了商王朝的统治，族名也改称为商，使国名、王朝名和族名合一。"⑤ 夏由此被作为华夏民族的开端。"其后分封，用国为姓。"（《史记·夏本纪》）"夏、商、周一个比一个的疆域大、人民多。……商灭夏促使夏商二族发生融合；周灭商促使夏商周三族进一

---

① 《马克思恩格斯选集》第 4 卷，人民出版社，2012，第 124 页。
② 《马克思恩格斯选集》第 4 卷，人民出版社，2012，第 129 页。
③ 〔美〕路易斯·亨利·摩尔根：《古代社会》上册，杨东莼、马雍、马巨译，商务印书馆，1977，第 66 页。
④ 许殿才、汪高鑫、王志刚：《历史文化认同与中国统一多民族国家》第一卷，河北人民出版社，2013，第 41 页。
⑤ 江应樑主编《中国民族史》（上），民族出版社，1990，第 56 页。

步融合，至西周末期诸华诸夏作为稳定的民族共同体就确立起来了。"①
而周之后的秦人一直到汉人，族群均与国家密切相关，都是从国家看待族群的产物。

当然，在中国，作为人群共同体的民族和国家的产生有自己的特点。这就是血缘性家族、超越血缘的民族与国家呈一体化状态，血缘性与民族性紧密相关，并使民族和国家保持着连续性。

古希腊、罗马的民族与国家产生有共同特点：一是在国家产生时，由于商品经济发展和阶级冲突，血缘氏族团体被炸毁，代之而起的是地区团体。二是组织和治理国家的公共权力缺乏稳定性和持续性，作为政治共同体的国家后来解体，与国家合为一体的民族也因此消亡。

而在中国，在国家产生之前，血缘氏族团体并没有被炸毁，国家是以一个具有血缘性的核心部族组织起来的，表现为族国一体。侯外庐对此作比较说："'古典的古代'是从家族到私产再到国家，国家代替了家族；'亚细亚的古代'是由家族到国家，国家混合在家族里面，叫做'社稷'。因此，前者是新陈代谢，新的冲破了旧的，这是革命的路线；后者却是新陈纠葛，旧的拖住了新的，这是维新的路线。前者是人惟求新，器亦求新；后者却是'人惟求旧，器惟求新'。""旧人就是被氏族血缘纽带所束缚着的人。"② 这就是说，"希腊、罗马的国家完全冲破了家族血缘关系的束缚，家族与国家之间不存在结合的关系；而中国的国家仍处在家族血缘关系的束缚之中，家族与国家处于相结合的状态"③。

在家族与国家相结合的状态下，一是国家利用血亲家族组织国家，亲属组织与地区组织合为一体，如宗法封建制；二是国家权力由某一个血亲家族所执掌，并长期延续。尽管国家作为政治共同体会解体，

① 许殿才、汪高鑫、王志刚：《历史文化认同与中国统一多民族国家》第一卷，河北人民出版社，2013，第63页。
② 侯外庐、赵纪彬、杜国庠：《中国思想通史》第一卷，人民出版社，1957，第11~12、16页。
③ 岳庆平：《中国的家与国》，吉林文史出版社，1990，第42页。

如所谓的改朝换代，但从国家产生一直到 20 世纪初的辛亥革命，由一个统治家族组织和治理国家的特点从未改变。

家族与国家相结合的状态使以血缘看待民族的特性一直延续下来。尽管随着人口的增多和国家的发展，个人与地域的关系越来越突出，民族的范围越来越大，但是以血缘看待民族和追溯共同祖先这一特点长期未变。家族、民族与国家混合为一体。尽管作为政治共同体的国家可能会解体，但血缘关系的纽带没有割断，建立在血缘关系基础上的民族没有消失，仍然属于华夏民族，而且会在此基础上重新组合成新的政治共同体。

夏、商、周是早期中国的三个朝代。尽管朝代不同，但有共同特点。一是三个朝代的统治家族不同，但都自称或被视为黄帝的后代，有共同的祖先。二是三个朝代的人分别被视为一类不同的人，如夏人、商人和周人。他们构成不同的族群。夏人、商人和周人显然不只是夏、商和周的统治家族，还包括属于其的人民。尽管以商代夏，以周代商，统治家族变化了，但夏、商、周的人民仍然有共同的属性，这就是同根同源。"周虽旧邦，其命维新。"（《诗经·大雅·文王》）"唐虞禅，夏后殷周继，其义一也。"（《孟子·万章上》）"夏族这个名称，也是因夏国和夏朝得名的。商朝和周朝的建立，不是一个民族代替另一个民族，而是同一个民族的政治发展和改朝换代。"①

周朝实行宗法封建，形成不同的诸侯国。这些诸侯国经过合并扩展，成为较大的政治实体，同时也成为较大的族类。秦、晋、齐是诸侯国名称，也是一个族群的名称。人们以"秦人""齐人"等称号指称某一类人群。这类人群不仅是国名不同，而且有自己的特定的地域和风俗习惯。如秦国被称为"虎狼之国""贪狼强力，寡义而趋利"（《淮南子·要略》）。尽管这些诸侯国是不同的人群，但又有共同的属性。这就是他们有共同的祖先，并相互是亲戚。无论亲戚关系是先天的，还是后来通过婚姻关系建构的。如周封建诸侯主要是同姓，即

---

① 翁独健主编《中国民族关系史纲要》（上），中国社会科学出版社，2005，第 5 页。

使是异姓，也有亲戚关系。

经过长期的兼并争霸战争，秦始皇统一中国。统一中国后的地域更大，民众比过往更多，人们以统一中国后的王朝名称命名所属人民，形成一个特定的族类。由于统一中国的秦王朝时代太短，汉承秦制，后来以汉王朝的名称定义其属下的人民，即"汉人"。汉人因此成为中华民族的主体民族。吕思勉指出："汉族之名，起于刘邦称帝之后。昔时民族国家，混而为一，人因以一朝之号，为我全族之名。自兹以还，虽朝号屡更，而族名无改。"①

从中国的历史进程看，家族、民族与国家三位一体，贯穿其中的则是久远的血缘关系和共同祖先。血缘关系成为族类和国家强有力的纽带，将不同的人联结在一起。与此同时，这三者又是相辅相成的。家族是民族的根基，民族是家族的放大，国家护卫着家族和民族。即使是作为政治共同体的国家解体了，但只要家族在，就有生存和传承的基础，民族就不会亡，并会重建政治共同体。

摩尔根将久远的血缘关系视为中华民族长期延续的重要依据是有根据的。他说："当野蛮阶段早已过去之后，它们竟一直维持到现代，这却是值得惊异的事，同时，这也是他们这个民族十分固定的又一证据。"② 古希腊和罗马国家缺乏家族、民族的根基和凝聚力，当政治权力不能保护人民时，造成人们的分崩离析和政治共同体的解体。"新出炉的罗马公民身份并没有提供任何补偿；它并不表现任何民族性，而只是民族性欠缺的表现。"③ 由于压迫加重，罗马国家"的秩序却比最坏的无秩序还要坏，它借口保护公民防御野蛮人，而公民却把野蛮人奉为救星来祈望"④。其结果是罗马这个民族也随之消亡了。秦朝统治的压迫程度不亚于古罗马，但民众从来没有"把野蛮人奉为救星来祈

---

① 吕思勉：《先秦史》，上海古籍出版社，2020，第 21 页。
② 〔美〕路易斯·亨利·摩尔根：《古代社会》下册，杨东莼、马雍、马巨译，商务印书馆，1977，第 362 页。
③ 《马克思恩格斯选集》第 4 卷，人民出版社，2012，第 164 页。
④ 《马克思恩格斯选集》第 4 卷，人民出版社，2012，第 165 页。

望"，因为他们有自己的血缘根基，有在久远的血缘根基上形成的民族性。

# 三　以文明看待族群：分别他我

中华民族的先民们尽管遭受过严重压迫，但从来没有"把野蛮人奉为救星来祈望"，原因是除了久远的血缘根基形成的民族性之外，还在于深厚的文明根基。这种根基造就了人们以文明看待族群，分别族群，并向往文明的生活。中国的民族不仅是血缘民族和政治民族，更是一种文明民族。与"天下共祖""天下共主"相应的是"天下同文"。

恩格斯在《家庭、私有制和国家的起源》开篇引用摩尔根将史前各文化阶段分别划分为蒙昧时代、野蛮时代和文明时代的内容，并运用这一划分分析人类的进化和国家的产生。在蒙昧时代，人类的生活高度依赖大自然，"食物来源经常没有保证"，而"野蛮时代的特有的标志，是动物的驯养、繁殖和植物的种植"，"文明时代是学会对天然产物进一步加工的时期，是真正的工业和艺术的时期"[①]。在野蛮时代的中级阶段，出现了"游牧民族和没有畜群的落后部落之间的分工，……在野蛮时代高级阶段，又进一步发生了农业和手工业之间的分工"，"农业是整个古代世界的决定性的生产部门"[②]。农业不仅使人类有稳定的生活来源，而且改变了人类的居住和组织方式。"住得日益稠密的居民，对内和对外都不得不更紧密地团结起来。亲属部落的联盟，到处都成为必要的了；不久，各亲属部落的融合，从而分开的各个部落领土融合为一个民族（Volk）的整个领土也就成为必要的了。"[③]农业产生了剩余财富，进一步推动了社会分工和社会分化，人类"就走到文明时代的门槛了"[④]。文明时代是对过去一切成果的继承。因此，

---

① 《马克思恩格斯选集》第4卷，人民出版社，2012，第30、32、35页。
② 《马克思恩格斯选集》第4卷，人民出版社，2012，第182、165页。
③ 《马克思恩格斯选集》第4卷，人民出版社，2012，第180页。
④ 《马克思恩格斯选集》第4卷，人民出版社，2012，第181、165页。

文明具有人类作为主体改造自然和社会的创造性，也有对过往创造继承的积累性。

远古时期的人类发展有共同性。中国最初的先民们也过着动物一般的生活。"构木为巢，以避群害。"（《韩非子·五蠹》）但中国先民很早以前便产生了改变生活的意识。历史上有大量诸如"钻木取火"等传说。"钻燧取火，以化腥臊。"（《韩非子·五蠹》）"断木为杵，掘地为臼。"（《易·系辞下》）先民们最初过着高度依赖自然，四处漂泊不定的生活。哪里能够获得生活来源，便以部落形态到哪里去，居无定所。"迁徙往来无常处。"（《史记·五帝本纪》）由于有合适的条件和先民们的努力，中国成为农业文明的发源地。传说中的炎帝后来被称为中国人的先祖之一，号称"神农"。"五谷神'稷'与土地神'社'合称'社稷'，社稷是国家的象征。"① 农业使中国的先民们有了稳定的生活来源。它可以通过生产工具的改进，提高生产力，获得更多产品，"从而生活资料在当时条件下实际上无限制地增加，便都有可能了。"② 农业使中国先民们摆脱了居无定所的不稳定状态，能够安居乐业，先民们通过农业生产获得了稳定的生活来源。无论如何，他们也不愿意退回到居无定所的状态。农业赋予中国先民们以民族性，中国先民们从事农业生产，成为超越过往游牧生活人群的族类。这种民族性因为物质文明的先进性而不会轻易改变。人们因此将早先的中国人称为农业民族，以与游牧民族相区别。

物质文明与精神文明是同步的。人类是有意识并能进行创造的高级动物。人在改造自然和社会的活动中都受意识的支配。精神文明是人作为主体的表征，是自我意识的反映，同时也以物质文明为基础。农业是人类文明进步的重要标志。人类可以通过自己的努力与大自然进行反复交换，体现着人类的自我创造。农业文明不仅是人类创造的成果，也改变着人类的思维方式。"农业生产是在相对固定的土地上获

① 武斌：《文明的力量：中华文明的世界影响力》，广东人民出版社，2019，第4页。
② 《马克思恩格斯选集》第4卷，人民出版社，2012，第34页。

得生活资料，并有可能持续不断地获得财富，这促使人们产生自我意识，有了土地和产品归属于我或者他人的意识。"①

农业文明还推动着国家的产生。"邻人的财富刺激了各民族的贪欲，在这些民族那里，获取财富已成为最重要的生活目的之一。"②"对财产的欲望超乎其它一切欲望之上，这就是文明伊始的标志。这不仅促使人类克服了阻滞文明发展的种种障碍，并且还使人类以地域和财产为基础而建立起政治社会。""以地域和财产为基础，我们可以名之为国家。"③ 在中国的地域上，曾经存在多个不同的部落和族群。正是在农业和战争的过程中，夏部族脱颖而出，在激烈的竞争中建立了最早的国家——夏朝，并由此形成夏民族。早期中国经历了夏、商、周三代，这实际上是农业不断占有主导地位的过程。作为周人先祖的弃，"遂好耕农，相地之宜，宜谷者稼穑焉，民皆法则之"（《史记·周本纪》）。其后代继承其业，"务耕种，行地宜"（《史记·周本纪》）。农业的发达不仅为周朝替代商朝提供了条件，也使周人形成了对土地的占有意识。因此产生出"溥天之下，莫非王土"的观念。

作为政治共同体的国家产生之后，必须要进行治理，建构秩序，并形成相应的制度文明。这种制度文明到周朝达到了早期中国的高峰。这就是以宗法封建礼乐制度为标志的一整套上下等级有序的制度。通过制度来规范人们的行为，社会得以持续有序地运转。制度文明成为早期中国文明的重要标志，也成为划分人群和族类的重要标志。礼不仅是区分贵族和庶人的标志，也成为区分不同族类的重要标志。

正是由于以上基础，早期中国人形成了以文明看待族群、将文明作为区分你我的标志，并形成了族群的自我意识。在这一过程中，文字扮演着重要角色。语言是各个族群天然都具有的。文字则是人类发明和创造出来的。中国先民们早就有了"仓颉造字"的传说。而国家

---

① 徐勇：《关系中的国家》第一卷，社会科学文献出版社，2019，第59页。
② 《马克思恩格斯选集》第4卷，人民出版社，2012，第180~181页。
③ 〔美〕路易斯·亨利·摩尔根：《古代社会》上册，杨东莼、马雍、马巨译，商务印书馆，1977，第6页。

的产生大大推动了文字的创造和使用。这是因为，国家必须通过文字进行统一治理。文字是人的意识再加工的过程。人们通过文字对事物进行定义，包括对自己和他人的定义。这种定义取决于人们对自我和他人的认识。这种认识集中体现在精神生产者的意识中。

在早期中国，精神生产者通过文字进行自定义和他定义时的重要标准便是文明。中国先民因为文明的领先而被称为"华夏"，有文明、知礼节的人们属于华夏族类。华夏的定义是文化自信的反映。早期中国先民以"东夷西戎南蛮北狄"定义非华夏族类，重要标准便是文化。"中国以诗书礼乐法度为政。"（《史记·秦本纪》）"中国有礼仪之大，故称夏，有服章之美，谓之华。华夏一也。"（《左传·定公十年》）"华因服饰习俗的特点得名，即所谓'冠带之国'和蓄发右衽。作为人们共同体，华与夏是没有区别的。"① 华夏不仅表示一个族类，更重要的是它是一个具有先进文明的族类。"在中原诸夏看来，与周天子先祖世系的密切血缘关系令他们足感骄傲自豪，此外拥有和尊奉周室衣冠礼乐文明亦是其骄傲的重要资本，这种骄傲感在他们面对周边其他族群时尤为凸显，其本质上则是族群的文化认同感与优越感。"②

以文明看待族群，区分他我是中国先民重要的族群意识。"中国、夏、华三个名称，最基本的涵义还是在于文化。文化高的地区即周礼地区称为夏，文化高的人或族称为华，华夏合起来称为中国。对文化低即不遵守周礼的人或族称为蛮、夷、戎、狄。"③ "戎狄是中国人给他们的名称，……用恶字写译音，方、夷、戎等字也是中国人附加的。"④ 但文化形塑的族群并不是封闭的。文明是人类创造成果的集中概括，文化则是文明的表征。"化"则是由无到有，由少到多的过程。尽管非华夏族类不具有华夏族类一样的文明，但只要接受和认同华夏

---

① 翁独健主编《中国民族关系史纲要》（上），中国社会科学出版社，2005，第55页。
② 彭丰文：《先秦两汉时期民族观念与国家认同研究》，中国社会科学出版社，2016，第26页。
③ 范文澜：《中国通史》第一册，人民出版社，2015，第134页。
④ 范文澜：《中国通史简编》上册，商务印书馆，2017，第44页。

的文明，则也可以成为华夏族类一样的人群。"居楚而楚，居越而越，居夏而夏，是非天性也，积靡使然也。"（《荀子·儒效》）"采纳中原地区自夏商周以来形成的典章制度、风俗礼仪的就是华夏，就是中国，反之就是夷狄。"① 一度落后的族群可以在接受华夏文化中奋起。在相当长的时间里，秦人处于文化落后状态，受到歧视。"秦与戎、翟同俗，有虎狼之心，贪戾好利而无信，不识礼义德行。苟有利焉，不顾亲戚兄弟，若禽兽耳。此天下之所同知也，非所施厚积德也。"（《战国策·魏策三》）"秦人在自卑中积极进取，通过迁徙、战争、会盟、联姻、重用诸夏人才、吸收中原文化等方式，努力走近和融入华夏民族，从而发展壮大了自身，最终完全融入华夏民族，并且成为华夏民族的主导者和统治者，完成了统一华夏民族、建立统一多民族国家的历史重任。"②

由于文明是人类创造的集中概括，华夏民族有着坚实的基础，并可以通过文明的纽带将更多的人凝聚起来。国家作为政治共同体可能会解体，会改朝换代，但因为文明的支撑，民族共同体不会解体，且会在此基础上重建政治共同体。所以，从根本上说，作为中华民族前身的华夏民族是一个既有很高的文明基础，又能够以文明同化他人的文化民族。"周朝以来，虽说华族占据中原，蛮夷戎狄各族在华族的四周；但在实际上中原地区也是各族杂居。华族生产进步，文化较高，因此逐渐的把居住在中原地区的各民族和四周边沿地区的一些民族同化了。"③

文明的重要特点是传承性。它是世世代代人们共同创造的财富和积累的成果。由于有世代传递的共同血缘关系和共同地域，华夏民族的文明可以一直传承下来，不会因为朝代的更替而中断，也不会因为政治共同体的解体而摧毁。"殷因于夏礼，……周因于殷礼。"（《论

---

① 程妮娜等：《中国历代边疆治理研究》，经济科学出版社，2017，第49页。
② 彭丰文：《先秦两汉时期民族观念与国家认同研究》，中国社会科学出版社，2016，第39页。
③ 范文澜：《中国通史简编》上册，商务印书馆，2017，第87页。

语·为政》）作为礼的载体的文字更是会传承下来。文明传承下来，民族也延续下来了，并会在此基础上重建政治共同体。

# 四　以地域看待族群：中心边地

在早期中国，文明族群是一个开放性概念，即认同和接受华夏文明的族类都可以成为华夏共同体的成员。这一概念本身便意味着在人们的认知系统里存在他者和我者的区分，存在此族群与彼族群的不同。而这种不同又与地域相关。因为地域不同而形成一个中心—边地构成的"天下"。只是不同地域的人群可以通过联合形成更大的共同体，所谓"天下大同"。它与"天下共祖""天下共主""天下同文"共同构成理想的天下秩序。

人类总是生活在一定的地域空间中。恩格斯指出，美洲印第安人部落"有自己的地区和自己的名称。每一部落除自己实际居住的地方以外，还占有相当大的地区供打猎和捕鱼之用。在这个地区之外，还有一块广阔的中立地带，一直延伸到邻近部落的地区边上；在语言接近的各部落中间，这种中立地带比较狭小，在语言不接近的各部落中间，中立地带比较宽大"[1]。只是在氏族社会中，确定氏族成员的标准主要是血缘关系，氏族是以人身为基础的。"民族，由几个部落组成，它们合并在一起构成一个氏族社会，并占居共同的领域。"[2] 这种合并不单是人的合并，更是地的合并，由原有的不同氏族部落占居一定地域转变为由若干部落共同占居一定地域，其成员增加了，地域也扩大了，且地域关系成为主导关系。民族的重要特征便是拥有共同地域的人群共同体。而地域关系必然产生国家。国家和旧的氏族组织不同的地方，"第一点就是它按地区来划分它的国民"[3]。政府与个人之间的

[1] 《马克思恩格斯选集》第4卷，人民出版社，2012，第102~103页。
[2] 〔美〕路易斯·亨利·摩尔根：《古代社会》上册，杨东莼、马雍、马巨译，商务印书馆，1977，第220页。
[3] 《马克思恩格斯选集》第4卷，人民出版社，2012，第187页。

关系是通过个人与地域的关系来体现的，所谓地域，即乡、县和国。但作为国家纯粹形式的雅典只是海洋城邦国家，不仅国家领土的范围小，而且是单一民族，各个地域具有同一性。

中国的先民们生活在辽阔的内陆，在一个核心部族的基础上建立国家。这种国家与一般国家有共同特征，这便是有了地域和公共权力，且公共权力要对所辖的地域行使治理。但在广阔的内陆，国家的边界不确定。人们只有广阔无垠的"天下"意识，而缺乏有固定边界的国家意识。人们对地域空间的认知是从自我出发的，即以自己为中心而向周边扩散至无边无际的"天下"。在与中心地带不同的地方，人们的生活方式不一样便被视为异族。"在古代中国的想象中，地理空间越靠外缘，就越荒芜，住在那里的民族也就越野蛮，文明的等级也越低。"① 由此有了中心与周边的地域差别。这种地域差别同时具有族群差异，是一种地域关系与族群关系的叠加。

中国的先民从早期"迁徙往来无常处"，到后来相对稳定并建立起最初的国家。其地域主要在黄河中下游地域。"中国中部黄河南北，是平原肥沃的地区。住在周围的各民族，都想迁徙进来。因此成了各种族斗争的舞台，也成了不同文化相互影响的场所。"② 这一地域被称为"中土"、居天下之中。"中国"这一名称最初也是从居天下之中的国家而言的，是一种地域性族群。

"国家是文明社会的概括。"③ 在黄河中下游地域诞生了最早的国家。作为政治共同体的中国，不仅地域位置居中，而且是文明的中心地带，并集聚着特殊的公共权力。"《尚书·梓材篇》、《诗·大雅·荡篇》称商王国为中国。因为商王国在当时各小国中，政治经济文化都被公认为唯一的中心国。《诗·大雅·民劳篇》称宗周和遵守周礼的诸侯国为中国。东周时期北方诸侯自称中国，称楚吴越等南方国为蛮夷，

---

① 葛兆光：《宅兹中国——重建有关"中国"的历史论述》，中华书局，2011，第44页。
② 范文澜：《中国通史简编》上册，商务印书馆，2017，第7页。
③ 《马克思恩格斯选集》第4卷，人民出版社，2012，第193页。

楚吴越称北方国为中国或上国。"① 人们正是从地理、权力和文化等维度来认识自我和确定其辖区和地域的。

从天下地域的角度看，中国居天下之中，属于中心之国。"惠此中国，以绥四方。"（《诗经·大雅·民劳》）从国家的角度看，作为"天下共主"的"天子"居住的都城又属于中心的中心。最初的"国"便意味着以武装保卫的都城。"古之王者，择天下之中而立国。"（《吕氏春秋·慎势》）从地域和权力的角度，中国又属于集中权力的中央之国，处于中心位置。"欲近四旁，莫如中央，故王者必居天下之中，礼也。"（《荀子·大略》）从文明的角度看，中国又是文明的集聚地。因此，中心地域具有多重属性，既是自然地理概念，也是政权概念和文化概念，同时也是国家产生之后的地域概念，体现着地域整体与部分之间的关系。"先秦时代，'中国'一词使用的定义，大致而言，'中央地区'的意义远比'中心国家'为常见。"②

有中心必有边陲，有中央必有地方。"'边陲'均指某国家的边远地区（不必然与另一国家毗邻），中心区的政治权威会波及或者只是脆弱地控制着这些地区。"③ "春秋以前，中国内部多为独立的国家及部落。所谓华夏文明只限于今河南、陕西、山东、山西、河北诸省境内，此一区域即当时之所谓'中国'。此外则谓之'蛮方'，蛮方在中国人之意想中已距离甚远矣。"④

在中国，最初的国家地域有"九州"之说。"尽管禹画九州只是地理意义上的划分，不是恩格斯所说的行政区划的划分，还不能认为这就是国家的出现，但是这种划分显然为随后到来的由血缘团体向地域

---

①　范文澜：《中国通史》第一册，人民出版社，2015，第133页。

②　许倬云：《说中国：一个不断变化的复杂共同体》，广西师范大学出版社，2015，第53页。

③　〔英〕安东尼·吉登斯：《民族—国家与暴力》，胡宗泽、赵力涛译，三联书店，1998，第60页。

④　顾颉刚、史念海：《中国疆域沿革史》，商务印书馆，2015，第54页。

团体的过渡准备了条件。"① 过往这些地区主要是各个部落的生活领域。随着夏王朝的崛起，通过战争等方式，将这些分隔孤立的部落地点连为一个地域整体，归于夏王朝中央统属。当然，由于夏王朝的国家能力有限，还不能对所属地域直接行使治理权，九州更多的是势力和影响范围。

除了"九州"之外，早期中国还有"五服"之说。"夫先王之制，邦内甸服，邦外侯服，侯、卫宾服，夷、蛮要服，戎、狄荒服。甸服者祭，侯服者祀，宾服者享，要服者贡，荒服者王。日祭、月祀、时享、岁贡、终王。"（《国语·周语》）"五服"是典型的由中心到边地的一体多层的圈层结构。它包括多层意思。一是从地理分布看，以中心为原点，越往外距离越遥远；二是从血缘关系看，以中心为原点，越往外越淡；三是从权利与义务看，以中心为原点，越往外越不同。"五服制"更符合受血缘—地域关系支配的王制国家的演变特性。处于圈层外围的地区便是边远之地。国家化是由中心向边地不断扩展的过程。

中心—边地意识的形成是一个历史过程。夏、商时期，农牧混合，居无定所。到了周，因为农业的发展，人们逐步稳定下来，有了固定的地域，并能够从地域的角度看待族群。"中国戎夷，五方之民，皆有性也，不可推移。东方曰夷，被发文皮，有不火食者矣。南方曰蛮，雕题交趾，有不火食者矣。西方曰戎，被发衣皮，有不粒食者矣。北方曰狄，衣羽毛穴居，有不粒食者矣。中国、夷、蛮、戎、狄，皆有安居、和味、宜服、利用、备器，五方之民，言语不通，嗜欲不同。"（《礼记·王制》）"诸夏之国，同服同仪；蛮夷戎狄之国，同服不同制。"（《荀子·正论》）"西周时人们不仅从整体概念上肯定了华夏族的四方分布着四个民族集团，即东方曰夷，西方曰戎，南方曰蛮，北方曰狄，而且指明'五方之民'的划分，是以他们分布地域、经济生

---

① 金景芳：《中国奴隶社会史》，转引自周书灿《中国早期国家结构研究》，人民出版社，2002，第24页。

活、习俗和语言的特点为依据的。"① 发达的"中国"居中，不发达的
地方属于边远。居于边地的则是与华夏族所不同的蛮夷戎狄之族。"五
服制"只是这一族群地域分布的制度体现。

"五服制"首先强调以王为中心，不同地方是一体的，都要服从和
服侍居于中央和中心的天子。王体现着国家的统一性，是国家化的主
导性力量。其次，"五服制"强调不同地方与中心和中央的关系不一
样。周天子理论上的天下与实际控制的地方不对等，从而有内外之别。
距离近的地方为内，距离远的地方为外。这反映了早期国家能力有限，
不可能国家一建立便实行统一的制度，实行一体化治理。最后，"五服
制"将夷、蛮、戎、狄等异族也包括在内，只是他们的权利与义务有
所不同。这一制度体现了一种对待不同人群的态度和行为，反映了早
期国家还不可能将大量异质性的族类整合为具有同一国民资格的民族
和政治共同体。

从"五服"看，夷、蛮、戎、狄等族群生活在距离中心更遥远的
地方，也是接受王权治理和华夏文化较少的地方。"戎王处辟匿，未闻
中国之声。"（《史记·秦本纪》）由此形成以地域看待族群，区分中
心和边地的意识。"'中国'，既表示地理方位，与东、西、南、北
'四方'对举，又有鲜明的族群含义，与'夷狄''四夷'相应，指代
华夏民族。"②

华夏族群生活在中心地带，非华夏族群生活在边远地带。"黄河流
域远古文化发达的地区，到春秋战国时期，仍然是周王室及华夏诸侯
兴国立业之处。然而在其周围，却居住着戎、狄等非华夏民族，他们
长期以游牧生活为主，也有原先就是从农业部落分离出去者，因而过
着半农半牧的生活。"③ 不同的族群生活在不同的地方，有不同的生活
样式和习俗。族群寓于地域之中。由于地域相近，族群之间既是族群

---

① 江应樑主编《中国民族史》（上），民族出版社，1990，第 73 页。
② 彭丰文：《先秦两汉时期民族观念与国家认同研究》，中国社会科学出版社，2016，
第 109 页。
③ 王会昌：《中国文化地理》，华中师范大学出版社，1992，第 45 页。

关系，又是地域关系。

在"天下"的地域空间里生活着不同的族群。中心地带的族群因为文明程度高而对边地的族群具有吸附性，通过发达的文明将周边其他族群吸附在自己的周围。"由于'中国'本身在地理位置、自然条件以及文明程度方面的明显优势，'中国'也成为周边各族向往和渴慕的对象，对周边各族发挥着强大的吸引力，据有'中国'、成为'中国'的一部分成为华夏周边各族共同的愿望，'中国'之称由此起到了凝聚周边各民族的作用。"① 边地的族群对中心地带的文明和财富有向往，甚至会用特有的方式达到自己的目的。由此产生中心族群与边地族群的互动。"秦僻在雍州，不与中国诸侯之会盟，夷翟遇之。"（《史记·秦本纪》）"秦国僻陋戎夷，事服其任，人事其事，犹惧为诸侯笑。"（《吕氏春秋·不苟论》）秦人居住于偏僻之地，曾经被中原诸侯视为夷。但秦不甘居于偏僻之地，而是主动面向东方的中原核心地带，持续不断地迁都东进，从东方诸国引进人才，由此从边地出发在兼并争霸战争中成为霸主。"'昔秦穆公国小处辟，其霸何也？'对曰，'秦，国虽小，其志大；处虽辟，行中正。'"（《史记·孔子世家》）

中心和边地的地域差异包含权利与义务之间的差异。这种差异也推动着不同地域族群之间的互动。楚人是边远的族群，被称为南蛮，并具有强烈的族群意识。"我蛮夷也，不与中国之号谥。"（《史记·楚世家》）尽管楚人自称边地蛮夷，但还是希望得到中央的认可。"我蛮夷也。今诸侯皆为叛相侵，或相杀。我有敝甲，欲以观中国之政，请王室尊吾号。""王不加位，我自尊耳。"（《史记·楚世家》）随着楚人的崛起，由边地逐步走向中心，即"问鼎中原"。楚国不仅得到周天子封爵，而且得到周天子的授权，"镇尔南方夷越之乱，无侵中国"（《史记·楚世家》）。"楚国变为华夏族的另一个重要标志，是它的通用语言已与华夏族基本相同了。"② 经过艰苦卓绝的努力，楚成为大国

---

① 彭丰文：《先秦两汉时期民族观念与国家认同研究》，中国社会科学出版社，2016，第110页。

② 翁独健主编《中国民族关系史纲要》（上），中国社会科学出版社，2005，第73页。

强国。"凡天下强国，非秦而楚，非楚而秦。"（《战国策·楚策一》）当位于边地的秦、楚走向中心时，中心的地域范围也大大扩展了，秦、楚之外的地域才被视为边地。

# 五　杂居、族际互动与国家演化

人类最初都生活在特定的地域之内，并形成了特有的生活方式和习俗，从而产生了不同的族群。但这种相对稳定的族群不是一开始就有的，也不是一开始就有属于自己的稳定的共同地域的。其重要原因是生产方式的变化。

人类最初是没有稳定的生产方式和生活来源的。随着进化，人类有了相对稳定的生产方式和生活来源。先是"游牧部落从其余的野蛮人群中分离出来"[①]，然后有了游牧业和农业的分离，分别产生了以游牧业和农业为基础的不同人群，这些人群被称为游牧民族和农业民族。

只是在相当长的时间里，人们的分工分业尚不固定。人们以各种各样的方式获得生活来源，同时生活状态也不稳定，处于流动状态。采集、狩猎、游牧等生产方式的重要特点是流动性。即使是以土地为基础的农业，因为土地的开垦和生产水平的低下，从事农业的人们也处于变动状态。在社会分工和分业不稳定的状态下，以生产方式为基础的人群划分还不明晰，只具有相对的共同性；同时这些不同人群处于杂居状态，没有固定的居住区域。"周代的中国不是一片完整的土地，并没有划出与戎、狄两族的边界，因为戎和狄都很坚强地立足于中国的内部。"[②]

杂居指不同的人群生活和活动于共同的地域空间内。它是人类由野蛮时代进入文明时代的重要特点。恩格斯指出："氏族制度的前提，是一个氏族或部落的成员共同生活在纯粹由他们居住的同一地区中。

---

① 《马克思恩格斯选集》第 4 卷，人民出版社，2012，第 176 页。
② 〔美〕拉铁摩尔：《中国的亚洲内陆边疆》，唐晓峰译，江苏人民出版社，2010，第 250 页。

这种情况早已不存在了。氏族和部落到处都杂居在一起，到处都有奴隶、被保护民和外地人在公民中间居住着。直到野蛮时代中级阶段末期才达到的定居状态，由于居住地受商业活动、职业变换和土地所有权转让的影响而变动不定，所以时常遭到破坏。"①在中国，最初的国家是以一个核心部族为基础建立的。作为公共权力的国家产生之后，大量的人群还是以氏族和部落的方式生活，并因为共同的生产方式和习俗形成相对稳定的族群。

"广谷大川异制，民生其间者异俗。"（《礼记·王制》）这些具有不同制度和习俗的族群，其生活地域处于大稳定小变动、相互之间交错杂处的状态。"华夏族是中原的主体民族，一般是居于经济发达、文化先进的平原地带，而中原地区的山、林、川、泽之地，则分别居住着文化较落后的夷、蛮、戎、狄之族，长期与华夏族交错杂居。"②"东周王畿内有戎族小国，卫都城上可以望见戎州，想见当时地旷人稀，华族与其他诸族杂居的情状。"③

交错杂居意味着没有明确的地域边界，由此必然产生族际的经常性互动。这种互动，是不同族群之间的互动，反映了族群之间的关系；是不同族群在一定地域空间内的互动，反映了地域关系，人们通过一定地域与国家发生联系，并影响着国家的演化。

首先，在一定的地域空间内存在不同的族群，族群之间存在不同利益并会发生碰撞，产生了族群和国家意识。

在早期中国，夏和商时期的分工分业尚不确定，人们的生活处于由变动不居到相对稳定的过渡状态，族类的差别主要表现为血缘关系。"在初期，汉族农民与游牧民之间明确的界限还没有建立，汉族自己的一大部分还是以捕猎和牧畜为生。"④在由商到周的时期，农业发展起

---

① 《马克思恩格斯选集》第4卷，人民出版社，2012，第184~185页。
② 江应樑主编《中国民族史》（上），民族出版社，1990，第81页。
③ 范文澜：《中国通史》第一册，人民出版社，2015，第135页。
④ 〔美〕拉铁摩尔：《中国的亚洲内陆边疆》，唐晓峰译，江苏人民出版社，2010，第42页。

来了，产生了以农业为主要生产方式的人群，并形成了以一个核心部族为主并联结更多人的族类，即农业族群。"井的发明，全世界以中国为最早，相传益作井，虽无确证，商代有井，乃是事实：有了井，人不必依河流居住，对农田扩充、人口繁殖有极大的意义。"[1] 商代时，农业尚不稳定，商人进行多次迁徙。"自契至汤八迁。"（《史记·殷本纪》）周人则是典型的定居农业族群。作为周人先祖的弃，"遂好耕农，相地之宜，宜谷者稼穑焉，民皆法则之"。其后代"复修后稷之业，务耕种，行地宜，自漆、沮度渭，取材用，行者有资，居者有畜积，民赖其庆。百姓怀之，多徙而保归焉。周道之兴自此始，故诗人歌乐思其德"（《史记·周本纪》）。周显然是以一个血缘家族为基础但又吸引了更多人追随的族群，只是这一族群的生活地域空间还存在非农业族群，即"在戎狄之间"（《史记·周本纪》）。戎狄作为非农业民族，其生活来源处于不稳定状态，且四处流动，由此造成不同族群的利益碰撞。"薰育戎狄攻之，欲得财物，予之。已复攻，欲得地与民。民皆怒，欲战。古公曰：'有民立君，将以利之。今戎狄所为攻战，以吾地与民。民之在我，与其在彼，何异。民欲以我故战，杀人父子而君之，予不忍为。'乃与私属遂去豳，度漆、沮，逾梁山，止于岐下。豳人举国扶老携弱，尽复归古公于岐下。及他旁国闻古公仁，亦多归之。于是古公乃贬戎狄之俗，而营筑城郭室屋，而邑别居之。作五官有司。民皆歌乐之，颂其德。"（《史记·周本纪》）

戎狄武力进攻周人，要获得财产、土地和人民。周人的首领没有与之应战，而是迁往其他地方继续从事农业，并得到众人的追随。经过这样的碰撞，周人产生了族群自觉和国家意识。这就是贬斥戎狄的习俗，建造城郭和房屋，分成邑落居住，设立（司徒、司马、司空、司士、司寇）五种官职，进行自我整合，利用国家的力量保护族群，并有了以文明吸引人的意识。

其次，在一定的地域空间内存在不同的族群，族群的界限尚不确

---

[1]　范文澜：《中国通史简编》上册，商务印书馆，2017，第28页。

定，族群相互借助对方的力量，并影响着国家进程。

周人在戎狄的进攻下，"贬戎狄之俗，而营筑城郭室屋，而邑别居之"（《史记·周本纪》）。这意味着在相当长的时间里，不同族群之间的界限尚不明确，也缺乏族群自觉。"在当时周人统治的核心区里还存在着大量的非华夏族群，此时期的民族分布尚呈马赛克状，民族差异、文化差异以及经济类型的差异都是'插花式'的，而不是地域式的，尚未形成内地与边疆的差异。"① 各个族群之间既有冲突，也有相互借助和利用，并造成对国家进程的影响。

随着周人力量的强大，特别是周王朝的建立，对犬戎不再只是避让。但对是否用武力进行讨伐，也存在争论。一种劝谏意见认为，"先王燿德不观兵"（《史记·周本纪》），用兵需谨慎。戎氏能世守其职，前来事奉天子，就不能对他们用兵。但周穆王还是出兵征讨，不仅没有收获，而且那些属于荒服的族群也不再来事奉天子了，且处于进一步的对立状态。周幽王时，申侯联合西夷的犬戎攻打幽王，并立新的周王，自此周王室衰败。显然，试图运用武力实现对不同族群的整合，面临着较大风险。这是因为，作为有组织的暴力需要财力支持。没有足够的财力，军事力量只会消耗国家的整合能力，甚至危及国家政权。

秦人源自周的疆域西部，与戎狄杂居。在司马迁看来，秦人祖先究竟属于中国还是夷狄都不清楚。"子孙或在中国，或在夷狄。"（《史记·秦本纪》）他们与戎狄的联系十分密切，风俗也相近。"在西戎，保西垂。""居犬丘，好马及畜，善养息之。""申骆重婚，西戎皆服，所以为王。"（《史记·秦本纪》）因为周王室的关系，秦与戎发生冲突，并因为冲突，秦的先人获得了官职。"秦仲立三年，周厉王无道，诸侯或叛之。西戎反王室，灭犬丘大骆之族。周宣王即位，乃以秦仲为大夫，诛西戎。西戎杀秦仲。秦仲立二十三年，死于戎。有子五人，其长者曰庄公。周宣王乃召庄公昆弟五人，与兵七千人，使伐西戎，破之。于是复予秦仲后，及其先大骆地犬丘并有之，为西垂大夫。"

① 程妮娜等：《中国历代边疆治理研究》，经济科学出版社，2017，第35页。

"庄公居其故西犬丘，生子三人，其长男世父。世父曰：'戎杀我大父仲，我非杀戎王则不敢入邑。'遂将击戎，让其弟襄公。"（《史记·秦本纪》）

之后，秦襄公救周有功，不仅获得了封地，而且秦人成为势力日益强大的族群。"秦襄公将兵救周，战甚力，有功。周避犬戎难，东徙雒邑，襄公以兵送周平王。平王封襄公为诸侯，赐之岐以西之地。曰：'戎无道，侵夺我岐、丰之地，秦能攻逐戎，即有其地。'与誓，封爵之。襄公于是始国。"（《史记·秦本纪》）

秦位于中原王朝的西部边陲地域。这一地域是农牧业交错、各个族群杂居的过渡地带。彼此你中有我，我中有你，相一致也相冲突。正是在这种相冲突又相融合的过程中，族群和国家不断成长。与秦接近的戎，当时正处于由部落联盟向国家状态转变的时期，保留了许多部落的特性，其部落团结力和战斗力强。秦与戎接近，其民族性也与之接近，并利用更为强大的战斗力打败戎，获得了归属于自己支配的领地，从此成为周的一方诸侯。

再次，在一定的地域空间内存在不同的族群，族群之间会发生冲突，而冲突也会造成族际融合。

随着族群的成长，族群意识日益强烈，特别是为了保护族群利益和扩大族群影响，许多族群都希望建立自己的政权，积聚力量。这些有自己政权的族群存在于一个地域相近的空间内，彼此最了解，也最容易发生冲突。

秦国成为诸侯国之后，势力日益强大。在相当程度上，秦国的民俗与戎狄相似，并能准确认识戎狄的优势和弱点，从而在族际冲突中获胜。西周之后，周王室衰败，诸侯国纷争，暴露出中原王制国家的弱点，同时也显示出其他族群的优势。"此乃中国所以乱也。夫自上圣黄帝作为礼乐法度，身以先之，仅以小治。及其后世，日以骄淫。阻法度之威，以责督于下，下罢极则以仁义怨望于上，上下交争怨而相篡弑，至于灭宗，皆以此类也。夫戎夷不然。上含淳德以遇其下，下怀忠信以事其上，一国之政犹一身之治，不知所以治，此真圣人之治也。"（《史记·秦本纪》）在国家出现后，一方面显示出比氏族部落的规模更大，力量更强；另一方面也显示出君臣上下的统治关系，并会造成内乱，弱化国家的力量，甚至政权衰败。而戎夷尚保留着大量的原始部落特性，族群成员相互团结平等，有深厚的军事共产主义色彩，"一国之政犹一身之治"，能在族群之间的竞争中具有特别的优势。但戎夷的优势也不是永恒不变的。秦人后来设计，利用戎的首领贪图安逸，打败了戎，获得了大片土地。"秦用由余谋伐戎王，益国十二，开地千里，遂霸西戎。"（《史记·秦本纪》）

秦国在后来的兼并争霸战争中不断获得胜利，在相当程度上受益于与戎夷杂居中，有与戎夷相同的习俗，并能够避免中原王朝统治的弱点，吸取戎夷的原始民族性而产生的政治优势。如秦人力戒贪图享乐，上下一心，"一国之政犹一身之治"（《史记·秦本纪》）。商鞅变法能够在秦国取得成功，得益于秦国在与外族杂居过程中形成的民风民俗。在这一过程中，旧有的风俗也得到了改变，推动了族群之间的融合。"始秦戎翟之教，父子无别，同室而居。今我更制其教，而为其男女之别，大筑冀阙，营如鲁卫矣。"（《史记·商君列传》）

最后，在一定的地域空间内存在不同的族群，族群之间会发生冲突，那些文明程度较高和有国家支撑的族群得以取胜，并促进更广泛的族群整合。

不同族群生活在相近相邻的空间范围内，相互之间缺乏固定的边界，且会产生冲突。在冲突中，那些具有较高文明程度和有国家支持的族群更容易获得胜利。其重要原因是这些族群同质性强，能够在此基础上联合起来，相互帮助，形成更大的力量。春秋时，"戎狄攻华族十六次，华族攻戎狄九次。戎狄的势力不小，但不能发展，因为华族知道团结，互相救援"[1]。戎狄等族群的文明程度尚处于部落状态，各个部落的战斗力量非常强。但分散孤立的状态使之不能结合为一个更

---

[1] 范文澜：《中国通史》第一册，人民出版社，2015，第137页。

大的群体，形成更大的力量。相反地，华族利用同根同源同文的优势，通过结盟的方式相互支持和救助，形成了更大的力量，得以各个击破其他族群，并将其他族群融为一体。"华族文化程度较高，政治上有霸主主持盟会，起着互救的作用。华族凭借优势的文化和政治力量，终于融合了诸族。"① 这种融合使原生的族群融为一体，其地域有了很大的扩展，且减少了族群的杂居。在一定的地域空间范围内居住着同一族群的状态增多了，并形成了之后的族群居住的总体格局。

## 六　战争、族群整合与国家扩展

战争是敌对双方为了达到一定的政治、经济、领土的完整性等目的而进行的武装战斗。战争作为一种集体暴力行为很早就出现了。但作为一种大规模的集体暴力行为，战争是人类发展到一定历史阶段的产物。

恩格斯指出："暴力在历史中还起着另一种作用，革命的作用；暴力，用马克思的话说，是每一个孕育着新社会的旧社会的助产婆；它是社会运动借以为自己开辟道路并摧毁僵化的垂死的政治形式的工具。"② 从一定意义上说，民族和国家都出自战争。正是因为冲突和战争，部落之间形成联盟，结合成为更大的人群，从而产生了超越血缘关系的族群。随着战争规模的扩大，族群之间不断整合，形成更大的族群，国家也会随之扩展。战争可以说是推动族群整合的加速器。一方面，在战争状态下，族群需要进行自我整合，保存自己，否则会被消灭；另一方面，一些族群具有主动整合的自觉意识，通过族群整合，获得更大力量，征服他人，扩大自己。恩格斯在谈到古罗马的战争时说，"罗马的世界统治的刨子，刨削地中海盆地的所有地区已经有数百年之久。凡在希腊语没有进行抵抗的地方，一切民族语言都不得不让

---

① 范文澜：《中国通史》第一册，人民出版社，2015，第136页。
② 《马克思恩格斯选集》第3卷，人民出版社，2012，第564页。

位于被败坏的拉丁语；一切民族差别都消失了，高卢人、伊比利亚人、利古里亚人、诺里克人都不复存在，他们都变成罗马人了。"[1]

在早期中国，民族和国家的产生和发展都与战争有关，很早就有了"争、战、征、伐、兵"等历史记载。只是在相当长的时间里，这种战争还只是以部落、部族为单位的战争，其规模较小，且不具有连续性。因此，在相当长的时间里，各个族群处于杂居状态，同一个地方居住和活动着不同的族群。只是到了东周，由于兼并争霸，战争的规模急剧扩大，持续时间达数百年之久。这一大规模、持续性的战争推动了族群整合和国家扩展。

## （一）他我区分

战争是一种有目的的集体暴力行为。战争的发动者和施加者有明确的界线。因此，战争首先要区别敌我，明确他者和我者。我者为内，敌者为外。敌我双方不仅是人员的区别，也是地域的区别。由此有了明确的领土和边界。而他我、内外的区分正是民族和国家意识生长的温床。

在春秋战国前，各个诸侯国不仅是亲戚关系，而且地域的划分也不清晰。只有周天子发动的战争才具有正当性。进入春秋战国后，各诸侯国之间征伐，成为战争的主体，即所谓的"春秋无义战"。原有的亲戚关系不复存在，成了敌我。"周文武所封子弟同姓甚众，然后属疏远，相攻击如仇雠，诸侯更相诛伐，周天子弗能禁止。"（《史记·秦始皇本纪》）因为相互攻击，必然要确定各自的领土和边界。除了修筑城郭外，还在领土边界修建城墙。这一方面促进了以地域为基础的国家的产生，另一方面也促进了族群意识的形成。因为城墙不仅要挡住过去同为亲戚的周人，还要挡住本不属于中原族群的族类。

## （二）内部整合

春秋战国之前，只有周天子发动的战争才具有正当性。即孔子说

---

[1] 《马克思恩格斯选集》第4卷，人民出版社，2012，第164页。

的，"天下有道，则礼乐征伐自天子出；天下无道，则礼乐征伐自诸侯出"（《论语·季氏》）。在天下有道时期，战争不仅由天子发动，且主持战争的人主要是贵族，是一种荣誉。春秋战国进入了天下无道的时代，诸侯国成为战争主体，且其实力和规模最初差别不大。为了获得兼并争霸战争的胜利，必须进行全民动员。参加战争的人大都是平民，而且参加战争是一种义务。无论是什么人都要通过战争来获得财富、地位和荣耀。

作为全民战争，必须有更多的人参与。人力在一定程度上决定了胜负。为此，战争主体首先要尽可能扩大自己的势力范围，将更多的人群纳入为自己的族类。这包括过去与自己联系不多且相对独立和孤立的族群。如作为战国时期两大国的秦国和楚国，原来与周的关系都不紧密，处于偏远地区。但在春秋战国持续不断的战争中，秦和楚吞并了大量的其他族群，将其纳入自己的统治之下，从而成为地域范围最大的两个大国。

全民战争不仅需要人多，更重要的是能够统一管理，通过国家化，将不同的人群整合为一体。在这种整合中，原有的族群性消失了，并会形成新的族群统一性，从而增强战争力量。

楚国和秦国不仅在战争中吞并了大量的其他族群，而且以一体化的制度加以治理。楚国最早实行县制，以县这种地域单位对新征服的人员和地方加以治理。秦国通过商鞅变法，强力推动国家化，将土地、人口纳入中央集权下的郡县制管理，达到"一国之政犹一身之治"（《史记·秦本纪》）。其他国家也纷纷变法，只是变法的强度不同。正是在由过往基于血缘关系形成的差等化制度转变为以地域关系为基础的平等化的制度整合下，过往的小的族类消失了，新的人群产生了，这就是秦人、楚人、齐人等。这类新的人群便是经过族群整合，从而超越了原生族群性而产生的更大人群。

## （三）交往互通

在春秋战国前，天下分治，各个诸侯国各管各事，相互之间的横向来往并不多，并形成了自己的地方民族性。兼并争霸战争则大大加速了诸侯国之间的来往，并推动了族际整合。

战争是一种敌对行为。但敌我双方也不得不进行交往互通。首先，战争依靠的是暴力语言，但即使是暴力也需要沟通。如下达战书便需要双方都能理解的语言和文字。其次，大规模战争作为集体暴力行为，是政治的延续和集中表达，其间充满合作与冲突。特别是兼并争霸战争初期，战争主体实力处于相对均衡地位，都希望借助他人力量保护和壮大自己。战争与政治紧相伴随。这一过程大大增加了相互之间的交往。如秦国大量的精英人才都来自他国。再次，战争要依靠经济实力作为支撑。战争主体之间的经济往来增多。最后，也是最重要的是战争意味着突破原有的地域限制，可以将自己的活动范围扩展和延伸到对方的领土范围。在这一过程中，道路和交通工具会大大改进，从而将过往相互孤立的人群联结起来。

正是在不断增加的交往互通中，原有的狭隘的地方民族性差别消失了，一种更大的民族性要素正在生成。

## （四）肉体改造和消灭

战争是残酷的暴力行为，其结果是被打败的对方人员要么成为俘虏，要么是肉体生命的消灭。春秋战国时期的大规模、持续性的战争造成大量肉体生命的消灭。"争地以战，杀人盈野；争城以战，杀人盈城。"（《孟子·离娄上》）

经过惨烈的战争，大量旧的部族邦国被消灭，其中也包括被视为异族的中山国。该国由白狄所建立，国土嵌在燕赵之间。经历了戎狄、鲜虞和中山三个发展阶段，曾长期与晋国等中原国家交战，一度被视为中原国家的心腹大患。魏国经过三年苦战，在公元前407年占领了中山国。之后中山桓公复国。公元前296年，被赵国所灭。

在战争中，大量生命直接被消灭，其原生的民族性自然消失。还有大量人员被俘虏，成为罪犯。这些人员大量被用于充军、劳役、戍边。在这一过程中，这些人原有的民族性消失。许多族类甚至于"绝世"。"周克商，制五等之封，凡千七百七十三国"，"春秋时，尚有千二百国"，"至于战国，存者十余"（《后汉书》志第十九）。原生部落和族群在战争中消失了，生存下来的人结成更大的新的民族和新的国家。

# 七　异同、族群融合与国家治理

交往的扩大，特别是冲突战争，使原来在狭隘的地点上孤立存在的族群有了直接的交往和碰撞。在战争中，一些族群被消灭了，一些族群则不断壮大起来，形成了大族和大国。

"在经历战国时期的民族大融合之后，当时被称为'中国'的中原地区，经济方面以精耕农业为主流，民族方面以华夏族为主体，文化方面以华夏族文化为主导，整合成为社会经济文化发展水平处于领先地位的核心区，保持本族文化、具有不同经济类型的非华夏族群环绕于核心区的周围，形成边缘区，这也就是所谓的'中国戎夷五方之民'。"① 在"天下"这一整体世界里事实上存在不同的族群，新的国家面临着如何对待不同的族群，并进行治理的问题。

国家对不同族群的治理是一道难题，并与国家进程相关。恩格斯指出，罗马对地中海地区进行了数百年之久的征服战争。在这种以强大的武力进行征服的过程中，"一切民族差别都消失了"，"他们都变成罗马人了"。但是，罗马的统治者未能考虑如何对待原生族群的问题，也未能有效治理，从而导致恶果。"任何地方都不具备能够把这些要素结成新民族［neue Nation］的力量，……广大领土上的广大人群，只有一条把他们联结起来的纽带，这就是罗马国家，而这个国家随着时间的推移却成了他们最凶恶的敌人和压迫者。""到 5 世纪末，罗马帝国已是那么衰弱，毫无生气和束手无策，因而为德意志人的入侵敞开

---

① 程妮娜等：《中国历代边疆治理研究》，经济科学出版社，2017，第 35 页。

了大门。"① "罗马的制度从一开始便是以军事发展为既定目标的；但是，这个因子却缩短了这一伟大卓绝的民族的生命。"② 古罗马帝国的数百年军事征服，将大量的异质性族类纳入统一的帝国版图之下，推动着国家化。在强有力的国家化进程中，原有的民族性消失了。尽管国家化赋予这些被征服人群以统一的公民身份，但这种身份带来的仅仅是缴纳无穷无尽的赋役，由此造成的是新征服人群对罗马帝国的反对，从而缩短了罗马民族的生命。

春秋战国的大规模、持续性的战争也经历了数百年。只是这一战争不是某一个强大族群和国家的对外征服，从而导致简单的同化，而是力量相当的族群和国家相互兼并和争霸。在这一过程中，人们不得不充分认识和面对不同的族群，并寻求有效的治理之道。

从治理思想上看，承认差异，趋于求同。

因为血缘关系，中国先民很早就意识到族群之间的差异。随着关系的扩展，有了超越血缘关系的族群关系。人们将血缘群体的差异扩展到了族群之间的差异，有了族群自觉。这就是："史佚之《志》有之，曰：'非我族类，其心必异。'楚虽大，非吾族也，其肯字我乎？"（《左传·成公四年》）"我诸戎饮食衣服，不与华同，赘币不通，言语不达。"（《左传·襄公十四年》）至春秋战国时期，人们对于不同族群的特征有了进一步的认识，并形成思想命题，如"华夷之辨"。

承认差异是治理的前提。只是这种差异是可以在更高的层面上获得同一性的。"远人不服，则修文德以来之。既来之，则安之。"（《论语·季氏》）"远人"非我族类，缺乏认同，但是可以通过德行吸引他们，在相互交往中消除差异，获得认同。这意味着，国家化的力量不只是暴力征服，更重要的是如何使不同的族群自觉认同，让"远人"不远，甚至成为近人和亲人。当然，同一性具有文明层次。文明层次决定着民族和国家整合的主体地位。在孟子看来，华夏文化层次更高，

---

① 《马克思恩格斯选集》第 4 卷，人民出版社，2012，第 164 页。
② 〔美〕路易斯·亨利·摩尔根：《古代社会》下册，杨东莼、马雍、马巨译，商务印书馆，1977，第 312 页。

因此要以华夏文化为主体。"吾闻用夏变夷者，未闻变于夷者也。"（《孟子·滕文公上》）但是，无论是谁变谁，说明夷是可变的。当夷变之后，便结合为新的共同体了。差异存在，趋同可求。而这种趋同更多依靠的是文化，而不是武力征服；是一个"化"的历史过程，而不是简单粗暴的同化。这种在历史过程中获得的同一性，是不同族群的融合。

从治理国策看，整体大于部分，部分凝聚整体。

族群是一个不同变化的过程。特别是当与国家结合时，族群成为国家的构成基础，并形成多层次结构。在早期中国，作为国家统治者的王，始终是国家之下的全体族群的代表。王意味着整体，是整体性的集中代表，王之下的诸侯和族群只是部分。整体大于和高于部分，部分从整体而来，服从和尊重整体。这一思想深刻影响着人们的族群意识，并成为不同族群的共识。在周代，有以周王为代表的周人整体，也因为分封裂变而逐渐形成各个不同的次级族群，如晋人、齐人、秦人、楚人等。这些次级群体作为部分要服从作为高级群体的整体。其思想集中起来就是"尊王攘夷"。"尊王"就是所有的次级群体都要尊重和服从作为整体代表的周王，在此基础上共同"攘夷"。只有"尊王"，诸侯的行动才有合法性，能够得到共同认可；只有"攘夷"，诸侯的行动才有影响力，能够得到共同拥护。齐国正是依靠"尊王攘夷"，获得广泛认同，成为一代霸主。"管仲相桓公，霸诸侯，一匡天下，民到于今受其赐。微管仲，吾其被发左衽矣。"（《论语·宪问》）如果没有管仲主导的"尊王攘夷"，人们就可能陷入野蛮状态了。

由此可见，"尊王攘夷"体现了整体与部分的相互依赖关系，即整体大于部分，部分凝聚整体。没有"尊王"，就无法形成整体；没有"攘夷"，各个部分就难以凝聚为整体。罗马帝国借助于武力征服，造成的是原有民族性的迅速消失，整体简单地替代了部分。尽管其政体是共和，是各个部分的共治。但这一政体始终处于不稳定状态：要么缺乏整体性，以致出现短暂的皇帝时期；要么各个部分纷争，各自"榨取臣民的膏血"，"地方官、收税官以及兵士的勒索，更使压迫加重到使人不能忍受的地步"，最后造成的是"公民却把野蛮人奉为救星来祈望"①。

整体不是部分的简单相加，而是有一个核心，即通过核心要素将各个部分联结起来形成一个整体。这个核心，从血缘看是有功绩的祖先，从国家看是代表国家的天子，从文明看是中原文化，从地域看是作为政治和文化集聚地的中心地带。"天下在地理意义上来说就是一个不可分割的整体，'国家'意为诸侯国，是'天下'的地理单元；'中国'是天下的地理中心，华夏诸侯国居于'中国'，夷狄诸侯国居于四方，中国、四夷由内到外，呈同心圆状向外层层扩大，构成一个不可分割的整体性地理空间，称为'天下'。"②"王"作为"天子"，是诸多要素的叠加和象征，成为将各个部分凝聚为整体的核心要素。"尊王"就是尊重这一核心地位，称王就是获得核心地位。

从治国方略看，防御是必要的，但以和为贵。

承认族群差异，便意味着族群之间会发生矛盾和冲突。国家治理需要对其他族群加以防御。"天子守在四夷"（《左传·昭公二十三年》），战国时期北方诸国修筑长城以"拒胡"和"守边"，尽量将游牧族群隔离在外。这种隔离，从根本上是为了和平相处。因此，在防御的过程中，日常的和平交往并没有中断。边关贸易和文化交流长期存在。"要通过怀柔德化的政策使四夷归附，自愿为天子守边。"③

从治国对策看，在民族自信的基础上向其他族群学习。

长期以来，由于文明的先进性，华夏民族充满文化自信。但是，在族群日益密切的交往中，特别是在春秋战国的战争时期，人们意识到其他族群也有其特有的优势。只有向他们学习，才能壮大自己的力量。秦和楚的共同特征是处于地域和文化的边缘地带，在接受和继承华夏主体文化的同时，较少存在族群偏见，能够广泛吸收各个族群的

---

① 《马克思恩格斯选集》第4卷，人民出版社，2012，第165页。
② 彭丰文：《先秦两汉时期民族观念与国家认同研究》，中国社会科学出版社，2016，第111页。
③ 程妮娜等：《中国历代边疆治理研究》，经济科学出版社，2017，第57页。

长处，从而成为春秋战国时期最强大的两个族群。赵国距离胡人近，并经常受到侵扰。赵武灵王主动向胡人学习，颁布"胡服骑射"令，由此而强大。由此可见，民族性是一个具有多元素多效用的复杂系统。不能简单地将经济较为落后的民族性一概加以排斥，相反，原始的民族性有许多需要较为文明的民族所吸取的元素。因此，在文明进程中，国家化与民族性的互动是一个复杂的过程。

从治理形式看，在政治统一性的基础上"因俗而治"。

中国是以具有共同性的华夏民族为主体建立起来的，但与此同时还存在大量非华夏民族。这些民族之所以不同于华夏民族，在于有自己特殊的习俗。这些习俗是自然地理环境造成的，统治者难以改变环境，也就无法要求习俗统一。最好的治理方式是在政治统一的前提下"因俗而治"。"凡居民材，必因天地寒暖燥湿，广谷大川异制。民生其间者异俗，刚柔轻重迟速异齐，五味异和，器械异制，衣服异宜。修其教不易其俗，齐其政不易其宜。"（《礼记·王制》）这意味着，在族群整合和国家化的过程中，要充分考虑原生民族性的存在基础。在生长民族性的环境没有改变的条件下，国家化有一个渐进改变的过程。在这一过程中，民族性还会长期保留下来，从而"因俗而治"。

# 八　一体、族群结合与国家统一

经过数百年的大规模、持续性的战争，最终迎来了秦始皇统一中国。这是民族和国家发展历史上的重大事件。秦始皇统一中国后的国家比原来周王朝的地域规模要大得多，人口更是多得多，也是原有族群的大结合。一个由各个不同族群结合而成的大型民族产生了，一个具有支撑着这一民族的大型国家也产生了。所谓大型的民族便是以汉族为主体的中华民族，所谓大型的国家就是以皇帝郡县制为主体的帝制国家。

秦始皇对中国的统一，是长期以来由多个族群和多个国家走向一体化的过程。在统一的过程中，地域相近的不同族群和国家联结为一体，铸造成新的民族和国家。"在先秦时期，同一个华夏族，分裂为不同的国家，故称为'诸夏'。由于处于不同的国家，它们就处于某种割裂的状态，并因国家的名称而称为不同的人，如秦人、赵人、魏人、韩人、燕人、齐人、楚人，等等。在国家的观念上，同一民族的各部分是互相对立的。秦汉的政治统一，结束了夏族或华夏族的这种分裂状态，使其内部各方面的联系都加强了。"① 秦汉的政治统一，是有一定限制范围的，并不是将"天下"所有人都统一在一个共同体内。不同的人群得以联合为一个更大的民族共同体，有其自然和历史的条件，也有人们的共同认识和制度化的支撑。

## （一）大同小异的自然条件和生产方式

从秦始皇统一后的中国疆域看，其自然地理条件具有大同小异的基本特征。

秦始皇统一中国的过程是由中原核心地带向外扩展的过程。除了将原有的诸侯国联结为一体外，还包括对南方越人地区的征服。无论是原有的核心区域，还是新征服的南方区域，其自然地理条件大同小异。

首先是大同小异的气候条件。合适的气候被人们视为"天时"。秦始皇统一后的中国疆域大多属于温带和亚热带气候。

其次是大同小异的地理条件。合适的地理被人们视为"地利"。秦始皇统一后的中国疆域大多属于平地，只是间或有丘陵和山地。这一区域内有大江大河和无数小河流，能够为人类提供生存之源。尽管各个区域的地形地貌有所不同，但大体上都有一处或多处较大的平原。虽然区域之间有一些山脉，但并不能成为不可逾越的自然屏障。这种地理条件有助于将各个区域联结为一体。秦始皇统一中国后对于北方只能修建长城，划定边界，对于南方则可长驱直入，将广袤的南方纳入其版图，便在于适宜的地理条件。

---

① 翁独健主编《中国民族关系史纲要》（上），中国社会科学出版社，2005，第90页。

一方水土养一方人。大同小异的"天时"和"地利"孕育和催生出一个以农业为主体的人群。无论这一地域的人群有何差异，但通过与土地的交换获得生活来源是共同的。农业成为这一人群的基本特征。秦始皇统一中国只是将这些主要以农业为生的族群结合起来了，从而形成了一个以农业为基础的民族和国家。"中国历史的北流与南流终于汇合，其结果是一个包括多种活动的农业社会，在众多地域差异中有一个共同的特征：各地都有相当进步的农业。"[①] 农业成为秦始皇统一中国后的大型民族和大型国家的基本支撑条件。冀朝鼎指出："在缺乏机械工业、现代运输与通信设备和先进经济组织的条件下，要实现现代意义上中央集权的国家则是不可能的。在这种情况下，中国的统一与中央集权问题，就只能看成是控制着这样一种经济区的问题：其农业生产条件与运输设施，对于提供贡纳谷物来说，比其他地区要优越得多，以致不管是哪一集团，只有控制了这一地区，它就有可能征服与统一全中国。这样的一种地区，就是我们所要说的'基本经济区'。"[②]

## （二）历史塑造的"大一统"的基本共识

秦始皇统一中国，将不同的族群结合为一个整体，是基于人们在长期历史中形成的基本共识。

秦始皇统一中国经历了数百年大规模和持续性的战争，付出了沉重的代价。经历这一惨烈的战争，人们认识到族群结合和国家统一是大势所趋，合比分好，同比异好。

首先，人们意识到春秋战国时期战争频发的原因是"分"。周分封诸侯，即使是亲戚也会因为利益关系而疏远，甚至亲人相残。"周文武所封子弟同姓甚众，然后属疏远，相攻击如仇雠，诸侯更相征诛，周天子弗能禁止。""天下共苦战斗不休，以有侯王。"（《史记·秦始皇

---

① 〔美〕拉铁摩尔：《中国的亚洲内陆边疆》，唐晓峰译，江苏人民出版社，2010，第27页。

② 冀朝鼎：《中国历史上的基本经济区》，商务印书馆，2014，第11页。

本纪》）分权分利是战争的根源，战争的结果是造成大量的灭国和绝世。"百姓不聊生，族类离散，流亡为臣妾，满海内矣。"（《战国策·秦策四》）

其次，人们意识到在冲突和战争中只有大和强才能取得最后的胜利。春秋战国的兼并争霸战争实际上是大国兼并小国、强国兼并弱国的过程。只有通过族群的结合形成大国强国才能取得生存条件。族群的结合则是求同的过程，同比异好。"天下无异意，则安宁之术也。"（《史记·秦始皇本纪》）

再次，人们意识到国家对于族群的生存和发展的至关重要。春秋战国的兼并争霸战争是以诸侯国为主体、以君主为统率的战争。在激烈的战争中，大量的族群被消灭了。只有那些在强有力的君主领导下的强大国家所支撑的族群，才得以延续下来并得到发展。丧国即丧家，丧国即丧族。有国才有家，有国才有族。有国需强国，强国需统一。晋本是强国，三家分晋导致晋国力减弱，晋人族群大量被战争消灭。

最后，人们意识到天下是一个整体，天下只有统一才能得到安宁。"'天下恶乎定？'吾对曰：'定于一'。"（《孟子·梁惠王章句上》）"孟子所说天下之'定于一'，也就是只有一统，才有安定。"[1]

正是在历史进程和经验总结中，提炼和形成了"大一统"的意识。"何言乎王正月？大一统也。"（《公羊传·隐公元年》）这就是通过最高统治权将具有广土众民的天下联结为一个具有统一性的整体。

## （三）推动统一的制度建构

国家一体化的前提是政治统一。"汉族散布在中国，是由许多单位合并而形成的。虽然各有差异，但大体上是一体的。……不过，他们虽然一体，在事实上中国却很少有共同的活动，因为每一个区域都是自给自足的。这些区域的结合过程是，最初有许多独立的王国，然后

---

[1] 黄仁宇：《中国大历史》，三联书店，1997，第23页。

形成一个统一的帝国。"① 大同小异的自然条件产生了同一的农业民族，大规模、长时间的战乱历史塑造了"大一统"的基本共识。但是要将原来的不同族群结合为一个民族整体，将原来的不同诸侯国地方和新征服的区域结合为一个国家整体，必须有相应的制度支撑，形成全新的政体。这便是帝制国家。

政体是国家政权的组织形式。作为政体的帝制，其核心是皇帝制度。历史上的"大一统"与作为国家统治者的"王"是联为一体的。但是在王制政体下，分土裂民，王权并不能覆盖到每一寸土地、每一个人，"大一统"的局面难以维持。"昔者五帝地方千里，其外侯服夷服，诸侯或朝或否，天子不能制。今陛下兴义兵，诛残贼，平定天下，海内为郡县，法令由一统，自上古以来未尝有，五帝所不及。"（《史记·秦始皇本纪》）秦始皇统一中国后的首要事情便是建立皇帝制度，由皇帝直接统治其疆域下的每一寸土每一个人。所谓"六合之内，皇帝之土。西涉流沙，南尽北户。东有东海，北过大夏。人迹所至，无不臣者"（《史记·秦始皇本纪》）。皇帝是所有人的统治者，而无论过去是哪一个族群，哪一个地方的人。"更名民曰'黔首'。"（《史记·秦始皇本纪》）换言之，在皇帝制度下，无论过去是什么人群，都统一为"黔首"，这一国家身份高于原有的族群身份并会淡化原有的族群意识。"其淮、泗夷皆散为民户。"（《后汉书·东夷列传》）皇帝制度是帝制国家推动国家化的核心制度。

"在政治社会里，政府与个人之间的关系是通过个人与地域的关系来体现的，所谓地域，即乡、县和国。"② 秦始皇统一后的国家是以地域关系为基础的国家。郡县制度是皇帝制度的延伸。皇帝通过直接任命郡县官员执掌郡县地方，实行法令一统。无论过去是什么族群的人、什么地方的人，在帝国体制下首先是郡县管辖的人。帝制通过郡县，

---

① 〔美〕拉铁摩尔：《中国的亚洲内陆边疆》，唐晓峰译，江苏人民出版社，2010，第30~31页。

② 〔美〕路易斯·亨利·摩尔根：《古代社会》上册，杨东莼、马雍、马巨译，商务印书馆，1977，第61页。

设立户籍，一直将权力延伸到每一个人。郡县制度是帝制国家推动国家化的地方制度。

为了将皇帝权力延伸到每一寸土地、每一个人，必须借助技术条件。"一法度衡石丈尺。车同轨。书同文字。"（《史记·秦始皇本纪》）

要使每一寸土地上的每一个人服从皇权，必须统一思想。"古者天下散乱，莫之能一，是以诸侯并作，语皆道古以害今，饰虚言以乱实，人善其所私学，以非上之所建立。今皇帝并有天下，别黑白而定一尊。"（《史记·秦始皇本纪》）

正是通过以上一系列制度，秦始皇将统一中国后的所有土地和所有人联结为一个整体，形成了一个以农业为基础、以皇帝制度为核心的新的民族和新的国家。"由于秦之统一，因此中华民族遂融凝会合成一体。从前华夏夷狄之分而治之之局面亦随即消融，而成为一个车同轨、书同文、行同伦之社会。当时之巴蜀开辟于秦，两广及安南要待秦并六国后，遂开始为中国之郡县。于是全国人民生活于同一版图，沐浴于同一文化。"① 由于苛政，秦王朝很快被推翻。但汉承秦制。新的民族和新的统一国家至汉代而定型，这就是以汉族为主体的中华民族，以汉民族所在的地域为主体的中国。毛泽东因此说："中国是一个由多数民族结合而成的拥有广大人口的国家。"②

汉族和汉族地域的形成，为中华民族和中国提供了主体，但并不是中华民族和中国的全部。中华民族和中国还在进一步的联结之中。当汉民族和民族地区以其显著的共同特点崛起之时，也意味着与其他民族和民族地区相区别。这些民族和民族地区与汉民族和汉民族地区在族群上相区别，但在地域上相接近，同在"天下"的更大地域空间内。"秦汉国家政权的建立，不仅统一了华夏族，也直接统治了许多少数民族。在这些少数民族地区，也与'诸夏'一样，建置郡县，进行

---

① 钱穆：《中国通史》，叶龙整理，天地出版社，2017，第37页。
② 《毛泽东选集》第2卷，人民出版社，1991，第622页。

统治，从而，不仅在地域上，而且在事实上形成了多民族的国家。"①当然，事实上的多民族国家，也意味着如何有效治理多民族国家的问题。这是因为，不同的民族之间会产生交往，并会由于其民族的成长和政权的产生而发生相邻者的碰撞，从而深刻影响帝制国家的演化。面对多民族共同存在的状态，帝制国家力图推动国家化，将不同的民族整合到具有统一性的国家体系中。而在这一过程中，一方面是原生的民族性发生变化，趋向于更高层次的民族和国家的统一性；另一方面，原生的民族性并不会很快消失，甚至还会顽强地表现自己，冲击着帝制国家的统一性秩序。而推动国家化的主体和元素也会发生变化，民族和国家统一性纽带甚至会因为朝代的更迭而发生断裂，并在断裂中修复和重新联结。正是这种国家化、民族性和文明进程的互动，使帝制国家的演进充满复杂性和曲折性。

　　无论如何，秦始皇统一中国后，一个在广泛的范围内和更高的层次上的民族结合和国家统一的新时代开始了，尽管充满曲折和反复！其背后的支配逻辑是地域—民族关系，重要变量则是国家化、民族性和文明进程的互动。

---

① 翁独健主编《中国民族关系史纲要》（上），中国社会科学出版社，2005，第 80～81 页。

# 第三章
# 地域—民族关系中的
# 强悍匈奴与汉朝

　　民族性与国家性都是相对性的。当汉族作为一个全新的民族共同体，汉朝作为一个全新的国家统一体崛起时，北方相邻的草原地域崛起了一个与汉族迥然不同的民族，并与汉朝发生了尖锐的碰撞。这就是强悍的匈奴人。"公元前 3 世纪末期，中国历史上发生了两个意义深远的伟大事件：其一是秦结束了七国争雄的战国时代，统一了长城以内的农业区；其二是匈奴东灭东胡，西逐月氏，并夺取楼兰、乌孙、呼揭等 26 国地，北服丁零、浑庾、屈射、鬲昆、薪犁，南降楼烦、白羊，第一次统一了长城以外的游牧区。这样就形成了'南有大汉，北有强胡'的局面。"① 匈奴人在与汉民族的依赖交往中发生了激烈的碰撞，并在碰撞中强化民族和国家意识，推动着以更大地域为基础的多民族国家建构。

---

　　① 　宁骚：《民族与国家——民族关系与民族政策的国际比较》，北京大学出版社，1995，第 573~574 页。

# 一　在北一方相邻的游牧民族

人类是大自然之子。在马克思看来，"人靠自然界生活。这就是说，自然界是人为了不致死亡而必须与之处于持续不断的交互作用过程的、人的身体。所谓人的肉体生活和精神生活同自然界相联系，不外是说自然界同自身相联系，因为人是自然界的一部分。"① 自然是人类生存的条件，并推动了各种人群的形成。"自然形成的部落共同体，或者也可以说群体——血缘、语言、习惯等等的共同性，是人类占有他们生活的客观条件，占有那种再生产自身和使自身对象化的活动（牧人、猎人、农人等的活动）的客观条件的第一个前提。"② 而"助成民族精神的产生的那种自然的联系，就是地理的基础"③。

正是因为合适的自然条件，平原河谷成为文明的发源地并产生农业民族。在历史上，号称居天下之中的中国主要起源于黄河中下游的平原地带。但就在距离黄河中下游不远的北方，却有一大片与平原地带完全不同的高原地带，哪里有着天下最为广阔的草原，生活着一个以草原为生的游牧民族。"东亚生活中一直存在的巨大差别，是草原和农耕地区间的差别，是亚洲腹地高原游牧民族和中国以精耕细作制为基础的定居农村之间的差别。"④

发源于青藏高原的黄河是中国的母亲河。黄河最北端的河套平原与南端的黄河中下游之间的落差达到 1000 米左右，直线距离 1000 公里左右。尽管距离不远，但两者的自然环境相差很大。

河套平原属于北方草原的边缘地带。与黄河中下游的平原不同，北方草原位于东亚内陆高原。冬季是亚洲大陆的冷源之一，最低气温

---

① 《马克思恩格斯选集》第 1 卷，人民出版社，2012，第 55~56 页。
② 《马克思恩格斯选集》第 2 卷，人民出版社，2012，第 726 页。
③ 〔德〕黑格尔：《历史哲学》，王造时译，商务印书馆，2007，第 49 页。
④ 〔美〕费正清：《美国与中国》（第四版），张理京译，世界知识出版社，1999，第77 页。

可达-45℃，夏季最高气温可达 30~35℃，温差极大。高原冬季寒冷而漫长，并伴有大风雪；春季和秋季短促，并常有突发性天气变化。"匈奴处北地，寒，杀气早降。"（《史记·匈奴列传》）高原属于半干旱区，平均降水量约 200 毫米，且分布不均匀。受气候影响，植被覆盖由北向南依次跨越森林、森林草原、典型草原、荒漠草原、戈壁荒漠，生态环境多样且较脆弱。

北方高原的最大特点是有着茫茫无际的大草原。与土地一样，草原也是人类的生存之源。在草原上生存着各种动物。随着人类的进化，人们发现了"可以驯服并且在驯服后可以繁殖的动物"，"同其余的野蛮人比较，他们不仅有数量多得多的乳、乳制品和肉类，而且有兽皮、绵羊毛、山羊毛和随着原料增多而日益增加的纺织物"①。于是，一种专门以游牧为生产方式的人群出现了，这就是游牧民族。"游牧生活的秘密是人对动物的管理：羊、骆驼、牛、马和吃植物的野生动物，人们就通过畜牧和猎取野生动物来取得他们的衣食，以羊毛毡为帐篷，以兽粪为燃料。"② 在中国人的"天下"世界里，有着世界上最为发达的平原农业地区及农业民族，也有着世界上最为辽阔的高原游牧地区及游牧民族。更重要的是它们之间相邻相接。

尽管相邻相接，但与农业民族相比，北方草原游牧民族有自己特有的生存条件和生产生活方式，并构成其民族性的基础。

一是生存竞争性。游牧经济受大自然的制约性更强。变化多端的气候经常会改变适宜的生存条件。而在茫茫无际的大草原上还生存着众多的野兽，它们与人类相伴，同时又有残酷的生存竞争。人类无时无刻不生活在大自然与野兽的无尽威胁之中，感受强烈的生存竞争压力。尽管农业也要受到自然的限制，甚至是"望天收"。但与游牧业相比，农业本身便是在适宜农业生产的自然条件下产生的。土地的开垦和耕种，意味着与人类相伴的野兽要么被驱逐，要么受到驯服，成为

---

① 《马克思恩格斯选集》第 4 卷，人民出版社，2012，第 176 页。
② 〔美〕拉铁摩尔：《中国的亚洲内陆边疆》，唐晓峰译，江苏人民出版社，2010，第 18 页。

人类的生活来源。只要有土地就有了生存的来源。这也是早期的周人尽管受到异族的不断侵扰而主动迁居更适宜农耕地方的重要原因。

二是不确定性。茫茫无际的大草原为人类提供了丰富的生活资料，但伴随着大量不确定的因素。不期而遇的雪灾会对牧人给予毁灭性打击。"其冬，匈奴大雨雪，畜多饥寒死。"（《史记·匈奴列传》）原有的水美草肥的草原可以一夜之间被狂沙覆盖。农业生产尽管也有不确定因素，但对于固定在一定地域的人们来说，大致有规律可循，可以及时规避一些灾祸。

三是流动性。草是草原游牧民族的生存来源。但草不是什么时候，什么地方都有的。游牧民族必须"逐草而居"，不断地变换自己的生存和生活空间。茫茫无际的大草原给予了人们无尽的想象，他们总是会追随着更加适宜自己的地方而去，四处为家，而缺乏固定的领土边界意识。在马克思看来，"游牧，总而言之迁徙，是生存方式的最初的形式，部落不是定居在一定的地方，而是哪里有牧草就往哪里放牧（人类不是生来就定居的；除非在特别富饶的自然环境里，人才有可能像猿猴那样栖息在某一棵树上，否则总是像野兽那样到处游荡）"[1]。农业生产以土地为生，而且越是生产进步，越是会将耕种的土地固定下来，以便于反复与土地进行交换。"农业生产是在相对固定的土地上获得生活资料，并有可能持续不断地获得财富，这促使人们产生自我意识，有了土地和产品归属于我或者他人的意识。"[2]

四是群体性。越是人类早期，人们越是需要通过群体的方式生存。氏族部落是人类共同的组织方式。只是在茫茫无际和充满不确定性的草原，部落这种原始古老的组织方式一直保留下来。孤立分散的个体家庭要在草原上生存下来是一件十分困难的事情。部落要变换的是草地而不是群体组织。相反，农人在固定的土地上进行生产，其生产组织日益小型化，以至于成为孤立分散的个体家庭。

---

[1]　《马克思恩格斯选集》第 2 卷，人民出版社，2012，第 725 页。
[2]　徐勇：《关系中的国家》第一卷，社会科学文献出版社，2019，第 59 页。

正是在特有的自然条件和生产生活方式的基础上，培育出了游牧民族特有的风俗、习惯和性格，并构成其具有共同特征的民族性。要在残酷的环境下生存下去，必须有强大的生存意志和强悍的性格，具有高度群体性和进攻性的狼因此成为牧人所崇拜的图腾。

## 二　同源并自我整合成的匈奴

在中国的北方地区，有许多游牧族群。匈奴是对早期中国有着深刻影响的一个民族。伟大的史学家司马迁在《史记》中不仅专门著有《匈奴列传》，而且在相关的篇章中也有大量记载。

在司马迁看来："匈奴，其先祖夏后氏之苗裔也，曰淳维。唐虞以上有山戎、猃狁、荤粥，居于北蛮，随畜牧而转移。……逐水草迁徙，毋城郭常处耕田之业，然亦各有分地。毋文书，以言语为约束。儿能骑羊，引弓射鸟鼠；少长则射狐兔：用为食。士力能毋弓，尽为甲骑。其俗，宽则随畜，因射猎禽兽为生业，急则人习战攻以侵伐，其天性也。其长兵则弓矢，短兵则刀铤。利则进，不利则退，不羞遁走。苟利所在，不知礼义。自君王以下，咸食畜肉，衣其皮革，被旃裘。壮者食肥美，老者食其馀。贵壮健，贱老弱。父死，妻其后母；兄弟死，皆取其妻妻之。其俗有名不讳，而无姓字。"（《史记·匈奴列传》）

司马迁对于匈奴作为一个游牧民族的特点描述得十分精当。这在于，在早期中国，采集、打猎、游牧和农业等生产方式并没有严格的分工分化，人们运用各种方式获得生存资料，以生产方式为基础的族群性并不明显。就是作为华夏民族祖先的黄帝也是"迁徙往来无常处"（《史记·五帝本纪》）。只是随着社会的进化有了分工分业，一部分人以农业生产为主，如周人，一部分人以游牧为主，如匈奴人的前身，从而有了不同族群的分别。但在相当长的时间里，不同的族群混杂在一定的地域范围内。

随着农业的发展和自然条件的改变，族群之间的分化更加明显。大量土地被开耕为农田，不再适宜于游牧。而在漫长的历史里，交往和征伐促进了不同族群的融合，同时也有相当一部分以游牧为主的族群"逐水草迁徙""随畜牧而转移"。而距离中原农耕地区更边远的北方地区有着大片天然的游牧场地。茫茫无际的北方草原为那些以游牧为业的人群提供了从未有过的空间。这里不用与农人争地，也不会受到征伐。"他们从草原的边缘进入到草原之中，成为真正的游牧民族。"① 当然，他们也与农业人群渐行渐远。"在草原，即使条件最好的地方也不能超越原始农业，而在黄土地带，农业劳动很容易获得利益。"② 受自然条件的约束，人们只能世代以游牧为业，并在草原上繁衍、生长。当然，北方是一片广阔无垠的大草原，有来自不同地方的人群汇聚在这里，并居住在不同的地域空间。这些地域空间有的距离中原地区较近，有的距离很远，通常称之为漠南漠北；人群的人种、语言等也有相当大的差异。但草原游牧则是他们共同的基本特征。

高原和平原、牧场和农地、牧人和农人将地域、生产方式和人群划分出一道鲜明的界限。"灌溉农业在中国占绝对优势而牧畜在草原上占了绝对优势。"③ 但这道界限并不是一开始就有的，更不是彼此不能逾越的。它们之间有着交界和混合的边陲地带。"沙漠、海洋、山脉、沼泽或沼泽地带、河流和森林，在传统国家中都是边陲地区。这些自然边界通常也是初位聚落边陲。"④ 边陲地区是双向的。对一方是边陲，对另一方也是边陲。这种边陲地区往往是不同人群相互交往和碰撞的地域。正是在碰撞中，人群的特性越来越明显，并加剧着族群之间的分化。

从司马迁的记载看，自夏之后，山戎等族群便与华夏族群处于你

---

① 〔美〕拉铁摩尔:《中国的亚洲内陆边疆》,唐晓峰译,江苏人民出版社,2010,第283页。
② 〔美〕拉铁摩尔:《中国的亚洲内陆边疆》,唐晓峰译,江苏人民出版社,2010,第40页。
③ 〔美〕拉铁摩尔:《中国的亚洲内陆边疆》,唐晓峰译,江苏人民出版社,2010,第43页。
④ 〔英〕安东尼·吉登斯:《民族—国家与暴力》,胡宗泽、赵力涛译,三联书店,1998,第60页。

中有我、我中有你的交错杂居之中，便会经常发生面对面的碰撞。西周晚期，山戎等族群竟然深入周朝都城。之后，他们游动于诸侯各国并进行战争。"越燕而伐齐""伐燕""至洛邑，伐周襄王"等（《史记·匈奴列传》）。在一系列战争中，山戎等族群的特性日益明显。后称之为与中原华夏民族所不同的"胡人"。

从司马迁的记载看，"胡人"显然是经过族群整合而形成的更大的一个民族，并有了相对固定的活动地域。他们"不再继续保持既非完全农耕又非完全游牧的草原边缘的民族，开始了完全的草原游牧生涯，他们自己建立了一个活动范围，与中国'开化'的社会范围相分离"[①]。进入春秋战国时期，随着诸侯国的崛起，诸侯国纷纷以其自己的方式对付胡人。"秦有陇西、北地、上郡，筑长城以拒胡。而赵武灵王亦变俗胡服，习骑射，北破林胡、楼烦。筑长城，自代并阴山下，至高阙为塞。而置云中、雁门、代郡。其后燕有贤将秦开，为质于胡，胡甚信之。归而袭破走东胡，东胡却千馀里。与荆轲刺秦王秦舞阳者，开之孙也。燕亦筑长城，自造阳至襄平。置上谷、渔阳、右北平、辽西、辽东郡以拒胡。当是之时，冠带战国七，而三国边于匈奴。"（《史记·匈奴列传》）

通过司马迁的记载可以看出，经过整合的胡人有很强大的力量，能够活动于诸侯国之间，并造成对诸侯国的影响。随着中原通过战国时期的整合日益连为一体，胡人的主要活动地域也日益集聚在中国北方适宜于游牧的地带。面对强大的胡人，诸侯国除了直接对抗以外，主要是修建长城。"后秦灭六国，而始皇帝使蒙恬将十万之众北击胡，悉收河南地。因河为塞，筑四十四县城临河，徙適戍以充之。而通直道，自九原至云阳，因边山险堑谿谷可缮者治之，起临洮至辽东万馀里。"（《史记·匈奴列传》）"秦始皇建筑长城——这一向被认为是一种最惊人的成就——用来防范北方游牧民族的侵入。"[②]

---

① 〔美〕拉铁摩尔：《中国的亚洲内陆边疆》，唐晓峰译，江苏人民出版社，2010，第45页。

② 〔德〕黑格尔：《历史哲学》，王造时译，商务印书馆，2007，第74页。

　　万里长城的修建具有标志性意义。万里长城划分出两个不同的地域，并具有鲜明的特征。长城以南以农业为主，长城以北以游牧业为主。由此形成两个不同的民族，即以农业为主的民族和以游牧业为主的民族，并形成民族之间的关系。过往那种不同族群的混合和杂居的情况结束了。不同的族群有了相对稳定的共同地域，并为其民族性的生长创造了条件。

　　但是，万里长城只是边陲地带的防卫设施，并不是现代意义上由相关主权者共同认可并不可逾越的国界。"建造长城显然是为了防护到处劫掠的游牧民族，但它的附加作用却在于，将边陲地带的各群体的流动限定在长城以内。"① 同族类的人群日益聚合在一起。当长城以内的人群在皇帝制度下日益统一为一个强大民族时，长城以外的人群也因为单于首领的崛起和整合而形成一个强大的民族，这就是匈奴人。"至冒顿而匈奴最强大，尽服从北夷，而南与中国为敌国，其世传国官号乃可得而记云。"（《史记·匈奴列传》）

　　长城内外意味着两个不同的地域、两个不同的民族。但是，它们不仅同根同源，而且相近相邻。它们之间并没有一道不可逾越的界线，并形成双重关系。一是长城内外存在两个不同的民族，并产生民族之间的关系。二是两个民族生活于长城内外，但彼此相近相邻，并会发生互动，从而产生地域关系。这种地域关系不能以现代意义上的国界划分，而属于共同天下的不同地域，其联结点是各自的边陲。"中原与草原之间的经济差异并没有形成政治上的隔绝。虽然费了很大的力气将长城造起来，边疆却从来没有一条绝对的界线。就地理、经济、政治等方面而言，它是一个过渡地带，广狭不一。"② 由此造成地域关系与民族关系的叠加。其中，地域关系居于支配地位。不同民族的人首先要与各自地域产生的公共权力机构发生联系，成为权威机构之下的

---

① 〔英〕安东尼·吉登斯：《民族—国家与暴力》，胡宗泽、赵力涛译，三联书店，1998，第61页。
② 〔美〕拉铁摩尔：《中国的亚洲内陆边疆》，唐晓峰译，江苏人民出版社，2010，第49页。

属民。而其各所在的地域又处于同一天下的相邻地域。相邻的民族都将相邻的地域作为自己的活动范围，并希望控制其地域及其相关民族。由此形成地域关系主导下的民族关系。这一结构支配着长城内外两个不同民族的互动。

# 三　游牧部落社会与政治体系

由于生产力水平低下，人类最初都是以氏族部落的方式生存的。部落是由以血缘关系为纽带的若干胞族组成的，同一部落的成员操同一种方言，是一个较大的社会集团。部落是一种自然形成的共同体。马克思指出："自然形成的共同体。家庭和扩大成为部落的家庭，或通过家庭之间互相通婚［而组成的部落］，或部落的联合。"①

部落是一种自然形成的共同体。这种原始的共同体有自己的特点。最重要的是个体高度依赖于部落这一群体。"每一个单个的人，只有作为这个共同体的一个肢体。""共同体是实体，而个人则只不过是实体的偶然因素，或者是实体的纯粹自然形成的组成部分。"② 人类学的实地调查发现，以氏族为基础的原始部落有一些共同的特点，如有共同的方言、共同的财产、共同的宗教节日、共同的议事机构、共同的首领等。特别是共同体的成员有共同的权利和义务，具有强大的凝聚力。"同氏族人必须互相援助、保护，特别是在受到外族人伤害时，要帮助报仇。个人依靠氏族来保护自己的安全，而且也能做到这一点；凡伤害个人，便是伤害了整个氏族。"③ 因为个人是共同体的一个肢体。

当然，部落也是历史的产物。"一旦人类终于定居下来，这种原始共同体就将随种种外界的，即气候的、地理的、物理的等等条件，以及他们的特殊的自然性质——他们的部落性质——等等，而或多或少

---

① 《马克思恩格斯选集》第 2 卷，人民出版社，2012，第 725 页。
② 《马克思恩格斯选集》第 2 卷，人民出版社，2012，第 726、728 页。
③ 《马克思恩格斯选集》第 4 卷，人民出版社，2012，第 98 页。

地发生变化。"①

随着条件的变化，人类自然形成的部落共同体也发生了变化，但部落作为人类的一种组织方式在游牧民族中长期保持下来，而且具有新的特点。一是部落的游动性。牧人逐水草迁徙，不像农人一样长期固定在一个不变的地方。他们以部落组织的方式不断地迁徙。二是血缘因素的稀释。部落是由若干家庭构成的。家庭寓于部落之中。只有部落才是游牧社会的基本组织单元。家庭不能独立于部落而存在。而在茫茫无际的大草原迁徙过程中，有的家庭和家庭成员会脱离原有的部落，并入新的部落。不同部落的成员的变换，造成固定的血缘关系有所淡化。这种特点使以血缘关系为基础而不限于血缘关系的部落组织得以长期巩固下来。

而在农业地区，因为固定的土地和聚集的人口，家庭日益摆脱部落共同体成为独立的生产和生活组织。家庭作为独立组织的存在则会进一步强化血缘关系。人们的团结力只能止于家族。

部落是游牧民族的最基本的社会单元，是一个不可再分的社会组织。牧人正是通过一个个部落而形成社会。部落是游牧民族的社会基础。没有部落也就没有游牧社会。正是部落社会产生游牧民族的民族性元素。这种民族性表现为部落人群的组织性、相互依赖性、整体性以及由此产生的团结力。它保留了许多原始氏族部落的特性，而这种特性在其他民族中已被其他特性所代替或稀释。与秦人相处的山戎便保留了大量的原始部落特性，并显示出部落特有的力量。

当然，部落组织的规模毕竟有限。在部落之间的交往中，会以部落为单位形成同盟，结成更大的组织单位。"凡属有亲属关系和领土毗邻的部落，极其自然地会有一种结成联盟以便于互相保卫的倾向。这种组织起初只是一种同盟，经过实际经验认识到联合起来的优越性以后，就会逐渐凝结为一个联合的整体。因为他们生活在永无休止的战争中，所以，在那些智力和生活技术的发展水平足以理解到这种联盟

---

① 《马克思恩格斯选集》第2卷，人民出版社，2012，第725页。

组织的利益的部落中，这一自然的倾向就会加速地付诸实现。这只不过是把氏族联合成部落的原则加以扩大，由低一级的组织产生出高一级的组织而已。"① 在生存竞争、不确定性和流动的情况下，草原游牧部落更需要通过部落联盟这一扩大了的高级组织来保卫自己或者争取更大利益。在中国北方辽阔的草原上存在多个集聚在一定地域范围内的部落联盟，形成比部落规模更大的部族。

部落联盟作为比部落更高一级的组织，其范围和能力也是有限的。联盟之间也会发生冲突。正是在冲突中产生了结合成为更大人群的需要，这就是民族。"联盟是趋向于民族形成的过程中的一个阶段，因为就在这种氏族组织下产生了民族性。这个过程的最后一个阶段是合并阶段。""在氏族社会中，合并过程的产生晚于联盟；但这是一个必须经历的、极关紧要的进步阶段，通过这个阶段才能最后形成民族、国家和政治社会。"② 民族性一方面反映了民族是比部落、部落联盟更大的组织的特性，另一方面也是将不同民族区分开来的特性。因为当一个民族产生之后，自然便将此民族与彼民族区分开来，二者区分的标志便是民族性。如游牧民族与农业民族，其区分的标志便是不同的产业特性。

从司马迁的记载看，最早的游牧族群有着若干原始氏族部落，如山戎、猃狁、荤粥，后来则统称为戎狄。从对与早期中国华夏族群的一些武装冲突看，这一族群部落已有联合的特点，否则不可能形成强大的军事能力。还有一些具有游牧性的族群甚至建立了政权，如义渠人。在与中原族群的战争中，这些具有游牧特点的族群集聚到适宜游牧的北方草原。在茫茫无际的大草原上存在多个部落和部落联盟。有的源自中原地区，有的源自中原以外的地区。

正当春秋战国中原民族处于大整合的时期，北方游牧民族也处于

---

① 〔美〕路易斯·亨利·摩尔根：《古代社会》上册，杨东莼、马雍、马巨译，商务印书馆，1977，第120页。

② 〔美〕路易斯·亨利·摩尔根：《古代社会》上册，杨东莼、马雍、马巨译，商务印书馆，1977，第131~132、132页。

大整合和大合并的时期，其力量大大增强。秦始皇统一中国后，不仅修建和连接了万里长城，而且派出 50 万大军驻扎在北方拒胡。

但匈奴作为一个具有稳定性和统一性民族的存在，其标志是冒顿的崛起。冒顿自立首领后，通过不断的征伐，统一了北方草原的游牧族群，形成了一个有地域范围、有管辖地域范围上的人群的政权，从而将各个游牧部落合并为一个民族，并在敌对状态中产生出统一的民族和国家意识。"诸引弓之民，并为一家。"（《史记·匈奴列传》）"引弓"是游牧民族的共性，将这些具有共性的人整合为一体，便形成了更大的民族。而整合的力量便来自国家政权。但国家政权的整合也是有限的，只能将一定地域上的"引弓之民"整合为一体。所以，即使是在茫茫无际的大草原上，国家也产生在一定的地域基础之上。一定的地域是国家政权赖以存在的根本，也构成了国家整合的范围。"与匈奴间，中有弃地，莫居，千馀里，各居其边为瓯脱。东胡使使谓冒顿曰：'匈奴所与我界瓯脱外弃地，匈奴非能至也，吾欲有之。'冒顿问群臣，群臣或曰：'此弃地，予之亦可，勿予亦可。'于是冒顿大怒曰：'地者，国之本也，奈何予之！'"（《史记·匈奴列传》）正是在战争征服中，不同地域上的游牧部落合并为一个拥有共同地域范围的民族和联结民族共同体的国家政权。匈奴因此成为一个拥有政权的强大的民族共同体。司马迁说，匈奴人"自淳维以至头曼千有馀岁，时大时小，别散分离，尚矣，其世传不可得而次云。然至冒顿而匈奴最强大，尽服从北夷，而南与中国为敌国，其世传国官号乃可得而记云"（《史记·匈奴列传》）。至冒顿时，匈奴才成为一个稳定的民族共同体，而这种稳定性又依赖于国家政权的维系。

匈奴人在形成民族和国家的过程中，存在权力支配和服从关系，并产生出自己的政治体系。"完成草原统一大业的匈奴国家建立了惊人且完整的军事、政治、社会组织。"[1]

---

[1] 〔日〕杉山正明：《游牧民的世界史》，黄美蓉译，中华工商联合出版社，2014，第86页。

任何一种政治体系的基因都蕴含在社会的细胞里。摩尔根认为，"基本单元的性质决定了由它所组成的上层体系的性质，只有通过基本单元的性质，才能阐明整个的社会体系。"① 匈奴人作为一个游牧民族，是从部落发展而来的。部落是其社会的基本单元。人们首先是通过部落结合为一个共同体的。"部落体内部的共同性还可能这样表现出来：统一体或是由部落中一个家庭的首领来代表，或是表现为各个家长彼此间的联系。与此相应，这种共同体的形式就或是较为专制的，或是较为民主的。"②

以部落共同体为基础的政治体系具有双重性。从社会的角度看，部落，包括部落联盟的政治体系具有民主性。部落的公共事务主要通过部落会议决定。部落成员平等享有权利和义务，部落首领不仅没有特权，而且要比他人作出的贡献更大，从而才能享有他人的尊敬和权威。"每一氏族都有自己的酋长；但是，任何地方都没有说过这一职务是在一定的家庭里世袭的。"③ 对于游牧部落来说，更是如此。在强大的生存竞争压力下，担任部落首领必须有超强的能力和贡献。"壮者食肥美，老者食其馀。贵壮健，贱老弱。"（《史记·匈奴列传》）而家庭世袭不能保证首领的能力。部落首领凭借自己的能力和贡献获得部落成员的尊重和权威。正如恩格斯所说："文明时代最有势力的王公和最伟大的国家要人或统帅，也可能要羡慕最平凡的氏族酋长所享有的，不是用强迫手段获得的，无可争辩的尊敬。"④ 这种尊敬是一种内在的习俗而不是外在的强制。因此，部落社会产生的是民主性。

但是，随着民族和国家的形成，部落民主制已不能满足需要了。特别是在经常性的和大规模的战争状态下，民族和国家统一体更多是由部落中一个家庭的首领来代表，具有专制性。这是因为，大规模战

---

① 〔美〕路易斯·亨利·摩尔根：《古代社会》上册，杨东莼、马雍、马巨译，商务印书馆，1977，第234页。
② 《马克思恩格斯选集》第2卷，人民出版社，2012，第727页。
③ 《马克思恩格斯选集》第2卷，人民出版社，2012，第113页。
④ 《马克思恩格斯选集》第4卷，人民出版社，2012，第188页。

争的组织形态已超越单个部落和部落联盟，需要通过集聚资源和权力形成具有一体性的政治统一体。这在于"掠夺战争加强了最高军事首长以及下级军事首长的权力；习惯地由同一家庭选出他们的后继者的办法，特别是从父权制实行以来，就逐渐转变为世袭制，他们最初是耐心等待，后来是要求，最后便僭取这种世袭制了；世袭王权和世袭贵族的基础奠定下来了"①。单于本是匈奴人部落联盟的首领。冒顿是单于头曼的儿子，后将头曼杀掉，自立为单于，并开始大规模地东征西讨，形成了一个具有战争特点的专制性的军事贵族政治体系，"以马上战斗为国"②。

在匈奴人的政治体系里，单于无疑具有最高地位。单于全称为"撑犁孤涂单于"。"撑犁"在匈奴语中意为"天"，"孤涂"意为"子"（《汉书·匈奴传》）。单于是匈奴族群和国家的最高统治者，也是匈奴民族的整体代表。正是单于将所有的匈奴人联结为一个整体，而无论他们属于哪一个氏族和哪一个部落。单于因此在匈奴民族和国家中居于核心地位。匈奴作为一个合并各个部落和部落联盟而形成的统一民族和国家，其核心是单于。因此，单于处于所有匈奴人之上，是具有唯一性和独大性的"天子"。作为"天子"，单于拥有支配匈奴人的最高权力。从司马迁的记载看，单于具有专断性的决策权。在是否攻打东胡的问题上，群臣有不同意见时，冒顿发怒并作出决策。"冒顿问群臣，群臣或曰：'此弃地，予之亦可，勿予亦可。'于是冒顿大怒曰：'地者，国之本也，奈何予之！'诸言予之者，皆斩之。冒顿上马，令国中有后者斩，遂东袭击东胡。"（《史记·匈奴列传》）冒顿既是匈奴君主，又是直接带兵打仗的军事首领。

匈奴的政治体系是围绕单于形成的。单于处于中心地位。单于居住的地方被称为"王庭"，是政治权力集聚的地方。单于直接统领的军队是最强大的。没有最强大的军事和行政力量，就难以形成和巩固统

---

① 《马克思恩格斯选集》第4卷，人民出版社，2012，第181页。
② 白寿彝、廖德清、施丁主编《中国通史第四卷·中古时代·秦汉时期》（下册），上海人民出版社，2004，第343页。

一的国家。这是因为匈奴成为联结各个部落和部落联盟的政治统一体，主要依靠的是军事征服。单于本身便是出自军事力量最强大的部族。

但是，与汉族所在的帝制国家不同，匈奴的政治体系具有军事贵族联合体的特性。这在于游牧民族生活的地域辽阔，各个部落、各个部落联盟之间距离遥远。最高权力的行使受到距离的限制。不像农业地区，人口聚集性高，国家可以通过城市将权力传递到各个地方。与此同时，游牧国家是由一个个部落和部落联盟组合而成的。国家权力分散在各个部落和部落联盟手中，最高统治者难以将所有权力都集聚在自己的手里。他必须依赖由各个部落和部落联盟的首领组成的军事贵族集团，才能形成一个统一的国家统治体系。

匈奴建立在一个地域十分辽阔并由不同的部族结合而成的基础上。在这一基础上形成了以单于、王庭、中央为中心，左右两边、东西两部共同构成的军事地方贵族制。在单于之下，"置左右贤王，左右谷蠡王，左右大将，左右大都尉，左右大当户，左右骨都侯。匈奴谓贤曰'屠耆'，故常以太子为左屠耆王。自如左右贤王以下至当户，大者万骑，小者数千，凡二十四长，立号曰'万骑'。……诸二十四长亦各自置千长、百长、什长、裨小王、相封、都尉、当户、且渠之属"（《史记·匈奴列传》）。这一编制具有鲜明的军事特点，通过军事组织的方式将匈奴人编制在国家统一的组织体系内。二十四长便是二十四个军事单位的首领。"他们是帝国主要地区的守土之官，并且经常与单于或者匈奴贵族成员保持紧密关系。"[1] 军事单位具有高度的自治性，以适应草原作战所需要的机动性。

匈奴的军事组织与地方行政组织合一。"诸左方王将居东方，直上谷以往者，东接秽貉、朝鲜；右方王将居西方，直上郡以西，接月氏、氐、羌；而单于之庭直代、云中：各有分地，逐水草移徙。而左右贤王、左右谷蠡王最为大，左右骨都侯辅政。"（《史记·匈奴列传》）

---

[1]〔美〕巴菲尔德：《危险的边疆：游牧帝国与中国》，袁剑译，江苏人民出版社，2011，第48页。

单于所在的中央之地最大，地处中心。中心两边的东西区域各有分地，形成行政管辖区域。牧人在分地上逐水草移徙。他们不再是"迁徙无常"的牧人，而是通过国家化设置的辖区内的牧人。尽管仍然放牧，但要受到国家的管辖，成为享有公共权利和义务的国家属民。

在恩格斯看来，"由于国家是从控制阶级对立的需要中产生的，由于它同时又是在这些阶级的冲突中产生的，它照例是最强大的、在经济上占统治地位的阶级的国家"①。匈奴作为一个地域国家产生之后，便意味着有了阶级分化，只是这种分化带有很强的氏族部落的特征。只有那些最强大的部族的首领才能成为更大的政治共同体的首领，并希望将首领的权力世代保持在自己的家庭之内，由此形成以出身和身份为特点的贵族制。单于出自最强大的家族，"诸大臣皆世官。呼衍氏，兰氏，其后有须卜氏，此三姓其贵种也"（《史记·匈奴列传》）。在匈奴的整个政治体系里，血缘家族具有核心纽带作用，并保证统治权力在某个家族内的传递。家族统治同样是匈奴国家的核心要素。"血缘观念在已建立的游牧帝国统治贵族那里依然有效地决定着领导权的合法性，因为在中部草原的部落中有一个久远的文化传统，在那里，领导权来自于单一的王族世系。"②

单于是匈奴整体性的象征，也拥有统辖匈奴整体的最高权力。但由于部落社会的特质和草原辽阔的地域，匈奴整体之下的军事地方组织具有相对的独立性和自治性。

在民族和国家产生之前，部落具有很强的氏族组织的特点，是一种自然的共同体。随着民族和国家的产生，部落的特性发生了变化。"这种部落和过去的血族部落不同，现在它被叫做地区部落。地区部落不仅是一种自治的政治组织，而且也是一种军事组织。"③ 在匈奴统一草原族群的过程中，原有的血族部落同时成为地区部落和政治、军事

---

① 《马克思恩格斯选集》第4卷，人民出版社，2012，第188页。
② 〔美〕巴菲尔德：《危险的边疆：游牧帝国与中国》，袁剑译，江苏人民出版社，2011，第37页。
③ 《马克思恩格斯选集》第4卷，人民出版社，2012，第132页。

组织。王以下置千长、百长、什长，通过这一制度，所有人被编制在政治军事组织体制之内。他们要向统治者提供力役，同时也是军事人员。匈奴的政治体系表现为兵民合一的鲜明特点。人皆为民，人皆为兵。这一特点更增加了部落的自治性，使部落获得了更多的权力。"部落首领直接掌握政治权力，而不仅仅受命于单于，因此这些部落与帝国政府之间的关系，更多的是一种联合，而不是单于自己的独裁。"①

匈奴将"诸引弓之民，并为一家"，形成一个更大的游牧民族。其民族性显示出它不再是一般的部落或者部落联盟，同时又与其他民族区别开来。一方面，与其他民族相比，游牧民族保留了大量的原始部落底色，具有民主性，如相互负责，对部落整体的依赖和忠诚；另一方面，游牧民族由于生产和军事合为一体，又具有很强的战斗力。"引弓之民"的"弓"既用于生产，又用于战争。这是农耕之民所不及的。因此，在以上民族性的基础上建立起来的游牧国家有着超越其他国家的战斗力量，特别是在冷兵器时代。当然，与任何一个国家一样，游牧国家的社会分化也会成为国家整体的离心力。这种离心力在以部落为根基的游牧国家表现得更为充分。因为"部落首领直接掌握政治权力"②，这使游牧国家的国家化表现为双重特性。一是由于游牧的流动性，不同地方的部落人群容易联合起来，国家一体化的速度快；二是游牧部落的基本单元和流动性，使不同的部落具有高度的自治性，国家一体化难以持续。

## 四 民族间的交换与国家整合

人不能无群，总是处于人与人的相互依赖和交往关系之中。个人如此，作为个人组合的族群也是如此。只是人们的依赖和交往关系的

---

① 〔美〕巴菲尔德：《危险的边疆：游牧帝国与中国》，袁剑译，江苏人民出版社，2011，第 52 页。

② 〔美〕巴菲尔德：《危险的边疆：游牧帝国与中国》，袁剑译，江苏人民出版社，2011，第 52 页。

重要基础是物质生产。人们为了获得生活和生产资料，需要借助他人的力量，与他人发生联系，并形成相互依赖的经济形态。

恩格斯指出："根据唯物主义观点，历史中的决定性因素，归根结底是直接生活的生产和再生产。"[①] 人类最初的生活资料的生产大致相同。人类进入"野蛮时代的特有的标志，是动物的驯养、繁殖和植物的种植"，"畜群的形成，在适于畜牧的地方导致了游牧生活"。"一旦这些处于中级阶段的野蛮人习惯了游牧生活以后，就永远不会想到从水草丰美的沿河平原自愿回到他们的祖先居住过的林区去了。"[②] 驯养、繁殖和看管牲畜带来的后果是"游牧部落从其余的野蛮人群中分离出来——这是第一次社会大分工"[③]。由此形成以游牧为主的经济形态。这种经济形态可以为人们提供比过去多得多且较为稳定的生活资料，而且有了以产品进行交换的可能。这是人类进入文明社会迈出的重要一步。

从中国的历史文献记载看，中国的先民们最初的生活资料也是大致相同的，具有混合的特点。但是，当人们进入一定的历史阶段，自然条件的差异便有了重要意义。在动物的驯养、繁殖和植物的种植之间，人们有了更多的偏向，从而出现了社会分工。戎狄等族群更多的是从事畜牧业，而周人等更多的是从事农业。戎狄等族群从杂居状态不断向北迁移，除了战争因素之外，在相当程度上是因为北方有着茫茫无际的大草原，在那里可以随意"逐水草迁徙""随畜牧而转移"。由此形成了一个以游牧为业的相对稳定的族群。

作为第一次社会大分工产物的游牧经济为人们的生活提供了相对稳定的来源。但是，这种经济形成的产品比较单一，"游牧部落用来同他们的邻人交换的主要物品是牲畜；牲畜变成了一切商品都用来估价并且到处都乐于与之交换的商品——一句话，牲畜获得了货币的职

---

① 《马克思恩格斯选集》第4卷，人民出版社，2012，第13页。
② 《马克思恩格斯选集》第4卷，人民出版社，2012，第32、33页。
③ 《马克思恩格斯选集》第4卷，人民出版社，2012，第176页。

能"。① 当人们的需要单一和低下时,游牧经济可以在一定程度上满足人们最基本的生活需要。但是,随着需要的扩大,游牧经济所提供的产品已经难以满足。正因为如此,才有了交换的需要。最初的交换只是部落之间的交换,交换的产品很单一,因为部落的产品具有同一性。随着社会的发展,他们必须与外部世界进行交换,才能满足自己扩大了的需要。而对于北方游牧民族来讲,南方邻人有着可以与之交换的不同产品。

当处于中原的游牧民族北迁时,也正是南方中原民族的农业迅速发展的时期。由于铁器的广泛运用、大片荒野的开垦、适宜于农业的组织方式的产生、鼓励农耕政策的推行,农业迅速发展起来了。农业为人们提供了多样化的产品,剩余财富增多,并促进了手工业的发展。"于是发生了第二次大分工:手工业和农业分离了。"② "劳动产品中日益增加的一部分是直接为了交换而生产的,这就把单个生产者之间的交换提升为社会的生活必需。"③ "它创造了一个不再从事生产而只从事产品交换的阶级——商人。"④ 春秋战国时期出现了大量商人,他们是农业生产发展后手工业发达的产物。农业、手工业和商业的发展,意味着可用于交换的物品种类增多了,如纺织品、手工制品和贵金属等,而这些物品恰恰是北方游牧邻人所没有的。

尽管南方邻人能够提供比北方种类更为丰富的物品,但是,北方邻人的物品也是南方所需要的。特别是随着地域的增大、交通的需要,马匹成为重要的交通工具。而北方有着南方难有的天然马场,可以提供各种优良的马匹。"汉朝是从代地和游牧民族那里进口马匹的,而且从汉高祖一直到汉武帝统治的时期,汉朝都一直利用汉朝和游牧民族之间开放的边境市场作为马匹进口的通路。"⑤ "同时,在农业地区的

① 《马克思恩格斯选集》第4卷,人民出版社,2012,第177页。
② 《马克思恩格斯选集》第4卷,人民出版社,2012,第180页。
③ 《马克思恩格斯选集》第4卷,人民出版社,2012,第182页。
④ 《马克思恩格斯选集》第4卷,人民出版社,2012,第182页。
⑤ 〔美〕狄宇宙:《古代中国与其强邻:东亚历史上游牧力量的兴起》,贺严、高书文译,中国社会科学出版社,2010,第270页。

边缘地带，将粮食运到草原比运到中国便宜，因此可以卖得较大利润。"① 这种经常性的交换有助于建构相互依赖的关系。

交换是生活的需要，但并不是必需，特别是在生活资料短缺的时期。只是社会分工造成了社会分化，进而才为交换带来了革命性的变革。物质生产的社会分工会造成社会成员的分化，一部分人可以凭借其特有的优势占有更多的物质财富。社会分化造成社会对立和冲突，并因此产生特殊的公共权力。政权执掌者可以利用特殊的公共权力获得和占有更多的财富。这种财富不仅是表现出执政者所拥有的权力，也是其地位的象征。而财富的占有和获得在相当程度上来自邻人。"匈奴贪，尚乐关市，嗜汉财物。"（《史记·匈奴列传》）

在早期中国，社会分工、社会分化、国家政权的建立与族群的分化和对立几乎是同步的。由于社会分工，产生出两个不同的游牧民族和农业民族。在各自的民族内部都产生了社会分化，形成了不同的层级，并产生了社会冲突和政权。两个不同的民族几乎是在同一时间里进行着地域的界定和民族的整合。这种整合大大刺激了对族际交换的需要。各个民族的统治者越来越需要更多的物品来满足其地位和身份的需要，以将自己与他人区别开来。越是本民族没有的物品越稀缺、越珍贵，越使拥有者的地位越高。"草原社会对同中国（或是新疆及波斯的绿洲）的贸易的需要，比定居农业社会对同草原社会的贸易的需要还甚。因为草原社会里必需品分配的普及性，造成了必须用这个社会以外的奢侈品来区别贵族与平民、统治者与被统治者。"② 而在农业社会，贵族与平民、统治者与被统治者的区别可以通过城市与乡村之间高筑的城墙来区别。与此同时，族际的经常性的冲突进一步加大了对交换的刚性需要。如冲突和战争中有着重要作用的刀具和马匹不是哪一个民族能够完全满足的，由此形成民族之间的相互依赖关系。这

---

① 〔美〕拉铁摩尔：《中国的亚洲内陆边疆》，唐晓峰译，江苏人民出版社，2010，第227页。
② 〔美〕拉铁摩尔：《中国的亚洲内陆边疆》，唐晓峰译，江苏人民出版社，2010，第49页。

种依赖意味着交往不是可有可无的，而是与自己的命运紧密相关的。"历史上每一个主要的游牧民族与若干定居社会（也许不止一个）之间虽然互相敌视，却有相互依存的关系。"①

在尚没有修建长城时，族群之间的交往是经常性和随意性的。在族群的冲突中，南方邻人修筑了长城。长城的主要功能是保卫，而不是隔绝族际的交往。相反，在边关还设立了大量用于交换的场所，因为这是双方的共同需要。而交换也进一步增强了族际的交流，如文字语言、文化习俗等。

与此同时，交换对于游牧民族的国家整合具有至关重要的意义。匈奴是对茫茫无际大草原上分散的游牧部落进行整合而形成的军事国家。要将各个分散的部落长期联结在一起，形成一个整体，必须使他们获得比以部落存在方式更大的利益。特别是对那些部落首领，要让他们有更高的地位和荣誉。而这是依靠原有的草原形态难以满足的。匈奴首领必须通过交换获得草原上没有的财物，以满足将众多不同的部落整合到国家体系中来的需要。因此，交换成为匈奴推动国家整合的重要手段。所谓"匈奴贪，尚乐关市，嗜汉财物"（《史记·匈奴列传》），不是因为匈奴天然的"贪"，要"嗜汉财物"，而是出于国家整合的需要。也正因为如此，在敌对状态下，相邻的南方汉人国家，将与长城相关的"关市"贸易作为应对匈奴挑战的武器。

## 五　强悍匈奴与汉朝的碰撞

交往是人们的存在方式。但交往有着不同的方式。经济往来是一种交往。冲突乃至战争也是一种交往，只是这种交往是以武力的方式来达到自己的目的。

南方的汉族与北方的匈奴作为两个不同的民族，几乎是同时完成

---

① 〔美〕拉铁摩尔：《中国的亚洲内陆边疆》，唐晓峰译，江苏人民出版社，2010，第228页。

民族统一体的建构，且都是通过战争的方式来实现的。统一体的建构过程不仅是民族内的整合，同时也意味着民族之间的冲突，乃至大规模的战争碰撞。

任何战争不是无缘无故地发生的，总是基于一定的利益。"不是暴力支配经济状况，而是相反，暴力被迫为经济状况服务。"① 尽管北方匈奴和南方汉人在经济上有相互依赖关系，但这种经济交往是不均衡的。一是游牧业提供的物品是有限的和单一的，特别是不能成为一般民众的日常生活用品。而农业民族提供的物品不仅多样，且成为一般民众的日常用品。二是游牧业高度依赖自然，一旦遭遇自然灾害，不仅物质生产和再生产难以继续，就是人的生命生产和再生产也难以进行。巨大的生存压力使之难以有足够的物品用以正常交换，而不得不通过非正常的方式获得所需要的物品，包括作为物品生产者的人。这种经济的不均衡是导致冲突的社会基础。

和平的交往是人的生存手段，冲突和战争更是为了满足日益扩大的人的欲望的直接方式。土地是人类的生存基础，也是重要的生活来源，同时也是不同群体产生冲突的根源。马克思指出："一个共同体所遭遇的困难，只能是由其他共同体引起的，后者或是先已占领了土地，或是到这个共同体已占领的土地上来骚扰。因此，战争就或是为了占领生存的客观条件，或是为了保护并永久保持这种占领所要求的巨大的共同任务，巨大的共同工作。"② 特别是随着人类的发展，有了剩余财富，更是会激发人们的战争欲望。"战争以及进行战争的组织现在已经成为民族生活的正常功能。邻人的财富刺激了各民族的贪欲，在这些民族那里，获取财富已成为最重要的生活目的之一。他们是野蛮人：掠夺在他们看来比用劳动获取更容易甚至更光荣。以前打仗只是为了对侵犯进行报复，或者是为了扩大已经感到不够的领土；现在打仗，则纯粹是为了掠夺，战争成了经常性的行当。"③

---

① 《马克思恩格斯选集》第 3 卷，人民出版社，2012，第 560 页。
② 《马克思恩格斯选集》第 2 卷，人民出版社，2012，第 728 页。
③ 《马克思恩格斯选集》第 4 卷，人民出版社，2012，第 180~181 页。

匈奴作为一个民族，从它产生的那一天，几乎都伴随着战争状态。无边无际的游牧生活使他们缺乏彼此不可逾越的边界意识。如果说最初的战争是为了民族的生存，为了扩大已经不够的领土，那么，随着民族势力的增强，特别是社会的分化，掠夺性的战争便成了经常性的行为。刚好，他们的邻人因为日益发达的农业财富不断增多，从而刺激了他们的贪欲，以武力获得他们所需要的生存资料和财富。"自三代以来，匈奴常为中国患害。"（《史记·太史公自序》）

相对游牧民族而言，农业民族具有强烈的领土边界意识。耕地总是在有限的范围内进行耕种的。每一块耕地都有相应的界线。这种界线是人为划分的，确立了我者与他者不可随意逾越的界限，也形成了人们保卫自己土地的意识。周人的先祖受到戎人的侵扰，只得"营筑城郭室屋，而邑别居之"（《史记·周本纪》）。随着族群冲突的扩大，华夏民族主要是通过修建城墙来保卫自己的领土。"秦灭六国，而始皇帝使蒙恬将十万之众北击胡，悉收河南地，因河为塞，筑四十四县城临河，徙适戍以充之。而通直道，自九原至云阳，因边山险堑谿谷可缮者治之，起临洮至辽东万馀里。又度河据阳山北假中。"（《史记·匈奴列传》）

城墙主要用于防御，将那些侵扰的人阻挡在城墙之外。但是，城墙以内的人对以外的人了解甚少，城墙的防御功能也是有限的。秦始皇统一中国时使用了数十万军人戍边，可见当时游牧民族的军事力量已足够强大。

就在汉朝刚建立之时，长城内外两个不同的民族发生了第一次大规模的面对面的战争碰撞。这次碰撞竟然使皇帝本人陷于绝境，特别是不断有汉朝高官投降匈奴，造成汉朝统治极大的被动。之后，汉朝对于匈奴的政策以和亲为主。"高帝乃使刘敬奉宗室女公主为单于阏氏，岁奉匈奴絮缯酒米食物各有数，约为昆弟以和亲，冒顿乃少止。"（《史记·匈奴列传》）

和亲是一种古老的民族观念。早期中国人以血缘看待族群，通过婚姻与不同的族类结成亲戚关系，并将其纳入本族类之中，从而成为一家人。但汉朝的和亲政策与古老的族群观念相去甚远。对于汉朝来说，和亲政策显然是一种不得已的行为。主要是汉帝国初建，国力不足，民众迫切需要休养生息。和亲政策是一种不对等的，更是对中原王朝的一种屈辱。"匈奴之众不过汉一大县，以天下之大困于一县之众，甚为执事者羞之。"（《汉书·贾谊传》）华夏民族从产生以来，便具有文明的优越感。孟子更是认为只能以华变夷，而不是反之。处于边地的四夷只能对文明和政治的中心朝贡，而不是反之。和亲政策的客观后果却是文明中心地带的民族向边缘地带的民族奉献皇帝的公主、皇帝宗室之女和大量的财富。

和亲政策的本意是希望族际的友好，互不干扰。对于汉朝来讲，与匈奴开战，"得其地不足以为广，有其众不足以为强，……击之不便，不如和亲。"（《史记·韩长孺列传》）"实行和亲政策后，汉朝在边境地区开放'关市'，准许两族人民交易，使汉匈经济起到互补作用。特别是铜等金属器具输入匈奴，更有利于匈奴社会经济的发展。"①但是，和亲的行为毕竟是基于压力下的单向行为，而不是双向的对等互动。草原民族的强悍性格更崇尚强力。特别是在匈奴刚完成草原民族的统一，单于需要通过不断地掠夺财富来满足各个部落和军队组织首领对财富的欲望，来维护草原民族的整体团结，建立自己的权威。"伟大的领袖就要利用他们部下的机动性，趁中国衰弱的时候侵略中国，或是在中国强盛的时候进行贸易。"②战争因此成了经常性、不间断的行为。"通过每年向匈奴奉送财物和开放准许人民在边关进行交易的关市，增强了匈奴的财力、物力。冒顿单于利用与中原关系暂时缓和的时机，向北征服了浑庾、屈射、丁令、鬲昆、薪犁各族；向西击走月氏，平定了楼兰、乌孙、乌揭及其旁26国，成为控地东尽今辽河、西至葱岭、北抵贝加尔湖、南达长城的庞大国家。"③"对中原的

---

① 岳庆平主编《中国大通史5·秦汉上》，学苑出版社，2018，第146页。
② 〔美〕拉铁摩尔：《中国的亚洲内陆边疆》，唐晓峰译，江苏人民出版社，2010，第51页。
③ 岳庆平主编《中国大通史5·秦汉上》，学苑出版社，2018，第146页。

劫掠是一本万利的事业，它将匈奴统合为一个整体。"①

当战争成为匈奴人经常性的行当时，经过数十年的休养生息，一个强大的汉朝产生了。经过文景两代皇帝，汉朝内部不仅日益稳定，且人口和财富都有了迅速的增长。"汉兴七十馀年之间，国家无事，非遇水旱之灾，民则人给家足，都鄙廪庾皆满，而府库馀货财。京师之钱累巨万，贯朽而不可校。太仓之粟陈陈相因，充溢露积于外，至腐败不可食。"（《史记·平准书》）与此同时，匈奴咄咄逼人的掠夺越来越成为汉朝的巨大威胁。"对于汉朝而言，并不明显但却更具潜在威胁的是，一旦身处边陲的首领们与匈奴联合起来反抗中央政府，整个帝国就会分裂。"② 面对威胁，国家实力的增长从根本上改变了汉朝对匈奴的政策。这就是改变长期以来以消极防守求得和平的局面，而是以主动进攻的方式迎接匈奴人的挑战。

汉武帝时，强悍匈奴与汉朝面对面的大规模战争拉开了序幕，且历时数十年。"在公元前 129 年到公元前 127 年之间，汉朝以举国之力投入全面战争。这可说是国家方针的大逆转。战争是在以少年皇帝之姿即位的汉武帝于具备帝王自信并开始亲政的 20 岁后半开始，直到他死时都持续进行。……持续将近 50 年、在历史上屈指可数的大战争，就是'匈奴—汉战争'。"③ 而在汉武帝之后，双方的战争并没有平息，可以说一直延续到东汉王朝末年，只是规模较小，时断时续。

# 六　资源、能力与制度的比较

绵延的长城将两个不同的民族隔离开来，各自对对方的了解都是有限的。而汉武帝时期，长城已经不再是横亘在民族之间的壁垒，匈

---

① 〔美〕巴菲尔德：《危险的边疆：游牧帝国与中国》，袁剑译，江苏人民出版社，2011，第 58 页。
② 〔美〕巴菲尔德：《危险的边疆：游牧帝国与中国》，袁剑译，江苏人民出版社，2011，第 45 页。
③ 〔日〕杉山正明：《游牧民的世界史》，黄美蓉译，中华工商联合出版社，2014，第 99 页。

奴与汉朝军队互相深入对方的地域，进行面对面的、旷日持久的战争。"岂止是中国历史，就算是在全部的欧亚史中，类似的长期战争状态真是非常罕见。"①

战争是最极端的政治行为，能最集中地体现战争双方的力量和优势。恩格斯指出："军队的全部组织和作战方式以及与之有关的胜负，取决于物质的即经济的条件：取决于人和武器这两种材料，也就是取决于居民的质和量以及技术。"② 当然，战争双方的力量和优势不能简单地类比，且经常会发生转换。优势和劣势都是相比较而言的，且对结果的影响是复杂的。

## （一）资源

资源是达到一定目的的条件。在冷兵器时代，人口是战争最重要的资源。

从总人口看，汉朝的优势是非常明显的。从秦朝到汉朝是人口的迅速增长期。"秦朝人口最多时大约在 2400 万左右。""汉武帝初期七十年来的人口应增加到 3400 余万。"③

匈奴的人口数量显然远远少于汉朝。草原的重要特点是地广人稀，需要相当数量的草地才能供养一定数量的人口。根据对冒顿纵精兵 30 余万围困刘邦于白登山推算，以五口出一介卒，则匈奴人口应当在 150 万至 200 万人。"匈奴人众不能当汉之一郡。"（《史记·匈奴列传》）正是因为人口少，匈奴在对汉朝的侵扰中，除了掠夺财富外，更重要的是掠夺人口。"从匈奴对汉战争、掳掠，至昭帝时，先后掳去的汉人当在十万口以上。……这是匈奴奴隶的主要来源。"④

---

① 〔日〕杉山正明：《游牧民的世界史》，黄美蓉译，中华工商联合出版社，2014，第101页。
② 《马克思恩格斯选集》第3卷，人民出版社，2012，第551页。
③ 安作璋、孟祥才主编《中国封建社会经济史》第一卷，齐鲁书社、文津出版社，1996，第327、329页。
④ 白寿彝、高敏、安作璋主编《中国通史第四卷·中古时代·秦汉时期》（上册），上海人民出版社，2004，第135页。

但是，决定战争胜负的直接因素不是总人口，而是战争人口，即能够直接用于战争的人口。匈奴能够成为一个强悍的族群，重要原因是全民皆兵。骑马是他们的日常生活，他们从小便生活在马背上。杀生是生活的必需，与凶猛的野兽搏斗是家常便饭。经常性的战争行为更是锤炼出战争人格。尽管匈奴的总人口大大少于汉朝，但直接的战争人口并不逊色。汉高祖亲自出征，集中了国家的战争人口，却处于下风，可见匈奴的战争人口无论是数量还是质量都具有相当的优势。"冒顿得自强，控弦之士三十馀万。"（《史记·匈奴列传》）

只是从战争的持续性看，总人口还是具有重要作用的。战争人口毕竟来源于总人口。总人口多，可以不断地补充战争人口。"据《汉书》各传、志和本纪，历次发兵有明确数字可考者，将近 200 万人次。"[1] 如果没有相当的人口基数，要有如此数量的出兵是不可想象的。相反，对于匈奴而言，战争人口的减少却无源源不断的人口加以补充。汉武帝主动出兵长城之外，力图消灭匈奴的有生力量，构成了对匈奴的致命威胁。

财力和物力也是战争的重要资源。"在一个农业社会中，统治者的权力最终建立在对日渐积累的剩余粮食的控制之上。通过每年征收的赋税，定居国家将所有粮食中的一部分以很少的花费囤积于战略要地，并以较低的损失风险将其用于不同目的。"[2] 汉武帝采取主动进攻的政策，在相当程度上是因为休养生息积累了大量的财富，加以在战争期间以特殊的手段获得财富。只有这样才能支撑战争的持续。从总的财力和物力看，匈奴不占优势。"草原统治者则处于不稳定的状况之中，因为草原经济建立在粗放且高度流动性的游牧生活方式这一基础之上。游牧财富无法有效地加以集中或贮存。……一旦赋税过重，游牧民就

---

① 安作璋、孟祥才主编《中国封建社会经济史》第一卷，齐鲁书社、文津出版社，1996，第 329 页。

② 〔美〕巴菲尔德：《危险的边疆：游牧帝国与中国》，袁剑译，江苏人民出版社，2011，第 56 页。

会选择带着他们的牲畜离开首领。"① 但是，匈奴如果在自己的地域上作战便可以大大节约资源。他们的全部家当可以随马带走，而且可以就地获得生活资料。其用于战争的财力和物力较少。"匈奴人众不能当汉之一郡，然所以强者，以衣食异，无仰于汉也。"（《史记·匈奴列传》）战争初中期，由于有巨大的财力、物力作支撑，汉朝取得了胜利。但战争越是旷日持久，越是深入草原，对财力、物力的需要越大，即使是汉朝也难以支撑。"定居民族要装备一个机动的远征，其代价较游牧民族要高得多。游牧民族可以用毁坏作物、掠劫谷仓、俘掳居民的方式向对方加以重创。而他们自己在逃避攻击时，移走帐幕，赶开牲畜，就可以少受损失。"② 这正是强大的汉朝长期难以取得最终胜利的重要原因。

## （二）能力

资源是战争的客观必要条件，能力是达到战争目的的主观力量。

领导能力。战争状态最能体现领导者的能力。从某种意义上讲，战争双方比拼的是各自领导的能力。强悍的匈奴与强大的汉朝的碰撞，正是双方领导人的能力都处于超强的状态。作为匈奴首领的单于长期亲自领兵打仗，因此训练出超凡的军事才能。汉武帝尽管出自皇宫，但是经过比较推选出来的皇位继承人，父亲在位时便精心培养，承接皇位后在重重制约中全面执掌政权，有坚强的意志和雄才大略。尽管汉武帝从未直接上过战场，但他具有战略眼光，能破格用人，是中国历史中少有的领导能力超强的皇帝。从某种意义上讲，强悍的匈奴与强大的汉朝在于各自有强大的领导人。

军事能力。战争是军事较量，军事能力十分关键。匈奴的军事能力是在日常生活和长期战争中培养出来的。特别是在自己熟悉的草原

---

① 〔美〕巴菲尔德：《危险的边疆：游牧帝国与中国》，袁剑译，江苏人民出版社，2011，第56~57页。

② 〔美〕拉铁摩尔：《中国的亚洲内陆边疆》，唐晓峰译，江苏人民出版社，2010，第228页。

上机动作战，能够充分发挥其机动性的长处。

"匈奴，轻疾悍亟之兵也，至如猋风，去如收电，畜牧为业，弧弓射猎，逐兽随草，居住无常，难得而制。"（《汉书·窦田灌韩传》）汉朝的军事实力尽管强大，但长期处于防守状态，且是第一次长距离进入广阔草原的作战，其能力有限。但是，汉武帝及时作出调整，大胆起用新人，有针对性地训练，培养出卫青、霍去病等优秀的职业将领和擅长骑术的职业军人，以机动对机动，从而很快扭转了被动的局面，并取得了关键战役的胜利。"一部分汉朝将领胜利地在草原上与匈奴作战。他们的军队在机动性及攻击力上可以和游牧民族相比。"①

当然，军事能力是相对的。在具体战场上，军事能力的表现则不同。晁错对此有精当的描述："今匈奴地形、技艺与中国异。上下山阪，出入溪涧，中国之马弗与也；险道倾仄，且驰且射，中国之骑弗与也；风雨罢劳，饥渴不困，中国之人弗与也：此匈奴之长技也。若夫平原易地，轻车突骑，则匈奴之众易挠乱也；劲弩长戟，射疏及远，则匈奴之弓弗能格也；坚甲利刃，长短相杂，游弩往来，什伍俱前，则匈奴之兵弗能当也；材官驺发，矢道同的，则匈奴之革笥木荐弗能支也；下马地斗，剑戟相接，去就相薄，则匈奴之足弗能给也：此中国之长技也。以此观之，匈奴之长技三，中国之长技五。"（《汉书·爰盎晁错传》）

动员能力。战争不仅仅在战场，而且要动员和组织各种资源，是综合实力的体现。对于兵民合一的匈奴来讲，资源有限，动员非常简单。"匈奴明以战攻为事，其老弱不能斗，故以其肥美饮食壮健者，盖以自为守卫。"（《史记·匈奴列传》）对于汉朝来讲，动员能力要求高。不是每个人都能理解战争的必要性。特别是长距离深入草原作战，需要大量的后勤保障。由此会给那些远离边境的人带来经济负担，也难以为人理解。这也是汉武帝之前的汉朝军队始终处于防御状态的重要原因。汉武帝时期大大提高了动员能力，将战争作为主要的国家目

---

① 〔美〕拉铁摩尔：《中国的亚洲内陆边疆》，唐晓峰译，江苏人民出版社，2010，第332页。

的进行全国动员，一切服从和服务于战争，从而为战争提供了源源不断的保障。

## （三）制度

制度是稳定的行为规范。只有通过制度才能支撑人们的行为持续不断地进行，才能将各种资源集聚起来用于一定的目的。

### 1. 最高统治者的产生与承继制度

最高统治者执掌着最高权力，是国家整体的代表，居于核心地位。社会通过国家政权组织为国家，国家政权以最高统治者为核心配置权力。最高统治者的产生和承继直接决定着国家的治理和存续，是国家的核心制度。

匈奴是在部落、部落联盟的基础上，以军事力量加以整合而成的。部落、部落联盟和民族整合都要求有强有力的统治者，也只有强有力的统治者才能维持和巩固部落联盟和民族统一。"壮者食肥美，老者食其馀。贵壮健，贱老弱。"（《史记·匈奴列传》）这是激烈竞争状态下的游牧生活培养出来的民族性，也影响到政治生活。在尊重强者的激烈竞争中产生的领袖具有超凡魅力，并能够得到众人的追随。冒顿杀父继位的行为，能够得到"贵壮健"的人们的认可。他后来的战功则赢得了"贵壮健"的人们的追随。在冒顿率领下，匈奴"后北服浑庾、屈射、丁零、鬲昆、薪犁之国。于是匈奴贵人大臣皆服，以冒顿单于为贤"（《史记·匈奴列传》）。草原领袖的魅力不仅在于个人超凡的能力，还在于神灵的扶助。后者对于充满不确定性的草原牧人来讲，是一种特别重要的力量。

超凡魅力领袖的权威是基于超凡魅力。"魅力的体现者完成他认为适当的任务，并根据他的使命要求服从和追随。他是否能得到服从和追随，取决于效果。"[1] 正因为是超凡，所以具有不稳定性和不可持续

---

[1] 〔德〕马克斯·韦伯：《经济与社会》下卷，林荣远译，商务印书馆，1997，第446页。

性。对于处于战争状态（包括对野兽、部落之间的战争）的草原民族来说，时刻面临着各种挑战，必须始终保持有强有力的领导人。而恶劣的生存环境使人的寿命不长。因此，在匈奴，单于位置的获得和继承具有不稳定性。一是单于位置有较多的人参与竞争，且竞争的规则不确定。尽管单于主要是在强有力的家族中产生的，但是强有力的家族会有多个有资格的竞争者。父死子继难以保证首领有超凡能力。在激烈的生存竞争中，很难想象幼年单于能够保持权力，具有超凡魅力。"匈奴不喜欢幼主继承单于之位，一旦继承者太年幼，依照习俗，就会让单于的弟弟担任这个职位。"① 兄终弟及可以保障有能力的人获得最高权力，但也加剧了兄弟之间的横向竞争。这种竞争有可能造成分裂。二是单于位置的获得与维持受军事贵族制的影响较大。单于的产生要召开贵族会议加以认可。贵族来自不同的部落。部落利益对于贵族而言，是与自己命运紧密相关的核心利益。基于部落利益，贵族都希望将代表自己利益的人推选出来。"由于地方部落首领的存在，高居各部落之上的单于的权力受到内在限制，而且其继承也受到严格规制。"②"在匈奴人中统治者的形象从来就没有真正表现为一个君主意义上的绝对的权力旗帜。在这一管理体制中，更经常地来说部落首领们首先是平等者，他们的领导地位完全依赖于其他酋长和部落贵族们的支持。"③但是，超越于部落之上的单于只有一个。任何一个单于都不可能满足所有部落人的利益。因此，部落结构使游牧社会具有天生的裂变性。三是超凡魅力领袖要以不断的胜利维持自己的魅力，满足各个部落和贵族追随者的永无止境的需要。"他要成为一位战争的领导人，他就必

---

① 〔美〕巴菲尔德：《危险的边疆：游牧帝国与中国》，袁剑译，江苏人民出版社，2011，第 53 页。
② 〔美〕巴菲尔德：《危险的边疆：游牧帝国与中国》，袁剑译，江苏人民出版社，2011，第 47 页。
③ 〔美〕狄宇宙：《古代中国与其强邻：东亚历史上游牧力量的兴起》，贺严、高书文译，中国社会科学出版社，2010，第 261 页。

须创造英雄的事迹。"① 一旦战争失利，领袖的合法性基础便会动摇，追随者就会减少，甚至造成分崩离析。

超凡魅力领袖是匈奴得以在与汉朝的碰撞中取得胜利的优势，也是其最大的软肋所在。一旦没有了令所有部落共同认可的领袖，很快就会面临分离和分裂的危险。"完全独裁或中央集权的草原帝国天生就是脆弱的，因为地方首领除了绝对的遵从或反叛之外别无他途。"② 在汉武帝之前，单于的位置是比较稳定的。经过汉武帝时期的战争失利，匈奴最大的威胁是自我分裂和内战。"儿单于年少，好杀伐，国人多不安。左大都尉欲杀单于，使人间告汉曰：'我欲杀单于降汉，汉远，即兵来迎我。'"（《史记·匈奴列传》）汉宣帝时更是发生了"五单于争立"，后又有"三单于之争"，引起内部战争和大分裂，呼韩邪单于归附汉朝。

汉朝是在长期的农业文明基础上建立的，家族血缘关系与国家领导制度紧密联系在一起，最高统治者的产生具有相对的稳定性，属于传统型领袖。这种领袖的特点是基于久已形成并得到广泛认可的规则。"对传统的虔敬和对统治者本人的孝敬，是权威的两大基本要素。"③ 自周代以来，中国便已形成王位父死子继的传统。这种传统来自久远的血缘关系基础上的孝道。在严格的父子上下尊卑关系规范下，杀父继位的行为是有悖天道的行为，不仅罕见，且很难得到认可。在父传子的纵向关系下，皇位的获得取决于皇父。皇帝实行终身制，即使是"老弱"，也拥有极大权威。在代际传递过程中，皇父会着力辅佐儿子，为后代接班扫清道路。汉武帝得以向匈奴开战，与其长辈提供的条件密切相关。而执政者也会继承祖辈的意愿，完成祖辈未完成的大业。汉武帝向匈奴宣战，在相当程度上是为了洗雪祖辈的耻辱。尽管有传

---

① 〔德〕马克斯·韦伯：《经济与社会》下卷，林荣远译，商务印书馆，1997，第448页。
② 〔美〕巴菲尔德：《危险的边疆：游牧帝国与中国》，袁剑译，江苏人民出版社，2011，第52页。
③ 〔德〕马克斯·韦伯：《经济与社会》下卷，林荣远译，商务印书馆，1997，第327页。

统的制约，皇父还是希望有才能的人能够继承皇位。汉武帝便是在众多皇子中经过比较挑选出来的。

汉朝实行郡县官僚制。官僚大臣属于皇帝雇用的管理者。对于由老皇帝指选的新皇帝，无论什么人，都要尽力辅佐。对皇帝的依附地位使他们不仅不能影响皇位的产生和继承，而且要维持皇权的正常运行。因此，皇帝位置的变换不会造成最高权力的分立和政治体系的分崩离析。这种注重纵向关系的皇权制，保证了皇帝位置的稳定性和持续性，也使汉朝在对匈奴的战争中，没有出现自我分裂。尽管有降将，但没有造成大规模的地方分裂。"中国的皇帝作为至高的立法者、法官以及统治者，其地位不容置疑，但匈奴政权的权力却被血缘纽带、惯常习俗以及部族间的横向分割限制、分裂。"①

当然，传统型的领袖也具有天生的弱点。这就是不能保证领袖始终具有必要的统治能力。一是越是有雄才大略的领袖，越是充满自信，越是对接班人不放心，由此可能造成接班人危机。这种危机在秦始皇时已出现，至汉武帝时则重演，一直到汉武帝晚年仓促间才确立太子。新皇帝幼年登基，难以避免受到身边人的影响。到东汉，皇帝继位问题更为突出，也深刻制约了对匈奴的关系。二是皇帝至高无上的地位使皇帝决策得不到制约，决策失误得不到及时纠正。特别是在战争取得胜利的时候，更多的是一味迎合。汉武帝晚年继续坚持已难以为继的战争，造成重大损失，却缺乏制度上的制约和纠偏，以致连续出现降将，这与其前期战争时的状况形成鲜明对比。

2. 组织制度

组织制度是对人力加以组织以实现一定的目标。匈奴社会的基本单元是部落，其群体性强。其军事行政合一的组织形态简单，二十四长亦各自置千长、百长、什长，一直到每个成员，自上而下的组织化程度高。这有利于集群作战。由于部落社会实行高度的部落自治，大

---

① 〔美〕陆威仪：《早期中华帝国：秦与汉》，王兴亮译，中信出版社，2016，第139页。

量问题通过部落自行解决，因此匈奴的组织管理制度表现出扁平化和简约化的特点。"岁正月，诸长小会单于庭，祠。五月，大会茏城，祭其先、天地、鬼神。秋，马肥，大会蹛林，课校人畜计。其法，拔刃尺者死，坐盗者没入其家；有罪小者轧，大者死。狱久者不过十日，一国之囚不过数人。""君臣简易，一国之政犹一身也。"(《史记·匈奴列传》)"因为没有文字和成文法，各项政务活动都比较简单。脱胎于氏族社会道德风俗的习惯法，虽然给人们的行为规范提供了一个标准，但在决策和政务活动中，随意性更顽强地显示出它的存在。"① 这种高度组织化的民族，能够迅速形成强大的团队战斗力。当然，这种团队以部落和部落联盟为基础，缺乏纵向的联系纽带，又很容易造成组织单位脱离组织整体的问题。其国家化程度时高时低，飘忽不定。汉武帝之后的匈奴始终难以整合为一体，便与此相关。

汉人属于农业民族，一家一户是基本单元，分散性和个体性强。依靠分散的民众根本无法自我组织军事力量阻止侵扰。将各个家户联结起来的是郡县官僚制。等级性的官僚制唯上命是从，相互牵制，平时可以应对，战时尽显弱点。但是，郡县官僚制可以有效组织资源，供养具有专业性的军事组织。专业性军队的组织性强，能够克服家户制和官僚制的不足。当然，官僚制层次多，各有利益，君臣关系复杂，调动指挥不易。在以分散的个体家户为单位建立起来的国家组织，管理制度具有复杂性，需要通过礼仪等级制度相区别。这一制度会产生离心力，造成社会对立，上下难以同心。"今中国虽详不取其父兄之妻，亲属益疏则相杀，至乃易姓，皆从此类。且礼义之敝，上下交怨望，而室屋之极，生力必屈。夫力耕桑以求衣食，筑城郭以自备，故其民急则不习战功，缓则罢于作业。"(《史记·匈奴列传》) 以农业民族为基础的汉朝，通过纵向的和职业化的郡县官僚制，将分散的人们统合起来，国家化程度较为稳定，人们难以脱离郡县官僚组织而自立自治。与此同时，分散的民众对于纵向等级的官僚制度缺乏自然的

---

① 白钢主编《中国政治制度史》上卷，天津人民出版社，2016，第286页。

认同。毕竟官僚制建立在人民提供赋役的基础上，容易造成"上下交怨望"。

3. 人事制度

人事制度是通过对人员的选拔和管理达到一定目的的制度。匈奴实行军事贵族制，"诸大臣皆世官。呼衍氏，兰氏，其后有须卜氏，此三姓其贵种也。"（《史记·匈奴列传》）尽管匈奴部落社会强调个人的超凡能力，但注重出身的贵族制政治不能保证有能力的人能获得更高职位。这在于贵族政治建立在人身和人身关系基础之上。贵族世代相袭，有助于保证部落组织的稳定性和持续性。但是，贵族也容易将本集团的利益置于共同体利益之上。贵族之间的横向平等造成他们之间的竞争，甚至冲突，特别是面对最高权力的获取时。贵族制可以迅速召集人员，形成有组织的战斗力，也有可能弱化超越各贵族之上的整体战斗力。

汉朝是从长期的战争中脱胎出来的，早在战国时期便实行以功绩而不是出身选拔官员的制度。皇帝官僚制是一种纵向的关系。皇帝根据功绩而不是出身选拔人才。这有利于人才脱颖而出。卫青出身卑贱，只要有功也可以执掌军事大权。以功绩选官，是汉朝得以支持长期战争的重要因素。与此同时，在皇帝制度下，官僚由皇帝选拔，可以培养出对皇帝的忠诚感。无论是谁，功劳再大，都不可能超越皇帝，更不可能参与皇位的竞争。这种人事制度具有可持续的稳定性。

4. 国家制度体系

国家制度体系是对整个国家的权力配置并进行治理的制度总和，能够体现一个国家的综合实力。

匈奴长期处于分散的部落社会状态，国家形态发育迟缓。特别是通过将不同的部落整合为一体进行整体治理时，显得力不从心。而辽阔的地域和超长的距离更是增大了整体的统一治理难度。这也是匈奴后来因为战事不顺而发生分离和分裂的重要原因。"它所建立的国家，缺乏应有的稳定的基础，且具有军事联合性。这种军事性的国家是靠武力联结起来的政体，虽然可能强大一时，却很容易瓦解。从匈奴帝国看，它的瓦解也主要是由于内部的矛盾和斗争。"①

汉朝是在长期历史上形成的，有一套较为成熟的国家制度。皇帝郡县官僚制将全国的地域和民众联结为一个整体。农耕地区的人口聚集程度比游牧地区高。尽管一家一户的自然经济具有天然的分散倾向，但只要皇帝郡县官僚制能够正常运转，便可以克服大范围的地方分裂，保持国家的整体性。这种整体性是能够坚持长期战争的重要基础。

## 七  国策的调适与优势的确立

战争可以改变一切，一切更可以改变战争。任何战争都不可能永无止境。战争是政治的极端表现，最终还是要回归到政治。这是因为"暴力的胜利是以武器的生产为基础的，而武器的生产又是以整个生产为基础，因而是以'经济力量'，以'经济状况'，以可供暴力支配的物质手段为基础的"②。政治则是经济的集中表现。

匈奴与汉朝"以全力进行的长期战争，结果不仅造成匈奴疲累，汉朝也呈现疲惫状态"③。随着匈奴与汉朝之间的战争推移，匈奴的力量大大削弱，已难以构成对汉朝的重大威胁。"匈奴远遁，而幕南无王庭。汉度河自朔方以西至令居，往往通渠置田，官吏卒五六万人，稍蚕食，地接匈奴以北。"（《史记·匈奴列传》）特别是对于一个在广阔草原上建立起来的政权来说，距离是实现族群统一和国家整合的最大敌人。战争越是失利，越会造成内部的分离。在汉朝军队持续不断的打击下，匈奴已很难集聚整个草原力量与汉朝抗衡。

通过对匈奴的主动进攻，汉朝日益占据主动地位，但代价也十分惨重。显然，要在辽阔的草原上一举歼灭匈奴，永绝后患，是一件十分困难的事情。"草原上的战争也是一个沉重的负担，需要足够的后勤

---

① 翁独健主编《中国民族关系史纲要》（上），中国社会科学出版社，2005，第113页。
② 《马克思恩格斯选集》第3卷，人民出版社，2012，第546页。
③ 〔日〕杉山正明：《游牧民的世界史》，黄美蓉译，中华工商联合出版社，2014，第101页。

以保证汉军的供给，因为匈奴并没有富裕的城市可供征服或者农田以供占领。不论汉军赢得多少次胜利，最终还是不得不从匈奴本土撤军，从而将草原拱手让给游牧民族。"① 同时，对于强有力的领导人来说，时间是最大的敌人。汉武帝执政后几乎与战争相伴，战争已成为一种人生的惯性。即使是旷日持久的战争已显疲态时，还要执意推进，结果出现数次失误，损失惨重。特别是汉武帝进入老年，帝制政体的最大软肋日益显露，这便是皇位的交接问题。汉武帝晚年，围绕皇位的继承发生了一系列重大事件，深深地刺激了汉武帝，并使他对一生的国策进行了深刻反思。

汉武帝对战争的正当性和成就并没有否定，但意识到国策必须做出重大调整。旷日持久的战争造成了国力衰退。人口是国家的重要构成。"从汉武帝元光年间开始用兵匈奴，到征和二年下轮台诏，停止对外用兵，是西汉人口下降时期。""匈奴是个慓悍善战的马上民族，战斗力很强；虽然在总体上汉朝以优势兵力取得了战争的胜利，但损失是惨重的，即使是那些大获全胜的战役，损失和匈奴也基本相当，至于失败的战役甚至全军覆没。故保守的推断，汉朝死于战场上的士卒要有七八十万之多。"② "虽有攘四夷广土斥境之功，然多杀士众，竭民财力，奢泰亡度，天下虚耗，百姓流离，物故者半"。（《汉书·眭两夏侯京翼李传》）深入草原深处的战争花费与其成效不成比例。尽管有举国体制作为支撑，但战争不仅不能生产财富，反而造成大量消耗。广大的边陲地区还需要常年维持一支用于保卫的职业军队。"尽管汉武帝所采取的前进战略在对外政策上得到了一些好处，新的被征服的领土被融合成为汉王朝管理的国家结构的一部分，但是，这一政策也几乎毁掉了汉王朝，因为这迅速地耗尽了国家的资金。"③ "天子为伐胡，

① 〔美〕巴菲尔德：《危险的边疆：游牧帝国与中国》，袁剑译，江苏人民出版社，2011，第69页。
② 安作璋、孟祥才主编《中国封建社会经济史》第一卷，齐鲁书社、文津出版社，1996，第329、330页。
③ 〔美〕狄宇宙：《古代中国与其强邻：东亚历史上游牧力量的兴起》，贺严、高书文译，中国社会科学出版社，2010，第283页。

盛养马，马之来食长安者数万匹，卒牵掌者关中不足，乃调旁近郡。而胡降者皆衣食县官，县官不给，天子乃损膳，解乘舆驷，出御府禁藏以赡之。其明年，山东被水灾，民多饥乏，于是天子遣使者虚郡国仓廥以振贫民。犹不足，又募豪富人相贷假。尚不能相救，乃徙贫民于关以西，及充朔方以南新秦中，七十馀万口，衣食皆仰给县官。数岁，假予产业，使者分部护之，冠盖相望。其费以亿计，不可胜数。于是县官大空。"（《史记·平准书》）特别是与草原匈奴的战争既不能获得财富，也没有大量耕地可占以再生产财富。只出不进的战争花费最终要由民众来承担。对于广大民众而言，战争不仅仅是要交税，更要出精壮人力。大量精壮劳力长期脱离土地，会对农业生产造成致命的影响。"军旅数发，父战死于前，子斗伤于后，女子乘亭障，孤儿号于道，老母寡妇饮泣巷哭，遥设虚祭，想魂乎万里之外。"（《汉书·严朱吾丘主父徐严终王贾传》）农业、家庭和人口的再生产毕竟是国家的存续基础。"战争、徭役、重税已超出了农民的负担限度，自然灾害又雪上加霜，加速了农民的破产。"[①] 如果战争持续下去，有可能动摇国本。

汉武帝作为一个雄才大略的皇帝，不仅在于其敢与强悍匈奴作战，而且能够深刻反思自己的失误，并对国策进行了调整。他在著名的《轮台诏》中表示："乃者贰师败，军士死略离散，悲痛常在朕心。今请远田轮台，欲起亭隧，是扰劳天下，非所以优民也，今朕不忍闻。大鸿胪等又议，欲募囚徒送匈奴使者，明封侯之赏以报忿，五伯所弗能为也。且匈奴得汉降者，常提掖搜索，问以所闻。今边塞未正，阑出不禁，障候长吏使卒猎兽，以皮肉为利，卒苦而烽火乏，失亦上集不得，后降者来，若捕生口虏，乃知之。当今务在禁苛暴，止擅赋，力本农，修马复令，以补缺，毋乏武备而已。"（《汉书·西域传》）在对匈奴的战争中，汉武帝已意识到战争要与国力和民力相匹配。

---

① 安作璋、孟祥才主编《中国封建社会经济史》第一卷，齐鲁书社、文津出版社，1996，第332页。

汉武帝之后，实行休养生息，国力和民力得到了一定程度的恢复。与此同时，匈奴作为一个草原王朝整体却出现了大分裂。而自然灾害更是给予其巨大打击。"匈奴中连年旱蝗，赤地数千里，草木尽枯，人畜饥疫，死耗太半。"（《后汉书·南匈奴列传》）对于强者来说，强时越强，弱时越弱。战争双方力量发生了重大变化。匈奴与汉朝之间的关系以和平为主并间接有战争。只是这种和平已不是汉武帝之前不对等的和平，而是汉朝居于优势地位的和平。一是尽管汉武帝之后仍然实行和亲政策，但更多是出于友善而不是压力。"自今以来，汉与匈奴合为一家，世世毋得相诈相攻。有窃盗者，相报，行其诛，偿其物；有寇，发兵相助。汉与匈奴敢先背约者，受天不祥。令其世世子孙尽如盟。""匈奴……兵数困，国益贫……欲和亲而恐汉不听，故不肯先言，常使左右风汉使者。"（《汉书·匈奴传》）"与将近 50 年前为止的'匈奴时代'不同，这次的和亲是建立在两国对等状态中。历史有了逆转。……至此，匈奴及汉这两个大帝国，正式进入南北和平共存的时代，并维持了很长一段时间的和亲。"[1] 二是分裂后的匈奴单于主动派使者向汉朝纳贡。三是南匈奴归顺于汉朝。匈奴内部的争斗导致其整体力量大大弱化，且一部分匈奴被纳入汉朝的统治之下。

但是，对于汉朝而言，匈奴仍然是不可忽视的力量，试图以武力改变相对平衡的局面是难以成功的。西汉末年的王莽试图重启武力征服匈奴遭遇挫折，其自身统治未能持续。尽管东汉期间汉朝继续与匈奴进行了战争，但战争持续时间都不长，且汉朝总体上处于优势地位。随着数次内部分裂，匈奴作为一个草原民族国家整体不复存在。

# 八 战争推动多民族国家建构

"暴力，用马克思的话说，是每一个孕育着新社会的旧社会的助产

---

① 〔日〕杉山正明：《游牧民的世界史》，黄美蓉译，中华工商联合出版社，2014，第105 页。

婆；它是社会运动借以为自己开辟道路并摧毁僵化的垂死的政治形式的工具。"① 大规模和持续性的战争给人们带来了巨大的伤害，同时也推动着社会的重大变化。

国家是由地域、人口和政权构成的。这种构成不是固定不变的，而战争则是改变这三个要素的特性及其组合的重要因素。汉武帝时期的强悍匈奴与汉朝的碰撞，是中国历史上第一次民族区域之间的大规模和持续性的战争。这一战争不仅改变了匈奴人的命运，也深刻改变了汉朝的政治，推动着多民族国家的建构，其影响深远。

其一，天外有天，对地域性国家有了深刻的认识，可控制的地域得到扩大。

在恩格斯看来，"国家和旧的氏族组织不同的地方，第一点就是它按地区来划分它的国民"②。地域及地域关系是国家存在的基础。但是在相当长的时间里，中国人是从"天下"的角度来认识地域国家的。"溥天之下，莫非王土"。这一"溥天之下"的范围实际上是非常有限的，只是当时人们所能认知的范围。

匈奴与汉朝之间的大规模战争使人们的认识发生了重大变化，这就是天外有天。在天外有天的地方，并不属于"王土"。在汉武帝之前，人们将长城作为"溥天之下"的天边，对长城之外的天下缺乏广泛而深入的直接了解。而汉武帝时期的战争对决，汉朝的军队第一次深入大漠深处，大大突破了对原有地域认识的局限。长城之外还有辽阔的"天下"。这一片"天下"并不是汉朝所控制的，并会与自己发生碰撞。"为了使视野超越国门，中国最终形成一个统一的政治实体，这样就抛弃了战国时期诸侯分割状态下对外界漠不关心的态度。"③

正是在不同"天下"的碰撞中，汉朝的地域性国家意识得到了强化。长时间的战争使双方认识到深入对方的地域并将对方的地域纳入

---

① 《马克思恩格斯文集》第 9 卷，人民出版社，2009，第 191~192 页。
② 《马克思恩格斯选集》第 4 卷，人民出版社，2012，第 187 页。
③ 〔美〕狄宇宙：《古代中国与其强邻：东亚历史上游牧力量的兴起》，贺严、高书文译，中国社会科学出版社，2010，第 327 页。

自己的领地是不现实的。现实主义的政策是确立边界，各不相犯。在对匈奴的战争进程中，汉朝不仅在边地上设立郡县，而且移民守边。通过地域、人口和政权的结合，将边地实体化，而不只是修建一道具有象征意义的长城。由此改变了人们对地域国家的认识。与原有的模糊性的"天下"不同，国家是有边有界且需要行政机器加以控制的。只有行政机器能够控制的地域才是属于自己的。"长城以北，引弓之国，受命单于；长城以内，冠带之室，朕亦制之。"（《史记·匈奴列传》）如吉登斯所说："尽管在国界地区生活的群体，可能会（经常确实如此）显示出'混合的'社会和政治特征，但仍可辨识出，这些群体是隶属于这一国家还是另一国家的行政管辖。"①

正是由于天外有天，国家是以行政能够控制的地域为基础，从而增强了人们开疆拓土、强边守民的意识。"中国的国家利益需要一个固定的边疆，包括一切真正适宜中国的东西，隔绝一切不能适合中国的事物。"②

从汉武帝开始的对匈奴战争中，汉朝在地域拓展方面有三个成就。一是收复失地，同时在收复和开拓的土地上建立军事保卫设施和政府管理机构，大量迁移人口，将边地实体化。"西汉一代，实边之民确切可考者在82万5千以上，加上其他各种原因徙边者，估计有100万人左右。"③ 国家化是以有形的边界而不是无形的天下为基础。二是对西域的开拓。在汉武帝之前，大漠之外的西域是十分陌生的地方。在对匈奴的战争中才有了对西域的探索，目的是"以断匈奴右臂"（《汉书·西域传》）。结果是不仅获得了大片土地，而且打通了与西域的通道，将东方中国与西方世界联系起来。"天下"的视野更为开阔了。三是对南方大片疆域的开拓。秦朝便对南方疆域进行了开拓，但一直未

---

① 〔英〕安东尼·吉登斯：《民族—国家与暴力》，胡宗泽、赵力涛译，三联书店，1998，第60页。

② 〔美〕拉铁摩尔：《中国的亚洲内陆边疆》，唐晓峰译，江苏人民出版社，2010，第325页。

③ 安作璋、孟祥才主编《中国封建社会经济史》第一卷，齐鲁书社、文津出版社，1996，第339~340页。

能行使有效的行政管理。汉武帝时的军事力量大大增强，在军事力量的支持下，加强了对南方地区的有效行政管理。相对于北方，南方地区的国家化程度推进得也更为顺利。

其二，族外有族，对地域性民族有了深刻认识，多民族的国家意识得以成长。

人口是国家的构成要素。中国人很早就有人以群分的意识，也有了族群观念。但是，在相当长的时间里，人们是以文明看待族群的。尽管存在不同族群，但这些族群都具有野蛮性，要为文明的中国所同化，所谓"用夏变夷"。以文明为标准的理想主义的族群意识只是一种单向的自我意识，而不是在族群双向互动中形成的族群意识。经过秦汉整合的大型民族有较强的一致性。"汉族散布在中国，是由许多单位合并而形成的。虽然各有差异，但大体上是一体的。每一个单位有一个农业地区，被一个城池控制，城与城的距离在较肥沃的地区内也只有一天的路程。"① 在这一基础上建立起来的国家是单一民族构成的国家。这就是以汉族为基础的秦汉王朝。"汉族对他们自己文化的优越性非常自负，只当他们的敌人为落后民族而不再加以分析。"②

匈奴的崛起并与汉朝的碰撞，使人们意识到在华夏族群之外，还存在一个完全不同的强大族群。这一族群不能简单地用野蛮来概括。他们生活在与汉族不同的地域里，必然会存在与汉族不同的民族性。如司马迁在《史记》里记载的："逐水草迁徙，毋城郭常处耕田之业，然亦各有分地。毋文书，以言语为约束。儿能骑羊，引弓射鸟鼠；少长则射狐兔：用为食。士力能毋弓，尽为甲骑。其俗，宽则随畜，因射猎禽兽为生业，急则人习战攻以侵伐，其天性也。其长兵则弓矢，短兵则刀铤。利则进，不利则退，不羞遁走。苟利所在，不知礼义。自君王以下，咸食畜肉，衣其皮革，被旃裘。壮者食肥美，老者食其

① 〔美〕拉铁摩尔：《中国的亚洲内陆边疆》，唐晓峰译，江苏人民出版社，2010，第30页。
② 〔美〕拉铁摩尔：《中国的亚洲内陆边疆》，唐晓峰译，江苏人民出版社，2010，第239页。

馀。贵壮健，贱老弱。父死，妻其后母；兄弟死，皆取其妻妻之。其俗有名不讳，而无姓字。"（《史记·匈奴列传》） 这种民族性是在特定的自然条件和生产方式的基础上生长出来的，是一方水土所养育的一方人，"其天性也"。司马迁的描述具有相当的客观性，而不是以文明自居而贬低其他族群。这在于，"对可能成为侵略民族者，虽然仇恨极深，却也要详细记述"①。

强悍的匈奴与强大的汉朝的军事碰撞，使双方都能以较为客观的现实主义态度认识对方。"利则进，不利则退，不羞遁走"不是一种道德上的耻辱，恰恰相反，它在战争中显示出其机动性的优势。"贵壮健，贱老弱"尽管在伦理上与儒家文明有相当距离，但崇尚强者的意识有助于生存竞争和战争的推进。"匈奴明以战攻为事，其老弱不能斗，故以其肥美饮食壮健者，盖以自为守卫，如此父子各得久相保，何以言匈奴轻老也？"（《史记·匈奴列传》） "年轻的世系通过杀死更年长的竞争对手而得以提升，这在一些草原王朝中是常见的行为。"②

战争是族际的战争，有助于在双向互动中增强民族认同感，建构起民族意识。这在于，民族"必须要求某些人的群体面对其他人的群体时有一种特殊的团结一致感"③。各自的团结一致感造成双方之间的族际界限日益清晰。和亲政策为匈奴人提供了大量财物，但也可能弱化匈奴的民族性。民族性一旦弱化，就难以在战争中取得胜利，甚至面临生存危机。正是在持续不断的战争中，匈奴人不断自我强化着族群的自我意识。来自汉朝的中行说对此有着深刻的认识。"初，匈奴好汉缯絮食物，中行说曰：'匈奴人众不能当汉之一郡，然所以强者，以衣食异，无仰于汉也。今单于变俗好汉物，汉物不过什二，则匈奴尽归于汉矣。'"（《史记·匈奴列传》） 匈奴的战斗力来自游牧部落的自给自足以及共同体内

---

① 〔美〕拉铁摩尔：《中国的亚洲内陆边疆》，唐晓峰译，江苏人民出版社，2010，第239页。

② 〔美〕巴菲尔德：《危险的边疆：游牧帝国与中国》，袁剑译，江苏人民出版社，2011，第35页。

③ 〔德〕马克斯·韦伯：《经济与社会》下卷，林荣远译，商务印书馆，1997，第241页。

的平等和团结。如果"变俗好汉物",势必造成人们的享乐意识,而分配的不平等会产生离心力,从而失去原有的民族性,民族和国家也会不复存在。中行说在与汉使的对话中极力为其民族性辩护,并得到匈奴首领的尊重。毕竟这种民族性是支撑匈奴国家的民族根基。

而匈奴人与汉人面对面的碰撞也增强了汉族的民族认同感。长期以来,中原民族经济文化发达,造成了民族优越感,将其他民族视为野蛮人,以鄙视的眼光看待异族人,并认为这些异族人最终都会汉化。在与匈奴的交往和战争中,汉使总是以文明的高等眼光来看待匈奴的特性,认为匈奴"贱老","父子乃同穹庐而卧。父死,妻其后母;兄弟死,尽取其妻妻之。无冠带之饰,阙庭之礼。"(《史记·匈奴列传》)在汉人眼里,匈奴根本不是能够与华夏民族相提并论的礼仪之邦,甚至匈奴这两个汉字都带有贬义。但是,正是这些被称为野蛮人的匈奴人却逼迫汉人为其源源不断地提供货物和宗室女子。这使汉人不能不正视非汉族人也有其特别之处,不可以用野蛮简单概括。而在承认对方是一个不同于自己的民族时,也会增强民族的"本我"意识。双方之间的族际界限日益清晰。所谓"南有大汉,北有强胡。胡者,天之骄子也"(《汉书·匈奴传》)。在战争中各自都会以一个统称指代对方,于是有了匈奴人和汉人之分,有了匈奴来使和汉使之别。尽管战争使双方都进入对方的地域,处于混乱状态,但双方都不能长期占有对方的地域。"混乱可以重返平静,那就是农夫和牧人分别退回到永远对他们各自有利的地理环境中去。"① 两个民族分别存在于不同的地域里,是在特定的地域生成的特定民族,并会因为各自的政权统治而发生激烈的族际碰撞。

"在战国时期,不同的地域文化构成了'中国'领域的主要区别;与该时期相比,把天下想象成由游牧民族和中国二者所构成,标志着

---

① 〔美〕拉铁摩尔:《中国的亚洲内陆边疆》,唐晓峰译,江苏人民出版社,2010,第51页。

一个巨大的进步。"① "西汉王朝统治者在与匈奴民族的互动中，也认可匈奴与汉享有对等地位，显示了民族对等意识、平等意识在中国古代的初步萌芽。"② 在族群的双向互动中，不仅强化了人们的民族和国家意识，而且会催生出在多民族的基础上建构国家的意识。

其三，国外有国，对国家冲突有了深刻认识，压力型的举国体制得以成型。

政权是国家的核心要素。在历史上，天下与国家是同一体。"溥天之下，莫非王土。"中国是天下中心之国。中国之外都是边地，尽管不属于中国的直接管辖，但也属于"王土"的一部分，"王"是"天子"。这是出于当时人们对"天下"的狭隘的理想主义认知所限。在汉朝之前的相当长的时间里，华夏民族率先建立国家政权，能够集聚国家力量，在各个族群中脱颖而出，成为一个强大的族群。这种依靠国家中心的突破，使人们对国家之外的世界缺乏认识。从夏、商、周，一直到秦和汉，国家具有延续性，并始终处于中心位置。其他地方和其他人群都属于蛮夷，处于依附地位，都在中原王朝天子影响之下，要服事天子。拉铁摩尔引述钱穆的观点说："周代的中国不是一片完整的土地，并没有划出与戎、狄两族的边界，因为戎和狄都很坚强地立足于中国的内部。"③ 戎、狄两族不是以国家的形式存在的。从传统的中国中心观念看，"皇帝尤其不与普天之下的统治者处于同等地位"④。

"中原中心观的世界秩序最明显与最具威胁的违背者是匈奴，因为他们要求并获得了与中原相等的地位。"⑤ 正是在强悍的匈奴与强大的

---

① 〔美〕陆威仪：《早期中华帝国：秦与汉》，王兴亮译，中信出版社，2016，第139页。

② 彭丰文：《先秦两汉时期民族观念与国家认同研究》，中国社会科学出版社，2016，第191页。

③ 〔美〕拉铁摩尔：《中国的亚洲内陆边疆》，唐晓峰译，江苏人民出版社，2010，第250页。

④ 〔美〕巴菲尔德：《危险的边疆：游牧帝国与中国》，袁剑译，江苏人民出版社，2011，第66页。

⑤ 〔美〕巴菲尔德：《危险的边疆：游牧帝国与中国》，袁剑译，江苏人民出版社，2011，第67页。

汉朝的互动碰撞中，人们对"天下"和"天子"的认识转变为现实主义取向。人们发现"天下"不仅仅是一个"天下"，"天子"也不仅仅是一个"天子"。"撑犁孤塗单于，义为'天之骄子'，和中国皇帝之称'天子'极相似。……这里，我们第一次在中国历史中看到以少数民族而非汉族的形式，记载一位少数民族首领的名字。并且，我们也首次看到一位少数民族首领不只被简单地以汉语称为'酋长'（或其他类似的称呼），而将其原来的名字及其称号都汉译出来。"① 在双方致对方最高统治者的信函中，均以"天子"相称。特别是在汉武帝之前，匈奴单于经常居于高位，甚至以羞辱的口吻致信汉朝统治者。"倨傲其辞曰'天地所生日月所置匈奴大单于敬问汉皇帝无恙'。"（《史记·匈奴列传》）"胡者，天之骄子也。"（《汉书·匈奴传》）而匈奴无休止的掠夺更迫使汉朝统治者不得不正视匈奴的独立和强权地位。"今匈奴负戎马之足，怀禽兽之心，迁徙鸟举，难得而制也。得其地不足以为广，有其众不足以为强。"（《史记·韩长孺列传》）面对强势地位，"汉廷从来不会忽视匈奴及其需求，同时也被迫将单于视作与普天之下至高无上的汉朝皇帝平起平坐的统治者"②。

正是在匈奴与汉朝的激烈碰撞中，人们认识到国外有国，国家之间有着尖锐的利益冲突，国家的生死存亡建立在国家实力的基础之上。汉武帝之前的和亲政策从根本上说在于当时的国家实力不济。这一政策并没有能阻止匈奴的侵扰，也意味着过往以血缘关系来维持和平的理想主义观念的无效。这一观念理所当然地想象："当汉代公主的孩子成为匈奴国王时，匈奴的领袖就可能成为汉王朝的晚辈亲属。"③ 而事实并非如此。从华夏民族产生后，人们第一次意识到，中国并不是永远处于中心位置。中心的地位依靠的是国家实力。没有实力就只能带

① 〔美〕拉铁摩尔：《中国的亚洲内陆边疆》，唐晓峰译，江苏人民出版社，2010，第309页。
② 〔美〕巴菲尔德：《危险的边疆：游牧帝国与中国》，袁剑译，江苏人民出版社，2011，第63页。
③ 〔美〕陆威仪：《早期中华帝国：秦与汉》，王兴亮译，中信出版社，2016，第136页。

来屈辱。而国家实力建立在国家政权建设和国家整合基础之上。匈奴之所以能够构成对汉朝的威胁，便在于通过整合形成统一的民族，并以国家的力量争取民族的利益。"自淳维以至头曼千有馀岁，时大时小，别散分离，尚矣，其世传不可得而次云。然至冒顿而匈奴最强大，尽服从北夷，而南与中国为敌国。"（《史记·匈奴列传》）匈奴以国家的力量集聚人群，并构成对华夏国家的巨大挑战。这种挑战不是一般的族群争端，而是国家与国家之间的较量，是对国家政权的威胁。作为中心之国的中国第一次遭遇了中心之外的国家的威胁。具有屈辱性的和亲成为不得已而为之的国策，并会经常性地面临侵扰，构成了对国家的巨大压力。这在于"匈奴是作为一种全新的力量出现在中国历史上的，它将自己强加于汉朝统治者和政治家，还有文人、军事首领，以及普通人的意识中，给汉朝带来了很大的危机，并给他们带来了真正的威胁的感觉，这是以前的游牧民族所从来不曾有过的"[1]。

为了缓和巨大的国家压力，汉武帝时期改变了以往的国策，变消极防守为主动进攻，形成了强悍的匈奴与强大的汉朝的激烈碰撞。为了争取战争的全面胜利，汉朝举全国之力，形成了空前的举国体制。

举国体制在战国时期便已出现，在兼并争霸战争中脱颖而出的秦国更是处于领先地位。但是，由于秦朝存续时间不长，这一体制未能延续。而在汉武帝时期形成的举国体制，无论是其广度还是深度都大大超越了秦朝。首先，汉朝承继了秦统一中国后的国家，其规模远远大于秦统一前的国家。秦统一后的中国，其异质性因素比秦统一前的秦国要大得多，举国体制未能形成。秦统一后的秦王朝很快被推翻，重要原因便是没有能够有效地整合异质性因素。给予秦朝致命打击的正是原楚国贵族。其次，秦统一中国后，原有的利益格局被打破，新的利益格局尚未形成。而在汉代秦之后，经过数十年的休养生息，一方面是财富的积累，另一方面是既得利益格局的形成和矛盾的积累。

---

① 〔美〕狄宇宙：《古代中国与其强邻：东亚历史上游牧力量的兴起》，贺严、高书文译，中国社会科学出版社，2010，第231页。

这种矛盾已经在内部悄悄地侵蚀着汉朝的基础，如"七国之乱"等。

正是在强悍的匈奴与强大的汉朝的激烈碰撞中，一个空前统一集权的举国体制形成了，并迅速推动着国家化。

战争要求集中统一。特别是涉及国家利益的战争，为权力的集中统一提供了正当性。对匈奴的战争过程，也是地方权力不断向中央集中，中央权力不断向皇帝集中的过程。秦汉以来，丞相有较大的权力。汉武帝经常更换和废黜丞相，且在更换和废黜中，丞相的权力越来越小。自从汉朝在部分地方实行分封制开始，便一直在削弱诸侯国的力量。但是直到汉武帝推行"推恩令"，诸侯国才不再具有威胁中央皇权的力量了。

集中统一的政治权力便于对社会的全面支配，从而建立起国家优先的经济社会体制。首先是统一财政。随着战争推移，国家财政日益吃紧，汉武帝采取了一系列经济举措，将经济权力集中于中央。包括：改革币制，将货币的铸造权统一于中央；实行盐铁专营，通过垄断价格，给国家带来巨额财政收入；均输平准，由中央官府经营郡国赋贡之物的征收、运输、经销事宜，开辟财源；算缗告缗，打击商贾，增加财政收入。"兴盐铁，设酒榷，置均输，蓄货长财，以佐助边费。"（《盐铁论·本议》）其次是重用酷吏，对不守法令的人加以严厉打击，包括以言治罪。"汤奏当异九卿见令不便，不入言而腹诽，论死。自是之后，有腹诽之法比。"（《史记·平准书》）最后是统一思想。汉文帝和景帝时，遵循黄老哲学，无为而治，各种思想并存。至汉武帝，独尊儒术，其核心是建立上下尊卑服从的统治秩序。

举国体制推动着资源、权力和思想的集中，强化了国家的统一。"从秦统一到汉武帝统治的短时间内，这个面积相当于今天美国三分之二的庞大地区，从互相纷争、自我分裂的战国变成了一个中央化的、文化同质的民族国家。"[1] 从秦朝到汉武帝时，帝制国家还存在大量异

---

[1]〔英〕塞缪尔·E. 芬纳：《统治史 卷一：古代的王权和帝国——从苏美尔到罗马（修订版）》，王震、马百亮译，华东师范大学出版社，2014，第552页。

质性因素，那么，到了汉武帝时，异质性因素迅速减小，同质化的因素增多，从而有助于获得政治统一性。这种统一性为后来的国家整合提供了制度性基础。

其四，国内有族，对国家整体之下的族群构成有了深刻认识，设立在中央政府统领下的民族地方政权。

在相当长的时间里，在中国先民看来，天下存在不同的族群，存在不同的政权。但是，这些族群的政权只有在中央之国的认可下才具有合法性。在分封建制下，被视为蛮族族群的政权具有相当大的独立性，并经常构成对中央政权的威胁。国家整体与族群部分之间的关系尚未明确。

秦始皇统一中国后，国家疆域扩大，实行中央集权，在地方设立郡县，对全国实行统一治理。在强悍的匈奴与强大的汉朝的激烈碰撞中，随着疆域的扩大和部分匈奴以族群的方式归顺于汉朝，汉朝统治者不得不考虑在中央统领下，在汉族以外的地方如何进行族群治理的问题，即如何将不同的族群整合到统一的国家体系中来，推进不同族群的国家化。这显然是过往所未曾面临的问题。而随着部分匈奴的归附，汉朝通过民族区域建制的方式有分别地推进国家化。即在汉朝与匈奴交汇的边疆地方，设立在皇权中央统领下的民族地方政权，通过这一具有自治性的民族地方政权，实现对非汉族的治理。自汉武帝时期，"汉朝先后在西北塞外设置了安定、天水、上郡、西河、五原、金城、张掖等七属国，用以安置归附的匈奴、羌人、义渠、月氏等族人。……属国都尉及下属官员由朝廷任命，隶属典属国，受邻郡节制，下不辖县，而是保持归附民原有的社会组织，由其首领依本族之俗自行管理。"[1] 这一体制显然不同于汉朝在内地设立的郡县制。在内地，法令一统，所有人都是国家的臣民，都要向国家提供赋役，都受到郡县官僚的管理，而郡县官僚又直接服从皇帝的命令，属于中央集权的直接治理。而在设置归附匈奴的属国时，只是要求其上层服从中央统

---

[1] 程妮娜等：《中国历代边疆治理研究》，经济科学出版社，2017，第83页。

辖，原有的社会组织和首领依本族之俗自行管理的方式都没有改变。属国之民与属国的关系更多的是人身和人身关系，而不与中央王朝发生直接的联系。因此这种治理是一种间接性治理，其国家化程度较低。

尽管国家化程度较低，但这是一种面对不同民族实行的特殊政策，充分考虑到不同民族的特性。这种特性不是很快能够消失，更不是用强制力能够简单消灭的。如"罗马的行政和罗马的法到处都摧毁了古代的血族团体，这样也就摧毁了地方的和民族的自主性的最后残余"，其结果是"公民却把野蛮人奉为救星来祈望"①。汉朝通过建立属国体制的方式，有助于实现民族之间的渐进联结和国家的有机整合。"汉宣帝向呼韩邪单于颁发'匈奴单于玺'，正式确立了他们之间的君臣名分，也就是确定了匈奴是属于汉朝中央政府的藩属的地方政权地位，这极其有利于汉、匈经济文化交流和民族融合。"② 在这一过程中，非汉族地区得到了一定程度的发展。"边郡与内地的联系大大加强。大量的移民和戍卒、屯田兵，在荒漠的原野上开辟耕地，垦殖发展。中原的生产技术和先进文化在边地传播开来。"③ 随着汉族核心地区与非汉族边地的联系加强，在中央统一领导下，在一定地域实行民族自治的国家体制雏形得以产生，推动着多民族统一国家的建构。

匈奴与汉朝的碰撞是中国的多民族国家建构进程的开端。其背后的深层支配逻辑是地域—民族关系的全新构造。

关系是人群联结的纽带，是事物之间的联系。只有在互动中才能深刻理解关系模式。自中国作为一个政治实体产生以来，长期以天下之中的天下观看待他者和我者。华夏民族以其优越的文明处于天下的中心地位。在匈奴与汉朝的激烈碰撞中，人们深刻感受到，作为地域的天下是有边界的，边界是以政权所能控制为条件的。国家政权的产生意味着地域关系居于主导地位。政府与个人之间的关系是通过个人

---

① 《马克思恩格斯选集》第4卷，人民出版社，2012，第164、165页。
② 岳庆平主编《中国大通史5·秦汉上》，学苑出版社，2018，第151页。
③ 白寿彝、高敏、安作璋主编《中国通史第四卷·中古时代·秦汉时期》（上册），上海人民出版社，2004，第326页。

与地域的关系来体现的。人们通过与所在的政权建立联系，形成一个统一的民族。民族以地域国家的方式构成。匈奴正是因为单于的产生而联结为一个统一的游牧民族，构成与相邻的汉朝的互动，并在互动中形成民族之间的关系。这种关系已超越了长期历史上以血缘和文明看待族群的意识，不是简单的"非我族类，其心必异"的族类之分，而是因为地域和财产造成的利益冲突及其由冲突产生的民族和国家的区别。建立在地域关系基础上的国家居于主导地位。没有国家政权所能控制的边界，就无法保护和扩展族群的利益。由不同人群构成的民族之间的关系受地域关系所主导。

匈奴与汉朝的碰撞反映了地域—民族关系的建构和支配。一方面，它推动了以可控制地域为基础的统一国家的建构，另一方面，也推动了在国家建构中如何面对和处理不同族群关系问题的解决。正是在匈奴与汉朝的碰撞中，国家化、民族性和文明进程这三个变量因素日益突出。匈奴通过国家化成为一个强大的统一民族，并建立起强悍的国家。在与汉朝的碰撞中，匈奴强烈意识到保持其民族性的至关重要性。与此同时，汉朝在承认他民族的过程也获得了民族自觉，甚至利用匈奴"好汉物"的意识弱化其团结力和战斗力。而随着匈奴的归附，汉朝第一次通过间接治理的方式有差别地推动国家化，实现对不同民族的国家整合。当然，这种整合才刚刚开始，帝制国家还会面临新的挑战！

# 第四章
# 地域—民族关系中的族群
# 大碰撞与国家大分治

秦汉建立起以帝制为核心的汉民族主体国家，并在与匈奴的碰撞中向建构多民族国家迈进。经过秦汉，以皇帝为中心的帝制体系框架搭建起来，但运行机制尚存在诸多问题。随着皇权衰弱，地方势力兴起，造成国家的分崩离析，处于边陲的少数民族入主中原或纷纷自立，地域关系与民族关系处于前所未有的叠加状态。民族国家整体与民族地方部分之间的关系成为帝制国家产生以来的最大难题。随着分裂中的族群大碰撞，分立的民族地方性政权被多民族的区域性政治整合所替代，并最终完成了多民族的全国性政治整合。

## 一　分崩离析的国家统一体

中国著名小说《三国演义》开首的话是："话说天下大势，分久必合，合久必分。周末七国分争，并入于秦。及秦灭之后，楚、汉分争，又并入于汉。汉朝自高祖斩白蛇而起义，一统天下，后来光武中兴，传至献帝，遂分为三国。"只是在三国被西晋统一之后，天下进一步陷入分裂状态。这是帝制国家作为政治统一体第一次面临分崩离析的重大危机。

常言道：冰冻三尺非一日之寒。自秦经汉，中国建立起空前强大的帝制国家，经受了来自北方强悍匈奴的严峻挑战，成为世界首屈一指的多民族国家。部分匈奴一路向西，进入西方核心地带，成为望而生畏的"上帝之鞭"。但正如当时所有的帝制国家一样，中国也面临着如何维持和支撑一个地域辽阔的政治统一体的问题。

帝制国家的问题具有普遍性。帝制国家的特点是有着辽阔的地域和广大的异质性人口。将广土众民联结起来的，不是各个地域部分和异质性人口之间相互依赖和不可分离的经济社会联系，而是帝制国家的政治体系。这是帝制国家与现代国家最大的区别所在。换言之，现代国家之前的传统国家具有天生的自我裂变性。"传统国家本质上是裂变性的，其国家机器可以维持的行政权威非常有限。"[1] 这正是所谓的"天下大势，分久必合，合久必分"的基本原因所在。越是地域辽阔、异质人口众多的传统帝制国家，这一问题越是突出。"罗马的行政和罗马的法到处都摧毁了古代的血族团体，这样也就摧毁了地方的和民族的自主性的最后残余。新出炉的罗马公民身份并没有提供任何补偿；它并不表现任何民族性，而只是民族性欠缺的表现。……广大领土上的广大人群，只有一条把他们联结起来的纽带，这就是罗马国家，而这个国家随着时间的推移却成了他们最凶恶的敌人和压迫者。"[2] 随着罗马帝国的崩溃，整个西欧便陷于四分五裂的状态。

经过秦汉的数百年时间，中国的帝制国家体系基本框架搭建起来，并支撑着帝制国家的运行。这在当时的人类历史上处于先进地位。"依马克斯·韦伯的标准，中国出现的国家比其他任何一个更为现代。中国人建立了统一和多层次的官僚行政机构，这是在希腊或罗马从未发

---

① 〔英〕安东尼·吉登斯：《民族—国家与暴力》，胡宗泽、赵力涛译，三联书店，1998，第63页。

② 《马克思恩格斯选集》第4卷，人民出版社，2012，第164页。

生的。""所谓的东方专制主义不过是政治上现代国家的早熟出世。"①
但是，这种"早熟"意味着支撑帝制国家的基础还不牢固。它不是建
立在经济社会足以成熟的基础上，而是依靠帝制体系来维系。这对于
帝制体系来讲要求过高，也难以持续。

帝制国家是以皇帝制度为核心建立起来的。皇帝制度是国家制度
的核心和中枢。皇帝是国家的组织者、统治者，是国家作为政治整体
的最高代表。这正是历史上的中国人经常所说的，国不可一日无君。
一人可以兴天下，一人也可以亡天下。这是帝制国家的重要特征。从
权力的归属看，帝制国家可以说是皇帝的国家，没有皇帝便没有国家。
而皇帝的能力和命运则直接决定了国家的能力和命运。

自秦至汉，国家日益强盛，与秦汉前期有多个有所作为的皇帝相
关，"秦皇汉武"则是典型的代表。但是，皇帝制度并不具备不断再生
产"秦皇汉武"的机制，相反地表现出皇帝能力不断衰退的特点。自
雄才大略的汉武帝之后，汉朝皇帝的能力每况愈下。其重要原因在于，
世袭制的皇帝只能在一个家族内传递。个别家族传递的皇帝不能保障
每个皇帝都具备治天下的能力。皇帝的权位受统治集团的影响甚深。
而统治集团又是由不同的利益派别构成的。不同的利益派别相互依存
更相互冲突，并会造成围绕皇帝的斗争。这种斗争会大大弱化皇帝的
执政能力。自汉武帝之后，皇权便长期受近臣、外戚和宦官的影响。
特别是后两者可以决定皇帝的废立。至东汉中后期，出现了大量的幼
年皇帝，且经常废立。这表明，皇帝制度体系建立起来了，皇帝居于
国家的中心地位，只有皇帝才能行使最高统治权，已形成天下共识。
但选择由谁来做皇帝，却没有形成一个良好的机制，从而产生了围绕
皇权的纷争。

围绕皇权的纷争所造成的后果，一是皇帝缺乏驾驭国家的执政能
力，许多皇帝只是象征性名义；二是各种利益集团的争斗，大大削弱

①〔美〕弗朗西斯·福山：《政治秩序的起源——从前人类时代到法国大革命》，毛俊
杰译，广西师范大学出版社，2012，第91~92、92页。

了皇帝的权力和权威，产生政治离心力。统治集团关心的是权力争夺，而不是对国家的有效治理。这是国家治理面临的最大危机。

在帝制国家，皇帝是国家整体的代表和维系者。皇帝执政能力的衰退，意味着作为国家整体构成的地方部分的凝聚力弱化。本来，在一个广土众民的国家，要维持国家整体与地方部分之间的联结就是一个难题。解决这一难题的重要方法，一是皇权中央有强大的力量，能够控驭地方；二是地方权势者缺乏挑战中央的力量。从刘邦至汉武帝，通过不断加强中央集权和削弱诸侯国，有效维系了国家整体与地方部分、中央与地方之间的联结和平衡。

但是，自汉武帝之后，随着皇权的弱化，地方势力日益强盛。特别是豪族、世族力量向政权渗透，堵塞自下而上的政治通道，拥兵、重武成为社会精英的重要选择，并孕育着社会裂变的因子。这一格局最终导致了东汉的灭亡和三国的崛起，造成了帝制国家第一次大分裂。在大分裂中产生的魏晋政治统一体十分脆弱。特别是西晋不仅分封诸侯，地方势力强大，而且赋予地方诸侯参与中央朝政的合法性，从而导致了惨烈的"八王之乱"，造成了进一步的大分裂。

任何统治都是建立在社会基础之上的。国家的力量和其存续的正当性，在于"缓和冲突，把冲突保持在'秩序'的范围以内"①。早在西汉，就有人上书指出："天下之患在于土崩，不在于瓦解，古今一也。何谓土崩？秦之末世是也。陈涉无千乘之尊，尺土之地，身非王公大人名族之后，无乡曲之誉，非有孔、墨、曾子之贤，陶朱、猗顿之富也，然起穷巷，奋棘矜，偏袒大呼而天下从风，此其故何也？由民困而主不恤，下怨而上不知，俗已乱而政不脩，此三者陈涉之所以为资也。是之谓土崩。故曰天下之患在于土崩。"（《史记·平津侯主父列传》）秦统一中国，有着伟大的功绩，但秦王朝延续时间不长，原因就在于社会矛盾激化后而缺乏维持秩序的能力。汉初的休养生息大大缓和了社会矛盾。但从汉武帝开始，一方面是社会矛盾的生长，另

---

① 《马克思恩格斯选集》第4卷，人民出版社，2012，第113页。

一方面是国家保持秩序能力的弱化。西汉和东汉末年都发生了大规模的民变，造成"土崩"，即东汉对西汉的替代与东汉的灭亡。社会矛盾的激化，表明了原有的统治秩序难以维持下去，人心思变。但对于如何变，向什么方向变，不仅一般民众缺乏思想准备，就是社会精英也没有进行必要的思考，整个社会呈离心离德的状态。

皇权的弱化、地方势力的增强和社会矛盾的失控，带来的结果是"合久必分"，分的结果则是天下大乱，乱的结果导致政治统一体的分崩离析。随着以汉族为主体的国家统一体的解体，多个族群直接参与政治统一体的解体与重建之中，其背后是地域—民族关系格局的塑造和支配。

## 二　迁徙杂居中的族群问题

秦始皇统一中国后建立了一个规模超大的国家。这一国家的基础是以汉族为主体的大同小异的社会。通过中央集权的郡县官僚制维系国家整体的存续。这一体制的重要特点，一是国家权力归于中央，郡县地方权力为中央授予，地方听命和服从中央。"事在四方，要在中央；圣人执要，四方来效。"（《韩非子·扬权》）中央强，为主干；地方弱，为枝叶。二是国家权力集中于中央，权力越到边远地区控制力越弱。权力资源集于中心地区的中央，由中心向边远地带延伸，权力效应呈递减趋势。中心地区强，为主干；边远地方弱，为枝叶。要维持一个广土众民的国家整体的统一性，必须有两个前提条件：一是"圣人执要"；二是由圣人执要的中央能够控制和凝聚远在天边的边远地带，达到"四方来效"。自汉武帝之后，以上的两个前提条件越来越弱化。由于没有持续不断的"圣人执要"，中央对地方、中心对边远地方的控制力不断减弱，"四方不效"，先是东汉灭亡之后的军阀割据、三国鼎立，后是魏晋时期的进一步大动乱。国家统一体分崩离析的重要结果之一，是边地族群的大量迁徙和杂居，族群问题日益突出。

国家建立在社会基础之上。"传统国家有边陲（包括次位聚落边陲）而无国界，这一事实表明其体系整合的水平相对有限。……大型传统国家内部存在异质性，因而我们可以认为，它们是由'众多社会组成的'。"① 而众多社会包括不同的族群构成。

秦汉时期的中国是一个由多族群结合成的大型传统国家，其社会基础以长城为界大同小异。长城之内，主要是农业民族。游牧民族在长城之外。两个民族围绕长城进行了长达数百年的战争。其重要结果：一是长城不再是不可逾越的边界；二是大量匈奴人进入长城之内归附汉朝；三是随着匈奴退出草原，新的族群又在生长，并会进入中心地区；四是随着对西域等地的开拓，大量非汉族人群和地域被纳入帝制国家的统治体系之内。

以上的变化使秦汉建立的大同小异的政治统一体发生了重大变化，这就是异质性增强。在帝制国家的疆域内，存在不同的族群及其所居住的地域，且与原有的汉族人口和地区相混合。能否将众多异质性族群整合到国家体系中来，是自秦汉王朝建立之后，从未遇到但又必须解决的新问题。

在恩格斯看来，"国家和旧的氏族组织不同的地方，第一点就是它按地区来划分它的国民。……地区依然，但人们已经是流动的了。因此，按地区来划分就被作为出发点，并允许公民在他们居住的地方实现他们的公共权利和义务，不管他们属于哪一氏族或哪一部落"。② 国家是以地域关系为基础的。"在政治社会里，政府与个人之间的关系是通过个人与地域的关系来体现的，所谓地域，即乡、县和国。"③ 而在政治社会产生之前，"先出现的第一种方式以人身、以纯人身关系为基础，我们可以名之为社会。这种组织的基本单位是氏族；在古代，构成民族（populus）的有氏族、胞族、部落以及部落联盟，……后来，

---

① 〔英〕安东尼·吉登斯：《民族—国家与暴力》，胡宗泽、赵力涛译，三联书店，1998，第63页。
② 《马克思恩格斯选集》第4卷，人民出版社，2012，第187页。
③ 〔美〕路易斯·亨利·摩尔根：《古代社会》上册，杨东莼、马雍、马巨译，商务印书馆，1977，第61页。

同一地域的部落组成一个民族，从而取代了各自独占一方的几个部落的联合。"① "按照第一种方式建立了氏族社会，在氏族社会里，政府与个人之间的关系是通过个人与氏族、部落的关系来体现的。这些关系纯粹属于人身性质。"②

当然，从以人身关系为基础的社会到以地域关系为基础的国家，是一个长期演化的过程，不是简单的替代。国家以地域划分它的国民，并允许公民在他们居住的地方实现他们的公共权利，而不管他们属于哪一氏族或哪一部落，都是一个需要经过顽强而长久斗争的过程才能实现的。秦汉王朝是一个地域辽阔、人口众多的国家，国家直接管理每一个地方和每一个人的能力有限，国家治理在相当程度上只能是大致地控制和影响，特别是对边远地方的人群。在这些地方，同一地域的部落组成一个民族，人们主要由第一种方式结合而成的。

国家主要是与氏族、部落等社会组织而不是与个人建立联系。因为族群之间的差别，且这些具有差异性的族群相邻相结，从而形成民族之间的关系。但是，边远地带的族群被纳入国家疆域内，在民族之上有国家，因此形成地域关系与民族关系的叠加。这就是在汉族地方，主要是地域关系，通过郡县家户体制，政府与个人之间的关系是通过个人与地域的关系来体现的。在大量非汉族地方，不是由国家直接管理，而是通过氏族、部落、族群等社会组织间接管理。保持归附民原有的社会组织，由其首领依本族之俗自行管理。从人群看，存在汉族与非汉族之间的民族关系；从地域看，存在汉族地方与非汉族地方之间的地域关系。在政治统一体内，地域关系还表现为国家整体与非汉族地方之间的关系，因为非汉族地方也属于国家整体结构之中。民族关系与地域关系的多重叠加，是秦汉王朝建立后逐渐生成的。只是人们还没有意识到这一新的关系结构的产生并支配着国家的进程。伴随

---

① 〔美〕路易斯·亨利·摩尔根：《古代社会》上册，杨东莼、马雍、马巨译，商务印书馆，1977，第 6 页。

② 〔美〕路易斯·亨利·摩尔根：《古代社会》上册，杨东莼、马雍、马巨译，商务印书馆，1977，第 61 页。

汉朝的衰退，国家之下的族群问题日益突出。

汉朝衰退中的族群问题，是通过族群迁徙，进入中心地带并造成族群杂居一步步表现出来的。秦始皇统一中国的进程，是由中心向边陲扩展的。在这一进程中，中心地带主要居住的是农业民族，其他族群进入或居住在边远地带，所谓"内诸夏而外夷狄"的格局。夷狄"居绝域之外，山河之表，崎岖川谷阻险之地，与中国壤断土隔，不相侵涉，赋役不及，正朔不加，故曰'天子有道，守在四夷'"（《晋书·江统传》）。国家治理要将夷狄隔绝在中心地带之外，以防守四夷的侵扰。长城便是重要象征，目的便是"将边陲地带的各群体的流动限定在长城以内"①。总体上，秦汉王朝及其之前对待不同族群的基本国策是将不同族群从地域空间上隔离开来，不相侵涉，各自为治。

但是，伴随汉朝的衰退，边防松弛，非汉族人口向中心地带迁徙，在迁徙过程中他们保留着原有的氏族和部落群体，并与汉族人口相混杂，从而改变了地域空间相隔的形态，形成不同族群的大杂居小聚居的格局。

首先，大量非汉族人口归附于汉朝，并进入中心地带。随着对匈奴的战争，匈奴分裂，一部分匈奴人口南下归附于汉朝，并深入内地。匈奴"寇河东，州郡不能禁，于是渐徙幽、并边人于常山关、居庸关已东，匈奴左部遂复转居塞内"（《后汉书·南匈奴列传》）。"匈奴五千余落入居朔方诸郡，与汉人杂处。"（《晋书·匈奴传》）

作为游牧民族人口，匈奴的民族性突出，与作为农业民族的汉族有很大差异。他们归附于汉朝之后，因为生产方式、生活方式、语言和习俗的不同，会产生严重的不适应。与此同时，作为归附族群，尽管其上层能够得到一定的优待，但他们的生活并没有得到根本性改变。由于失去了他们所熟悉的地域和生活，所生活的地方属于边远地带，其生活缺乏保障。"胡降者皆衣食县官，县官不给。"（《史记·平准

---

① 〔英〕安东尼·吉登斯：《民族—国家与暴力》，胡宗泽、赵力涛译，三联书店，1998，第61页。

书》）特别是帝国难以允许或做到"在他们居住的地方实现他们的公共权利和义务，不管他们属于哪一氏族或哪一部落"①，由此产生民族疏离感、对立感，甚至屈辱感。"臣事于汉，卑辱先单于"（《汉书·匈奴传》）。"自汉亡以来，魏晋代兴。我单于虽有虚号，无复尺土之业。自诸王侯，降同编户。""晋为无道，奴隶御我。"（《晋书·刘元海载记》）"太原诸部亦以匈奴胡人为田客，多者数千。"（《晋书·王恂传》）以上因素造成南归的游牧人口难以很快融入汉民族和国家之内，反而强化了其族群性的保持和延续。他们更愿意以族群团结的方式争取自己的生存条件和空间，并不可避免地与汉族及以汉族为主体的国家产生冲突。"入塞匈奴凡十九种，每种自有部落，不相混杂。其中屠各族最为豪贵，得统率诸种。刘姓是屠各种中最贵的一姓，……虽然匈奴人与汉人杂处，从事农业，已经是晋的臣民，但刘姓为首的贵姓，仍拥有传统的声威，号召力很大，并有现成的五部组织，可以迅速变成军事组织。刘渊首先起兵反晋，是很自然的。"② 这是匈奴与汉朝碰撞的延续，也是帝制国家第一次在国家地域之内面临如何处理族群关系的族群治理难题。换言之，如何将国家疆域之内的不同族群整合为一体，是新的挑战。

其次，除南附的匈奴族群之外，还有一些族群也有如何融合进帝制国家体系的问题。这些族群尚处于生成之中，还没有如匈奴那样整合成一个大的民族和国家，但是作为一种异质性族群，也改变了帝制国家统治的社会基础。边地的族群向王朝政权归附和向中心地带迁徙一直持续到西晋。据《晋书》记载，晋武帝咸宁三年（277年），"是岁，西北杂虏及鲜卑、匈奴、五溪蛮夷、东夷三国前后十余辈，各帅种人部落内附。"咸宁五年（279年），"三月，匈奴都督拔弈虚帅部落归化。"（《晋书·武帝纪》晋惠帝永平元年（291年），"是岁，东夷十七国、南夷二十部并诣校尉内附。"（《晋书·惠帝纪》）

---

① 《马克思恩格斯选集》第4卷，人民出版社，2012，第187页。
② 范文澜：《中国通史》第二册，人民出版社，2015，第397~398页。

最后，大量边地异族人口向内地迁徙也与汉朝衰退借助边地族群维持统治秩序有关。秦汉王朝的主要支柱是郡县制。但在大量边陲地方，郡县制未能建立，就是设立郡县制的地方也只具有象征意义。在这些地方，大量存在的是"初位聚落边陲"和"次位聚落边陲"①。国家缺乏力量对这些地方行使直接的控驭，而不得不借助边地的族群力量维持国家整体统治。

这也是长期以来"以夷制夷"理念的延伸。但是，在中央控制力衰退时，这一政策的结果只能是权宜之计，而且造成了更加混乱的结果。东汉"建武中，以马援领陇西太守，讨叛羌，徙其馀种于关中，居冯翊、河东空地，而与华人杂处。数岁之后，族类蕃息，既恃其肥强，且苦汉人侵之。永初之元，骑都尉王弘使西域，发调羌氏，以为行卫。于是群羌奔骇，互相扇动，二州之戎，一时俱发，覆没将守，屠破城邑"（《晋书·江统传》）。统一的汉朝崩溃后，中原统治者继续沿用与东汉时类似的政策。"魏武皇帝令将军夏侯妙才讨叛氐阿贵、千万等，后因拔弃汉中，遂徙武都之种于秦川，欲以弱寇强国，扞御蜀虏。"（《晋书·江统传》）"中原皇朝各种政治势力在相互斗争中企图'借夷狄以为强'。"②边地族群执掌军事权力之后，其流动性更强，并因为中央权力衰退而加速进入中心地带。至东汉末年，"关中之人百馀万口，率其少多，戎狄居半"（《晋书·江统传》），匈汉杂居。

非汉族族群大量进入中原核心地带，不同的族群共同存在于一个地域范围之内，使过去大同小异的社会变成了一个差异较大的异质性社会。特别是这些非汉族族群以"部落""种类"等集聚的方式存在于中原核心地带，必然会造成原有政治秩序的失衡。

人口流动和人群杂处形成的异质性社会是国家产生的原因，也是

---

① 〔英〕安东尼·吉登斯：《民族—国家与暴力》，胡宗泽、赵力涛译，三联书店，1998，第60页。

② 瞿林东、李鸿宾、李珍：《历史文化认同与中国统一多民族国家》第二卷，河北人民出版社，2013，第22页。

国家化和国家治理面临的一道难题。恩格斯指出，氏族制度的前提"是以氏族成员被束缚在一定地区为前提的"，由于人口流动和杂居，"由血缘关系形成和联结起来的旧的氏族公社已经很不够了"[①]，因此才有了将冲突控制在秩序范围之内的国家。

但是，随着政治统一体的衰退，国家没有能够对族群流动和杂居带来的秩序问题进行有效治理，甚至缺乏自觉意识。只是在西晋，官员江统撰写了《徙戎论》，人们对族群流动和大杂处小聚居可能造成的冲击才有了直接的认识。江统首先描述了当时的天灾人祸给不同族群带来的惨景："方今关中之祸，暴兵二载，征戍之劳，老师十万，水旱之害，荐饥累荒，疫疠之灾，札瘥夭昏。……羌戎离散，心不可一。"（《晋书·江统传》）社会矛盾必将引起处于混杂状态中的非汉族人对统治秩序的威胁。肥沃的关中，"帝王之都每以为居，未闻戎狄宜在此土也。非我族类，其心必异，戎狄志态，不与华同。而因其衰弊，迁之畿服，士庶玩习，侮其轻弱，使其怨恨之气毒于骨髓。至于蕃育众盛，则坐生其心。以贪悍之性，挟愤怒之情，候隙乘便，辄为横逆。而居封域之内，无障塞之隔，掩不备之人，收散野之积，故能为祸滋扰，暴害不测。此必然之势，已验之事也。"（《晋书·江统传》）他还列举了自东汉以来族群杂处造成的恶果，并认为利用外族力量来维持秩序，只是"权宜之计，一时之势，非所以为万世之利也"（《晋书·江统传》）。为此，他坚决反对戎狄内迁、华夷杂居，主张"戎晋不杂，并得其所"，"华夷异处，戎夏区别"（《晋书·江统传》），将非华夏族人迁徙到边远地带，在地域上隔离开来。"绝远中国，隔阂山河，虽为寇暴，所害不广。"（《晋书·江统传》）江统的这一主张显然不可行，一则因为当时已处于流动杂居状态，二是因为西晋王朝政局不稳，根本没有能力大规模将戎狄族群从内地迁出。[②]

尽管江统的认识充满了民族偏见，且计策不可行，但他意识到族

---

① 《马克思恩格斯选集》第4卷，人民出版社，2012，第187页。
② 参见瞿林东、李鸿宾、李珍《历史文化认同与中国统一多民族国家》第二卷，河北人民出版社，2013，第51~55页。

群流动和杂居会形成一个异质性社会并冲击既定的统治秩序，则是有独到见解的。正如他所说的"此必然之势，已验之事也"（《晋书·江统传》）。在汉族居住的地区，如何将具有不同民族性的族群整合到国家体系中来，是秦汉以来首次面临的问题。整合的前提则是国家政权能力。而此时东汉之后的中央权力处于日益衰败之中，国家政权本身不断更迭，地方性政权分裂割据。没有统一的国家政权，也就没有能力将混合杂居状态的各个族群整合为一体。

# 三  自立并存的族群政治体

国家建立在社会基础之上。异质性社会的发展必然造成社会分化和社会冲突，并通过政治集中表现出来。

东汉王朝衰退之后形成了一个多元族群杂处的异质性社会，而中央王朝的衰退，特别是帝制国家的分裂，使原有的国家根本无力将一个多元族群的异质性社会整合为一体，其结果是多个族群政治体的崛起。在西晋衰败的过程中，产生了所谓的"五胡十六国"，由它们填充因统一的中原王朝分裂之后的统治失控和政治真空状态。

"五胡十六国"泛指由若干个族群建立起来的国家，其中主要指由非汉族人首领建立的政治体。"五胡"为匈奴、鲜卑、羯（匈奴分支）、羌和氏，代表建立北方诸国的主要族群。"五胡"是一种统称，泛指与以农业为基础的华夏民族所不同的游牧民族等族类。当时由包括汉族等各族群建立的国家有 20 多个，以成汉、前赵、后赵、前凉、北凉、西凉、后凉、南凉、前燕、后燕、南燕、北燕、夏、前秦、西秦、后秦等 16 个国家较为成型且延续时间较长，北魏史学家崔鸿取其中 16 个国家，称之为"五胡十六国"。其地域范围大致涵盖汉地中部、东部、西南部、西部，最远可达漠北及西域。时间延续达 100 多年。这一段历史是典型的在原有帝制国家地域基础上，多个政治体共存的大分裂和大分治时期。

"五胡十六国"是在秦汉以来的帝制国家大分裂中产生，并与秦汉以来统一的帝制国家组织形式完全不同，具有地区性；同时它与稳定的国家形态不同，是一种相互并存冲突且经常变化的特殊政治单位，因此以"政治体"相指称。"五胡十六国"作为一种特殊类型的族群政治体，具有以下特点。

1. 族群性

"五胡十六国"绝大多数是由非汉族人首领建立的，具有鲜明的族群性特征。自华夏民族产生以来，国家是以华夏民族为主体建立的，非华夏族群只是附属者，因此并没有也无必要将民族性作为国家的标识。"五胡十六国"中的大多数是由非华夏民族的族群建立的国家，形成了与华夏民族所不同的族群标识，以确立其非汉人族群的主体性。"五胡"便是这一族群的归纳。

2. 自立性

"五胡十六国"作为国家组织形态的出现，是在统一的帝制国家失控过程中，由一些族群的首领发起，控制一定的地域和人口，并自立为国的。这些政治体有一定的地域空间范围，有地域范围内的人口，更有政权组织，具有国家组织的特征，因此称之为"国"。只是这种"国"的地域和人口都远不及过往秦汉以来的帝制国家，属于帝制国家分解之后建立起来的次级政治体。这种政治体因此有多个。从这一点看，它类似于历史上的诸侯国。但它与历史上的由天子分封建国形成的诸侯国又有不同，是完全自主性的政治实体。

3. 并存性

从中国的国家起源看，国家的替代表现为朝代的时间更迭。自夏、商、周、秦、汉、魏晋，一个朝代替代另一个朝代，具有时间的延续性，构成一系相承的正统。"五胡十六国"是在相差不多的时间内并起的，且是由多个过往被视为外夷的族群建立起来的国家。它们与过往的以华夏族群为首的国家处于世代断裂状态，是在华夏国家一系相承延续的过程中嵌入的政治体。

4. 初级性

"五胡十六国"绝大多数是由过去被视为外夷的族群建立起来的国

家。这些族群长期处于华夏文明的边缘，甚至属于所谓的"化外之民"。他们长期以来主要是以氏族部落的方式存在，以人身、以纯人身关系为基础。尽管他们中的一些族群进入中原核心地区，但仍然保留着氏族部落的组织形态。许多族群政治体是直接在部落基础上建立起来的。尽管它们有了国家这一高级政治形态，但就其社会基础看，尚属于刚刚从部落直接转为国家的初级政治体。这种政治体与华夏民族的国家经历了长时间演化并形成了相应的社会支撑所不同，在文明层级上有相当的差距。对于以华夏民族为主体的国家来说，早已与氏族部落揖别，已进入以家户为基本单位的皇帝官僚制国家形态了，即所谓的"汉制"。

5. 早熟性

"五胡十六国"是在大杂居小聚居格局和边远地方建立的，并直接从部落组织进入国家组织，具有了国家形式，但国家治理所需要的各个方面的条件远远不具备，特别是缺乏统一的民族这一由部落过渡至国家的关键条件。对于华夏民族国家来讲，经过长时间的演化，国家治理的条件日益成熟。如早在秦始皇统一中国时，便有了统一的文字和统一的制度及建立在这一基础上的统一的民族。而对于"五胡十六国"来讲，既不存在统一的民族，也缺乏将多个族群整合为一体的必要条件，如统一的文字和制度。因此，从政治体所需要的条件来看，"五胡十六国"属于早熟的。这也为其延续带来了困难。

尽管从国家形态所需要的条件看，"五胡十六国"是早熟的政治体。但是，它的产生并不是毫无原因的，而是在帝制国家衰退并分崩离析造成的政治真空中产生的，也是帝制国家衰退难以有效治理迁徙杂居中的族群问题的产物。这说明，秦汉以来建立的帝制国家体系尚有诸多不足。因此，从一定意义上说，"五胡十六国"的产生是帝制国家演化中的必然产物，并会客观上推动国家的演化。

首先，强化了边远地带和非华夏民族的国家意识。"五胡十六国"中的绝大多数是以非华夏民族为首领建立起来的国家。对于这些族群来讲，长期生活于非华夏民族及其中心地带之外，并以氏族部落为基础。在他们生活的地方和他们的意识中，国家远在天边，与自己没有多大关系。他们还保留着许多前国家形态，还不是"组成为国家的新社会"①。"在阶级对立还没有发展起来的社会和偏远的地区，这种公共权力可能极其微小，几乎是若有若无的。"②"五胡十六国"中的胡人政权本身便是边远地带族群的国家意识增强的产物。不仅长期处于国家边远地带的族群有了通过国家的力量维护和扩展自己利益的意识，而且早已归附帝制国家并进入中心地带的族群也强化了国家意识。直接推翻西晋王朝的匈奴人自立为国的重要原因是本族群没有了国土，只能依附于汉人及其国家，甚至成为奴隶。"五胡十六国"改变了中国的国家建设由中心向边远地带扩散的路径，使那些长期不知国家为何物的地带和族群有了国家意识，并有了国家建设。尽管这种自立的国家造成的是统一国家整体的分治。

其次，进一步强化了中心地带和华夏民族的国家意识。"五胡"在中国历史上第一次在非中心地带建立了国家。这也是华夏民族的国家建设有史以来遭遇的第一次大挑战。尽管汉朝面对强悍匈奴的严峻挑战，但是匈奴最后毕竟远遁或归附。华夏民族及其国家始终处于中心位置。"五胡"不仅深入中心地带，推翻了华夏民族国家政权，而且自立为国。由此有了所谓"五胡乱华"的说法。华夏民族第一次遭遇了生存危机，也第一次深刻感受到不能有效整合边地族群会造成何种结果。西晋江统等人的认识尽管充满了民族偏见，但不能不说这是华夏民族对危机来临所产生的本能反应和民族自觉。国家化首先要将疆域内的多个杂居的族群整合为一体，一旦国家整合能力弱化，这些不同的族群便会崛起并占据公共权力。

## 四　一主双元的族群政治体

从地域上看，"五胡十六国"的建立具有两种情况：一是在向内地

① 《马克思恩格斯选集》第4卷，人民出版社，2012，第13页。
② 《马克思恩格斯选集》第4卷，人民出版社，2012，第187~188页。

迁徙杂处中建立的族群政治体；二是在原生地建立但进入汉族地区的族群政治体。其结果是非汉族人群与汉族人群聚居于同一地域空间，并在共同的地域空间里建立起国家。只是这一类国家与由汉族人统治的国家不同，是由非汉族人建立和统治的。由此建构起新的地域—民族关系。如果说汉朝与匈奴的关系是不同"天下"之间的民族关系，那么，"五胡十六国"体现的是"同天下"的民族关系。不同的族群共同居住和存在于同一个地域范围内，以非汉族族群为统治者，结成一个政治体。这一政治体体现了在同一地域空间内的地域关系与民族关系的双重叠加，并具体反映在政治体的构成中，表现出以一个统治族群为主多个族群相互渗透的特点。这一特点反映在族群政治体的各个层面。

一是政治体的最高统治者。

最高统治者是政治体的代表。"五胡十六国"的称谓本身便反映了胡族政权的最高统治者属于"胡"人，而非汉人。但是，这些非汉人的最高统治者的族群身份具有双重性。作为一系相承的正统国家，最高统治者的族群身份无须标识，理所当然是单一的身份。没有人会质疑汉朝皇帝的汉人身份。在匈奴与汉朝碰撞时，各自的最高统治者的称谓泾渭分明，如"匈奴大单于敬问汉皇帝无恙"。"五胡十六国"中的胡族政权是由非汉族人建立的，非一系相承的正统国家，其最高统治者的族群身份得以凸显。他们的原生身份属于非汉族，但又担任统辖包括汉族人在内的首领。为了行使统一的统治权，最高统治者具有同一地域和不同族群的双重身份。这种双重身份在其称谓上得以表现。作为族群身份，他们被称为"单于"等。但这类称谓只是某一族群的称谓，而不是地域所有人共同认可的。特别是对于绝大多数汉人来讲，根本不知"单于"为何物，他们只知道并认可皇帝这一汉人称谓。在这样的条件下，一些政治体的最高统治者使用双重称谓，即本族群认可和便于统治其他族群的称谓共存。特别是他们的统治地域和人口主要是汉族地区和汉人，必须面对这一现实。更重要的是，汉人的政治制度更有利于他们通过建立君主官僚制国家加强和集中统治权。从根本制度上看，"胡族政权之所以无一例外地实行皇权制：其一，皇权制乃汉族政治文明的重大成果，具备较完备的国家机器，而单于制是处于部落联盟向国家过渡阶段的制度；其二，与胡族社会发展阶段相应的是，部落社会中无君臣观念、尊卑意识，亦无上下礼仪，而皇权制使原来的部落酋长建立起至高无上威权……其三，中原是汉族聚居的地方，虽胡族大量涌入，汉族人口仍是多数，实行皇权制便于通过州郡县征发赋役，建立比较稳固的统治"①。通过州郡县征发赋役，则是国家化的基础。

二是政治体的管理机构。

"五胡十六国"主要是依靠军事力量建立政权的。政权不能孤立存在，要建立在对地域和人口统治的基础之上。而在其统治的地域上有着不同的族群，仅仅依靠统治族群的人进行统治是非常困难的。一是文字语言的差异性。国家统治的政令需要通过文字传达到疆域内的各个地方。对于"五胡十六国"来讲，尽管其中的一些非汉族人在迁徙过程中熟悉了汉字，但绝大多数人对汉字十分陌生。二是国家治理是一个制度化的复杂过程。"五胡十六国"中的胡族政权属于刚从氏族部落转化而来的初级政治体，非汉族人熟悉的是依靠习俗自动调节，对于国家所需要的制度礼仪却十分陌生，而制度礼仪是国家统治的必要条件。正因为如此，一些政治体不得不吸收汉人，特别是汉人官员进入统治体系内，甚至重用他们。"五胡侵入中国，大部分士族逃到长江流域，遗留的士族，都投降新主人，帮着他们建立政权。最著称的如崔游、陈元达助刘渊，张宾助石勒，裴嶷、高瞻助慕容廆，阳裕助慕容皝，王隋助苻洪，王猛助苻坚，范长生助李雄，余人不可胜数，全是所谓衣冠望族。"② "胡族政权吸收这类汉族士大夫进入自己的官僚机构，是看中了他们身上所具有的行政能力，或作为豪族在地方社会

①　陈琳国、侯旭东主编《中国大通史·魏晋南北朝上》，学苑出版社，2018，第15页。
②　范文澜：《中国通史简编》上册，商务印书馆，2017，第244~245页。

的影响力等，这是胡族经营汉地的必要条件。"① 这样，在族群政治体的统治体系内便存在具有多种族群身份的人，是一种混合性管理体系。

三是政治体的人员构成。

国家是由地域、人口和政权构成的，政治体也是如此。"五胡十六国"中的胡族政权统治者尽管属于非汉族人，但政治体内的人口构成是汉人占多数。越是那些深入汉人区域的族群政治体，这样的情况越突出。在一个政治体内便存在不同的族群人口。特别是对于大多数汉人而言，过往从未与非汉人有交往，而现在则必须面对面接触。更重要的是，汉人过往对"胡人"有着文化的优越感，如今却在"胡人"的统治之下形成强烈的反差。

地域关系和民族关系在同一空间内的叠加，使"五胡十六国"的族群政治体具有混合性。但是，这种多样性的混合不是简单的结合，更不是单一的融合，而是具有族群的主导性。"五胡十六国"中的胡族政权作为自立的政治体，必须建立在"胡人"统治基础之上，否则就失去了其族群主体性。本来附汉的南匈奴更名姓刘，将自己视为汉代皇帝刘家的后代。但是，匈奴自立国家之后，恢复了原有的匈奴姓氏。由此确立和强化其族群性，并标识出是胡人政权而非汉人政权。非"胡人"可以参与政治管理过程，但绝对不能成为主导性力量，更不可能成为最高统治者。一旦发生这种情况，族群政治体作为一个自主的政治单位也就不复存在了。因此，族群政治体的政治权力配置是以统治族群为主导的。这些族群政治体是以武力自立并以武力维系。因此，只要是识于战斗的本族人民，皆作为军队基本兵力。"刘渊、刘聪父子，依靠起家的是匈奴族五部之众。刘渊以刘聪为大单于，大单于所领就是匈奴人，刘聪所'握十万劲卒'也是匈奴人。"② 特别是立国越是不久，越是强化统治族群的主体性。在后赵，"作为统治族的国人有

---

① 〔日〕川本芳昭：《中华的崩溃与扩大：魏晋南北朝》，余晓潮译，广西师范大学出版社，2014，第67页。
② 何兹全主编《中国通史第五卷·中古时代·三国两晋南北朝时期（上册）》，上海人民出版社，2004，第199页。

权欺压汉人，所以石勒虽然收罗士族，但还不能和士族真正结合在一起"①。在北魏，"宫廷内部有一个特点，即使用鲜卑语作为公共语言。也就是说，在皇帝近旁伺候的胡族说的是鲜卑语，而皇帝也用鲜卑语跟他们交谈。"② 不懂鲜卑语便不可能进入核心统治圈。

对于族群政治体来讲，面临的最大问题是被统治人口中的多数非我族类。族类之间的差异和隔阂不是短时间内能消除的。特别是作为人口少数的族类执政，对于多数人口更是有极大的防范性。他们的最大敌人不是多数人口的反抗，而是多数人口，特别是具有更高文明的多数人口将少数人口所吞没。这种族群的危机感在过去汉人执政的时代是没有的，而在非汉人执政时期却具有紧迫感。正是基于这种生存危机的紧迫感，一些族群政治体尽量减少胡汉之间的接触和交往，以保留和强化"胡人"的族群主体性。"尽管两个集团间界限模糊，但是所有的北方国家都在行政上区别了汉族人与非汉族人。游牧部落的勇士们组成军队，处于他们领袖的率领之下，常常会获得诸如'国人'的卓越头衔，以区别那些只提供粮食与徭役的汉人。这种区分——显然是为了防止为数不多的游牧者被他们所统治的多数人群体所淹没——为两种行政体系提供了基础，而两种体制并行是游牧蛮人国家的特征。"③ 前赵的刘聪同时居皇帝（汉人的君主）和单于（胡人的首领），汉人以户为单位设官统治，而胡人以落（指以帐篷营生的单位）为单位，设不同系统的官员来统治，即"胡汉分治"。但这种分治的方法会进一步加强同一个政治体内不同族群之间的隔阂和对立。

"胡汉分治"极具象征意义。它不仅表明过往的国家整体为多个政治体所替代，而且就是在政治体内部也呈现分化分治的状态，原有的国家整体的大分裂和大分治已深入整个社会内部。

---

① 范文澜：《中国通史》第二册，人民出版社，2015，第 415 页。
② 〔日〕川本芳昭：《中华的崩溃与扩大：魏晋南北朝》，余晓潮译，广西师范大学出版社，2014，第 202 页。
③ 〔美〕陆威仪：《分裂的帝国：南北朝》，李磊译，周媛校，中信出版社，2016，第 77 页。

# 五　难以持续的族群政治体

任何政治体的存续都受客观的关系所支配。"五胡十六国"比一般的政治体更为复杂。作为政治体，它建立在财产和地域关系的基础上，人们要通过政治社会处理财产和个人问题。而政治社会又将人们分为统治者和被统治者，并构成政治关系。作为族群政治体的"五胡十六国"还必须面临族群关系问题。由于这类族群政治体的产生和存在状况，它们难以长期持续，属于不稳定的政治体。"五胡十六国"整体的存续时间只有100多年，其中大多数政治体的存续仅仅数十年。

### 1. 激烈的竞争性

秦汉以来的国家属于统一的政治体，即在中国的地域范围内只存在一个国家。即使是在东汉王朝崩溃后，魏、蜀、吴三国鼎立一段时间之后，便很快向统一的魏晋王朝转变。"五胡十六国"则不同。一是它们是在王朝崩溃阶段同时自立并起的；二是它们中的大多数是由边远地带产生并进入中原核心区域；三是它们中的胡族政权是以过往被视为边缘性人群的族群为主导的。在它们中间，没有一个政治体能够直接接续过往的王朝，同时又都希望获得更大的政治空间，各个政治体之间存在激烈的竞争和冲突。这种竞争和冲突主要以军事战争的极端方式表现，造成的是一个政治体对于另一个政治体的摧毁和吞没。"五胡十六国"时期一直伴随着战乱。

### 2. 突出的掠夺性

物质条件是任何政治体存续的基础，直接决定着人心的向背。强大的秦汉王朝的覆灭，与物质条件的恶化有关。之后的魏晋存续时间不长，更是与物质匮乏相关。"五胡十六国"本身便是物质条件恶化的产物。"胡人"中的绝大多数尽管在原生地有自己的生产方式，但是进入内地后，他们对于农耕生产十分陌生，不可能很快转化为新的生产族群。他们由于执掌着政权，主要依靠剥夺他人财产而存在，更加远离物质生产。更重要的是，多个政治体的激烈竞争，特别是军事战争，使"胡人"统治者无暇顾及自我生产，更多的是依靠掠夺他人财富来维系，其掠夺性远远超过生产性。"鲜卑平民不畜牧不耕作，三分之二是游手浮食人。"① 战乱之中，社会总财富不仅不会增长，反而会由于掠夺者过多而迅速减少，相当数量的政治体因为物质匮乏难以持续。"鲜卑拓跋部从来就是一个以掳掠为职业的落后集团。军事上靠掳掠来鼓动军心，政事上也同样靠掳掠（表现的一种形式是贪污）来使用百官。史称'魏百官不给禄，少能以廉白（清白）自立者'。"② 直至遭受民众的激烈反抗，魏孝文帝才决心使用俸禄制。

3. 严重的不稳定性

政治体的延续需要人们对于政治体有一个稳定的预期，获得安全感。"五胡十六国"尽管具有国家的组织形式，但缺乏维持国家组织持续运行的一系列支撑条件，更没有将政治活动规范化、制度化。在激烈的外部竞争下，内部的不稳定性更强，所有人都缺乏安全感。经过数千年的积累，华夏民族国家的最高统治权的获得和承继已形成较为完备的制度，随意僭越已不被普遍认可。而在"五胡十六国"中的胡族政权，由于制度化程度低，最高统治权的获得和维持处于严重的不稳定状态，为争夺最高统治权经常发生内乱。"因为这些国家是建立在最高领袖的军事胜利之上的，一些沉重的打击会导致它迅速地瓦解。领袖个人死亡也会切断统治者与下属之间的私人纽带，而曾经正是依靠这种纽带才创造了国家。所以，这些国家每次在继位人选的问题上都会出现危机。"③ 最高统治权的不稳定最容易导致政治体的分裂和解体。石勒本是前赵的将领，后自立为王，建立后赵，并与前赵分裂，攻灭前赵后再称帝。石虎于石勒去世后杀石弘自立为天王。因帝位等因素，石虎与其子石邃（太子）、石宣、石韬之间骨肉相残，后为养子冉闵夺得，于350年建国冉魏。"每一个国家都会把被击败的敌方酋长

---

① 范文澜：《中国通史》第二册，人民出版社，2015，第593页。
② 范文澜：《中国通史》第二册，人民出版社，2015，第590页。
③ 〔美〕陆威仪：《分裂的帝国：南北朝》，李磊译，周媛校，中信出版社，2016，第71页。

或将军召至麾下。一旦统治者被击败，这些指挥官会立马改变他们的立场。"① "五胡十六国"的政治体延续时间都不长，大多数在数十年间。一个政权败亡，新的政权崛起，之后又迅速地被另一个新兴政权所吞灭。

"五胡十六国"中的胡族政权在族群结构上表现为双元性，这种结构内生着裂变性。尽管政治体吸纳了非汉族群体的参与，但不同族群之间的信任感不是短时间内能够获得的，更多的是猜忌和防范。在一个汉人占多数的地域内不利用汉人难以维持统治，但在利用的过程中又担心失去族群的主导性。

### 4. 尖锐的对立性

社会对立是政治体难以维系的重要因素。即使是强大的秦汉王朝，也因为社会对立严重，社会矛盾激化而解体。而对于"五胡十六国"中的胡族政权来说，社会的异质性强，特别是由少数族群统治多数族群，由文化较为落后的族群统治文化较为先进的族群，阶级关系与族群关系相叠加，阶级矛盾与族群矛盾相叠加，社会对立格外尖锐，社会矛盾特别突出，并引起激烈的冲突和动乱。冉闵建国后重用汉人，并鼓励诛杀羯人，汉人纷纷响应，仅仅在邺城周围就诛杀胡人 20 多万。"冉闵这一野蛮行动，爆发了将近五十年中汉族人对匈奴人羯人的积忿，也引起了无以复加的大破坏，汉族和非汉族人民在这个大破坏中不知损失了多少生命。"② "冉闵军与羌胡军互攻，没有一个月的停战，历来迁徙到冀州的汉人和氐羌胡蛮人，不下数百万，苦于战祸，各还本乡，路上互相杀掠，饥疫死亡，能到达本乡的不过十中二三，平原上只有尸骸，看不见耕者，生产几乎完全停止。"③ 这种情况说明社会完全失控，人人都不希望在现有秩序下继续生活下去。"自三〇四年匈奴刘渊起兵，到四三九年魏灭北凉，前后凡一百三十六年。在这

---

① 〔美〕陆威仪：《分裂的帝国：南北朝》，李磊译，周媛校，中信出版社，2016，第72页。
② 范文澜：《中国通史》第二册，人民出版社，2015，第416页。
③ 范文澜：《中国通史》第二册，人民出版社，2015，第417页。

个长时期里，黄河流域遭受割据者的破坏是极其惨重的。大抵汉族经济文化最发达的黄河下游地区，战争尤为剧烈。"① 这就是后人所说的"五胡乱华"。

"乱"意味着不可持续，意味着"这个社会陷入了不可解决的自我矛盾，分裂为不可调和的对立面而又无力摆脱这些对立面"②。为了使相互冲突的社会不致在无谓的斗争中把自己和社会消灭，便需要由乱到治，由分裂到统一，由分治到整合。

# 六 区域性多民族政治整合

《三国演义》开首的话是："话说天下大势，分久必合，合久必分。"到三国时，分还只是中国的核心地区的核心族群内部的分裂，还只是"小乱"。"五胡十六国"时代则是涉及中国北部地区和族群的整体性分裂和分治，属于"大乱"。在大乱中自立并起的"五胡十六国"难以持续，连过往虽不理想但还存在的一点秩序都被破坏。分久必合，由大乱到大治的时代便来临了，这就是将一个严重分裂分立的社会整合为一个新的政治统一体。

历史上的事物都在一定的时间和空间中产生，并受时间与空间的制约。从秦汉王朝到"五胡十六国"，分是一个历史过程，合也是一个历史过程。从空间看，分首先起于北方，焦点在于作为政治中心的中原。因此，合也开始于北方，焦点同样在中原。由分到合开始于区域性。

当"五胡十六国"难以延续时，政治整合便开始了。政治整合是政治主体通过各种方式将分化、分裂、分立的社会合并到一个具有统一性的政治体中的过程。在政治整合中，政治主体居于主导地位。没有政治主体，就无所谓政治整合。在中国历史上，政治整合的主体一直是华夏民族建立的国家。而"五胡十六国"本身便是在华夏民族国

---

① 范文澜：《中国通史》第二册，人民出版社，2015，第433~434页。
② 《马克思恩格斯选集》第4卷，人民出版社，2012，第187页。

家难以将日益分裂、分立的社会整合为一体的背景下产生的，而过往的华夏民族国家也承担不了这一历史任务。于是，全新的政治整合主体出现了，这便是作为"五胡十六国"中的族群政治体。

"五胡十六国"时期是一个多族群政治体并立竞争的时期，正是在激烈的竞争中产生了能够进行政治整合的主体。只是这种政治整合的主体不是一个，而是多个，并具有时间接续的特点。但从政治整合的主观意愿和客观效果看，最具代表性的是两个，即前秦和北魏。

政治整合的重点是主体建设，即国家政权建设。国家是通过政权将一定地域上的人口联结起来的政治共同体。族群是以部落、家族等方式聚合在一起的人群共同体。任何族群的力量总是有限的，且具有内在的裂变性。只有通过国家政权组织才能形成更大的力量并保持共同体的稳定和持续性。因此，国家的重要功能便是将分化的社会整合为一体，以形成和保持社会和政治的统一性。"五胡十六国"是在部落族群基础上建立起来的，并通过政权组织形成更大的力量。这类族群政治体建立后，面临着双重整合，一是内部整合，形成统一体；二是进一步整合外部力量，形成更大的统一体。

在国家政权建设中，权力集中于最高统治者成为关键。恩格斯指出，国家是社会陷入对立和冲突之后的产物。为了"不致在无谓的斗争中把自己和社会消灭，就需要有一种表面上凌驾于社会之上的力量，这种力量应当缓和冲突，把冲突保持在'秩序'的范围以内"①，产生了国家这一特殊的力量。而国家能否凌驾于社会之上，把冲突保持在秩序的范围以内，又取决于国家权力能否集中在最高统治者手中。"五胡十六国"大多是在部落的基础上形成的，尽管成立了国家，但大量权力散落或保留在部落和贵族手中，并因为建立国家后形成利益集团。"五胡各王朝的政权显然并非是一君万民性质的体系所构成的，而是由王族、部族长所统率的各个集团的联合体组成。"② 各个集团只能代表

① 《马克思恩格斯选集》第4卷，人民出版社，2012，第187页。
② 〔日〕川本芳昭：《中华的崩溃与扩大：魏晋南北朝》，余晓潮译，广西师范大学出版社，2014，第85页。

部分人的利益。五胡王朝的君权不能如其他朝代那样直接通过官僚机构进入社会，而且容易因宗室、部族领袖之间发生内讧而造成分裂和内战。只有将权力集中于最高统治者手中，才能形成一个更大的政治整体。

公元 351 年氏族人苻健占据关中，自称大秦天王、大单于；公元 352 年，改称皇帝，国号秦，史称前秦。苻坚在登位之前，听取王猛的建议，实行政治改革，加强中央集权，抑制贵族势力发展来强化中央力量。后即帝位，任王猛以政。改称皇帝不单是一个称号的改变，而且意味着最高统治者不再只是某个族群的首领，而是地域范围内所有人的首领，是地域整体的代表，并将散落的权力集中于自己手中。

大夏是后起的族群政治体，军事力量超过后秦。其首领赫连勃勃"有统一全中国的愿望。413 年筑都城于今内蒙古乌审旗南白城子。称统万城，意为'统一天下，尹临万邦'"①。

公元 386 年立国的北魏是由鲜卑拓跋珪建立的后起之国，"魏"具有美好伟大之意，且是"神州上国"，并希望与中国过往的正统王朝接续。其最高统治者称帝。北魏的军事力量强大，征服了多个族群政治体，同时在军事征服中形成了中央集权。"成功地重新集结各部族的北魏初代皇帝拓跋珪在建国之后，推出此前五胡政权中从未有过的政策，即部族解散政策。部族解散是指将拓跋部旗下各部族集中迁居到国都平城（今山西省大同）为中心的畿内外地区，同时将此前各部族长对所辖部民的统率权收归国家所有。……把原本各部族长属下的胡族各部民变成直属于北魏皇帝的战士。"② 之后的魏孝文帝"在保持作为鲜卑人的意识的同时，又逐渐产生了远远超出鲜卑意识之上的阶级意识——作为中华皇帝的意识"③。为此他力主将国都从平城迁到洛阳，

---

① 何兹全主编《中国通史第五卷·中古时代·三国两晋南北朝时期（上册）》，上海人民出版社，2004，第 243 页。
② 〔日〕川本芳昭：《中华的崩溃与扩大：魏晋南北朝》，余晓潮译，广西师范大学出版社，2014，第 87 页。
③ 〔日〕川本芳昭：《中华的崩溃与扩大：魏晋南北朝》，余晓潮译，广西师范大学出版社，2014，第 221 页。

一方面是为了加强和巩固皇帝中央集权，另一方面是因为其可超越族群地方的局限，居于中国的传统政治中心，实现更大范围的政治整合。魏孝文帝废除了带有狭隘族群性的内朝制度，使非鲜卑人也可以进入统治高层。

政治整合的基点是恢复生产。国家总是建立在一定的经济基础之上。国家政权是一种强制性的暴力，"暴力虽然可以改变占有状况，但是不能创造私有财产本身。""暴力本身的'本原的东西'是什么呢？是经济力量。"① "十六国"大部分是由非汉族人建立起来的。他们缺乏自己的生产基础，特别是进入中原地区之后，他们不熟悉农耕，且成为统治性族群。因此他们主要是通过暴力改变财产的占有，但不能创造财产。这种状况不仅使他们缺乏政治整合的能力，而且自身都难以维系。因此，在多个族群政治体并立竞争中，谁能通过生产获得稳定的财富，谁就能在激烈的竞争中生存下来，并获得政治整合的物质基础。

后赵石勒在崛起之初大肆屠杀劫掠，但在立国后注重发展经济，劝课农桑，颁布的税收比西晋还轻，经济逐渐复苏。只是因为政治分裂，这一进程被中断。前秦苻坚任汉人王猛辅政，致力于发展经济，关中的农业、手工业和商业获得恢复和发展，使前秦国势大盛，史称"关陇清晏，百姓丰乐"，由此打下统一华北的基础。为了发展生产，魏孝文帝强调"务农重谷，王政所先"，为此推行均田制，"计口授田"，由国家平均分配土地给人民，以获得稳定的财富来源。"农业成为北魏统治者最关心的问题，正是游牧民族进入农耕地区以后同当地民族融合的最深刻的表现。"② 在这一过程中，实行"离散诸部，分土定居，不听迁徙"又可以改变过往的部落社会结构，形成定居农户的社会。

政治整合的要点是文化融合。族群之间的差异在相当程度上是文

① 《马克思恩格斯选集》第3卷，人民出版社，2012，第542、554页。
② 瞿林东、李鸿宾、李珍：《历史文化认同与中国统一多民族国家》第二卷，河北人民出版社，2013，第111页。

化差异。特别是在中国，由于华夏文明发源较早且长期延续，以文明看待族群，造成族群的对立。汉朝与匈奴的战争状态更是强化了文化的对立，互不信任。匈奴南附于汉之后更名换姓。刘渊立国后，"宣告匈奴刘氏是两汉刘氏的外甥，立汉国继承两汉，祭汉高祖以下三祖（汉高帝、汉光武帝、汉昭烈帝）、五宗（汉文帝、汉武帝、汉宣帝、汉明帝、汉章帝）为自己的祖宗，不祭匈奴单于"[①]。但文化上的差异和对立不是马上能够消除的。"五胡十六国时期，在汉族心里，整体上存在着在文化上对胡族具有优越感的夷狄观，以及在政治上、军事上被胡族压抑的屈辱感和恐惧感，而在胡族心里，或多或少在军事上对汉族的优越感、对汉族和汉文化的情结或否定的心态等混杂在一起。"[②]尽管汉人世族进入胡人管理层，主要是为了保全性命，许多世族蔑视胡人君主文化低落，甚至有些世族，告诫子孙不可将出仕胡族的经过写在墓碑上；而胡人对汉人也充满了不信任。只是任何包含多个族群的政治体，要能持续，都必须通过文化融合，解决政治信任问题。事实上，从匈奴南附于汉，文化融合便已开始了。只是因为融合是一个自然的过程，在没有实现融合时便发生了政治动乱，造成了多个族群政治体的自立。

但是，政治体要维系，特别是要能够在更大范围内进行政治整合，必须积极主动地推进文化融合，这是历史进步的必然要求。如马克思所说："野蛮的征服者，按照一条永恒的历史规律，本身被他们所征服的臣民的较高文明所征服。"[③] 谁能掌握这一历史规律，谁就能取得历史主动地位。"当时的胡族中存在着认为自己或本民族不如汉族的意识，并因此认为本民族所创立的政权缺乏正统性，反而把江南的东晋政权推为正统王朝。"[④] 最早自立的胡人政治体主动将自己的国名定为

---

① 范文澜：《中国通史》第二册，人民出版社，2015，第408页。

② 〔日〕川本芳昭：《中华的崩溃与扩大：魏晋南北朝》，余晓潮译，广西师范大学出版社，2014，第88页。

③ 《马克思恩格斯选集》第2卷，人民出版社，2012，第857页。

④ 〔日〕川本芳昭：《中华的崩溃与扩大：魏晋南北朝》，余晓潮译，广西师范大学出版社，2014，第76页。

汉，以获得政权的正统性。语言是文化融合的基础，也是政治整合的基础性条件。"拓跋鲜卑从华北统一时起，在汉文化的影响下，逐渐掌握了汉语。一般认为，这种情势进一步发展，便促成了拓跋鲜卑对汉族的接受。"① 魏孝文帝废除只有本族群才参加的西郊祀天制度，改为能够为更多族群认同的国家祭祀。通过分定姓族，门第相当的胡汉之间也可通婚。他下令将汉民族文化经典翻译成鲜卑语用于学习。鲜卑人甚至改名更姓，采用汉族式的单字姓氏。

在政治整合中，汉族士人的心理也在发生变化。特别是北魏超越族群立场试图进行全国性统一时，汉族士人对北魏有了认同，并愿意与北魏统治族群通婚。"士族世系姻亲，等级分明，不容卑族冒滥，他们依同等门第，彼此通婚，汉族与鲜卑族间逐渐同化。"②

政治整合的难点是族际整合。族际整合是将多个族群单位结合成一个政治整体。"五胡十六国"中的胡族政权是由非汉族人建立起来的政权，他们成为统治族群后有族群集团的利益。而他们面临的则是由多数人构成的汉族及其他族群。国家作为政治统一体，能否稳固和持续，以至实现更大范围的政治整合，难点是族际整合，协调各个族群的利益关系。否则便会自我分裂，不仅难以在更大范围内进行政治整合，就是自身也难以维系。

匈奴是"五胡十六国"中最早建国的，并一度强盛，但没有能进行有效的族群整合，未能延续下来。重要原因是"匈奴贵族对汉族人民越来越采取一些报复手段"。③ "胡族政权下的华北汉族士大夫多心系晋家皇族司马睿在江南建立的东晋政权。"④ 前秦为了完成统一，优待甚至宠任汉族和鲜卑族，在一定范围内实现了族际整合，不仅实现了北方的初

---

① 〔日〕川本芳昭：《中华的崩溃与扩大：魏晋南北朝》，余晓潮译，广西师范大学出版社，2014，第106页。

② 范文澜：《中国通史简编》上册，商务印书馆，2017，第246页。

③ 何兹全主编《中国通史第五卷·中古时代·三国两晋南北朝时期（上册）》，上海人民出版社，2009，第193页。

④ 〔日〕川本芳昭：《中华的崩溃与扩大：魏晋南北朝》，余晓潮译，广西师范大学出版社，2014，第69页。

步统一，而且成为统一全国的最强大力量。但是，随着其统治地域的扩大，越来越多的族群进入统治者上层，族际整合的难度更大。在著名的淝水之战中，前秦以绝对的多数对东晋的少数而大败，重要原因便是前秦族群之间的离心离德。"秦军将帅自苻融以下，都缺乏灭晋的信心，兵士多是汉族人，根本不愿意灭晋。"① 这一决定性的战争不仅未能实现前秦统一中国的意愿，反而造成自身的分裂，被北魏取而代之。"前秦这个由各民族各个势力组成的马赛克般的政权，瞬间瓦解。"②

北魏本是最有条件实现统一的政治体，它统治华北地区长达一个半世纪。"北魏孝文帝是十六国以来长期民族融合的集大成者，他不仅继承了此前民族融合的成果，而且以更加广泛、更加深刻的改革，如迁都洛阳，改革官制，把鲜卑贵族纳入门阀化的序列，在朝廷上禁止讲鲜卑话，提倡穿汉族服装等等，从而把民族融合推向一个新的高度，促使北方各族人民逐渐习惯于中原的农业经济生活，南北文化风尚和习俗逐渐趋于一致。"③ "北魏并非是如五胡各国那样兴亡交替、令人目不暇接的短命王朝，而是发展成被称为'北朝'、连汉族也都承认其正统性的一个政权。"④ 但是北魏仍然面临着族际整合的难题。"每当五胡的君主试图加强自己的权力时，就会与各自的势力基础即匈奴、鲜卑等胡族的旧势力产生冲突。纵观始于鲜卑拓跋部时期的北魏发展史，鲜卑民族也遇到了同样的问题。当时强化帝权的举措常常与对汉文明的吸收、汉化政策等联系在一起。因为引进新的文化直接关系到王权的强化。然而，新文化的引进必然导致原有的做法、资源的分配发生变化。因此，这样的行动常常遭到拓跋部下面各部族长为中心的

---

① 范文澜：《中国通史》第二册，人民出版社，2015，第 426 页。
② 〔日〕川本芳昭：《中华的崩溃与扩大：魏晋南北朝》，余晓潮译，广西师范大学出版社，2014，第 84 页。
③ 陈琳国、侯旭东主编《中国大通史·魏晋南北朝上》，学苑出版社，2018，第 38~39 页。
④ 〔日〕川本芳昭：《中华的崩溃与扩大：魏晋南北朝》，余晓潮译，广西师范大学出版社，2014，第 88 页。

保守势力的反对。"① 当然，对这一反对，也不宜用简单的"保守势力"一概而论。其中还包括，胡人汉化后发生的内部分化。北魏迁都洛阳后，"本宗旧类"中的高层人士可以"各各荣显"，而低层次人群只得"穷其力，薄其衣，用其工，节其食"（《北史·袁翻传》）。由于阶级矛盾与民族矛盾的交织，最高权力的维持和更迭严重失序，造成国家分裂，并被取而代之，北方再次陷入分裂分治之中。

尽管一些政治体未能实现统一的意愿，但是，通过政治整合重新获得社会和政治的统一性，毕竟是大势所趋。北魏未能实现北方统一，不是因为其超越族群的意识和政策，而在于内在族际结构性矛盾未能有效解决。"北魏的结局表明，作为一个更受汉式价值观熏陶的外族王朝，在其疏远了的部落传统以及排外的北方汉人世族面前，地位都是非常脆弱的。"② 而对南方统一的战争失败造成的北魏分裂直至被取代，说明维持原有的结构带来的是国家分裂和灭亡。继魏国之后的周在原有基础上又进了一大步。"周武帝是解脱了鲜卑旧俗，真正接受汉文化优良部分的英明皇帝，最明显的表现是在周国内释放奴隶和杂户。"③之后，隋灭周，建立汉族政权。"汉族依较高度的文化力量，经三百年长期斗争，融化了大量的异民族，黄河流域统治权，势必回复到汉族的掌握。"④

正是在一个又一个政治体努力的基础上，统一的条件日益成熟。只是在谁手中获得统一则取决于许多偶然性因素。可以说，从"五胡十六国"产生之日起，在大分立的同时便有了大整合的要求。分化从北方起，整合也从北方起。北方的统一，率先实现了区域性的族群政治整合，建立起由多个族群合并而成的政治统一体。

---

① 〔日〕川本芳昭：《中华的崩溃与扩大：魏晋南北朝》，余晓潮译，广西师范大学出版社，2014，第95~96页。
② 〔美〕巴菲尔德：《危险的边疆：游牧帝国与中国》，袁剑译，江苏人民出版社，2011，第160页。
③ 范文澜：《中国通史》第二册，人民出版社，2015，第619页。
④ 范文澜：《中国通史简编》上册，商务印书馆，2017，第235页。

# 七　全国性多民族政治整合

随着北方的区域性多民族整合的完成，全国性的多民族整合便成为进一步的目标。

当"五胡十六国"自立并起时，原先由汉人统治的地区一分为二，即长江以北的"五胡十六国"和长江以南的东晋。西晋为匈奴所灭之后，东晋作为晋朝的继承者却长期延续下来。由此形成南北分立的局面。

"五胡十六国"自立并起后，北方陷入惨烈的大战乱之中。相比北方，南方则处于和平时期。

长江以南的地方曾经是边缘地区，在相当长的时间里，这里的人被称为南蛮，其经济文化发展相对落后。秦汉实现全国性统一的基础是大同小异。其中就包括北方旱作区和南方水稻区的差异。而在南方还居住着大批经济文化更为落后的族群，如各类越人。秦汉只是在政治上统一了这些地方，但经济文化上的差异仍然存在。"西汉（公元前202年—公元8年）末年，中国人口中不到1/4的户籍人口居住在长江流域，这些人被视为具有不一样的地域文化。"① 这也是南方地区往往成为帝制国家离心者的重要原因所在。

但是，南方地区远离政治中心，随着生产条件的改善，其经济一直处于发展之中。特别是自西汉末年后的大规模政治动乱都发生于北方地区，经济社会发展受到严重影响。中国的经济重心不知不觉地转移到南方。西晋王朝崩溃后，接续晋朝的东晋在南方建都，大量北方人口逃至南方，其中包括相当多的文化精英。政治和文化中心因此移至南方。在北方陷入"五胡十六国"的战乱状态时，南方相对稳定，经济社会得到进一步的发展。

---

① 〔美〕陆威仪：《分裂的帝国：南北朝》，李磊译，周媛校，中信出版社，2016，第3页。

随着经济政治和文化的发展，南方更有条件统一北方。不仅建都南方的东晋与西晋接续，具有正统性，而且北方大量汉人，尤其是汉族士大夫对东晋王朝更为认同。"南北朝时期，南北统治集团却有一个最为突出的共同点，即南北朝均自谓'正统'，自称'中国'，可以说是在相互贬损之中却走向同一个目标。"① 南方的统治者也有过北伐和统一中国的举动。只是这一举动是间断零星的，未能有什么显著成效。其重要原因是南方也陷入自我分裂且不可自拔的境地。

东晋灭亡后，南方先后建立了四个政权，且延续时间都不长，统称为"南朝"，与"北朝"相对应。自"五胡十六国"以来，中国形成南北分裂分治的格局，只是分裂的因素和表现形式不一样，北方主要是族群之间的矛盾，南方主要是地区和阶层之间的矛盾。

东晋王朝在南方建都，大量北方居民南迁。他们中的相当一部分人不是作为投靠者而是作为新主人进入南方的，势必改变原有的格局，并与南方的土著产生冲突。

更重要的是，作为晋朝正统的东晋不仅将其接续的西晋政治和文化模式带入南方，也将分裂的因子带入南方。南下后的晋朝并没有因为地理上的变动而发生制度上的变革。东晋的延续主要是依赖长江天险阻隔着北方胡人。"中宗龙飞，非惟信顺协于天人而已，实赖万里长江画而守之耳。"（《晋书·孙绰传》）从东汉后期到西晋，世族发展到高峰。社会由一个个世族大家构成，政治为一个个世族大家所左右。各个世族有自我的利益，并会围绕政权而争夺。西晋实行分封制，地方由皇族王室所执掌，由此造成了"八王之乱"。在动乱中，皇室的力量大大削弱，但世族大家的力量仍然保持，并随着晋朝的南迁而迁居到南方。"士族中王氏一族最强盛，王导做丞相，管政治，王敦做大将军，专兵权，子弟满布要职，当时有'王与马（司马氏），共天下'的传言，又有谢氏一族与王氏并称，南朝士族，王谢居首。其余众族

---

① 瞿林东、李鸿宾、李珍：《历史文化认同与中国统一多民族国家》第二卷，河北人民出版社，2013，第 118 页。

各依门第高低，分配权利，不敢僭越。北方士族过江较晚，便被指为伧荒（南人呼北人为老伧或伧夫），即使人才可用，也只得浮沉微职，难升上流。"① 极具封闭性的士族阻塞了政治的上升通道，使王朝难以吸纳更多人才参与政治，激发活力。而多个士族参与政治，争夺权力，又会造成王朝政治的不稳定。"大族的拥护——东晋皇帝前半期多是短命，后半期多是昏痴，如果不得大族支持，根本不能存在。"②

社会的分裂和对立造成政权严重不稳。东晋 100 多年间，有 10 多个皇帝。东晋灭亡后，王朝更替和皇帝更迭更为频繁。刘宋 59 年 8 帝，南齐 23 年 7 帝，梁 55 年 4 帝，陈 32 年 5 帝。如此频繁的皇权更迭，很难凝聚国力，南方区域性政治整合都难，更不用说推动全国性的政治整合。

与此同时，南方也缺乏进入中原、统一中国的意愿。东晋作为从北方南迁的政权，尽管有着正统王朝的优势，但是北方被过去视为外夷的族群所占据，使晋朝的正统性权威流失，更多的只是一种政治文化符号的象征意义。"东晋门阀士族中有些人已在江南站稳脚跟，安于现状，不把收复中原看作最重要的事情。"③ 而南方的土著处于政治排斥状态，没有北上中原的意向。特别是随着南方社会矛盾的激化，政治处于严重的不稳定状态，加剧着政治不信任。"宋、齐宗室，特别是皇帝的近亲有资格继承帝位的人，往往被在位的皇帝及其拥护者视为潜在的威胁，成为猜忌的对象，以至成为斩除的对象。"④ 统治集团朝不保夕，风雨飘摇，能够维持统治已是万福，根本无力进行北伐统一。"人民南迁既久，均无北归之计，而朝廷亦放弃北伐之议，虽有战事，目的只求保境。"⑤

---

① 范文澜：《中国通史简编》上册，商务印书馆，2017，第 202 页。
② 范文澜：《中国通史简编》上册，商务印书馆，2017，第 206 页。
③ 瞿林东、李鸿宾、李珍：《历史文化认同与中国统一多民族国家》第二卷，河北人民出版社，2013，第 80 页。
④ 何兹全主编《中国通史第五卷·中古时代·三国两晋南北朝时期（上册）》，上海人民出版社，2004，第 299 页。
⑤ 萨孟武：《中国社会政治史》（三国两晋南北朝卷），三联书店，2018，第 284 页。

北方经过 100 多年的战乱，开始了统一进程，南方却陷入四分五裂的深渊，没有意愿，更没有条件统一南方，进而统一全国。"魏太武帝消灭十六国割据的残余，统一了整个黄河流域，对中国历史作出了巨大的贡献。腐朽懦弱的南朝汉族政权，是不可能作出这个贡献的。"[①] "南北两朝长期战争，谁的政治较好，谁的内部比较统一团结，谁就在军事上获得胜利。"[②] 最终由先行统一北方的隋朝完成了统一全国的历史使命。

# 八　融合均衡的政治统一体

从西晋"八王之乱"到隋朝统一全中国，经历了长达近 300 年的大分裂和大分治的时期，社会大动乱，无数生灵涂炭，民族和国家付出了沉重的代价。分裂和分治不可持续，统一成大势所趋，所谓"分久必合"。只是这一"合"是更高层次的"合"，将中国带入一个在开放包容中融合均衡的政治统一体之中。

首先是多族群的大融合。秦汉的统一基础主要是大同小异的汉族地区，对于非汉族人实行空间区域相隔的政策，长城是象征。而晋朝之后，大量非汉族人进入中原核心地区，建立政权，并统治北方地区长达数百年时间。这一历史时期是民族大融合的时期。不仅非汉族人接受了大量的汉族文化，就是汉族人也接受了大量非汉族文化，还有为各种族群共同接受的外来佛教文化的盛行。长期以来，华夏民族以文化看待族群，对非华夏民族持贬抑态度。经过东汉末年以来的大分裂，华夏民族对非华夏民族的态度有了一定程度的转变，有了肯定的成分。"中国失礼，求之四夷。"（《三国志·魏书·乌丸鲜卑东夷传》）在民族大融合中，大量非汉族人口融入汉族人口之中。匈奴这一民族性非常强的族群没有在汉匈战争中消失，却在大融合中消失了，

---

① 范文澜：《中国通史》第二册，人民出版社，2015，第 678 页。
② 范文澜：《中国通史简编》上册，商务印书馆，2017，第 253 页。

完全融入汉民族及其他民族之中。当北方诸国一一灭亡之后，由于草原故乡被柔然等新兴民族占据，而且进入中原的非汉族人已经适应中原文化与生活，因此这些族群绝大部分没有退返草原，而是留在中原与汉族合为一体。"由于五个少数民族的豪酋都曾取得中国土地上的统治地位，本来居住在偏僻山谷里和居住在边境外的大批本族人，被吸引进入统治区内的较好地方，生活和文化都得到提高。本族豪酋失势以后，他们也就逐渐和汉族融合了。"①　"进入中原各族的语言差异逐渐消失，汉语成为北方诸族的通用语言，……各族原来的生活习俗逐渐消失，服饰、发式、礼仪、节候等都改从汉俗；因互通婚姻，血缘上也逐渐融为一体。"②　在这一融合过程中，汉民族也不再是过往种族单一的民族，而是融入了大量非汉族人口因素的族类。"隋唐时期居住在黄河流域的汉族，实际是十六国以来北方和西北方许多落后族与汉族融化而成的汉族。"③　"特别是少数民族在畜牧、作战等方面的经验和技能，在北方汉人中获得广泛传播，对北方的经济生活产生了一定的影响。"④　这是前所未有的"用夷变夏"。"南北朝时，北方人民固然是虏汉相杂，而混居既久，彼此又互相同化，而成为中华民族。"⑤　最后统一中国的隋朝，不能简单地视为汉民族的统一，而是集中了各个民族的统一意愿和行为的更高层次的统一。如果没有包括前秦和北魏的初步统一，就不可能有隋朝最终完成统一大业。

其次是中心与边地的大结合。秦汉的统一路径和基础是由中心到边地，国家统治的重心在中心，边地则是薄弱地带。中心与边地的发展严重不平衡。在大量边远地带，国家统治主要是基于军事征服和表面的行政控制，社会基础仍然保留着原有的社会初始形态。正是这种

① 范文澜：《中国通史》第二册，人民出版社，2015，第 452 页。
② 瞿林东、李鸿宾、李珍：《历史文化认同与中国统一多民族国家》第二卷，河北人民出版社，2013，第 159 页。
③ 范文澜：《中国通史》第二册，人民出版社，2015，第 666 页。
④ 瞿林东、李鸿宾、李珍：《历史文化认同与中国统一多民族国家》第二卷，河北人民出版社，2013，第 161~162 页。
⑤ 萨孟武：《中国社会政治史》（宋元明卷），三联书店，2019，第 252 页。

落差造成了中心动乱时的边地崛起。其结果是边地的发展和主动接受先进文明。边地原有的社会结构得到改造，同时边地的优质要素也大量进入中心地带。而边地的稳定则为全国性的政治统一提供了条件。尽管政治统一由中心地带发起，但没有边远地带的稳定，统一进程也难以持续下去。"经过魏晋南北朝的分裂局面，更扩大了的中原地区重又在隋、唐两代统一了起来。"①

再次是北方与南方的大平衡。秦汉的统一是建立在北方基本经济区基础之上，但北方和南方区域经济发展不平衡，全国性的政治统一缺乏坚实的经济社会基础。在隋朝统一中国时，北方和南方的区域失衡状况得到根本性改变，经济重心南移，国家的基本经济区扩大，包括了南方和北方。"南朝以前，中国经济文化的主要基地只有一个黄河流域，经过南朝，长江流域也成为主要基地，中国经济文化的主要基地从此扩大了一倍，封建社会也就得到进一步的发展。隋唐时期的繁荣就是在这个扩大的基地上产生的。"② 隋朝建立之初将政治中心南移的重要原因便是南方经济实力的增强。"589 年时，中国被隋朝重新统一，但这是一个完全不一样的世界了。曾经处于边缘的长江流域已经成为中国的粮仓，隋朝修建的大运河就表明了这一点。"③ 大运河"对中国长期的政治统一起到了毫无半分夸张的重要作用。大运河与南方已经存在的运河网络一起使除四川以外中国每个粮食产地都能通过水道向首都进行船运。……大运河既是一种象征，也是一种实际的交通方式，它把已经分裂了四个世纪的两个各自为政的地区重新纳入到一个政体当中"④。当南北方共同构成国家的基本经济区时，全国性的政治统一便进入一个更高的层次，这就是全国性政治统一体有全国性的经济统一体作为支撑。

---

① 陈琳国、侯旭东主编《中国大通史·魏晋南北朝上》，学苑出版社，2018，第 39 页。
② 范文澜：《中国通史》第二册，人民出版社，2015，第 494 页。
③ 〔美〕陆威仪：《分裂的帝国：南北朝》，李磊译，周媛校，中信出版社，2016，第 5~6 页。
④ 〔美〕陆威仪：《分裂的帝国：南北朝》，李磊译，周媛校，中信出版社，2016，第 247~248 页。

最后是贵族与平民的大平等。秦汉统一的社会基础是统一的国民地位。但是，由于血缘组织仍然居于支配性地位，社会逐步分化为豪族、世族等贵族与一般平民，两者之间的经济、政治社会地位不同，造成身份固化的鸿沟。这一社会鸿沟是东汉以来政治大分裂的基础。经历了魏晋以来的"五胡十六国"和南北朝的大分裂，人们"亲眼目睹了基于血统、只重视门阀的贵族体制的脆弱性及南朝贵族体制最终无法克服这种脆弱性而走向终结的过程"①。华北尽管经历了大动乱，但过往的贵族体制未能延续，新的贵族体制尚未结构化，并在统一的进程中被消化，因此由北方的隋朝最终实现全国性的统一。建立全国统一政权不久的隋朝，实行平等的科举制，一举废除了长期延续的世族身份制，从而为全国性的政治统一奠定了坚实的社会基础。"士族不能独占官位，失去它的意义，隋唐科举制度于是代士族制度而兴起。"②继郡县官僚制度之后产生的科举制度，一方面完善了郡县官僚制，另一方面推动了国家一体化。无论是什么人，什么族群，都可以通过科举考试进入国家体制，从而打破了过往的人身和纯人身关系的局限性。科举制既是国家化的产物，也成为推动国家化的重要机制。

正是基于以上基础，自隋之后，中国的多民族国家进程进入一个崭新的时代！具有支配性的变化是地域—民族关系的结构发生了根本性的变化，这就是地域关系日益居于主导地位。以人身、纯人身关系为基础，单纯通过氏族、部落进行社会联结的族群人口大量减少，而以地域和财产关系为基础，更多通过国家组织进行社会联结的国家人口大量增多。中国在按地区来划分统一的国民，而"不管他们属于哪一氏族或哪一部落"③方面迈出了重要一步。隋统一中国后，帝制国家再未发生类似于"五胡十六国"这样长时段的大分裂、大分治。

同时，"五胡十六国"也是国家化、民族性和文明进程的互动极有

① 〔日〕川本芳昭：《中华的崩溃与扩大：魏晋南北朝》，余晓潮译，广西师范大学出版社，2014，第161页。
② 范文澜：《中国通史简编》上册，商务印书馆，2017，第247页。
③ 《马克思恩格斯选集》第4卷，人民出版社，2012，第187页。

特点的时期。一方面，帝制国家的行政联结纽带断裂之后，多个族群自立为国。它们自身有国家化的要求。在这一过程中，这些政治体都面临着如何将不同的族群，特别是将人口占多数的汉族整合到国家体系中来的问题。谁能实现这种整合，谁就能获得优势地位。另一方面，分立的政治体又面临着更大的政治整合，将分立在不同政治体之中的族群整合为更大的、具有统一性的民族，实现全国性的整合。尽管最后由隋朝实现了全国性的统一，但是这种统一是各个族群共同努力的结果，是一个从族群分裂分治不断走向整合统一的过程。在这一过程中，非汉族作为政治统治民族居于主导地位，但由于这种整合主要发生于汉族居住地区，汉族人口不仅占多数，更重要的是经济文化居于优势地位，因此汉制和汉文化在推动国家一体化进程中发挥了基础性作用。正是经过这种族群大碰撞和大分治，生长和培育出统一性因素，并将不同民族的优质要素融为一体，使之后的多民族统一国家进入一个崭新的格局和更高的层次。当然，这一过程经历了顽强而长久的斗争，也充满艰辛和曲折。

# 第五章
# 地域—民族关系中的族群
# 大联结与国家大扩展

经历了长达数百年的分裂割据，一个统一的大唐王朝以崭新的面貌崛起。大唐是中国历史上前所未有的大开放的超大国家。在积极进取的政策推动下，以大唐王朝为中枢，众多的族群实现了广泛的联结，地域得到极大扩展，形成了超越地域局限的东亚区域性的一体性。大唐通过"羁縻"、"册封"制和和亲政策，实现对不同族群和区域的控制和影响，不同的族群共同存在于大唐的地域之中，地域关系超越原有的族群关系。但是要将原生的不同族群整合在大唐的整体当中十分艰难，其间充满冲突，由此也改变了唐朝的政治形态。尽管族群大联结和地域大扩展的格局未能延续，但由族群大联结和地域大扩展促成的族群之间的广泛交流则有着深远的影响。

## 一　大开难大合的族群联结

国家的核心要素是地域、人口和政权。国家的地域规模有大有小，有不同属性；人口有多有少，有不同人群。通过政权组织将这些不同的地方和人口联结起来，形成国家整体。国家整体是一个变动的过程，受各种关系支配，并因为关系中行为者的行动而发生变化。这种变化往往以某一物体或现象加以表征。

万里长城是秦汉王朝的重要标志。它通过长城保卫自己，阻隔北方游牧民族的侵扰。这是定居的农业民族的思维模式所致！长城成为不同民族的界限。要过上安定的生活，就需要建造和巩固长城。长城不倒，民族就在。长城已成为汉民族的精神象征。

然而，在长城修建的 800 多年后，有一个王朝竟然从未修建过长城，这就是继隋之后的大唐。

大唐是中国历史上前所未有的大开放的超大国家。经开国者及后人的努力，唐朝的国家疆域扩展到历史上从未有过的范围，且大多在长城之外遥远的地方。"唐的版图，东至安东，西至安西，南至日南，北至单于府，'三王以来，未有以过之'（《新唐书·北狄传》）。"[①]"它在地域上不仅涵盖传统的中原农耕地区，而且包括长城北部的草原地区，西北则直达西域纵深之地。"[②] "当时世界上，只有中东穆斯林阿拉伯的帝国能与唐朝匹敌。"[③] 在辽阔的疆域上，长城不再是阻隔人们的高墙，而只是广阔疆域中的一道线。疆域上不仅仅生活着汉族人，还有大量的非汉族人。通过疆域的开拓，从地理上将过往互不联系、各自孤立分散的族群联结起来了，实现前所未有的族群大联结。在唐朝的版图上有多达数十个不同的族群。他们过去生活在自己的地域空间内，有自己的生产和生活方式，有自己的语言和习俗。如今，他们生活在一个地域相连的疆域之内，且统一在唐朝的政区之中，成为大唐的一部分。不仅如此，这些过往分散孤立、互不联系的族群如今可以自由流动，甚至进入传统的汉族地区和核心的首都。对于不同的族

---

① 萨孟武：《中国社会政治史》（隋唐五代卷），三联书店，2019，第 139 页。
② 瞿林东、李鸿宾、李珍：《历史文化认同与中国统一多民族国家》第二卷，河北人民出版社，2013，第 200 页。
③ 〔美〕斯塔夫里阿诺斯：《全球通史：从史前史到 21 世纪》（第 7 版修订版）（上册），吴象婴、梁赤民、董书慧、王昶译，吴象婴审校，北京大学出版社，2006，第 254 页。

群来说，首都长安简直是一座不设防的城市，各种人群都可以进入其中，甚至成为统治阶层中的一员。"4 世纪之后，统治全部或部分黄河流域的王朝都为外族所建。中国本土之外的北方世界与国内政治秩序开始有了千丝万缕的难分难解的联系，最重要的是很多军人与统治者出身于此。"①

可以说，唐朝的大开放从外到内呈敞开的格局。这便是大唐的气象！一个不将自我封闭在长城之内而具有广阔天下视野和胸襟的大唐！唐诗就是最好的表征。"在自秦汉以来的超过两千年的王朝史之中，隋唐给人的突出印象正在于其乃是中国历史上对外门户最为开放的一个时代。"②

唐朝的大开放在于积极进取。尽管秦皇汉武也非常有作为，但其视野未能超越长城。经过东汉之后近 400 年的大分裂和大动乱而建立起来的唐朝，以一种超越长城地域限制的全新面貌展示出自己的风采。经历了数百年的汉胡融合，唐朝的开国者开拓而不是保守，开放而不是封闭。无边无际的草原给予游牧人无限的想象力，他们不会用长城之类的建筑将自己限定在一定的空间之内。他们不断地开拓自己的空间，将更为广泛的地域和更多的人口包容在自己的庇护之下。他们超越过往的族群界限，以平等包容的胸襟迎接各种人等。即位伊始的唐太宗说："王者视四海如一家，封域之内，皆朕赤子。"627 年，他说："朕以天下为家。"644 年，他又说："夷狄亦人耳，其情与中夏不殊。人主患德泽不加，不必猜忌异类。盖德泽洽，则四夷可使如一家；猜忌多，则骨肉不免为雠敌。"（《资治通鉴》卷一百九十七唐太宗贞观十八年）后再说："自古皆贵中华，贱夷、狄，朕独爱之如一，故其种落皆依朕如父母。"（《资治通鉴》卷一百九十八唐太宗贞观二十一年）这是何等的气魄和胸怀！

---

① 〔美〕陆威仪：《世界性的帝国：唐朝》，张晓东、冯世明译，中信出版社，2016，第 23~24 页。
② 〔日〕气贺泽保规：《绚烂的世界帝国：隋唐时代》，石晓军译，广西师范大学出版社，2014，中文版自序第 ii 页。

唐朝的大开放在于制度支撑。秦汉王朝是在漫长的历史中生成的，并形成了一整套制度体系，从而保持了国家的持续运转。只是在相当长的时间里，规范国家整体与部分之间关系的制度尚限于长城之内的汉民族，直至汉武帝之后，因为西域的打通和匈奴的内附，才有了整合不同族群的制度安排。但这一制度安排还只是限于某一个点和局部领域。只是到了唐朝，随着地域的大扩展，更大的地域和更多的族群进入国家整体结构之中，才有了国家整体与非汉族地方之间的制度安排。这一制度安排的原则是"羁縻"和"册封"，即承认非汉民族在向中央政府表示服从的基础上有相当的自主性，中央政府并不直接干预其内部事务。"唐朝当局采取了承认各族首领及其属下部族民的统属关系的同时，在形式上任命部族首领为都督、刺史、县令等职的做法。一方面将各个部族纳入唐朝的统治体制之下，一方面又允许其固有的习俗以及自治，同时在其上面设置都护府这样的机构，以实施从军事方面进行牵制的间接统治。"[1] "他们通常不采用'齐民编户'的管理方式，也不需缴纳同样的赋税或服劳役。"[2] 这就是根据不同的民族性，实行不同的国家化方式。在国家一体化过程中，承认而不是简单消灭民族性。随着疆域的开拓，唐朝在全国的东南西北周边设立了都护府之类的地方性机构，其羁縻州的数量更是远远多于一般的州。"册封"相对"羁縻"来讲，中央控制力更弱，但在形式上地方民族臣服于中央王朝，民族地方属于国家整体的一部分。"唐代初年，这些边域民族的社会基本组织形式，大多仍处于以血缘关系为纽带组成的氏族为基础的部落阶段，正是在这迁附的过程中，原来以血缘为纽带组成的部落，逐渐为地域关系的羁縻府州所取代。"[3] 这意味着，地域关系居于主导地位。人们与以地域为基础的国家之间的联系高于人们与其所在

---

[1] 〔日〕气贺泽保规：《绚烂的世界帝国：隋唐时代》，石晓军译，广西师范大学出版社，2014，第345页。

[2] 〔美〕陆威仪：《世界性的帝国：唐朝》，张晓东、冯世明译，中信出版社，2016，第25页。

[3] 向燕南、罗炳良、王东平：《历史文化认同与中国统一多民族国家》第三卷，河北人民出版社，2013，第4页。

的族群之间的联系。

唐朝的大开放在于强大国力。秦汉王朝抗击强悍匈奴，直至南附北遁，在于国家能够提供源源不断的人力、财力和物力。但是，秦汉主要依靠黄河流域，不得不以长城为界，在于国力有限。而以长城为界，使长城以南得以长期处于和平安宁的环境之中，经济得到很快的发展。大运河成为唐朝的象征，这就使帝制国家有了更为广大和坚实的基本经济区，能够为帝制国家的大扩展提供更为丰厚的人力、财力和物力。不仅如此，伴随着疆域的大扩展，对外交流广泛频繁，异国他乡的物品和人才纷至沓来。正如王勃在《滕王阁序》中所说："物华天宝，龙光射牛斗之墟；人杰地灵，徐孺下陈蕃之榻。""唐人"成为具有世界性的强大符号！

唐朝的大开放在于高度文明。经过长期的历史积累，唐朝的文明达到了前所未有的高度。"唐代的中国文化已经发展到昌盛成熟的阶段，任何外域文化传入中国，都没有可能消融唐文化，而只能作为一种新养料注入唐文化的整体内。"① 更重要的是，自秦汉之后，华夏文明不再是封闭在长城之内的文明，而是在与其他文明相互交流中形成的一种全新的文明形态。这种文明既继承了华夏文明的精粹，同时也吸取其他文明的长处。由此使唐朝的文明与那些长期处于孤立状态的民族相比，表现出难以企及的文明高度。这种高度文明使唐朝充满自信。唐人相信，凭借高度文明可以包容、吸引、同化那些文明程度比较低的民族。和亲政策便是这一文明自信的产物。与汉朝相比，隋唐时期和亲政策成为对外交往的重要国策。这一政策成为政治和文明的重要载体。对非汉族首领的和亲，加强了民族地方与中央王朝之间的联系。除了政治上的"羁縻"和"册封"这一君臣关系外，还有血缘性的舅甥关系。通过和亲，将汉民族的文化带入其他民族地区，可以增进民族间的了解，强化对其他民族的凝聚力。通过文化认同，实现真正的"亲如一家"。

---

① 范文澜：《中国通史》第四册，人民出版社，2015，第398页。

唐人的诗具有大开大合的特点，象征了国家的强盛。但是，国家演化和国家治理不可能像唐诗一般大开而大合。

国家规模越大，异质性越强，整合就越困难，这是普遍规律。秦汉王朝以长城为界，建立的是一个大同小异的国家，农业民族是其基本特征。唐朝不修长城，在地域的大扩展中推动族群的大联结，建立的是一个大同而又大异的国家。大唐的东边疆域延伸到海洋世界，西边已触及阿拉伯地区，北边已达大漠深处。在这一辽阔的疆域中居住和生活着各种各样的族群。他们之间语言不通，习俗不一，组织不同。更重要的是，他们过往虽然有很大差别，但各自分散孤立地生活在自己的地域里，没有交往，也就没有冲突。如今，地域的连接使不同族群的人们交往增多了，他们在交往中有了自我意识，有了民族性的建构，也会因为民族性的差异而产生冲突。要将这样一个高度异质性的族群社会整合为一体，对唐朝来讲，却是严峻的挑战！

这是因为与传统的王朝一样，唐朝的国家整体的形成是建立在军事征服和政治威慑基础上的。构成大唐国家整体的各个部分不是自愿联合的，同时也没有将各个部分有机联系在一起的坚实纽带。它缺乏现代国家那样的社会相互联系相互依赖且不可分割并具有强大统一性的基础。国家整体的形成是依靠强大的统治者和强盛的国家维系的。而这一纽带却难以持续维系。

大开放是强者的逻辑，但强者恒强难。国家化的前提是国家统治主体。任何一个国家的整合都依靠国家统治主体的推动。越是超大国家，越需要强有力的政治领袖的主导作用。帝制国家政治的软肋是难以源源不断地再生产出强势的最高统治者。秦皇汉武如此，唐太宗也是如此。李世民之后再无李世民。更重要的是李世民之后的唐朝最高统治权力一直处于不稳定状态。这种不稳定状态对于一个小国来讲，可能不是致命的，但对于一个大开放的异质性的超大国家，则具有致命性。李世民"被草原与中原都接纳为统治者。然而他的后继者们却无法采取他的政策，而不得不重新回复到汉朝所独有的对草原的防御战略上来"①。

大开放是强制度的逻辑，但强制度恒强难。唐朝建立起了国家整体与民族地方之间关系的基本制度，但是制度化程度还不高。国家的力量还停留在表层，尚没有直接深入非汉族地区的内部。在非汉族族群，人们更多地认同其族群而不是大唐。特别是面临国家整合，民族性会顽强地表现自己。"羁縻"的松紧张弛到什么程度和范围尚没有一个规范性的制度体系作为支持，未能制度化。其人为因素太强。维系大唐族群联结的主要是强人，而不是强制度。非汉族群体进入大唐的疆域之内，要完全认同还需要一个漫长的过程，这期间甚至会反叛和背离。尽管随着都护府一类的地方制度的建立，人们与以地域为基础的国家之间的联系高于人们与其所在的族群之间的联系，但并不始终强于人们与原生的族群之间的联系。原生的族群仍然是人们的基本依靠和归属。这就注定了非汉族群体要与唐朝结合为一个整体充满曲折。"羁縻的意思，就是来去任便。羁縻州的来去，对唐朝廷利害不大，但国力的盛衰，却由此体现出来。唐前期羁縻州先后来归，唐中期以后，以剑南、岭南等道还保留一部分，其余都被强国夺去或自动离去，来是盛世，去是衰世。"②

大开放是强国的逻辑，但强国恒强难。帝制国家疆域的大扩展和族群的大联结，是以帝制国家的经济实力为基础的。对帝制国家力量来说，最大的敌人是空间距离和交通。古罗马帝国的疆域尽管跨越大海，但只是在地中海周边，并有航运的便利。特别是罗马帝国通过军事征服将大量富庶的地方变为殖民地，使之成为财富之源。即使如此，罗马帝国仍然无法克服超长距离这个最大的敌人。对于大唐，就更难了。唐朝大扩展的地方，要么有无尽的荒漠，要么有汹涌的大海，要么有寒冷的草原，要么有连空气都稀薄的高原。没有便利的交通，甚至连维持生命的水源都缺乏。要将这样的疆域上的众多异质性族群长

①　〔美〕巴菲尔德：《危险的边疆：游牧帝国与中国》，袁剑译，江苏人民出版社，2011，第166页。

②　范文澜：《中国通史》第三册，人民出版社，2015，第380页。

期联结起来，需要支付的成本太大了。"羁縻"的力度要合适，更要"有料"。大运河可以运输，但范围有限，更重要的是大运河并不生产财富。而生产财富的人却要服兵役、纳赋税，负担日益沉重，最终使国力衰退。而国力衰退之日，便是族群大联结松弛之时。国家化不是无所不能的，它要受到其条件和能力的限制。

大开放是强文明的逻辑，但强文明恒强难。文明的接受是一个过程，更是一种认同的过程。这种认同受制于接受者的意识。对于非汉民族来讲，接受唐朝文明是为了自己的强大。但在这一接受过程中，非汉民族也会时刻保持自己的民族主体性，并会努力建构能够确立本民族主体性的文明。"周边诸民族一方面要与隋唐这样一个具有强大的国力及高度的文化，而且有着深不可测的巨大包容力的王朝做邻居打交道，同时一方面又要顽强地努力避免使自己完全卷入其体制之中。"①与此同时，在不同民族的交往，特别是激烈碰撞中，也暴露出唐朝的众多软肋。作为唐朝首都的长安城多次陷入非汉民族之手，不得不求助于其他民族。这大大弱化了唐朝文明的吸引力和凝聚力。由此也大大削弱了和亲政策的亲和力。越是到唐朝后期，和亲越多的是一种被迫性的权宜之计，直至这一政策完全停止。

对于超大规模的国家，皇权中央作为枢纽是关键，中央控制民族地方的制度是条件，中央能够控制的国家实力是基础，中央能够影响地方的文明是保障。当这四大要素处于匮乏状态时，矛盾和冲突便发生了。而矛盾和冲突首先起源于国家统治的最薄弱环节——处于国家边缘地带的非主体族群。这一矛盾和冲突一直伴随着唐朝的进程。其最后的结果是大唐从起初超越长城的大扩展又重新回到长城边。

## 二　时分时合的突厥与唐朝

正如土地一样，无边无际的草原也给人们提供了生存之源。一个

---

① 〔日〕气贺泽保规：《绚烂的世界帝国：隋唐时代》，石晓军译，广西师范大学出版社，2014，第 347 页。

民族消失或迁徙了，另一个民族又会在这里生长和繁衍。突厥便是与长城相邻的大草原上的新主人。

突厥是历史上活跃在蒙古高原和中亚地区的民族集团的统称，也是中国西北与北方草原地区继匈奴、鲜卑、柔然以来又一个重要的游牧民族。突厥人"贱老贵壮""重兵死，耻病终"（《北史·突厥传》），"是一个以狼为图腾的游牧部落"①。与其他游牧民族一样，突厥也是以部落为基本单位的。突厥人于公元5世纪中期归附柔然，是柔然的炼铁奴。552年突厥击败柔然，以漠北为中心在鄂尔浑河流域建立突厥军事游牧政权。最盛时疆域东至辽海（辽河上游），西濒里海，北至北海（今贝加尔湖），南临阿姆河南。突厥以"可汗"为最高首领，子弟称"特勤"，将领称"设"。分辖地为"突利"（东部）、"达头"（西部）。可汗廷帐在东、西两部之间鄂尔浑河上游一带。税法规定对普通牧民、黑民（战争中归附者）"征发兵马、科税杂畜"（《北史·突厥传》）。公元5世纪始创制突厥文，也叫鄂尔浑-叶尼塞文，是古代北方民族最古老的文字。

与匈奴等游牧民族相比，突厥的疆域更为辽阔，疆域内的部落更多，分化分离性更强，要将众多部落整合为一个更大的统一民族和国家更难。

突厥是一个由各个部落组合而成的帝制联盟。"帝国的最高层是可汗，但跟匈奴的单于不一样的是，可汗并不总是独一无二的。高级的可汗有时候会任命次级的可汗统治帝国的部分地区。"② 组成帝国的基本单位是部落。部落与部落之间有着相当大的距离，相互之间的联系松散，经常处于流动之中。越是版图辽阔的帝国，越是难以形成高度统一集中的权威。"突厥帝国并不像匈奴那样集权。大可汗所任命的小

---

① 翁独健主编《中国民族关系史纲要》（上），中国社会科学出版社，2005，第280页。
② 〔美〕巴菲尔德：《危险的边疆：游牧帝国与中国》，袁剑译，江苏人民出版社，2011，第168页。

可汗经常在国中自成一派，从而削弱了大可汗的权威。"① 自成一派的小可汗的存在也孕育着帝国分裂的因子。"突厥与匈奴不同，匈奴盘踞北荒，垂千余年，蕃息孳蔓，控弦之士百万，其领内民众大率属于同一种族，故能保持统一，与中原抗衡。突厥为平凉杂胡，魏太武帝时迁于金山，其众不过五百家，休养生聚，族众渐庶。""突厥领土虽大，而种族复杂，其强不及匈奴。"② "与匈奴相比，突厥更容易陷入内战。这是因为有大批潜在的继承人，而他们除了诉诸武力，否则无法消除旁系的继位要求。"③

在突厥尚未形成一个统一的民族和国家时，其部落更多的是孤立分散地生活，与外部世界缺乏交往。突厥汗国建立后，力量强大了，并以整体的力量与外部世界交往，作为南方邻居的唐朝自然是最好的交往对象，只是这种交往更多的是以军事战争的方式。军事力量对于游牧民族来讲，既是生存之基，又是生活之源。

分与合贯穿突厥与汉民族的交往进程、各自力量的对比及效果中。突厥的崛起正值中国大分裂和大分治的后期。"四夷侵，中国微，而突厥最强，控弦者号百万。"（《新唐书·突厥传》）分立的西魏和东魏均慑于新兴突厥汗国强大的军事实力，为了消灭对方，都采取向突厥纳贡、和亲的政策，以换取突厥的支持和中立。突厥则借机以和平或战争手段，获得大量经济利益。随着突厥一分为二，隋朝则统一了中国，双方力量发生了变化，处于相对均衡状态。只是在隋之后，中原又经历了一段时间的动乱，直至唐朝的出现。

唐朝建立不久，便发生了宫廷事变，李世民登上皇位。突厥军队直逼长安，李世民政权危在旦夕。但李世民是从长期战争中成长起来的，且一向身先士卒，背后又有强大的军事集团的支持，且是在自己

---

① 〔美〕巴菲尔德：《危险的边疆：游牧帝国与中国》，袁剑译，江苏人民出版社，2011，第 168 页。
② 萨孟武：《中国社会政治史》（隋唐五代卷），三联书店，2019，第 131、132 页。
③ 〔美〕巴菲尔德：《危险的边疆：游牧帝国与中国》，袁剑译，江苏人民出版社，2011，第 175 页。

的首都。李世民直接与突厥军队对阵，以强对强。这一阵势是突厥人所没有预料到的。在游牧民族的历史记忆中，汉人皇帝极少亲临战场。在恶劣的生存环境下，培养出游牧民族弱肉强食的思维。突厥人被李世民以强对强的气势所慑服，自行退去。李世民化被动为主动，唐朝军队分道出击突厥，并大破突厥军，后东突厥灭亡，其部落归附于唐朝。"突厥利在掳掠，专靠防守是不能阻止掳掠的，唐太宗决心灭突厥国，这确是唯一可行的自卫法。"① "突厥是北方大国，突厥被灭，唐在边境外诸族中建立起无上的声威，四方诸族纷纷来降附。六三〇年，四方君长到宫门前请唐太宗称天可汗。此后唐朝皇帝对西北诸族用天可汗名义行施号令。"② 为了有效治理归附的突厥，唐朝在突厥地域设立都护府，作为唐朝中央管辖的民族地方政权，"突厥尽为封疆臣矣"（《新唐书·突厥传》）。"其大者为都督府，以其首领为都督、刺史，皆得世袭。虽贡赋版籍，多不上户部，然声教所暨，皆边州都督、都护所领，著于令式。"（《新唐书·地理志七》） 在都护府体制管辖之下的突厥，成为唐朝整体中的一部分。

但是，突厥与大唐合为一体是不稳定的。首先，突厥人尊唐太宗为天可汗，是对具有超凡魅力的强者的敬畏。突厥与大唐的联系极具个人性。而个人性的联系是不可持续的。李世民之后再也未见有亲临战场、身先士卒的皇帝。"尤为重要的是，他了解游牧力量之间个人领导权的重要性，这是大多数汉人皇帝都不具备的观点，这些皇帝都躲在深宫大院之内，眼光狭小。"③ 其次，都护府是一种军事行政机构，依靠的是强大的军事力量的慑服。这种慑服力量时大时小，不具有稳定性。最后，也是更重要的是，突厥的社会结构和领导体制并没有发生实质性变化。突厥诸部虽为唐朝的封疆之臣，但凭借诸部的力量随时可以脱离唐朝整体，甚至成为唐朝的反叛者。

---

① 范文澜：《中国通史》第三册，人民出版社，2015，第 343 页。
② 范文澜：《中国通史》第三册，人民出版社，2015，第 347 页。
③ 〔美〕巴菲尔德：《危险的边疆：游牧帝国与中国》，袁剑译，江苏人民出版社，2011，第 181 页。

突厥一分为二成东西突厥后，西突厥不断再分，并与大唐互动。唐太宗逝世以后，唐瑶池都督阿史那贺鲁招集离散的西突厥部落后势力逐渐强大，并乘机反叛。西突厥由此成为与大唐互动的主要力量。

尽管李世民这一超凡魅力的皇帝不再存在，但唐朝作为一个组织化的政权体系，积累了诸多与突厥人互动的经验。大唐以强大的军事力量进行征讨，西突厥国亡，不再具有将各个部落联合起来的国家力量。与此同时，唐朝充分利用突厥人部落社会分散性的特点，在征服的地域广泛设立都督府，对突厥部落分而治之，通过纵向的控制力量，使之难以自动聚合为挑战唐朝的强大力量。这一方略深刻反映了汉代以来的"以夷制夷"的理念。"夷狄相攻，中国之福。"（《新唐书·陈子昂传》）"突厥虽云一国，然其种类区分，各有酋帅。今宜因其离散，各即本部署为君长，不相臣属，……国分则弱而易制，势敌则难相吞灭，各自保全，必不能抗衡中国。"① 通过分散部落，弱化其民族整体性，使之难以挑战唐朝。

为了加强国家政权对突厥的治理，唐朝还设立了多级治理体系，推动多层次的国家化，在都督府之上设立大都护府。原来西突厥强盛时期的统治区域基本归入唐的统治。"在长达半个世纪的唐朝羁縻统治之下，唐朝的影响无孔不入地渗透到了突厥社会的各个角落。"② 与此同时，作为突厥各部首领的可汗为唐朝中央所封，从而建立起中央与民族地方的领导与被领导的关系。"突厥人成为唐朝管理之下的一个组成部分，他们为唐朝谋取利益以表对朝廷的效忠。"③ 效忠唐朝说明唐朝的整合产生了相当的效力。

随着都督府和大都护府体制的建立，突厥的力量分散于唐朝的地方治理体系中，其成员成为唐朝的臣民。作为唐朝的臣民，理所当然

① 转引自程妮娜等《中国历代边疆治理研究》，经济科学出版社，2017，第66页。
② 〔日〕气贺泽保规：《绚烂的世界帝国：隋唐时代》，石晓军译，广西师范大学出版社，2014，第360页。
③ 〔美〕巴菲尔德：《危险的边疆：游牧帝国与中国》，袁剑译，江苏人民出版社，2011，第185页。

要为唐朝尽义务。特别是突厥人的军事能力强，经常被唐朝征调参加战争，从而引起突厥人的不满。679 年冬十月，单于大都护府下属突厥酋长阿史德温傅、奉职率所辖二部反唐，立阿史那泥熟匐为可汗，并获得二十四州突厥酋长响应，部众共达数十万人。之后，突厥与唐朝的关系表现为时降时叛的状态。叛时造成突厥地方与国家整体的分离，降时则是突厥与国家整体的结合。当唐朝国力强盛，皇权中央稳固时，突厥主动和好的多；当唐朝国力衰退，皇权中央不稳时，突厥反叛的多。反之，当突厥内部团结力量强大时，唐朝更多的是和好；当突厥内部分裂力量强大时，唐朝更多的是强硬。这说明，在国家化与民族性的互动中，国家也不可以任意而为，不可对整合对象简单地采用强制性利用的方式，否则民族性会重新凸显，并与国家政权互动。

突厥与大唐处于长期博弈之中。突厥难以轻易臣服，唐朝也难以实施有效统治和整合。但唐朝毕竟有稳定的制度体系和国家实力，最后通过联合回纥的力量，使突厥作为一个民族整体而消失，一部分融入回纥，一部分融入唐朝。

总体来看，唐朝对于突厥的国家整合是以强对强，分而治之，招降纳叛，联为一体。

## 三　利来利往的回纥与唐朝

回纥（后改称为回鹘）是生活在中国西北边的游牧民族。回纥是由多个部落联合而成的部落联盟，曾经属于突厥汗国的组成部分，但具有很强的独立性。"其人骁强，初无酋长，逐水草转徙，善骑射，喜盗钞，臣于突厥，突厥资其财力雄北荒。"（《新唐书·回鹘传》）

自匈奴之后，北方草原游牧民族不再具有匈奴那样的高度统一性。回纥先后有内九族和外九部，总体也叫九姓回纥。"这个联盟以回纥为首，参加的诸部逐渐融合为一个回纥族。"[①] 尽管游牧民族有其一致性

---

① 范文澜：《中国通史》第四册，人民出版社，2015，第 68 页。

和共同性，但是其部落基础决定了各个部落和部落联盟之间也存在因水源、草场等资源争夺引起的矛盾和冲突，甚至会造成军事战争。当这种矛盾和冲突不能在草原游牧民族内部加以控制时，外部因素便成为草原部落为获得更大生存空间的重要力量，由此也促使草原部落与外部的联结。南方的农业中国则是重要的外部性力量。

在游牧民族中，回纥与唐朝的交往互动频繁，更多的是基于共同利益的相互依赖关系。唐贞观二十年（646 年）回纥配合唐军攻灭了薛延陀游牧政权，其首领吐迷度自称可汗，建立了回纥汗国，并遣使告唐："延陀不事大国，以自取亡，其下麚骇鸟散，不知所之。今各有分地，愿归命天子，请置唐官。"（《新唐书·回鹘传》）唐太宗受其所请，亲至灵武会见使者，接受回纥的归附，使之成为大唐的组成部分。回纥因此得以"事大国"。

回纥与大唐的联结有体制加以支撑，充分体现了国家整体内的中央王朝与边疆羁縻府州的关系。回纥归唐后，唐朝即在回纥的住地置瀚海都督府，封回纥首领吐迷度为瀚海都督府的都督，府置都督，州置刺史，府州皆置长史，由回纥本民族的首领来担任。"以唐官官之，凡数千人。"（《新唐书·回鹘传》）唐朝又根据回纥所请，在回纥以南、突厥以北开辟了一条大驿道，名"参天至尊道"，沿途分设驿站，供应来往使臣和官员。每岁回纥各部贡貂皮，以充租赋。

从回纥的首领到各级官员，一直到贡赋，都反映了回纥与大唐的深度制度化联结。只是这种联结与中原王朝的中央与地方的关系有所不同，是新型的地域—民族关系的体现。回纥的首领到各级官员都具有双重身份。一方面，他们是唐朝属下的"唐官"；另一方面，他们又保留着原生的可汗等游牧民族首领的身份。作为"唐官"，他们要听从唐朝中央的调遣，要接受唐朝中央的任免和奖惩；作为唐朝所属的地域，他们要提供贡赋。这体现了回纥的国家化。与此同时，回纥首领又享受着很大的自主权，其内部事务主要由他们自己处理。而且，他们还享受一些特殊的待遇，可以贡貂皮，以充租赋。这一体制体现了地域关系居于主导地位，无论是回纥，还是内地民族，都属于国家整体的一部分，都要接受中央的节制。而回纥作为一个刚归附的民族，又具有内地民族地方所没有的相当大的自主性，从而形成民族之间的关系。对于内地民族来讲，地域关系早已是主导关系。而对于刚归附的非汉族来讲，地域关系更多的还只是形式上的。回纥成员更多的是与本民族的首领而不是国家政权发生联系，处理财产和个人问题，其国家化程度不高。地域关系能否一直居于主导地位，取决于"羁縻"的掌控。掌控的主导权毫无疑问在唐朝中央，但是掌控对象有相当大的自主性。中央权威只能限于民族共同体之外。特别是对于游牧民族而言，军事与生产融为一体。其军事力量是唐朝中央无法直接统辖的。这也是传统中国始终难以约束游牧民族的重要原因所在。由此决定了回纥与唐朝中央之间有配合也有冲突。从总体上看，回纥与中央更多的是配合，而不是冲突，其重要原因是有共同的利益基础。

回纥得以从一个部落联盟独立建立汗国，得到了唐朝的支持。"在回纥方面，接受册封也是有利的，因为在经济和文化的联系上，不能不先有政治上的联系；其次是各部落的联合并不稳固，唐加册封，可以显出回纥高于其他各部的地位；再其次是防突厥可能的复起，需要有唐的援助。"[1] 回纥没有像其他游牧民族一样在建立政权后对中原农业进行骚扰与掠夺。唐朝攻灭薛延陀游牧政权也得益于回纥的配合。之后，唐朝遭遇军事和政治危机时经常得到回纥的支持，回纥甚至助唐朝解决了首都陷落的重大危机。回纥先后三次派大军助唐平叛，收复长安、洛阳、河北等地，对唐有社稷再造之功。作为回报，唐朝中央除大加赏赐外，还规定以唐绢买回纥马，开始了双方长期进行的绢马贸易。双方和亲持续了很长时间。756年，葛勒可汗把自己的女儿嫁于唐朝敦煌王。此后的数十年里唐朝先后有6位公主和亲回纥，即宁国公主、小宁国公主、崇徽公主、咸安公主、寿安公主、太和公主。这与匈奴单向的和亲完全不同。回纥在与唐朝的配合中也迅速壮大和发展，成为北方最强盛的民族政权。

---

① 范文澜：《中国通史》第四册，人民出版社，2015，第72~73页。

　　回纥与大唐的联结，有深厚的共同利益，因为利益而往来。频繁的往来又造成进一步的联系和相互影响。"回纥人证明远不是那种惹是生非的邻邦，他们甚至在唐发生危机时愿意提供雇佣军援助。一般地说他们对经商更感兴趣。"①

　　利益关系是以利益主体为基础的。回纥与唐朝的联结不仅有政治利益，更重要的是有经济利益。"回纥所欲者不是土地，而是货财。战时劫掠，平时则用互市之法，以其所产的马，易唐所产的缯。"② 在游牧民族中，回纥具有军事商业游牧民族的特点，其商业性突出。"他们善于经商，有利分毫必争，利之所在，无所不到。"③ 回纥活跃的时期，正是西域通道的打通，将亚洲和欧洲两个最为富饶的大陆板块从地理上联为一体，商业贸易活动日益频繁的时期。而回纥正处于号称"丝绸之路"的中间地带。"丝绸之路"是一条充满艰险的道路。正因为如此，道路两端之间的货物价格差别巨大。中国的丝绸价格与欧洲相差数十倍之多。这也决定了其中的利润也巨大。谁掌握了这条道路，谁就可以获得巨大利益。回纥的地理位置及其机动性的军事力量使它独占优势。回纥将相当一部分唐绢转运到中亚出售。通过商业贸易，它获得了巨大好处，并培养出交换的利益思维。"这是植株上的花朵，而这一植株的根在长安。"④ 唐朝对回纥的整合，充分注意到了回纥图利的民族性。

　　利益关系并不是利益主体之间的均衡关系，也不是简单的平等交换关系。利益关系决定了利益主体的自我性和扩展性，从而导致利益的不均衡。这种不均衡是以实力为基础的。回纥尽管有商业民族的特征，但原生的军事游牧仍然是其基本的民族底色。军事游牧民族讲究的是强势，以实力为基础，也以实力为交换的筹码。这种民族性不会

---

① 〔英〕崔瑞德编《剑桥中国隋唐史》，中国社会科学院历史研究所西方汉学研究课题组译，中国社会科学出版社，1990，第34页。

② 萨孟武：《中国社会政治史》（隋唐五代卷），三联书店，2019，第233页。

③ 范文澜：《中国通史》第四册，人民出版社，2015，第90页。

④ 〔美〕巴菲尔德：《危险的边疆：游牧帝国与中国》，袁剑译，江苏人民出版社，2011，第201页。

因为回纥归附唐朝而失去，反而成为保持其独立性地位的资本。正因为如此，回纥尽管参与了对唐朝危机的解除，但总是要求有很高的利益回报。这种回报率取决于唐朝危机的程度。在解除因安史之乱造成的首都失陷的危机时，唐肃宗急于收复，表示："克城之日，土地、士庶归唐，金帛、子女皆归回纥。"后回纥公开大肆抢掠洛阳都城。在回纥与内地的贸易中，他们竟然以次马充好，强买强卖，造成唐朝欠下大笔债务。"回纥有助收西京功，代宗厚遇之，与中国婚姻，岁送马十万匹，酬以缣帛百余万匹，而中国财力屈竭，岁负马价。"（《新唐书·食货志一》）回纥进入内地也恣意妄为，横行无法。双方和亲越来越不对等，甚至于"忍耻和亲"（《旧唐书·回纥传》）。"如果下嫁的公主是皇帝的亲生女儿的话，唐朝就更要准备与其身份相应的更多的巨额陪嫁。而回鹘之所以要求真公主，正是冲着这些巨额陪嫁而来的。"① "超过千人的回鹘将士及商人们住在长安城里，不仅他们的衣食住行均由唐鸿胪寺负担，而且这些回鹘人还在长安街头及市场耀武扬威，惹是生非。"② "九姓胡依靠回纥之势，其在中原经商，难免明劫暗掠，所以殖产甚厚。"③ 这对于汉民族地方是不可想象的，而这完全建立在中央统治危机和回纥实力强大的基础之上。在被"羁縻"的对象强大，而"羁縻"者缺乏足够的能力时，被羁縻者就可能突破"羁縻"，因利而去。

当然，回纥最终也未能成为大唐的强有力的反叛者。一则实力有限，二则唐朝的存在对其掌控商业贸易活动有好处，它只需要与一个政府打交道便可以了。"中原内乱与外族入侵将会推翻中原王朝，新的集团将会获取权力，而这些人不大会愿意安抚游牧力量。基于这种原

① 〔日〕气贺泽保规：《绚烂的世界帝国：隋唐时代》，石晓军译，广西师范大学出版社，2014，第352页。
② 〔日〕气贺泽保规：《绚烂的世界帝国：隋唐时代》，石晓军译，广西师范大学出版社，2014，第361页。
③ 萨孟武：《中国社会政治史》（隋唐五代卷），三联书店，2019，第235页。

因，回纥对于保护唐朝有着既定的利益。"①

意想不到的巨大利益也会产生意想不到的结果。回纥在与唐朝的交往中获得了巨大利益，使它由一个完全的游牧民族向商业、定居和城市转变。"仅仅用百年时间，回鹘就从一个游牧骑马的民族转变为了商业、定居民族，这是世界历史上罕见的现象。"② 这种转变是自然而然的，但往往又是致命的。"回纥的财富过多，因为无法建立一个永久的设防都城，这就意味着回纥必须时时刻刻去保卫这些财富，而大量的敌对者正试图占据这些财富。"③ 同时。财富会腐蚀人的群体性，使部落般的团结失去为生存而斗争的坚固基础，从而大大弱化其原生的军事实力。"氏族制度同货币经济绝对不能相容。"④ 这在于货币经济具有交换的特性，会催生人的自我意识，分离彼此。特别是大量的财富是通过军事团体力量获得却按照等级制分配，从而激发共同体成员的不公平感，弱化其凝聚力。人们希望获得更大权力以获得更多财富。回纥汗国后期，内乱不断，统治者互相攻击。"六十年里，可汗换了十人，每人在位年数平均是六年，政权的不稳定性非常明显。"⑤ 由于饥疫连年，回纥南下挑战大唐，但结果遭遇惨败。作为一个民族整体，回纥不复存在。

利是回纥民族性的典型表现。为了争取利，回纥强大；又因为分配利，回纥弱化，重新回归到统一民族前的分散状态，也失去了与唐朝互动的能力。只是由于唐朝的衰败，唐朝也缺乏将回归到分散的部落状态的回纥人整合到国家体系中的能力。

① 〔美〕巴菲尔德：《危险的边疆：游牧帝国与中国》，袁剑译，江苏人民出版社，2011，第191~192页。
② 〔日〕气贺泽保规：《绚烂的世界帝国：隋唐时代》，石晓军译，广西师范大学出版社，2014，第364页。
③ 〔美〕巴菲尔德：《危险的边疆：游牧帝国与中国》，袁剑译，江苏人民出版社，2011，第203页。
④ 《马克思恩格斯选集》第4卷，人民出版社，2012，第125页。
⑤ 范文澜：《中国通史》第四册，人民出版社，2015，第79页。

# 四 忽高忽低的吐蕃与唐朝

吐蕃生活在海拔 4000 米以上的青藏高原。这一高原是世界海拔最高的高原，被称为"世界屋脊"。青藏高原南起喜马拉雅山脉南缘，北至昆仑山、阿尔金山和祁连山北缘，西部为帕米尔高原和喀喇昆仑山脉，东及东北部与秦岭山脉西段和黄土高原相接，总面积约 250 万平方千米。辽阔的高原上有多种地理形态，很早就有人类在这里生活，并形成以游牧为主的农牧经济。

唐朝建立时，正值吐蕃作为一个王朝崛起。吐蕃王朝是青藏高原上的第一个王朝。随着王朝政权的建立，吐蕃将原来散落在各个地方，互不联系的部落群体联结起来，形成一个相互联系的民族。"吐蕃王朝以其强有力的军事征服，首次将青藏高原地区原分散和互不统属的众多部落和部族在政治、军事上联系成一个整体，……奠定了藏族的根基。""藏族是分布于青藏高原地区的一个典型的高原地域民族。"①

统一的吐蕃王朝在地理上与大唐接壤。但两者在地势上存在很大落差，前者位于高原，后者位于平原。特别是作为大唐核心地带的首都及关中属于平原河谷。在吐蕃王朝建立之前，青藏高原上生活的族群不仅内部缺乏联系，与外部的联系更少。吐蕃王朝崛起后，一方面建立起内部联系，另一方面加强了外部性联系，最重要的联系对象便是东部相邻的大唐。这不仅在于青藏高原的地势是向中原倾斜的，更重要的是大唐的富足和文明。

吐蕃与大唐的联系状态正如地势一般，忽高忽低，反差极大。

吐蕃与大唐的友好关系达到了难以企及的高度。大唐对外交往的和亲政策在与吐蕃的交往中发挥着特别突出和重要的作用。吐蕃作为一个新生的民族和政权，需要向邻邦学习。特别是作为邻邦的大唐正处于中华文明的巅峰时期。吐蕃作为学习者真诚地向唐朝求亲。这与

---

① 石硕：《青藏高原的历史与文明》，中国藏学出版社，2007，第 20、18 页。

匈奴等其他民族带有强制性的和亲有很大区别。对于汉族来讲，过往
与地处高原的吐蕃民族联系甚少。到了唐朝时代，吐蕃民族以其整体
性的力量成为一个不可忽略的邻居。尽管这个邻居地处高原，但是与
大唐西部相接，特别是紧靠秦岭山脉西段和黄土高原的核心地带。在
面对众多来自东北与西域的邻居和挑战者的形势下，唐朝需要有一个
友好的西南邻居。因此，从唐朝初期开始，对吐蕃的和亲便成为基本
国策。唐朝先后将文成公主和金城公主嫁于吐蕃的首领。特别是文成
公主所嫁的是吐蕃的立国首领松赞干布，具有强烈的示范效应。唐朝
给两位公主的陪嫁也前所未有的丰厚，包括提供了初生政权所急需的
文化典章。"文成公主给吐蕃带去了中国的制度及文物，终止了吐蕃
以赤土涂面的习俗，她还通过把吐蕃有地位人物的子弟送去长安游学
等方法，致力于推动唐蕃之间的相互交流，使得唐蕃之间不再发生军
事冲突。"[1]"藏族人原来一直是游牧生活，没有定居定住的习惯。然
而为了迎接文成公主，吐蕃修筑了城池房屋，统治阶层之间开始流行
定居生活。"[2]金城公主委派使者向唐朝求要《毛诗》《礼记》《左
传》《文选》等汉文典籍。因此，吐蕃与唐朝的和亲伴随着大量的文
化交流。这在于两者都处于刚崛起且十分包容的状态。这种文化的广
泛交流，为吐蕃与大唐之间的友好关系提供了坚实的基础。从一定意
义上说，大唐对于吐蕃更多的是一种文化的影响力。这种影响力是民
族之间联结的重要纽带。这是与其他民族间的联系所不同之处。

　　作为相邻的民族，吐蕃与大唐不仅仅是友好关系。相比较位于中
原的大唐，吐蕃毕竟属于刚崛起的高原民族。其民族统一的基础不牢
固。大量的部族分散在雪域高原上，过去互不统属。吐蕃是依靠军事
征服获得民族统一性的，并要努力保持其独立的地位。其中的重要方
式一是在文化方面谋求独立的地位，通过宗教、文化建构起统一的民

---

[1]〔日〕气贺泽保规：《绚烂的世界帝国：隋唐时代》，石晓军译，广西师范大学出版
社，2014，第 354 页。

[2]〔日〕气贺泽保规：《绚烂的世界帝国：隋唐时代》，石晓军译，广西师范大学出版
社，2014，第 368 页。

族性；二是以征服战争获取更大利益，从而将分散的部落人群整合到王朝体系中来。这种战争势必会扩展到东方的唐朝，从而产生激烈的碰撞。

吐蕃与大唐之间友好的高度难以企及，激烈的碰撞又使两者的关系到达极度的低点。吐蕃军一度侵入大唐的首都长安。而大唐的军队也多次给予吐蕃军重创。这种长时间的碰撞造成了一种均衡。这就是吐蕃作为一个高原民族要长期占据平原地带，将会有许多难以克服的困难。至少对人最为重要的空气便是一大难题。这一难题对于中国北方游牧民族来讲不是一个重要的问题，而对于高原民族来讲，则具有致命性。"吐蕃人不习惯于低海拔地区生活。"① "吐蕃进行羌族的统一战争，在历史发展中是处顺势，因之阻力较少，很快建立起大吐蕃国。但是，战争进入唐本部境内以后，就显得能力与环境不能相适应，一直走失败的道路。"② 尽管大唐有着吐蕃难以企及的国力，但是同时面临着多个挑战者。对于平原民族来讲，进入高原更是面临着难以想象的困难。且吐蕃的中心地带距离唐朝的首都十分遥远，地形复杂，高寒难耐。正是这一基础性条件制约，使吐蕃和大唐在碰撞中达成了一种均衡，这就是多达八次的会盟，包括著名的"建中会盟"和"长庆会盟"。

会盟本是吐蕃内部聚集力量共同议事的合作方式。吐蕃和大唐的多次会盟，表明两者更多的是合作而不是冲突关系。

当然，这种合作不是固定不变的。随着双方力量的对比等因素，其总体合作中也有冲突。冲突的焦点便是对于双方过渡地带的争夺。

在吉登斯看来，"传统国家有边陲（包括次位聚落边陲）而无国界"。③ 而边陲则是双向的，因为没有国界的区别，边陲可以视为相关方都希望拥有的地方，也是相关方控制较薄弱的地方。尽管是边陲，

---

① 葛剑雄：《统一与分裂：中国历史的启示》，商务印书馆，2013，第97页。
② 范文澜：《中国通史》第四册，人民出版社，2015，第31页。
③ 〔英〕安东尼·吉登斯：《民族—国家与暴力》，胡宗泽、赵力涛译，三联书店，1998，第63页。

但对于双方都很重要。"青藏高原的北部比较平缓，高度、坡度的变化不大，存在着一个广阔的过渡地带，自然条件差异不大。在吐蕃与唐朝的较量中，吐蕃凭借有利的地形地势条件，很容易占据河西走廊，切断中原与西域的联系；占领陇东高原后就可以直接威胁唐朝的政治中心。"① 吐蕃控制了这一地带，可以直接进入大唐的核心地区，包括首都，同时可以控制西部贸易通道。而对于大唐来讲，这一地带自然也非常重要，一是可以防御吐蕃的进入，二是可以维护西部贸易。"唐时西域实和汉时西域一样，国家能够控制西域，一可以断绝吐蕃的财政来源，二可以威胁南羌，使其不敢与吐蕃连衡。"② 因此，在相当长的时间里，吐蕃与大唐的主要争夺点便在于边陲地带，直至双方共同确定了边界范围。这一边界从北到南，东西之间以自然地理分界，大致以雪域高原与平原河谷的地理落差地带为界线。"这条唐、蕃新界，基本上是南北走向，即北起贺兰山以北，沿贺兰山南行，经六盘山和今甘肃清水、成县，再西南至大渡河，东为大唐，西则吐蕃。"③ 而在这一地带，民族之间的交往更为密切。

吐蕃与大唐具有共生共存的特点。它们同时崛起，也同时因为内乱而衰败。"赞普统治下统一的吐蕃国，自达磨赞普被杀，国土分裂后，出现四个政权。……四系子孙又复分裂。"④ "其国亦自衰弱，族种分散，大者数千家，小者百十家，无复统一矣。"（《宋史·吐蕃传》）唐朝中期后日渐衰弱，直至五代十国的分裂。民族之间的关系进入另一个历史通道。

# 五 屡征屡战的高句丽与唐朝

中国的文明和国家的核心地区在黄河中下游。秦汉王朝主要是与

① 葛剑雄：《统一与分裂：中国历史的启示》，商务印书馆，2013，第96页。
② 萨孟武：《中国社会政治史》（隋唐五代卷），三联书店，2019，第229页。
③ 史念海主编《中国通史第六卷·中古时代·隋唐时期》（上册），上海人民出版社，2004，第302页。
④ 范文澜：《中国通史》第四册，人民出版社，2015，第43页。

西北方的游牧民族交往，对东北部的相邻地带交往较少，主要认为其属于辽东地带，"其远难守"（《史记·朝鲜列传》）。而这里，崛起了一个新的民族，这就是高句丽。

高句丽是公元前1世纪至7世纪时期生活在中国东北地区的一个古代民族。她是通过对该地区不同的族群进行整合而形成的。其人民主要是濊貊和扶余人，后又吸收一部分靺鞨人、古朝鲜遗民及三韩人。公元前37年，扶余人朱蒙在西汉玄菟郡高句丽县（今辽宁省新宾县境内）建国，故称高句丽。通过不断兼并周边地区，高句丽逐渐强大起来，极盛时的疆域，东部濒临日本海；南部控制了朝鲜半岛汉江流域；西北跨过辽水；北部到辉发河、西流松花江流域。

高句丽与中国核心地带接壤，并向中原各王朝称臣，受到过曹魏和慕容鲜卑政权的两次打击。自西晋灭亡，中国核心地带陷入大分裂时期，高句丽乘势不断扩大自己的疆域。隋朝建立后，高句丽向隋朝派出朝贡使节，接受隋朝"上开府仪同三司、辽东郡王、高丽王"的册封。册封也是一种地域—民族关系的反映。接受册封表示高句丽作为一个民族地方臣服于代表国家整体的隋朝，成为隋朝的一部分。但是，相对"羁縻"而言，册封更只是象征性的。中央王朝对于被册封的高句丽的管辖更少。是否臣服，完全取决于实力和相互之间的信任。"高句丽和隋接壤，随时可以感受到来自隋朝的压力，而这种有形无形的压力使高句丽敏锐地嗅出了隋朝打算将来直接统治高句丽的意图有关。"[1] 作为中央王朝，对于被册封的地方进行直接统治，也是符合其统治逻辑的。正是在这种不信任的关系中，隋朝启动了对高句丽的征讨。

隋王朝对高句丽的征讨在中国历史上是前所未有的。

东北地区的民族碰撞。过往的民族碰撞主要在西北方向，东北面相对比较平静。高句丽崛起后，将东北地域散落的族群联结为一个整

---

[1] 〔日〕气贺泽保规：《绚烂的世界帝国：隋唐时代》，石晓军译，广西师范大学出版社，2014，第58页。

体，形成了整体性力量，并不断扩展自己，才有了与中原地区的直接碰撞。

大规模不断扩大的征讨。秦汉王朝在与北方民族的碰撞中长期处于守势，汉武帝时反守为攻，但其进攻的兵力有一定的限度。而隋朝开启的对高句丽的征讨，规模空前且不断扩大，几乎达到全国参与的程度。

第一次因为征讨导致一个中原王朝的覆亡。经过汉武帝与北方匈奴的长期战争，结果是匈奴作为一个民族整体消失了。而对高句丽的征讨，却直接导致了隋朝的灭亡。强大的隋朝与秦朝一样成为短命王朝。

第一次由新王朝接续进行征讨。汉朝替代秦朝之后，经过数十年的休养生息，对北方匈奴的政策才由守转攻。隋朝皇帝曾经亲率大军东征。唐朝替代隋朝不久，李世民便亲率军队发动了对高句丽的征讨，并给予了致命的打击。即使如此，只是到了唐高宗时期，通过反复的军事打击，加之其他因素，高句丽政权才不复存在。高句丽贵族及大部分富户及数十万百姓被迁入中原各地，融入中国各民族中。

在相当长的时间里，北方匈奴是非常强悍的。但对高句丽的征讨，却使中原政权付出了远比对匈奴战争大得多的代价。"在当时来说，像这样激烈抵抗隋唐王朝的国家，除了高句丽之外再没有第二个。"[1] 这与高句丽的地域性和民族性相关。这种地域性和民族性是中原王朝过去很不熟悉的，因此难以作出合适的决策。

高句丽位于中国的东北部，地形多变，气候寒冷，距离中国核心地区路途遥远。"高丽与突厥不同，地在辽东，唐由关中出师讨伐，必须长途跋涉，又须经过辽泽，一到雨季，'泥淖二百余里，人马不可通'（《资治通鉴》卷一百九十七唐太宗贞观十九年），运粮更觉困难，兼以'辽左早寒，草枯泉冻，士马难久留'（《资治通鉴》卷一百九十

---

[1] 〔日〕气贺泽保规：《绚烂的世界帝国：隋唐时代》，石晓军译，广西师范大学出版社，2014，第380页。

八唐太宗贞观十九年）。"① 对高句丽的大军征讨，后勤供给困难。隋朝的征讨，几乎是一个士兵，需要两个人保障供给。大量的民众被征调服劳役，造成民怨沸腾，直至大规模民变。而第二次征讨失败直接源于负责粮草供应的官员的反叛。过往的民族碰撞主要发生于北方陆地。大海对于以农业为生的汉民族来讲，十分陌生，甚至有诸多恐惧。汉武帝时期对朝鲜的海战便遭遇了重大挫折。隋朝征讨高句丽进行大规模的跨海进军，几乎是全军覆没。"渡过辽水进入高句丽境内的隋军九支部队共计三十万五千人，而最后回去的仅仅两千七百人。"② 李世民吸取了隋朝的教训，没有兴师动众，而是依靠小规模军队，通过有效的战术才获得胜利。

高句丽是由多个族群整合而成的。其地理和产业基础具有多样性。狩猎业、游牧业、农业和手工业并存。特别是在其发展过程中，吸取了汉民族的许多特性，如修建牢固的城墙保卫自己。这是游牧民族所没有的民族性。中原王朝对这种民族的特性了解得不够。高句丽正是凭借坚固的城墙，抵挡住了隋朝的进攻。寒冷季节对于中原人来说毕竟煎熬。

隋朝对高句丽的屡征屡战，付出了沉重的代价，可见在民族之间的互动中，对他民族特性的了解异常重要。从汉高祖到汉武帝，对于匈奴实行和亲和防守，与此同时也在不断加深对匈奴民族性的认识。司马迁在《史记》里记载了匈奴民族的大量特性。只有充分认识他民族的特性，才能作出合适的决策。唐朝通过军事征服打败了高句丽，但在这一地区又生长出新的民族，且具有很强的独立性。

# 六　至信至反的安史与唐朝

唐朝开国初期，雄才大略的唐太宗说："王者视四海如一家，封域

---

① 萨孟武：《中国社会政治史》（隋唐五代卷），三联书店，2019，第 137 页。
② 〔日〕气贺泽保规：《绚烂的世界帝国：隋唐时代》，石晓军译，广西师范大学出版社，2014，第 59 页。

之内，皆朕赤子。"后又说："夷狄亦人耳，其情与中夏不殊。人主患
德泽不加，不必猜忌异类。盖德泽洽，则四夷可使如一家；猜忌多，
则骨肉不免为雠敌。"（《资治通鉴》卷一百九十七唐太宗贞观十八年）
后再说："自古皆贵中华，贱夷、狄，朕独爱之如一，故其种落皆依朕
如父母。"（《资治通鉴》卷一百九十八唐太宗贞观二十一年）唐太宗
充分表现出大开放和大包容的大气魄和大胸怀！这种开放和包容精神
一直延续到唐太宗之后。

　　在大唐的大扩展中，唐朝的开放包容精神表现得淋漓尽致，是过
往华夏民族从未有过的。对于非汉族人给予了充分的信任，爱之如一，
不加猜忌。首先，整个国家处于敞开的格局，不以长城为不可逾越的
界限。其次，全国各个地方对外开放，外族人可以自由流动。特别是
作为政治核心的首都几乎是不设防的，不同民族的人都可以自由出入
和居住。仅仅是灭突厥时，"入居长安的突厥人将近一万家"①。最后，
不同民族的人都可以成为国家的权臣，甚至执掌重权。"降附的诸族，
居住边境，数量极大，流入内地，与华族同化，唐朝从不禁阻，……
至于酋长和武将，很多赐姓李，政治上与华族有同等的权利。"② 不仅
如此，一些外族人还可享受高于汉族人的特权。这种开放和包容是历
史上前所未有的，体现着唐朝强大的包容能力。

　　但是，民族毕竟是长期历史形成的产物。民族包容能力需要建立
在民族融合能力基础之上。而民族融合总是迟于民族包容。民族性是
长期历史形成的，要将不同的民族融合为一个整体，真正实现"四
夷可使如一家"，有一个漫长的过程。这期间，原生民族性总是会顽
强地表现出来。特别是初唐时期，大量游牧民族人口进入中原地带。
"在这些少数民族集团中，有很多仍保留着自己的部落结构和自己的
部落酋长。他们中的很多男人被编入唐朝军队，主要是充任骑兵，他

① 范文澜：《中国通史》第三册，人民出版社，2015，第347页。
② 范文澜：《中国通史简编》上册，商务印书馆，2017，第310页。

们自己的酋长就是他们的指挥官。"① 这种情况为那些军事首领反叛唐朝提供了基础，他们会通过寻找原生的族群的力量获得和争取更大的利益。造成唐朝走向衰落的"安史之乱"便是这一背景下的产物。

"安史之乱"是指由唐朝军事重臣安禄山和史思明发动的反叛唐朝，另立王朝的战乱。军政重臣公开反叛王朝，自立皇帝，这在过往中国历史上是极少的，在唐朝更是前所未有，且对于唐朝造成了致命的创伤，之后的唐朝每况愈下。更重要的是安禄山发动反叛时，震惊唐朝中枢，唐朝少有的杰出皇帝唐玄宗无论如何也不相信这一事件的发生。因为安禄山不仅是唐朝的军事重臣，而且得到了皇帝超乎异常的信任。

安禄山和史思明均出身非汉族，被统称为胡人，只是很早就归附于汉民族，姓名都是汉化的。他们虽然是胡人，但身居要职。安禄山一人兼任三个地方的节度使，执掌军政大权。这在华夏王朝的历史上是极少有的。不仅如此，唐玄宗极其信任安禄山，形成了特别的私人化的亲密关系。受到唐玄宗特别宠爱的杨贵妃收安禄山为义子，唐玄宗与安禄山因此有了拟父子关系。史思明是安禄山手下的重要将领，也得到了唐玄宗的格外重视。

唐玄宗不仅没有因为安禄山是胡人而猜忌，反而给予了无以复加的信任。这种至信的后果是无以复加的至反——作为唐朝重臣和唐明皇的爱臣，却公开反叛唐朝，自立新朝，唐玄宗被迫让位，杨贵妃被杀。无限悲伤的《长恨歌》，不仅是对唐玄宗和杨贵妃个人命运的悲叹，更是对唐朝国运和民生疾苦的悲叹！

正是因为"安史之乱"事件成为一个朝代命运的转折点，人们才从各个角度探讨和定义这一事件。有日本学者认为："安史之乱不是内乱，而是中原民族和异民族的战争。表面上是确凿无疑的叛乱，而内在则与屡次发生的异民族入侵无异。所谓叛乱是唐王朝一方单方面的

---

① 〔德〕傅海波、〔英〕崔瑞德编《剑桥中国辽西夏金元史 907—1368 年》，史卫民等译，中国社会科学出版社，1998，第 9~10 页。

理解，从禄山角度来看，食唐之禄只不过是谋生手段，更可以理解为民族斗争。"① 这一观点显然难以成立。如果安禄山是为民族斗争，那么他是为哪个民族斗争呢？反叛之后，他并没有建立具有其他民族性的政权，而是与唐朝一样的皇帝政权。而且，就是在唐朝领导的镇压安史叛乱的军队中也有多位非汉族的重要首领。因此，"安史之乱"本质上不是民族之间的冲突，反叛者并不代表哪个特定的民族。这是因为安禄山等人已进入唐朝的国家统治体系，这种进入是以个人身份而不是民族代表进入的。

当然，仅仅将"安史之乱"作为一般的内乱，也是不恰当的。它与大唐当时的地域大扩展和族群大联结的背景密切相关。

唐朝建立初期，与过往的华夏国家一样，重点在于核心地区，国家力量表现为外轻内重。但随着大唐的地域大扩展，推动了多个族群的大联结。这种联结将过往互不联系的孤立分散的族群联为一体，且以唐朝为枢纽，形成了一个全新的地域—民族关系框架。大唐希望通过"羁縻""册封""和亲"等一系列制度和政策，将众多族群吸纳在自己周围，达到李世民所期待的"四夷可使如一家"的理想境界。在以府州县、"羁縻"、"册封"为制度基础的地域国家整体内，"爱之如一"，所有人都是同样的臣民，而不分哪一个族群。对安禄山、史思明等非汉族人的重用和信任便是具体体现。

但是，要将在不同地域上形成的不同族群联结为一体，并吸附于大唐，确实是一个不容易实现的目标。各个族群有自己的利益，特别是这些族群建立国家后，有自己的国家首领。如果归附于大唐，就只能成为受唐朝中央支配的下属。这对于非汉族族群是难以接受的。由此也导致了族群大联结中的族群冲突，甚至直接威胁大唐的生存。在这一背景下，唐朝的政策和国家力量的配置发生了重大转变，这就是内轻外重。国家的军事力量配置在边陲地区，由此有了藩镇体制。这

---

① 〔日〕藤善真澄：《安禄山——皇帝宝座的觊觎者》，张恒怡译，中西书局，2017，第192页。

一体制尽管是军事体制，但从便于积聚力量考虑，又具有行政的功能，是军政财合一的体制。"当朝廷被剥夺了所有军事权力后，真正的权力掌握在大约 50 个藩镇之手。"① 由于长期经营，地方首领具有强大的实力和深厚的统治基础。从军事实力看，地方首领的力量已远远超过过往的诸侯国。如安禄山担任三个节度使，所掌握的军队达到唐朝军队的 1/3。与此同时，地方首领在军队培植忠于自己的亲信，在地方上施以恩惠，积累社会声望。"在本境内，招集徒党，练兵修城，自收租税，自定法令，自用文武官吏，尽量保持独立的权利。"② "方镇盛，武夫悍将虽无事时，据要险，专方面，既有其土地，又有其人民，又有其甲兵，又有其财赋，以布列天下，然则方镇不得不强，京师不得不弱。"（《新唐书·兵志》） 在方镇管辖的地方，人们更多的是通过地方政权处理财产和个人问题，并依附于地方政权。如直至"安史之乱"平息后，在安史长期经营的地方，还能见到有人怀念他们的现象。"数十年后，幽州尚称禄山、思明为二圣。"③ 这种地方独大，是对国家统一性的严重侵蚀。

地方首领的力量强大后，与中央的互动关系进入一个新的格局。与过往的地方首领一样，由于力量的强大有可能形成对中央权威的挑战，甚至于反叛。"秦汉以来，有叛将无叛兵；至唐中叶以后，方镇兵变比比皆是。"④ 只是在"安史之乱"中夹杂着族群因素。

安禄山等非汉族人得以长期担任军事重职，与唐朝中央权力斗争密切相关。长期把持朝政的宰相担心竞争者，将军事要职都赋予非汉族人。宰相李林甫"希望通过把军队交给和朝廷没有瓜葛的人来消除任何通过军功赢得政治权力的潜在竞争者。但这一政策意味着真正在

---

① 〔美〕陆威仪：《世界性的帝国：唐朝》，张晓东、冯世明译，中信出版社，2016，第 65 页。
② 范文澜：《中国通史》第三册，人民出版社，2015，第 385~386 页。
③ 萨孟武：《中国社会政治史》（隋唐五代卷），三联书店，2019，第 150 页。
④ 萨孟武：《中国社会政治史》（隋唐五代卷），三联书店，2019，第 177 页。

外掌权的人变得逐渐和中央政府疏远起来"①。安禄山的势力日益强盛，引起了把持朝政的杨国忠的警惕，他以安禄山的胡人背景为理由对其加以排挤。

而安禄山在反叛大唐时，借用了族群的因素。他将上层将领都替换为非汉族人，亲近的卫兵都使用非汉族人。一则这些族群的人军事能力强，二则他们对于汉族的认同感弱。"安禄山用来作乱的精兵有曳落河（同罗、奚、契丹降者）、六州胡（河曲六州突厥）数万人。"②"国家为了防胡而置节度使，而节度使又用胡人，用胡人以防胡人，这是制度上的矛盾。"③ 这种矛盾当国家整合力量强大时，可以化解，而当整合力量弱化时，则反过来成为胡人维护胡人，毕竟他们过往属于同一族群，有更多的共同属性。

当然，"安史之乱"中的族群因素只是间接性的、次要的。毕竟参与叛乱的胡人身份更多的是历史的遗留，他们都是在中原地区进行活动，不是为本民族、本民族的领土，而是为了获得更大的政治权力所进行的反叛活动，主要还是一种地方性叛乱。但这种地方性叛乱给予了唐朝致命性的打击。尽管"安史之乱"得以平息，但中央与边陲地方的"外重内轻"的格局没有变化，藩镇体制没有改变，地方仍然拥有强大的实力。随着唐朝中央权威日益衰落，大唐最终解体。

## 七　国家大裂解中的族群因素

当唐朝最后一个皇帝被杀，也就意味着唐朝的正式终结，之后便进入"五代十国"时期（907~979 年）。

"五代十国"是唐朝整体裂解后的产物，由一个整体国家解体后裂变为若干个地方割据政权。它是唐朝藩镇体制造成的地方势力日益强

---

① 〔美〕陆威仪：《世界性的帝国：唐朝》，张晓东、冯世明译，中信出版社，2016，第 37 页。
② 范文澜：《中国通史》第三册，人民出版社，2015，第 385 页。
③ 萨孟武：《中国社会政治史》（隋唐五代卷），三联书店，2019，第 146 页。

大，中央控制日益衰弱的自然产物。唐末黄巢起义后，部分实力雄厚的藩镇先后被封为王，所建立的封国实际上已是高度自主的王国。唐朝灭亡后，各地藩镇纷纷自立，其中地处华北地区、军力强盛的政权控制中原，形成五代。"五代十国"中的大部分地方政权的许多首领是唐朝的原节度使或其他军事首领。

随着统一大唐的解体，"五代十国"时期的南方和北方两个部分的状况有所不同。由于唐朝中央政权在北方，北方的地方政权主要围绕政权的建立和控制力展开。其手段主要是军事武力。随着唐朝中央权威的日益衰退，过往执掌军事大权的首领日益演变为凭借军事实力获得政治权力及其利益的军阀。这是因为，国家拥有特殊的公共权力。这一特殊的公共权力不是国家天然具有的，也不是由个别人和统治集团永远执掌的。当集聚国家特殊公共权力的中央权威衰退，特殊的公共权力便会分散失落在那些有力量获得特殊公共权力的人手中。

最有力量的人便是拥有暴力组织的军队首领。这些军队首领在中央控制力减弱，甚至失去控制时，便会凭借手中的暴力去争夺政治权力或者维护自己的利益。这种状况从唐朝中期便已开始，不仅军事首领，就是一般军事人员都将自己手中的暴力作为获得私利的工具。"骄兵悍将作乱，是唐中期以来相沿一百几十年的积习。"[1] 皇帝不得不面对这一现实，但无力改变。"藩镇割据是一幅群盗劫杀图。前面一个又一个的强盗拿着刀在劫杀，背后又是一个个强盗暗藏着刀准备劫杀前面的人，忽得忽失，以暴易暴。"[2]

因此，"五代十国"时期的北方，实际上是原有的地方军阀力量之间的竞争。这种依托于军事力量的竞争十分激烈，造成战乱不止，各个地方政权的存在时间也不长，后梁16年，后唐13年，后晋11年、后汉3年，后周9年。而竞争的最后结果终究会有一个主导性的政权产生，从而形成统一性的力量。

---

① 范文澜：《中国通史》第三册，人民出版社，2015，第446页。
② 范文澜：《中国通史》第三册，人民出版社，2015，第391页。

"五代十国"是大唐整体裂解后的产物，是地方力量日益强大的结果。但这一结果的大背景是大唐的族群大联结和地域大扩展。正是这一背景造成内轻外重，边陲地方实力日益坐大，从而反噬中央。尽管"五代十国"是在原唐朝地域上产生的，本质上是中央与地方关系的断裂，但其中也有族群性因素。

首先，北方地方政权中的大多数首领出自沙陀族。"东汉末割据者都是汉族军阀，在唐末割据者中，占重要地位的却是争夺中原地区的沙陀族人。"① 沙陀原是突厥人的一个部落，随着突厥的归附，他们在相当程度上接受了汉文化，连姓名也改为汉姓。由于游牧民族的生产与军事融为一体，他们的军事能力特别强。归附唐朝之后，他们成为重要的军事力量，在其中担任军事要职。李克用便是典型代表。后唐之后的后晋、后汉、后周君王均出自李克用的子孙与部属。沙陀族人"是迁居到境内不久、半开化的游牧人。他们只知道打仗杀掠，不知道有所谓政治。他们很快建立起政权，也很快被别人夺去，忽起忽灭，增加了混乱，延长了分裂"② 由此可见，尽管一些原生民族纳入国家体系中，但并不是很快就能消除其原有的民族性，成为国家化进程中没有区别的成员。在国家化进程受到挫折的时期，这种民族性便会表现出来。

其次，在激烈的地方政权竞争中，为了获得优势地位，不惜借用外族力量，并付出割让领土的代价。以"安史之乱"为分界，唐前期对于周边民族处于主动地位，大量的非汉族人归附于唐朝。而在唐朝后期，大唐的影响力日益减弱，处于相对被动地位。相邻的一些民族日益壮大。位于东北方向的契丹便是典型。随着唐朝的灭亡，契丹向南扩展的意图日益强烈。石敬瑭是后起的军阀，自身实力不强。为了在激烈的军阀竞争中获得优势地位，争取契丹的支持，石敬瑭割让了极具战略意义的燕云十六州。

---

① 范文澜：《中国通史》第三册，人民出版社，2015，第428页。
② 范文澜：《中国通史》第三册，人民出版社，2015，第428页。

当然，北方地方政权竞争中的族群因素并不能将其界定为民族之间的关系。实际上，在唐朝时期，在非汉族人担任首领的军队中，其重要组成成分也是汉族。而在唐朝灭亡后的地方政权及其所管辖的地方，汉族也占多数。在地方政权激烈竞争中，汉族人的优势更加突出。这是因为仅仅依靠武力掠夺，任何一个政权都难以维持。"武夫们分裂成毫无黏性的无数碎片，组成的朝廷，坏的固然很快就消灭，偶有较好的同样不免于被劫夺。"① 各个地方政权的"短命"便是最好的例证。相对具有军事优势的非汉族人来讲，汉族人的政治优势更为明显，希望通过一个统一的王朝结束所有人都可能面临自我毁灭的战乱。汉族人军事首领通过建立具有统一性的宋朝，完成了这一历史使命。

就在北方多个地方政权激烈竞争、战乱不止之时，南方却相对平静。与北方地方政权相互争夺控制权不同，南方的地方政权更多的是一种地方自治，即在一定的地域范围内自我治理，相互之间没有展开激烈的竞争。个别地方政权虽然有扩大统治的意愿，但成效甚微。因此，地方政权维持的时间相对比较长。正因为战乱较少，加上过往唐朝中央征收的税赋劳役不复存在，南方的经济文化发展较快。"南方成立诸割据国，固然赋税还是繁重，但开始立国的君主，一般都还知道一些立国的方法，为自己生存计，不得不对民众让些步或做些有益的事。"② 南北方之间的经济差距进一步拉大。

南北经济差距加大，并没有造成南北方的对立和分割，反而造成南北方的相互依赖。北方在经济上要依赖南方，而南方在政治上不得不依靠北方。北方毕竟有强大的军事力量。在这种军事压力下，南方要自治和自保也是十分困难的。南北方的相互依赖提供了全国性统一的基础。"尽管在政治上分裂成许多国家，经济上却互相依赖，南北交换货物，即使战事紧张，商业也不曾隔断过。这种经济联系的程度，

---

① 范文澜：《中国通史》第三册，人民出版社，2015，第480页。
② 范文澜：《中国通史》第三册，人民出版社，2015，第502页。

远远超越三国、南北朝时期。正因为这个缘故，只要中原地区趋向于稳定，南北统一的时机，就会到来得快一些。"[1] 而推动实现统一的则是拥有强大军事力量的北方。

## 八　大联结大扩展的历史遗产

唐朝的兴衰在中国的国家演化进程中具有重要地位。特别是大唐的历史命运与前所未有的族群大联结和地域大扩展有着十分紧密的联系，并留下了丰富而复杂的历史遗产，影响着后世国家的进程。

从民族联结和地域扩展的角度看，大唐开辟了一个崭新的时代，使中国迈上一个全新的高度。

首先，在大唐的时代，实现了前所未有的民族大联结和地域大扩展，其影响范围远远超出华夏核心地域，建构起东亚区域性的社会秩序。

在相当长的时间里，人们生活在狭隘孤立的地点，相互之间缺乏交往和联系。随着社会的发展，特别是国家的产生，将大量原生的孤立分散的族群整合为一体，促进了社会交往和联系。但是这种交往因为地域阻隔等因素，其范围仍然是有限的。就是华夏民族的范围也是逐渐由黄河中下游的核心地带逐渐扩展的。直至汉朝，才有了与长城之外的民族更多的交往和互动。只是到了唐朝，才超越长城，有了更大范围的族群交往和互动。在大唐的地域大扩展进程中，大量的孤立分散和互不联系的原生族群有了交往和联系，促使人们超越原有的狭隘地理和族群意识，知道了天外有天，国外有国，族外有族。

而在这种族群大联结和地域大扩展进程中，大唐居于中枢地位。以大唐为中枢，从东到西，从北到南，将分散的族群联结为一个整体。尽管大唐对于这一整体内的不同族群有不同层次的影响力，有的是直接控制，有的是间接控制，有的是一般影响，但正是凭借这一圈层式的影响力，才将整个东亚地区联结为一体，形成了东亚地区各个族群

---

① 范文澜：《中国通史》第三册，人民出版社，2015，第429页。

之间相互联系的新秩序。没有大唐，任何一个民族和国家都难以担当将东亚地区相邻的族群联结为一体的历史使命。而从人类交往的范围看，这是一个从小到大逐步扩展的过程。只有相邻区域的一体，才有地域相隔的世界性的一体。

其次，地区的一体化大大促进了不同族群和不同国家的经济文化交流，为不同族群和不同国家的发展提供了强大的动力。

交往是社会进步的基础。人类之所以经历了漫长的原始时代，就是因为当时的人们生活在孤立分散、缺乏广泛交往的状态，不能从交往中汲取力量和源泉。交往是衡量人类进步的重要尺度。华夏民族得以在东亚区域中脱颖而出，居于东亚相邻地区的中枢地位，便在于其率先扩大交往，形成了一个具有广阔地域，并包容了多个族群的新的统一民族和国家。而大唐延续华夏民族这一历史进程，推动了东亚地区相邻各民族和国家的联系和交往。这种交往尽管经常是以战争冲突的方式出现的，但客观上改变了过往民族之间狭隘分隔的封闭状态，促进了广泛的经济和文化交流。这种交流不仅对大唐是需要的，对于相邻的其他民族和国家也是需要的。唐朝的"羁縻州土地如此广大，居民种族如此繁多，就经济文化说来，多数是落后的游牧部落。他们内附的原因，除了战争失败，一般是想得到唐朝廷的保护，也想得到经济文化上交流的益处"[1]。"唐朝的建立，吸收的民族成分，特别是游牧民族的成分，是超越以往的朝代的，它的兼容吸纳，使它在开始的时候就具备了宽阔的度量和宏大的气魄，在思想和文化上也颇得南北东西各方的欢迎和归附。"[2] "唐文化摄取外域的新成分，丰富了自己，又以自己的新成就输送给别人，贡献于世界。"[3]

尽管在族群大联结中，所伴随的是冲突和战争，但其间产生的经济文化的交流则会大大促进各个族群的进步，并成为各个民族和国家

---

①　范文澜：《中国通史》第三册，人民出版社，2015，第 380 页。

②　瞿林东、李鸿宾、李珍：《历史文化认同与中国统一多民族国家》第二卷，河北人民出版社，2013，第 187 页。

③　范文澜：《中国通史》第四册，人民出版社，2015，第 419 页。

发展的内生需要。这种内生需要不会因为冲突和战争而改变，将会长期持续影响人们的生活。尽管由于大唐的解体，东亚一体的秩序发生了重大变化，但各个民族和国家的经济文化交流和影响仍然存在，并会长期发挥作用。

最后，族群大联结和地域大扩展推动了各个民族和国家的自我发展，以参与更大范围的竞争。

人类通过交往而进步。交往有两种基本方式，一是合作，二是冲突。越是在人类社会发展早期，冲突越是居于主导地位。在没有交往的时代，尽管冲突不多，但也没有进步。交往越广泛，所伴随的冲突就会越多。为了在冲突中获得优势地位，不同的族群都会在交往中吸取优质要素，进行自我整合，增强自己的发展实力。大唐推进了族群的大联结和地域的大扩展。在这一过程中，一些族群消失了，融入更大的族群之中；一些国家消失了，并由另外的国家所取代。但总体上，在激烈的竞争和冲突中保留下来的族群都是那些通过广泛吸取优质文明要素并增强自己主体性的族群。

大唐不以长城为界，推动了前所未有的族群大联结和地域大扩展，充分吸纳不同民族的要素，自身更为强大，其内在的凝聚力更为坚实。唐朝接纳的外族人远远超过汉朝，但没有因为王朝的更迭而陷入长期深度分裂割据之中。唐末的分裂更多的是中央与地方关系的断裂，是地方性分裂，而不是"五胡十六国"时期的族群大撕裂，其统一的进程要快得多，并为后世的国家统一奠定了坚实基础。"中国是不可割裂的整体，自五代时起，表现得更显著了。北宋以后，中国历史上不再发生三国式的或五代十国式的分裂现象。"①

历史的巨大进步总是伴随着历史的巨大代价。大唐对于推动族群大联结和地域大扩展的进程，在相当程度上是不自觉的，对于这种族群的联结和地域的扩展有可能造成的后果及支付的代价缺乏认识。雄才大略的唐太宗有海阔天空的气魄和胆识，但对于将要到来的新的格

---

① 范文澜：《中国通史》第三册，人民出版社，2015，第429页。

局缺乏准备。大唐由盛到衰，便与大唐难以支撑族群大联结和地域大扩展的全新格局密切相关。

唐朝的族群大联结和地域大扩展，形成东亚区域一体化的新秩序，是以大唐的中枢地位为支撑的。但要将众多原生的族群联结为一个整体，不是一件容易的事。地域的大扩展扩大了影响力，但如果没有核心竞争力，便难以持续。将大量的族群联结起来不容易，而要将大量异质性的族群整合到统一的国家体系中来，则更为困难。唐朝凉州都督李大亮提出过警示："欲绥远者必先安近。中国百姓，天下根本，四夷之人，犹于枝叶，扰其根本以厚枝叶，而求久安，未之有也。"（《贞观政要·安边》）要在多个族群合为一个整体的基础上获得"久安"，取决于唐朝的核心能力。这种能力包括两个方面。一是国家实力。这是国家整体的基础性条件。唐朝的族群大联结和地域大扩展是在激烈的竞争和冲突中进行的。大唐要面对众多不同的族群，要防范众多国家的进攻，必须具备强大的国家能力，特别是军事实力。而军事实力仰赖于经济能力，经济能力来自生产能力。在农业经济时代，生产剩余极其有限。连年不断的征战最终导致生产能力下降，民不聊生，最后导致作为生产者的民变，并直接推翻了唐朝政权。二是中央控制能力。这是国家整体的主导性力量。随着族群的大联结和地域的大扩展，军事力量主要用于边陲地区，中央空虚。唐朝的首都多次被直接侵入，这在过往的历史上从未有过。为保卫中央，不得不依赖宦官指挥的神策军，从而造成皇帝为宦官集团所"绑架"的格局。作为国家整体代表的皇帝一旦为利益集团所绑架，便失去了对整体的控制力，从而造成了"五代十国"的分裂割据，国家裂变为一个个碎片化的政权。这种碎片化的政权连中国自身都难以联结为一体，更遑论支撑族群大联结和地域大扩展的新格局。正因为如此，有人将唐朝称为"瞬间大帝国"[①]。

---

① 〔日〕杉山正明：《疾驰的草原征服者：辽 西夏 金 元》，乌兰、乌日娜译，广西师范大学出版社，2014，第13页。

　　大唐的核心竞争力严重缺失，中枢地位不保的后果是族群大联结和地域大扩展的新格局失去支撑，在此基础上的新的民族和国家的竞争却已开始。而在这一轮竞争中，华夏民族和中原地区处于被动地位。这是大唐为后世留下的遗憾！

# 第六章
# 地域—民族关系中的多民族
# 并立与国家大互动

无论盛衰,大唐都为后世留下了巨大的历史遗产。民族大联结和国家大扩展使广阔的地域和不同的民族受到大唐的影响。唐朝之后的原大唐疆域上同时存在多个民族和政权。只是这些民族是受到唐朝影响的再生民族,其政权也与原大唐有直接或间接的联系。同一政权下存在不同的民族。宋朝承接了唐朝的核心地域,但与多个民族政权同时并立。多个民族政权在大互动中的竞争,进一步促进了民族之间的内在联结,不同的地域得到共同开发。由此构成了具有双重性的地域—民族关系,并支配着宋朝时的国家演进。

## 一 从一家独大到多家竞争

国家的主要构成要素是地域、人口和政权。地域可分不同区域。人口可分不同民族。政权变了,地域和人口发生变化。但原有的地域和人口的特性仍然会延续。这是因为后人总是在前人的基础上发展的。马克思认为:"历史不是作为'源于精神的精神'消融在'自我意识'

中而告终的，历史的每一阶段都遇到一定的物质结果、一定的生产力总和，人对自然以及个人之间历史地形成的关系，都遇到前一代传给后一代的大量生产力、资金和环境，尽管一方面这些生产力、资金和环境为新的一代所改变，但另一方面，它们也预先规定新的一代本身的生活条件，使它得到一定的发展和具有特殊的性质。"① 马克思运用历史唯物主义观点分析历史的曲折进程时指出："人们自己创造自己的历史，但是他们并不是随心所欲地创造，并不是在他们自己选定的条件下创造，而是在直接碰到的、既定的、从过去承继下来的条件下创造。"②

唐朝之后的中国所直接碰到的、既定的、从过去承继下来的条件是什么呢？从地域的角度看，是跨越长城的广阔疆域。从人口的角度看，是由多个民族共同构成的人口组合。从政权的角度看，是唐朝曾经在这些地方设立机构对众多民族的人口进行管理。这一历史条件是唐朝之前所没有的。唐朝之前的疆域在北方主要以长城为界，人口主要活动于长城以内。尽管在"魏晋南北朝五胡十六国"时代，存在多个政权，但所管辖的地域和人口主要在长城之内。经历了隋唐，以长城为界的地域和人口结构都发生了重大变化。这就是跨越了长城。唐朝通过"羁縻"和"册封"等方式对长城内外的地方进行了管辖，并构成了唐朝的疆域。

唐朝的灭亡改变了政权统治者。但之后的国家并没有因为唐朝的不复存在而完全从历史上被抹掉，"直接碰到的、既定的、从过去承继下来的条件"③ 还会深深地影响之后的历史发展。与唐朝时由一个政权统治所不同，唐朝之后的原大唐疆域上同时存在多个政权。这些政权与原大唐有着或多或少的联系，有的政权所辖区域为唐朝直接统治，如宋朝；有的曾经被大唐以"羁縻"和"册封"等方式所管辖，如辽、夏、金等，只是管辖的程度有所不同。因此，在唐朝之后的原大

---

① 《马克思恩格斯选集》第 1 卷，人民出版社，2012，第 172 页。
② 《马克思恩格斯选集》第 1 卷，人民出版社，2012，第 669 页。
③ 《马克思恩格斯选集》第 1 卷，人民出版社，2012，第 669 页。

唐疆域上，并不是只有一个宋朝，还包括多个民族政权，它们共同继承着原大唐的疆域及人口。"那些边地民族部族，则因大量吸收主体民族先进文化而迅速突破原有松散组织方式，在所谓羁縻制度名义下逐步完成区域性统一，在提升自身民族意识和政权意识的历程中，最终随着唐皇朝的崩溃，也在政治上逐渐摆脱了中原皇朝的羁縻，而进入了自身的区域性的民族政权的构建历程。"[1]

宋朝作为以汉族地区为主的政权，成为唐朝之后的正统王朝。但与唐朝建立初期所面临的条件完全不同。唐朝之前的"五胡十六国"造成大分裂，汉族之外的相邻族群进入中原地区内部，在激烈的竞争中力量消耗殆尽。在多民族融合的基础上形成的唐朝有足够的实力应对相邻族群，并在地域大扩展的过程中推动族群大联结，表现为一家独大。而继承唐朝的宋朝是在五代十国分裂的基础上对大唐部分区域的继承。与此同时，宋朝管辖之外的地域上存在多个族群并建立其政权。尽管从帝制国家的角度看，人们称宋朝为大宋，但宋朝的疆域和人口与大唐相比，呈现大收缩状态。"当宋朝于960年建立时，它不得不接受这样一种地缘政治格局：没有一个政权能相对其他邻国居于支配领导地位。"[2] 面对众多同时并立的族群和政权，宋朝不仅缺乏能力，而且也缺乏像大唐那样的大扩展意识。这在于，前人不仅是留下家底，也留下经验和教训。后世是在前人失败的基础上产生的，特别善于从失败中吸取教训，但往往反应过度。大唐前期的大扩展带来了疆域的空前扩大，但扩大了的疆域依靠军事力量维护，造成地方军阀割据，外强中干。因此，宋朝片面吸取教训，以保守、防守为主，守内虚外。在这样一种格局下，宋朝很难如唐朝一样通过地域大扩展重新联结因唐朝灭亡而分立分散的族群。"他们从未发动过大的战役，去恢复帝国

---

[1] 向燕南、罗炳良、王东平：《历史文化认同与中国统一多民族国家》第三卷，河北人民出版社，2013，第5页。

[2] 〔德〕迪特·库恩：《儒家统治的时代：宋的转型》，李文锋译，中信出版社，2016，第19页。

在欧亚大陆中心地区的疆土。"① 不仅如此，宋朝还面临多个族群及其政权的激烈竞争。对于以汉族为主的宋朝来讲，其核心竞争力在于生产力，包括物质生产力和精神生产力。而对于游牧民族来讲，其核心竞争力则在于与生俱来的战斗力。过往统一于大唐的地域，如今却分别由不同的民族掌握。

正因为如此，与之前的朝代一样，宋朝所面临的民族竞争仍然主要在北方。只是宋朝时民族与过往有了很大的不同。在唐朝之前，北方的民族具有原生性，即由于其内在的因素而成长为一个独立的民族，在产生时没有受到汉族的影响。这些原生的族群后来进入中原地域，并融入汉族之中，形成新型的中华民族。唐朝之后的民族发生了根本性变化。这就是在大唐疆域上存在的民族或多或少受到唐朝的影响。这些民族已不再是原生性的民族，而是受到唐朝影响的次生性民族，包括汉族在内的民族都是经过交往、融合而形成的新型民族。"因为战乱造成混居等原因，各民族有了相当程度的融合。"② 它有原生民族的底色，但已不是完全原始状态的民族。有的民族的人的姓名都是随唐朝皇帝的姓。"伴随着唐皇朝政治统治的崩溃，原本多少带有过渡性的、与中央朝廷行政联系相对脆弱的羁縻州县制度，恰好构成了一些边域民族建立独立政权的组织基础。于是一些边域民族便利用这些政治组织的基础，迅速崛起，建立起自己的政权，同时开始急剧向周边其他民族活动的区域展开军事扩张，并在军事扩张过程中不断吸纳其他民族人民，逐渐形成以本民族为主体的包括多民族的地区性政权。"③ 所以，对于唐朝之后的民族不能简单地视之为与唐朝无关的原生性民族。对于这些民族建立的政权也不能简单地认为是与唐朝无关的非汉

① 〔美〕斯塔夫里阿诺斯：《全球通史：从史前史到21世纪》（第7版修订版）（上册），吴象婴、梁赤民、董书慧、王昶译，吴象婴审校，北京大学出版社，2006，第259页。

② 〔日〕小岛毅：《中国思想与宗教的奔流：宋朝》，何晓毅译，广西师范大学出版社，2014，第39页。

③ 向燕南、罗炳良、王东平：《历史文化认同与中国统一多民族国家》第三卷，河北人民出版社，2013，第8页。

族政权。"没有在羁縻政治下与中原发达地区的长期密切交往,所受到的政治、经济和文化的浸染,也就不会有这些民族的迅速成长。"① 正是基于此,宋朝时期的地域—民族关系发生了重大变化。

大唐解体,原有的疆域版图发生了两大变化。一是核心地区分裂为"五代十国";二是非核心地区的族群与大唐脱落,自立门户。这两大变化有一个共同特点,就是两大地区都不是像秦汉时期那样泾渭分明的民族关系了。在核心地区,存在大量非汉族人,并与汉族人相融合。在非核心地区,存在大量汉族人,并与非汉族人相融合。民族的区分更多的是以政权区分。通过地域关系基础上的国家政权发生交往,对人们的影响更大。在统一的国家政权下,无论是哪个民族都要受到政权的支配。民族之间的关系下降到次要地位。地域关系表现为两个层次:一是在原大唐的疆域基础上存在多个民族和政权;二是地域性的政权越来越居于主导地位,原大唐的疆域统一性不复存在,各个政权并存与竞争。唐朝时是一个国家政权,多个民族;宋朝时是多个政权,多个民族。在各个政权的并存竞争中又包容着多重复杂的民族关系。生活在非汉族政权的汉族人与生活在汉族政权的汉族人,既是原生的同一民族,但又非同一政权之下的、次生的同一民族。而非汉族群体也不是与汉族和中国完全无关的。"所有这些民族都不是作为新来者或与中国体系无关的完全的局外人而强盛起来的,他们很久以来就已经是中国体系中的一部分。由于生活在边缘地带,他们可能更熟悉偏远的边疆地区。"② 这样,在由一个民族主导的政治体系中,生活着多个民族,并与作为地域关系产物的政权发生联系;与此同时,由不同民族建立起来的政权及其管辖之下的民众,与整个中国体系发生着这样或那样的联系。因为整个中国体系包括中心和偏远的边疆地区。这种双重性的地域—民族关系支配着宋朝时期的国家演进。

---

① 向燕南、罗炳良、王东平:《历史文化认同与中国统一多民族国家》第三卷,河北人民出版社,2013,第85页。

② 〔德〕傅海波、〔英〕崔瑞德编《剑桥中国辽西夏金元史 907-1368 年》,史卫民等译,中国社会科学出版社,1998,第11页。

# 二 跨长城边缘的契丹与辽

中国北部的茫茫大草原，为人类的繁衍生息提供了适宜的条件。正如草原上的天气经常骤变一样，草原上的主人也在不断更换。一些族群迁徙和消失了，一些族群又产生和成长了。契丹便是草原上产生，并在唐朝之后日益活跃的一个草原游牧民族。

部落是游牧民族的基本单元。但在竞争激烈的草原上，游牧人群必须以联盟的方式结合起来，获得生存空间。契丹人发源于长城之外边缘的中国东北部，最初由悉万丹部、何大何部、伏弗郁部、羽陵部、日连部、匹絜部、黎部、吐六于部等八个部落联盟组成，称之为"古八部"。其活动范围南到现今的辽宁省朝阳市，北到西拉木伦河，西达今内蒙古自治区赤峰市西南，东至辽河。古八部时期的社会生产和生活还处在较原始的状态，从事游牧射猎，过着以肉为食、以皮为衣的生活，以部落为单位"逐寒暑，随水草畜牧"，"射猎居处无常"（《唐书·契丹传》）。他们各自生活，没有形成部落间的联系和统一的组织。

"随水草畜牧"的游牧民族并不是生活在真空中，可以随心所欲地"随水草畜牧"，其间必然会与其他民族相遇，并形成竞争关系。在激烈的竞争中，流行的是弱肉强食的逻辑。原初的契丹人生活的环境极为严酷，受到各种力量的严重挤压，处于不断地迁徙逃亡之中。先后受到鲜卑、高句丽、突厥的挤压，族群人口大量离散。特别是553年被北齐攻破后，部众被掠10万余口，杂畜被掠数10万头，余部东奔西走。直至隋朝，一部分契丹人才迁居回故地。唐朝时，契丹人依附于突厥。随着后突厥为回纥所灭，此后百年间，契丹人一直为回纥所统治。

长期的被挤压和逃亡生活，使契丹人意识到只有联合和团结为一个更大的民族，才能在激烈的竞争中获得生存和发展。"对外作战的迫切需要，促使契丹各部落逐渐地走向联合。大约在隋末唐初，契丹八部已有作战的兵士四万人，实际人口当已超过数倍。按照氏族制的惯例，互为兄弟的各部落本来有着相互援助的义务。这时，他们开始推举共同的酋长，遇有战事，召集各部落长共同商议，调发兵众，协同作战。……当他们认识到联合起来的力量，而外部和内部的那些条件又在要求他们增强这种力量的时候，这个暂时的松散的联合，就迅速发展成为固定的永久的联盟了。"① 这个联盟有共同的首领，即部落联盟长。部落联盟设立议事会。联盟长由八部集议，选举产生。部落联盟增加了契丹的力量。正是在原有的部落、部落联盟的基础上形成了一个相互联系、具有整体性的民族，这就是契丹。契丹显然是经过对原有的部落经过整合而次生出来的更大民族。

一个具有统一性的民族产生，是以政权组织的诞生为标志。只有通过具有强制性的政权组织，才能将一定地域上的分散人口联结起来，形成具有民族统一性的国家。随着军事征战和不同族群人口的混杂，特别是财富增多后的财产关系的发展，旧的氏族部落制度日益难以完成组织一个新社会的任务，国家政权组织呼之欲出。唐末，契丹首领耶律阿保机统一各部，于后梁开平元年（907 年）即可汗位，916 年称帝，国号契丹，后改称为辽。"当契丹民族在耶律阿保机的带领下完成了本民族统一之时，也是契丹民族政权进一步政治扩张之时。"② 统一后的契丹，力量大大扩展，不断征讨。辽朝鼎盛时期，与宋朝、西夏并立，疆域辽阔。其核心地区是横跨长城南北的边缘地带。欧阳修说："其地环列九州之外，而西北常强，为中国患'三代猃狁'见于《诗》、《书》。秦、汉以来，匈奴著矣。隋、唐之间，突厥为大。其后有吐蕃、回鹘之强。五代之际，……而契丹最盛。"（《新五代史·契丹》）

契丹族的发展与辽国的强盛都与中原密切相关。早在北魏时期，契丹八部各自向北魏"朝献"，与北魏交易互市。正是在隋文帝的支持

① 蔡美彪等：《中国通史》第六册，人民出版社，2015，第 4~5 页。
② 向燕南、罗炳良、王东平：《历史文化认同与中国统一多民族国家》第三卷，河北人民出版社，2013，第 6 页。

下，契丹人才得以返回故地，重振部族。唐朝初形成了统一的大贺氏联盟。唐太宗以后，唐朝置松漠都督府，赐姓李。契丹的部落首领被册封为唐朝的都督。唐朝公主嫁给契丹首领，加以羁縻。只是随着唐朝中央权威的衰退，契丹的独立性越来越强。特别是唐朝灭亡后的地方割据为契丹提供了机会。唐朝灭亡之时，正值契丹首领耶律阿保机称汗。之后，契丹不断南下，最终获得了燕云十六州。

燕云十六州的获得对于契丹具有标志性意义。契丹从长城之外靠近中原边缘的东北小族群扩展到长城之内的大族，辽国由一个地域限于长城之外的东北一隅扩展到长城内外两个边缘地带并能够直接进入中原地带，有着广阔地域的国家。"将北方如此广阔的地区，统一在一个政权直接管辖之下，设官置府，建立起完备的州县制与部族制相结合的行政设置，辽朝应是第一次。"[1] 这对于契丹和辽国来说，不只是量的扩张，更是一种结构性的变化，形成了不同产业与不同人口的结合。

从生产方式看。契丹人最初以游牧业为主。随着燕云十六州被纳入辽国的统治之下，农业成为重要产业。农业不仅仅是一种产业，而且会造成一系列变革，这就是定居和城市。游牧业的核心在于变动不居，农业的精髓在于固定不变。两种生产方式并存于一个非汉族的政权组织之下，这是历史上少见的。过往的长城不仅是地理标志，也是生产方式的标志，同时构成不同族群和不同政权组织的基础。长城之内的汉人以定居农业为主，长城之外的游牧民族以流动的游牧业为主，并建立起不同的政权。尽管疆域跨越长城的唐朝将两种生产方式包容在一起，但它还没有直接控制以游牧生产方式为主的地区。而以农业为主的燕云十六州则直接被纳入契丹的控制之下。"他们的崛起正是由于他们地跨草原和农耕地带之间，从而兼有游牧骑兵的武力和农垦区的经济力量。"[2]

---

① 向燕南、罗炳良、王东平：《历史文化认同与中国统一多民族国家》第三卷，河北人民出版社，2013，第10页。

② 〔美〕费正清：《美国与中国》（第四版），张理京译，世界知识出版社，1999，第80页。

从人口特征和结构看。契丹是有自己地域根基的民族。但由于长期处于多个族群分割的迁徙状态，其原生性的族群性有所消退。特别是契丹距离长城很近，受隋唐的影响很深。契丹人已不再是原生性的民族，其因为受外族影响甚深而成为次生状态的民族了。

更重要的是，"连年的掳掠，使契丹社会中涌进了庞大数量的奚人、室韦人、女真人和大批的汉人"[1]。在辽国的统治下，不仅有汉人生活在长城之外的辽国境内，长城之内的辽国地域里生活的也主要是汉人。在辽国，汉人的数量居于主导地位。"汉人为契丹带来了新的手工业技术、农业以及定居化的管理官员。"[2]

因此，跨越长城内外的辽国是一个典型的由契丹人主政的二元社会结构的国家。这种由契丹人和汉人构成的民族二元性深深地影响着辽国的国家演进。

契丹作为一个整体民族从产生到辽国的建立，都深受汉人制度和汉人文化的影响。最初的契丹人是以部落和部落联盟的方式存在。部落联盟的首领经推选产生，三年一轮换，形成军事贵族制。这种制度适合核心部落及部落之间的联合。但是，这种制度也有局限性。这就是其主体限于部落的一定范围。在形成强大凝聚力的同时，也会形成强大的排他性。即非我族类，不得入内。这种具有局限性的部落及其联盟在遭受更大族群的攻击时，便显得软弱无力。契丹人多次受到挤压并离散，便是最好的例证。因此，耶律阿保机统一各部时的重大抉择是，废止三年一选的军事贵族制，改为君主世袭的贵族官僚制。耶律阿保机采用皇帝的称号，称"天皇帝"，立皇太子，皇帝为一家世袭。营建都城，作为统一皇权的象征。"这对于传统平均主义的部落结构来说是一次重大突破。"[3] "建立帝国的部族联盟由耶律家族领导，他

① 蔡美彪等：《中国通史》第六册，人民出版社，2015，第19页。
② 〔美〕巴菲尔德：《危险的边疆：游牧帝国与中国》，袁剑译，江苏人民出版社，2011，第216页。
③ 〔美〕巴菲尔德：《危险的边疆：游牧帝国与中国》，袁剑译，江苏人民出版社，2011，第215页。

们采用中国世袭君主制以及儒家的许多治国方式，从而延长了帝国寿命。结果出现一个两重性的国家，南部是中国式的，北部是夷狄式的。"①

政治体系的二元性。辽国管辖着广阔的汉地和大量的汉人。为了实现有效治理，中央王朝组织机构以皇帝为中心，建立两套政治制度。"以国制治契丹，以汉制待汉人。""'国制'即契丹官制，统称北面官，汉制官职统称南面官。"② "北面治宫帐、部族、属国之政，南面治汉人州县、租赋、军马之事。""因俗而治，得其宜矣。"（《辽史·百官志》）总管汉人事务的韩知古家族成为辽国最为显赫的家族。其中，韩德让总揽辽朝军政大权，并被赐姓耶律。"这一中国历史上首开先河的政治模式，尊重了多民族社会的特性与需求。"③

从皇帝制度来看，辽国政治制度具有统一性，即统一于皇帝制度。但其社会结构具有二元性。汉族地区和非汉族地区各自保留着原有的社会组织，并通过它们将人口组织到辽国的政治体系中。

为了建构民族的主体性和便于国家管理，契丹人创立了自己的文字，以"创造出属于其自身的民族认同感和文化认同感"④。但这一文字是包括汉字在内的多种文字的混合体，不易使用。辽文化主要还是以汉字为载体。

以契丹人为最高统治者的辽国自成立之日，便处于二元混合的张力之中。对于耶律阿保机来说，"二元化的组织体系使他可以将新国家牢牢掌握在手中，而同时又让每个部落集团按照其习惯法进行统治。"⑤

辽国处于与其他民族和国家的并立和竞争状态。为了在竞争中保持其战斗力，辽国必须维持其原生的民族性，这是辽国的立足之本。

---

① 〔美〕费正清：《美国与中国》（第四版），张理京译，世界知识出版社，1999，第80页。
② 蔡美彪等：《中国通史》第六册，人民出版社，2015，第47页。
③ 〔德〕迪特·库恩：《儒家统治的时代：宋的转型》，李文锋译，中信出版社，2016，第23页。
④ 〔德〕迪特·库恩：《儒家统治的时代：宋的转型》，李文锋译，中信出版社，2016，第21页。
⑤ 〔美〕巴菲尔德：《危险的边疆：游牧帝国与中国》，袁剑译，江苏人民出版社，2011，第219页。

"其富以马，其强以兵。"尽管契丹建立城郭，但保留了古老的"捺钵"制度。"捺钵"是一种具有流动性的"行营"，因不同季节在不同地点居住，并成为辽国处理军政大事的中心。"四时捺钵制，使契丹贵族在接受汉文明的同时，仍能不废鞍马射猎，保持勇健的武风。"[1]

但为了获得生产力，辽国又必须面向南方，吸纳汉人。这是辽国发展的力量所在。如果固守原生的族群性，原有的族群连生存下来都很困难。契丹"古八部"的迁徙逃亡历史便说明了这一点。只有超越旧的族群性，吸纳更多的族群，才能壮大。辽国的崛起便是例证。建国者"所构想的是，既发挥匈奴帝国以来游牧国家的长处和优势，又补足并克服其短处和弱势；在保持国家的军事力量和能动性的同时，又提供安定性和持续性的那样一条道路"[2]。但在吸纳外族，特别是文明程度更高的外族过程中，也有可能使原有的族群性流失，作为族群根本的战斗力便会削弱。辽国的政治及其与其他民族的互动一直受这二元张力的制约和影响。"辽朝自阿保机以后，契丹贵族中不断出现争夺皇权的斗争，这些斗争往往结合着奴隶制和封建制、契丹文化与汉文化之间两种制度、两种文化的斗争，带有倾向改革还是倾向保守的斗争特点。"[3] 947年，契丹将王朝改称为辽；983年，王朝名称恢复为契丹；1066年，王朝名称又改回为辽。这种名称的频繁变动，反映了两种制度和文化的互动性。

当契丹人统一为一个整体民族并建立自己的国家时，还存在原始的族群性与后生的国家性的二元冲突。在摩尔根看来，"以人身、以纯人身关系为基础，我们可以名之为社会"。这种组织包括氏族、胞族、部落以及部落联盟及其之上的民族。"以地域和财产为基础，我们可以名之为国家。"[4] 氏族部落的重要基础是财产共有，社会分化程度极低，

---

① 蔡美彪等：《中国通史》第六册，人民出版社，2015，第66页。
② 〔日〕杉山正明：《疾驰的草原征服者：辽 西夏 金 元》，乌兰、乌日娜译，广西师范大学出版社，2014，第163页。
③ 蔡美彪等：《中国通史》第六册，人民出版社，2015，第71~72页。
④ 〔美〕路易斯·亨利·摩尔根：《古代社会》上册，杨东莼、马雍、马巨译，商务印书馆，1977，第6页。

人们通过部落及部落联盟处理个人事宜，形成强大的团体力量。国家的特性是拥有强制性的政权。一方面可以通过政权推动国家化，获得更大的力量；另一方面也因为权力的垄断性和等级性而造成社会的分化，财产关系成为主导性关系，人们通过政权处理财产等个人问题。在政权所控制的地域范围内，无论是哪个民族，只有获得权力，才可以获得更多的财产。这种因财产占有造成的社会分化和社会对立是一切民族和国家共有的特性。这一特性的扩张与原始共有的族群性会产生冲突，并会消解原生的族群性。

辽国由兴到衰，最根本的原因还是财产关系的变化，并受地域—民族关系的制约。契丹人建立国家后，通过战争获得巨大的财富并造成社会分化。这一状况一方面加剧了对权力，特别是最高权力的争夺，使政权极不稳定；另一方面加速了原有氏族部落团体的解体。特别是唐朝时重建的"八部"是对残余部落的重新收集，相互之间缺乏紧密的血缘联系，离心力强。团体内部的无序竞争和团结力的丧失，必然导致战斗力的下降。加上民众的反抗和佛教的盛行，使辽国日益失去原生的整体性和战斗性，并日益走向衰落。"契丹帝国距离阿保机创业已经过去了二百年，人们已经完全习惯于太平社会和安乐的生活，往日勇猛的游牧民们也已经彻底贵族化，国家和社会全面停滞不前。丢弃尚武精神已久的契丹王族和贵族们，热衷于可以满足娱乐和游兴的鹰猎，为此强索叫做'海东青'的鹰隼。"[1] 而正是这一事件成为契丹全面衰败的标志。

# 三 跨东西边陲的党项与夏

如果说契丹位于宋朝的东北部，党项则位于宋朝的西北部。党项人属西羌族的一支，有"党项羌"的称谓。羌族发源于"赐支"或者

---

① 〔日〕杉山正明：《疾驰的草原征服者：辽 西夏 金 元》，乌兰、乌日娜译，广西师范大学出版社，2014，第250页。

"析支"，即今青海省东南部黄河一带，是一个非常古老的民族。汉朝时，羌族大量内迁至河陇及关中一带。这时的党项族过着不知稼穑、草木记岁的原始游牧部落生活。他们以部落为划分单位，以姓氏作为部落名称，逐渐形成了著名的党项八部，其中以拓跋氏最为强盛。党项"每姓别为部落，大者五千余骑，小者千余骑"，"俗尚武力，无法令，各为生业，有战阵则相屯聚，无徭赋，不相往来。牧养牦牛、羊、猪以供食，不知稼墙"（《隋书·西域传·党项》）。早期的党项人衣、食、住皆仰赖畜牧，无文字、历法，以草木枯荣计算岁月，崇拜天神。党项人尚武而勇猛。"其民习于用兵，善忍饥渴，能受辛苦，乐斗死而耻病终，此中国之民所不能为也。"（《辽史·西夏外传》）同氏族的人须互相帮助，当受到外族人伤害时，必须复仇，未复仇前，蓬首垢面赤足，禁食肉类，直到斩杀仇人，才能恢复常态。这种游牧部落的整体团结性和战斗力是自然形成的。

在相当长的历史中，因为地域辽阔，人烟稀少，党项人过着与外界缺乏交往的生活，形成了自己的族群特性。"6、7 世纪时，党项社会是由'互不相统'的部落或'姓'组成的松散的联合体构成的，部落或姓的区别（或排列），以其各自能够召集的骑士数量为基准。"① 但随着中原的发展，党项人与外部，特别是与隋朝的交往更加多，并被纳入隋朝的地域，成为隋朝的一部分。隋文帝时有千余家党项羌人归属隋朝。党项族领导人拓跋宁丛等各率部落到旭州（今甘肃临潭县境）请求内附，隋朝授拓跋宁丛为大将军。唐朝初年，党项人中的八个核心部落及其他部落归附唐朝，唐朝在他们活动的地域设州，原来各部酋长分别担任各州刺史。唐末黄巢起义时，唐朝皇帝传檄全国勤王。党项族、宥州刺史拓跋思恭出兵，被唐朝授予"定难军节度使"，后被封为夏国公，赐姓李。党项拓跋氏集团因此有了领地，辖境包括夏、银（今陕西榆林东南）、绥（今绥德）、宥（今靖边东）、静（今米脂

---

① 〔德〕傅海波、〔英〕崔瑞德编《剑桥中国辽西夏金元史 907-1368 年》，史卫民等译，中国社会科学出版社，1998，第 157 页。

东）等五州之地，握有兵权，成为名副其实的藩镇。"以血缘关系组成的氏族部落，逐渐被以地域性的羁縻府州县所取代，在'爱受冠带，并服征徭'的新的政治条件下，同一地区生活的不同族姓的部落，也随之逐渐联合，形成了以地域为名的部落集团。"①

至唐朝，党项人通过归附已日益融入唐朝体系。但唐朝的衰败和灭亡，造成大量具有高度自治性的边地民族与唐朝核心地区的脱落，并自我治理，有的则独立为国。党项即是如此。在唐朝，党项人曾经受到来自几方的挤压。一是受到吐蕃的挤压，被迫离开故地。二是唐朝担心党项坐大，实行压制。北宋初年，党项人在依附宋朝时，对回纥、吐蕃展开大规模的攻掠，极大地加强了党项力量，扩展了统治领域。"党项人的社会组织便在不断内迁及与中原频频接触的过程中，逐渐由以血缘关系组成的氏族作为基础的部落，为地域关系的羁縻府州所取代。并将同一地区生活的不同族姓的部落联合起来，形成以地域为名的部落集团。"② 北宋宝元元年（1038 年），党项首领李元昊称帝，建国号大夏。其疆域占地二万余里，东尽黄河，西界玉门，南接萧关，北控大漠，成为横跨东西边陲地带的国家。西夏国"在以保有固有的语言和文化的党项族作为国人基础的核心成分、拥有立足于此的以精悍强勇的部族为单位的军事力量、占据控扼东西南北交通枢纽之地等方面，特征更为突出。总之，是个独立之心强烈的'边境王国'"③。由此构成了宋、辽、夏"三角权力制衡的第三边"④。

建立西夏国的党项族极具建构性，也就是在原始部落状态的基础上建构一个具有独立性和整体性的民族。它不是由部落、部落联盟到

---

① 向燕南、罗炳良、王东平：《历史文化认同与中国统一多民族国家》第三卷，河北人民出版社，2013，第 64~65 页。

② 向燕南、罗炳良、王东平：《历史文化认同与中国统一多民族国家》第三卷，河北人民出版社，2013，第 8 页。

③ 〔日〕杉山正明：《疾驰的草原征服者：辽 西夏 金 元》，乌兰、乌日娜译，广西师范大学出版社，2014，第 239 页。

④ 〔德〕迪特·库恩：《儒家统治的时代：宋的转型》，李文锋译，中信出版社，2016，第 26 页。

民族自然成长起来的，而是在同外部世界的交往中，特别是在多方挤压中形成民族意识，并利用合适的时机自我建构起来的次生民族。党项作为一个族群长期处于多方挤压之中。党项建立的西夏国，在地域上面临多方强国的挤压。东北有大辽，东边有大宋，西边有回鹘，西南边有吐蕃。相对周边，西夏国不仅地域面积较小，而且经济文化相对落后。如何建构一个具有同一性的民族和国家成为党项人的头等大事。

首先，党项人长期以氏族部落为主要行动单位。在各方挤压下，党项人主要是以部落为单位求得生存，包括对汉族和其他民族的依附。他们不可能像北方草原上的游牧民族那样在茫茫大草原上，在没有外来因素的情况下，通过氏族部落的结盟而结合部落联盟，进而形成一个具有整体性的民族。这种氏族部落单位传统使党项人在建构一个民族时具有部落分化的特征，其统一的民族基础不牢固。

其次，党项人只有建构统一性的民族才有立足之本。尽管氏族部落具有超强的内聚力，但毕竟规模有限，难以对抗外族的挤压。党项人只能在多方挤压的夹缝中求得生存。他们不可能像大漠上的游牧民族那样通过部落联盟自然联合为一个更大的群体。而为了族群整体的生存和利益，党项人必须建立一个超越部落、跨越部落联盟的统一性民族和国家。党项首领李德明说："我族有三十年不穿皮毛，而能穿着锦绮的衣服，这都是宋朝的好处。"其子李元昊则表示："穿皮毛，事畜牧，是我们本来的习俗。英雄应当成霸王之业，何必穿锦绮。""我们所得俸赐，只归自己。可是，众多的部落都很穷困。我们失掉了部落，还怎么能自守？不如拒绝朝贡，练习兵事，力量小可以去掳掠，力量大还可夺取疆土，上下都能富裕，何必只顾我们自己。"[1]　正是基于这一认识，李元昊称帝建国，废掉唐、宋所赐的李、赵姓氏，改姓嵬名氏。

党项建立西夏国之后，极力强化其民族的主体性。一是以兵马为

---

①　蔡美彪等：《中国通史》第六册，人民出版社，2015，第152~153页。

要务。"党项族是十五岁至六十岁的男子尽数为兵。"① 二是改用党项称号。三是立本族年号。四是创立本族文字。五是建立本国国都。六是下令秃发，不服从命令者杀头。七是保持原始习俗。"出兵前各部落首领要刺血盟誓。元昊率领各部首领在出兵前先外出射猎，猎获野兽，环坐而食，共同议论兵事，择善而从。这实际上是一种贵族议事的制度。"②

尽管党项建构其民族主体性，但无论如何也无法排除汉族的影响。这是其建立国家所必需，也是必要的。党项不可能在没有任何基础的"空地"上建构自己的民族主体性，而只能利用已有基础。这是因为党项立国后的社会基础发生了很大变化。首先是除了传统的游牧业以外，农业和手工业发展起来了。其次是大量外族，特别是汉族人口进入西夏地域。更重要的是汉族的文化和国家制度已成长数千年，达到很高水平。党项要有效治理国家，就必须吸纳汉族文化和制度。西夏文字是依据汉字改制成为方块文，专门设立汉字院，用西夏文字翻译汉文化经典。实行汉制官职，管理政务的官员吸纳汉人。建立"蕃官"和"汉官"并行的政治制度，实行"蕃礼"与"汉礼"两种文化。

党项吸纳汉族文化和制度，最重要的是维持统治秩序。尽管李元昊建族立国是出于部落团体考虑，但是，国家本身便是社会分化的产物，并因为强制性权力而不断再生产社会分化和社会冲突。原有的部落团体进入国家体系中，势必根据其权力大小获得财富。人们不再只是通过部落团体处理个人事务，更要通过国家获得和占有财产。面对国家权力，势必产生激烈的竞争。而党项以部落为组织单元，国家未能解构部落结构。不同姓氏家族、不同氏族部落为了获得利益，相互之间激烈竞争，并习惯性以暴力解决。西夏立国之后，最高统治权力的更迭呈现频繁无序状态。这又会导致本就不坚实的民族统一性的迅速流失。而相邻的汉族早已形成一整套政治规范和秩序。即使皇帝无

① 〔日〕杉山正明：《疾驰的草原征服者：辽 西夏 金 元》，乌兰、乌日娜译，广西师范大学出版社，2014，第241页。
② 蔡美彪等：《中国通史》第六册，人民出版社，2015，第159页。

能，成熟的政治制度也能支撑国家在既有的轨道下运行。吸纳汉族的文化和制度是维护最高统治权力有序更迭和运行的必要措施。坐西向东是不二法门。这便是宋人所谓的"称中国位号，仿中国官属，任中国贤才，读中国书籍，用中国车服，行中国法令"（《宋史·夏国传》）。

当然，东向汉族势必会弱化党项赖以生存的主体性——兵马为要务，即"吾朝立国西陲，射猎为务"①。因此，从建族立国开始，维护族群的主体性与推动族群的开放性便构成一对尖锐的矛盾。这一矛盾在其他族群中也存在，只是由于党项处于四方强力的挤压之中，矛盾更为突出。统治集团的更迭与废兴汉礼密切相关。在多方强力的挤压下，这一矛盾最终导致党项族的分化衰败和西夏国的灭亡。

## 四　跨东北中原的女真与金

从中国的起源看，中国是一个由核心地区逐渐向外扩展的国家。越是遥远的地带受中国核心地区的影响越小，尤其是在那些地理和气候条件有较大差异的地方。中国遥远的东北边陲地带，地域辽阔，天气寒冷，长期处于未开发的原始状态。女真人最初便发源于这一地带，起初以渔猎为生，后有了游牧业和农业。部落是其基本的组织方式。人们因血缘关系不同而分为不同的部落，互不统属，各自生活。

直至公元 7 世纪，女真人才作为一个民族存在。这一民族的形成及其特点与中国由核心地区向北边扩展的国家演进路径密切相关。女真人原称靺鞨，分布范围较广，受中原王朝的管辖和影响程度不一。南边女真人受影响的程度比北边的要高。唐朝解体后，南边的女真人为辽朝直接统辖，被称为"熟女真"；北边的被称为"生女真"，居于松花江以北、宁江州（今吉林扶余石头城子）东北，直至黑龙江中下游。

"生熟女真"的区别意味着社会形态发育和受中原王朝影响的程度

---

① 蔡美彪等：《中国通史》第六册，人民出版社，2015，第 178 页。

不一样。"'生女真'生活在辽朝的势力范围之外，仍然沿袭着林中人、狩猎者和捕鱼者的古老的生活方式。"① "生女真"长期保留着原始状态，以氏族部落为组织方式。生女真各部落，规模大的有数千户，小的只有千余户，他们自己推选酋长，各自为政，过着渔猎、游牧、采集的原始生活。其中的完颜部较大。在完颜部的主导下，部落之间形成联盟。只是这种联盟更多的是一种临时需要，很不固定。中原政权跨越长城，向北扩展，促进了东北地带各个族群之间的交往，加速了社会进化，但在交往中也增加了冲突和危险。冲突和危险则强化了女真部落的联盟，特别是固定联盟。因为各个部落只有通过固定联盟才能壮大团体力量，应对外部危险。对于以渔猎、游牧为生的女真人来说，生产便是战斗。人们从小就练习骑马和射箭，长大后都是骑射能手。特别是狩猎和对外作战，都需要弓箭作为工具和武器，冶铁业因此得到迅速发展，除了提高生产力水平外，还极大地增强了对外作战的能力。拥有强大军事能力的军事部落联盟，成为女真人最重要的特点。史称"女真兵若满万则不可敌"（《金史·太祖完颜阿骨打纪》），"金兴，用兵如神，战胜攻取，无敌当世，曾未十年遂定大业。原其成功之速，俗本鸷劲，人多沉雄，兄弟子姓才皆良将，部落保伍技皆锐兵。加之地狭产薄，无事苦耕可给衣食，有事苦战可致俘获。劳其筋骨以能寒暑，征发调遣事同一家。是故将勇而志一，兵精而力齐，一旦奋起，变弱为强，以寡制众，用是道也"（《金史·兵志》）。

契丹的兴盛与辽国的建立加速了女真的崛起。辽国定都于今东北靠南的地带。向北扩展是辽国的必然走势。除了将"熟女真"纳入辽国的直接统辖之外，"生女真"也是辽国扩展的对象。辽朝在"生女真"的地域上设立王府加以管辖。只是这种管辖停留于外部形式，并没有改变其内在的部落组织和部落联盟结构。但管辖意味着束缚、强制和压制。这是信奉强势理念的游牧民族的基本国策。这种压制导致

---

① 〔德〕傅海波、〔英〕崔瑞德编《剑桥中国辽西夏金元史907-1368年》，史卫民等译，中国社会科学出版社，1998，第228页。

了长期处于自然自治自由状态的女真人的反抗。

1113 年，完颜阿骨打统一了女真各部，并以少胜多，大破辽军。由于辽国当时正处于衰败期，内乱不断，女真人乘势主动进攻，于 1115 年驱逐契丹统治，建立大金国。

恩格斯在论述野蛮时代向文明时代转变时，说到因为交往的扩大和财富的增加，"邻人的财富刺激了各民族的贪欲，在这些民族那里，获取财富已成为最重要的生活目的之一。他们是野蛮人：掠夺在他们看来比用劳动获取更容易甚至更光荣。以前打仗只是为了对侵犯进行报复，或者是为了扩大已经感到不够的领土；现在打仗，则纯粹是为了掠夺，战争成了经常性的行当"①。如果说女真对辽的打仗主要是基于对侵犯进行报复，那么，这之后，便主要是为了扩大领土和掠夺。金建国后，一路向南，先展开以辽五京为战略目标的金灭辽之战，并在很短的时间内攻打下了辽国的北方首都上京，灭辽成功后获得辽国的大部分土地。随之再向南，1126 年，金人占领了宋朝的首都开封，后定都于开封。

女真人在建国前便是能征善战的战斗民族，后以军事力量建国，建国后便一路南下，一直处于战争状态。随着地域的扩大、异质性人口的增加，原有的氏族部落组织已远远不够，必须建立国家组织进行治理。在这一过程中，女真人吸纳了许多外族，特别是汉族的元素。如实行皇帝集权制度，沿用宋和辽的官制，实行州县地方制度，吸收汉人对汉地进行治理，发展农业和手工业等。皇家子孙学习汉文经典，"徒失女真之本态"，"宛然一汉家少年子也"②。

但是，对于女真人来说，从民族统一到建立国家，再到灭掉辽宋，依靠的是强盛的军事力量。从军事人员的数量看，女真远远不及于辽国和宋朝，女真能够获得胜利，在于极具团体组织性的军事力量。这一力量源于长期历史上的部落和部落联盟内生的团体性和统一性。随

---

① 《马克思恩格斯选集》第 4 卷，人民出版社，2012，第 180~181 页。
② 向燕南、罗炳良、王东平：《历史文化认同与中国统一多民族国家》第三卷，河北人民出版社，2013，第 81 页。

着南下的军事战争，女真人原有的军事组织体系一直保留下来，同时在此基础上加以扩展。特别是当他们进入汉人地区之后，唯恐失去自己的核心竞争力，而努力保持和维护原有的民族特性。

女真人在建立金国后，实行皇帝制度，有助于集中权力开展对外战争。在皇帝制度之下，保留了军事贵族制度。勃极烈制度是部落贵族军事制度。这一制度经过修订，成为金朝中枢的政治、军事统治机构。特别是伴随军事征战，大量人口编入贵族管辖中的军事组织，增强了军事力量。

在地方和社会治理方面，猛安谋克制与州县制并行。猛安谋克是女真族在氏族社会末期的部落联盟组织。"猛安谋克的军士们无论酋长还是平民，都生活在一起：'略不间别，与父子兄弟等'，普遍过着俭朴的生活。"① 完颜阿骨打强化和壮大这一组织，以三百户为谋克，十谋克为猛安，将大量外族士兵编入其中，形成军事部落组织。而原有的部落联盟居于核心地位。

在发展农业和手工业的同时，女真人努力保持着狩猎、畜牧等生产和生活方式。这是部落组织团体性和战斗力的源泉所在。

为了进行更大范围的治理并建构自己的民族性，女真人创建了自己的文字，并要求广泛推广。金世宗"禁止女真人穿戴汉人的服饰，禁止他们采用汉人的姓名。皇室的亲王，凡是已经取了汉名的，必须恢复他们童年时的女真原名。宫廷中只准讲女真语，宫廷侍卫凡忘记了女真语的，必须重新学习。女真的歌者遵命在皇帝面前演出复活旧俗的节目"②。

在仿照汉人建立固定的都城宫室的同时，继承"捺钵制"，皇帝贵族外出射猎，"以保持女真服劳讲武的传统"③。

---

① 〔德〕傅海波、〔英〕崔瑞德编《剑桥中国辽西夏金元史 907-1368 年》，史卫民等译，中国社会科学出版社，1998，第 283 页。

② 〔德〕傅海波、〔英〕崔瑞德编《剑桥中国辽西夏金元史 907-1368 年》，史卫民等译，中国社会科学出版社，1998，第 289 页。

③ 蔡美彪等：《中国通史》第六册，人民出版社，2015，第 291 页。

女真人在建国后向南的大扩展中，努力保持自己的民族性。这是其核心竞争力。但是，"尽管有这一切将女真人与汉人隔离以及保持民族特性的良好愿望，越来越多的女真人还是融合到了这个国家占大多数的汉人之中"①。随着地域的扩大和财富的增多，女真人的核心竞争力日益弱化。特别是"北宋的北方领土在1127年落入金的手中后，区区百万女真人成了掌握权力的少数种族。除了在政治上和文化上向其周围大约2000万汉人臣民妥协之外，他们别无选择"②。金国立国时间不长，未能适应新的形势，形成一套新型的稳定有序的国家制度来处理个人和财产问题。"女真贵族在金朝的统治中处于核心的地位，掌握着最高统治权，在各级统治机构中占有绝对的优势，享有各种政治经济特权。即使是一般的猛安谋克女真户，也是金朝社会中受到特别关照的一个阶层，其地位远在汉族等族民户之上。"③ 在金世宗看来，女真人只能依靠女真人，但女真人已不是当初的女真人了。"他目睹了女真社会的瓦解、人民道德的堕落和日益增多的犯罪行为。"④ 统治者与被统治者之间的贫富差距急剧扩大。占有大量土地的贵族不会种田而将土地卖给汉人农民，由此成为社会的寄生者。"他们的传统价值、习俗甚至语言在新环境中被快速遗忘，这种情况在朝廷的贵族们那里尤其显著。"⑤ 金世宗试图极力阻止这一趋势，但已无法遏制。"他企图通过压抑'新强'的办法制止猛安谋克女真户因受到中原经济文化的影响而发生的贫富分化，以继续保持猛安谋克组织的完整和战斗力。"⑥ 但是，他的努力收效甚微。"对中原本土的女真人来说，传统的部落习

---

① 〔德〕傅海波、〔英〕崔瑞德编《剑桥中国辽西夏金元史 907–1368 年》，史卫民等译，中国社会科学出版社，1998，第 289 页。

② 〔德〕迪特·库恩：《儒家统治的时代：宋的转型》，李文锋译，中信出版社，2016，第 76 页。

③ 王德忠、赵永春主编《中国大通史·金》，学苑出版社，2018，第 14 页。

④ 〔德〕迪特·库恩：《儒家统治的时代：宋的转型》，李文锋译，中信出版社，2016，第 78 页。

⑤ 〔美〕巴菲尔德：《危险的边疆：游牧帝国与中国》，袁剑译，江苏人民出版社，2011，第 229 页。

⑥ 王德忠、赵永春主编《中国大通史·金》，学苑出版社，2018，第 12 页。

俗没有多少吸引力。"① 社会的变化造成女真人的核心竞争力迅速流失。

在核心竞争力更强的蒙古人面前，女真人难以应对，金朝为蒙古人所灭。

## 五　宋与辽的二元互动均衡

从秦汉以来，中原王朝与周边民族的互动在不同时期有不同特点。在汉朝主要是汉帝国与匈奴一对一的互动。魏晋南北朝和"五胡十六国"时期，互动主体多元且碎片化。进入隋唐，由一个汉民族主体与多个非汉族主体互动。至宋朝时，互动主体主要有宋、辽、夏、金和蒙古。互动主体的力量相对均衡，其崛起阶段有先有后，由此形成多种互动形式。

宋与辽是在唐朝解体后产生的。宋朝继承了唐朝的主体部分。辽国与宋朝紧紧相邻，且占据了传统的汉族地方。因此，宋与辽的互动最早发生，长时间限于两个民族和国家之间。

作为传统汉地的燕云十六州，无疑是宋辽互动的开端和焦点。宋朝在统一南方，有了稳固的后方时，很快就开始了收复燕云十六州的行动。宋太宗亲领大军，试图借军事胜势一举收复，但遭到了严重挫折，宋太宗侥幸脱逃。宋初的宋辽互动类似于汉初。汉初刘邦亲领大军与匈奴作战，结果受到严重挫折，之后汉长期实行和亲政策，直至汉武帝转向积极进攻。与汉有所不同的是，宋太宗受到的军事挫折更为严重。燕云十六州在地理上具有重要的战略地位。以马为作战工具的机动性，使契丹人可以超越长城的天然地理屏障，奔驰于华北大平原，并直逼宋朝都城开封。位于大平原地带的开封缺乏天然的地理屏障，但它作为首都有多种因素。其中的重要因素之一是更接近大运河，便于从南方源源不断地输送粮食。燕云十六州的割让和定都开封，使

---

① 〔美〕巴菲尔德：《危险的边疆：游牧帝国与中国》，袁剑译，江苏人民出版社，2011，第230页。

宋朝处于十分不利的地位。"太宗既不能一鼓作气,克复燕蓟,势只有安边息民。而唐代方镇之乱,起自边境(范阳),延及内郡,又是宋所深虑。"①

更重要的是,宋朝建国后的国策和体制使之缺乏向北进击的意识和能力,难以再产生汉武帝这样的君主。宋朝是经由五代十国地方军阀割据产生的,开国的宋太祖本人便是拥有暴力组织的军队首领。他本人是以暴力"黄袍加身"的当事人,也可自然推延出暴力同样可以将皇袍加于他人之身的逻辑。为此,他以"杯酒释兵权"的方式削掉军事首领的权力,同时实行以文制武,建立起与士大夫共治的文人体制。宋朝建立后,强干弱枝,强化中央权力,弱化地方权力,军事力量主要布置于首都,但首都又处于难以防守的位置上,缺乏地方力量的卫护。地方"一兵之籍,一财之源,一地之守,皆人主自为之"(《叶适《水心集》卷四《奏议》)。由于地方力量十分空虚,"敌至一州则破一州,至一县则破一县"(《宋史·文天祥传》)。越是宋朝早期,越是如此。在这一格局下,宋朝不仅很难主动组织进攻,就是防守也十分困难。

对于契丹人来讲,燕云十六州使他们获得了绝佳的地理优势。契丹人建立辽国后,不断在北方扩展,地域版图日益扩大。但北方地区的扩展并没有太大的经济收益。不仅如此,版图的扩大会增加统治成本。而建立辽国后的统治者对财富增长的渴求也在无限放大。这不能不使契丹人向南扩展,以从宋朝获得更大利益。因此,辽国建立后,契丹人多次南下侵扰,并直逼宋朝首都开封。尽管宋朝组织了防守,但难以化被动为主动。双方签订了"澶渊之盟",宋每年给辽绢20万匹、银10万两,开放边境贸易,双方为兄弟之国,宋真宗尊辽国承天太后为叔母。

"澶渊之盟"对于宋和辽都是一件具有特别重要意义的大事。"澶渊之盟"之后的上百年,宋和辽之间再也没有发生大的战事,"为世界

---

① 萨孟武:《中国社会政治史》(宋元明卷),三联书店,2019,第23页。

史上所罕见"①。在宋和辽看来，这是双方在当时的条件下都能接受的结果。"澶渊之盟是在意识形态要求之上的政治务实主义的巨大成功。它为一个世纪的稳定与和平共处铺平了道路，并通过两个宫廷之间不间断的使团互访得到加强和保障。"②

对于宋朝，以经济换取和平。"澶渊之盟"之前，宋真宗上台后勤政治国，北宋进入所谓的"咸平之治"，土地耕作面积增至 5.2 亿亩，粮食亩产量从唐代 2 石提升到 3 石，国家收入大大超过了唐朝。宋朝的生产力水平大有提高。在当时的战斗力尚不足以北上抗辽的情况下，宋真宗选择了以经济换取和平的方针。宋每年提供的财和物在整个国家财政中占比不大，能够承受。当时宋年收入 1 亿两白银，而一场中等规模的战事所耗费的军费就高达 3000 万两白银。相比之下，30 万两的岁贡只是九牛之一毛。更重要的是能够保证经济持续发展有一个和平的环境。这一决策表明宋朝的理性化思维达到很高的水平，能够在特定的条件下，对双方的力量进行对比，对成本和收益加以计算。以经济换取和平是收益最大化的决策。

对于辽国，以武力换取经济利益。辽的优势在于军事战斗力，弱势在于生产力。尽管占据的燕云十六州具有地理优势，但其生产力水平低于南方。辽国虽然可以通过燕云十六州长驱直入华北大平原，直抵宋朝首都，但会遭遇宋朝军民的抵抗，后续的支持也难以保障。对于初建的辽国来讲，更为重要的是稳定政权统治和自己的核心区域。他们对于发展农业生产力还很外行。宋朝能够每年给他们提供固定的经济收益，正是他们所稀缺，也是最为需要的。正因为如此，辽不仅接受"澶渊之盟"，而且确实对宋再无大的侵扰。以武力换取经济利益对于辽是收益最大化的决定。

当然，决策沿袭时间越长，越会积累成一种惯性思维。宋朝以经

---

① 〔日〕杉山正明：《疾驰的草原征服者：辽 西夏 金 元》，乌兰、乌日娜译，广西师范大学出版社，2014，第 190 页。

② 〔德〕傅海波、〔英〕崔瑞德编《剑桥中国辽西夏金元史 907－1368 年》，史卫民等译，中国社会科学出版社，1998，第 109 页。

济利益换取和平，辽国以武力换取经济利益毕竟是不对等的两股道。"澶渊之盟"并不是平等之约。特别是从华夏文化优越的角度看，宋真宗称辽国承天太后为叔母便带有屈辱性。"中国人自以为'天朝上国'是文明世界的中心、中国皇帝是天底下唯一统治者的观念也就差不多沦为夸夸其谈了。"① 从现实主义的角度看，燕云十六州更是战略要地。"澶渊之盟"之后，辽尽管对宋没有大的战事，但是利用宋与他国互动的机会，索取更多的财物。只是这种索取是在宋可以接受的范围之内。宋在以经济换取和平的过程中，并没有遗忘具有战略意义的燕云十六州。只是和平时间越久，战斗力越弱。宋本想借用金的力量收复燕云十六州，但是金比辽的战斗力更强。宋不仅未能收复，反而只得改向金提供岁赋。

毕竟生产力只能创造财富，而不能直接保护财富。这也是北宋最后沦亡于金的重要原因。

# 六 宋与夏的二元互动对峙

在唐朝崩溃后，处于西北边陲的党项族建立夏国。但作为唐朝核心区域继承者的宋朝并不给予承认，要求其继续以附属者而存在，定位于地方民族政权。但夏国要求在名义上可以对宋称臣，宋实际上承认夏国，册封帝号。而这不为宋所许。宋朝不仅在政治上施压，而且在经济上加以制裁，中止商业贸易，这造成党项人生活的严重不便。宋与夏之间的矛盾日益激烈，军事冲突不可避免。军事行动主要在宋与夏的边陲地域展开。

一般来看，在宋与夏之间的互动中，两者的国家实力是非常不对等的。宋朝的人口超过夏国 20 倍。不仅军事人员多，且兵源基础大。宋朝的农业经济发达，经济发展水平高，能够为军事行动提供充分的

---

① 〔德〕迪特·库恩：《儒家统治的时代：宋的转型》，李文锋译，中信出版社，2016，第 44 页。

财力支持。夏位于西北，尽管有"塞上江南"的地方，但规模较小，不仅总体人口少，且支持军事行动的财政力量弱。

但是，宋与夏之间的军事能力又是非常不对等的。党项人"俗尚武力"，全民皆兵，生产生活与团体战斗融为一体。骑马既是日常生活，随时便可转换为军事行动。"居沙碛中，逐水草牧畜，无定居，便战斗，利则进，不利则走。"（《宋史·李重贵传》）在冷兵器时代，骑兵的战斗力远远高于步兵。在竞争激烈的游牧部落生活中，只有那些具有卓越军事指挥和组织才能的人才能为他人所追随，成为首领。首领直接在军事行动的前线领导和指挥作战。作为夏国国主的李元昊更是具有天才般的军事指挥才能。党项女性不仅能参与作战，而且可以成为卓越的军事指挥者。在长期军事战争中，党项人在武器装备上有特殊能力，所制作的装备处于先进水平。党项人在多方挤压下没有灭亡，进而整合为一个民族并立国，依靠的便是强大的军事能力。与此同时，夏的地域位于沟壑纵横的黄土高原，便于隐藏和突袭。党项人长期生活在这里，对这里的地形地貌熟悉，从而能够取得军事行动的主动性。"夏人所恃以强国者，山界部落数万之众尔。"（《宋史·兵志》）

对于宋朝来讲，军事人员是专业人员，训练有素。但相对于骑兵来讲，步兵的作战能力要弱很多。宋朝的军事决策权和调配权执于皇帝之手。而大多数皇帝长期深居宫中，缺乏军事才能，并要在远隔千里之外的地方进行指挥。宋朝以文制武。许多前线军事指挥官是文人，缺乏战争经验，包括著名的范仲淹。宋朝军队不熟悉地形地貌，处于被动状态。且支持大规模军队作战的后勤难以有效保障。更重要的是军队力量衰弱。"国家承平日久，兵士失于训练。现在每指挥武艺精者不过百余人，其余都是疲弱不可用。"[1]

因此，尽管宋的国家实力要强于夏，但军事能力要大大弱于夏。正因为如此，在宋与夏的数年战争中，夏连续获得胜利，宋损失惨重。

---

[1] 蔡美彪等：《中国通史》第五册，人民出版社，2015，第117页。

1044 年 12 月，宋与夏签订"庆历和议"。宋朝接受李元昊"建国时提出的条件，册封元昊为夏国主，夏对宋仍保持名义上称臣。宋每年'赐'给夏国绢十三万匹，银五万两，茶二万斤。另在各节日和元昊生日共赐银二万两，银器二千两，绢、帛、衣着等二万三千匹，茶一万斤。夏、宋恢复往来贸易。夏国经过连年的激战，终于获得宋朝的承认。"①

"庆历和议"是宋和夏双方都可以接受的产物，也是国家整体能力与军事战争能力相互平衡的结果。尽管夏国得到承认，但在名义上称臣。宋给予夏的财物是"赐"。这与辽和宋的关系完全不同。夏在战争中占据的土地归还给宋。保持双方边关和平，重新开放双边贸易。这表明，夏仍然处于唐朝时期羁縻政策的总体框架之内。对于夏来讲，达到了最初希望得到宋朝承认的目的，获得了大量财物，恢复了往来贸易。夏作为一个资源十分有限的国家，不可能向东进击，进入中原核心区域。"元昊虽数胜，然死亡创痍者相半，人困于点集，财力不给。"（《宋史·夏国传》）正是因为双方都可以接受，"庆历和议"后双方保持了一段相当长时间的和平。"'澶渊之盟'过了四十年后，北宋和西夏也迈入了大致同样的盟约关系。原有的契丹和北宋的关系，加上契丹和西夏的关系，形成了契丹、北宋和西夏这三国之间独特的三角关系，一时成三国鼎立之势。"②

"羁縻"的特点是时松时紧，全凭条件和意识。宋神宗时，宋趁夏陷入内乱时，对夏再次开战。其规模更大，数十万军队进击。但在夏朝女性统治者的领导下，宋军再次遭到惨败。"宋朝在这两次战役中共损失兵员 60 万，钱、粟、银、绢不可胜计。"③ 此时，宋的整体国力已不如前。数量庞大的军队需要消耗大量财富，而获得决定性胜利的时间遥遥无期。宋朝自此再无大的军事行动。西夏因为内乱不断，连年

---

①　蔡美彪等：《中国通史》第六册，人民出版社，2015，第 163~164 页。
②　〔日〕杉山正明：《疾驰的草原征服者：辽 西夏 金 元》，乌兰、乌日娜译，广西师范大学出版社，2014，第 243~244 页。
③　穆鸿利、武玉环主编《中国大通史·西夏》，学苑出版社，2018，第 62 页。

作战，贸易停止，财政困乏，也进入下坡阶段，缺乏能力和意识与宋长期作战。

宋与夏二元互动的结果，是宋未入夏，未能进行直接统治；夏未出夏，未直接造成对宋的威胁，双方处于对峙状态。"辽和西夏朝廷用这些来自宋朝的收入来维持他们的族人、同盟者对自己的忠诚，确保他们保持既有的政治力量。直到蒙古人出现在历史舞台之前，用进贡的方式确保和平共处一直是宋朝解决西北地区边境问题行之有效的方法。"①

# 七　宋、辽、金的三元互动

世界上许多事情是当事人未曾预料，却又转瞬即至的。对于女真人来讲，当初起事反辽，只是出于对辽压制的反抗。毕竟对于女真来讲，辽的力量太强大了。但是再强大的力量也有弱点，最高统治权的争夺更是致命的弱点。金正是在这一背景下以少胜多，在被强大的辽军打击下不仅能生存下来，而且企图吞并辽。当然，女真人毕竟只是在遥远的北方活动的一个小族群，他们的力量显然还很不够。但女真是一个善于结盟的民族，为了达到目标，可以与他人联盟，增强自己的力量。过往并不了解的宋朝成为女真的结盟对象。

在相当长的时间里，宋朝对于女真人知之甚少。毕竟女真远在北方边陲，且处于原始状态。在宋朝和金之间有一个庞大的辽国。"金乃新兴之邦，宋为积弱之国，宋金能够相安无事，实因辽在其间，为其缓冲。"② 与金相比，辽国则处于面对面的位置，宋对辽长期处于被动地位，燕云十六州更是如鲠在喉，得知女真人反辽，宋廷喜出望外。宋希望与金联合共同对付辽。

正是基于共同目标，宋与金签订了"海上之盟"，约定双方合作共

---

① 〔德〕迪特·库恩：《儒家统治的时代：宋的转型》，李文锋译，中信出版社，2016，第27页。

② 萨孟武：《中国社会政治史》（宋元明卷），三联书店，2019，第81页。

同打击辽。

尽管宋与金结盟，但彼此了解不多，合作的基础并不牢固，各有自己的利益。结盟之后，宋朝军队北上，牵制了辽的军队，使之不能全力应对金的进攻。但宋朝的军事力量太弱。特别是担任前线指挥的是皇帝宠信的宦官童贯，既缺乏军事经验，又只知迎合上意。尽管辽在军事上不敌金，但对付宋绰绰有余。宋对辽的战败，使金对宋有了进一步的了解。凭借强大的军事能力，金一举击败辽。"蒙古族契丹人这支逐渐走向文明、以和约的方式来确保其安全的民族，被凶猛的通古斯族女真人取代了。"[1]

战争是强者逻辑，强势更强，弱势更弱。敌人的敌人并不一定是自己的朋友。"海上之盟"本来缺乏牢固的基础。战争成果依靠的又是实力加以分配。"徽宗君臣一心只想依赖金朝，乘机取利，根本没有积极作战的认真打算。"[2] 进攻辽的宋军大败。"自神宗、王安石变法以来积存的军需，经此一战，几乎全部折损。"[3] 辽国被灭掉后，宋朝不仅未能如愿以偿获得预期的成果，反而将自己置于金的进攻之下。

对于金来讲，从他们成为对辽的进攻者那一天开始，其性质便发生了急剧的转变，即打仗纯粹是为了掠夺，战争成了经常性的行当。比辽更为富裕的宋则成了更好的掠夺对象。宋朝将提供给辽的财物转而提供给金，但未能如辽和夏一样，以经济换取和平，反而换来的是疯狂的掠夺和战争。在强大的军事进攻下，北宋被金所灭，造成了中国历史上罕见的"靖康之耻"。它不仅造成了财物的大量损失，更使作为国家代表的皇族受到极大的人身侮辱。"华夷结合的金帝国兼有草原的骑兵和华北的谷物，得以实施军事袭击，迫使宋室南迁。"[4]

北宋灭亡后，宋朝退至南方，宋朝的地域版图缩小到长江以南。

---

① 〔法〕勒内·格鲁塞：《草原帝国》上册，蓝琪译，商务印书馆，1998，第198页。
② 蔡美彪等：《中国通史》第五册，人民出版社，2015，第224页。
③ 蔡美彪等：《中国通史》第五册，人民出版社，2015，第225页。
④ 〔美〕费正清：《美国与中国》（第四版），张理京译，世界知识出版社，1999，第81页。

面对金的咄咄逼人的进攻，宋人的心理呈现出复杂的两面性：一是宋朝已退无所退，二是战无能力更无意识。这使宋的决策处于摇摆之中，主战与主和交替，且处于两端。主战者坚决，战斗力不断增强，出现了一大批具有卓越军事才能的人，如岳飞、韩世忠等人。在对金的战争中，宋还可以获得一些胜利。这是自宋朝建立以来是十分难得的。主和者同样坚决。这又会削弱宋朝的战斗力，如岳飞被杀。战斗力的弱化使宋难以北上收复失地，只能倚长江之险固守。

金灭掉北宋之后，也处于矛盾阶段。女真人作为一个遥远北方的小族群，得以先后灭掉大辽和北宋，这是他们起事时难以想象的，在战争中掠夺的财富更是超越了他们的想象力。他们能够获得如此战果，依靠的是原始的团体战斗力。"宋每年缴纳的贡银、绢帮助金国朝廷稳定了财政，并使女真王朝能在之后的近一个世纪中保持完整。"① 但是，掠夺所获得的财富太快太容易，使之缺乏足够的思想、心理准备，更无合适的制度安排。"由于太轻松地就颠覆了契丹和北宋，所以几乎无暇专心致力于国家体制的建设。……作为一个国家的整合和统一治理非常薄弱。"② 缺乏治理的权力和财富迅速吞噬和腐蚀着人的心灵，弱化了原始的团体战斗力。"女真贵族、官僚和猛安谋克上层分子竞相兼并土地，招募农民佃种，掠取地租。但长期不劳而获，生活腐朽糜烂，既不会生产，又不会打仗，完全变成一批'不耕不战'的寄生虫。"③ 其兴也忽，其衰也忽。自灭掉北宋之后，金的整体战斗力便开始弱化。而南宋的战斗力在增强，使金的进一步军事进攻受到挫折。与此同时，金在很短的时间内先后灭掉辽和北宋，需要进一步消化。毕竟长江之险对于北方游牧民族来讲，不是轻易能够逾越的。

① 〔德〕迪特·库恩：《儒家统治的时代：宋的转型》，李文锋译，中信出版社，2016，第 75 页。
② 〔日〕杉山正明：《疾驰的草原征服者：辽 西夏 金 元》，乌兰、乌日娜译，广西师范大学出版社，2014，第 246 页。
③ 蔡美彪等：《中国通史》第六册，人民出版社，2015，第 369 页。

正是基于此，金与南宋以长江为界，处于大体平衡的对峙状态。

# 八　宋、金、夏与蒙古互动

正当后崛起的金国先后灭掉辽和北宋，与南宋对峙之时，一个更为强大的草原游牧民族——蒙古崛起了，并很快由北向南参与宋时期的多方互动。

宋朝时期的中国疆域上一直处于多方互动竞争，又相对均衡的状态。先是宋、辽、夏并存与互动，相对均衡；后金灭掉辽和北宋，与夏、南宋并立互动，相对均衡。这一格局因为蒙古的崛起再次被打破。蒙古人成为主导者。

正当宋朝时期多国并存互动时，成吉思汗领导统一了多个草原部落，形成强大的蒙古民族，并建立了大蒙古国。蒙古人的核心部落发源于距离女真人不远的地方，是更为单一的游牧民族。游牧的游动性与军事的机动性更强。蒙古民族崛起后，便以咄咄逼人的气势向南进击。当然，"即使拥有军事天才和最佳的战争机器，如果不是恰好出现在适当的历史关头，成吉思汗也不可能成为世界的征服者。若在汉朝或唐朝，统一强大的中国可以轻而易举地制止他；……中国这时已分成三个小国：统治北方的金朝、控制南方的宋朝和西藏党项人建立在西北的西夏王朝。"[①] 由此为成吉思汗提供了历史性机会。

历史惊人的相似。女真人因受压制反辽，蒙古人则因受压制反金；女真人首领完颜阿骨打拒不服从辽国首领之命而反，蒙古人首领成吉思汗拒不接受金朝传诏而反。女真人在出河店以少胜多，取得打败辽国的决定性胜利；蒙古人则在野狐岭以少胜多，取得了打败金国的决定性胜利。宋与金联合攻辽，金灭辽后攻宋；宋与蒙古联合攻金，蒙古灭金后攻宋。

---

① 〔美〕斯塔夫里阿诺斯：《全球通史：从史前史到21世纪》（第7版修订版）（上册），吴象婴、梁赤民、董书慧、王昶译，吴象婴审校，北京大学出版社，2006，第229页。

在草原上疾驰的蒙古灭掉金国后，将矛头直指夏和南宋。夏和南宋，相对于辽和金来讲，力量较弱。疆域较小的西夏过往受北宋和辽国的挤压，不时与辽和北宋结盟，又不时反叛，在夹缝中生存。但是，党项人长期固守在夏，建城强关，一直保持着较强的战斗力。女真人崛起后南下势如破竹，不断迁都，实际上立足未稳。金未能灭夏，相互争战"十年不解，一胜一负精锐皆尽，而两国俱敝"（《金史·西夏传》）。蒙古人要破夏，也非易事。南宋时期的力量相对北宋时期更弱。但南宋据有长江天险。南方的地形条件对于骑兵来讲，没有特别的优势。"骑兵还不习惯长江以南的宽大河湖、泥泞的稻田和潮湿炎热的气候。"[1] 特别是至南宋时，其战斗力还有增强之势，并将金阻挡在长江以北。当蒙古以金为主要征服目标时，南宋助蒙古灭金，就如当年助金灭辽一样。金朝委派使君与宋谈和时说："蒙古灭国四十，以及西夏，夏亡及于我，我亡必及于宋。唇亡齿寒，自然之理。若与我连和，所以为我也是为宋。"[2] 但宋未能应允，仍然与蒙古联合。因此，在灭掉金的前后，蒙古并没有马上进攻夏和南宋。

蒙古人挟西征胜利的余威，向东回返，进攻夏国，其间经历了剧烈的战斗。蒙古人最伟大的首领成吉思汗死于征夏途中。在实力悬殊的情况下，夏终被蒙古所灭掉。

夏被灭之后，南宋成为最重要的征服目标。只是对南宋的征服远远超出蒙古的意料。蒙古人一方面采取大迂回包抄的方式从西南下云南，灭掉大理国；另一方面从长江中上游突破南下，但遭遇到顽强的抵抗。在据汉江之险的襄阳，蒙古久攻难下。在长江上游，蒙古人的进攻受到严重挫折，特别是其重要首领蒙哥死于四川。但是，宋朝的抵抗效果是有限的。"宋朝的官员们在英雄主义、忠诚和宿命论之间徘

---

① 〔德〕迪特·库恩：《儒家统治的时代：宋的转型》，李文锋译，中信出版社，2016，第 91 页。

② 蔡美彪等：《中国通史》第六册，人民出版社，2015，第 451 页。

徊不定。"① 只是借助于强大的军事能力，持续近半个世纪，蒙古才最终灭掉南宋。

蒙古先后灭掉辽、夏和南宋，将原有的多国并存的格局统为一体。其重要背景是唐朝之后的长城内外长期处于多民族并存和多个国家互动、竞争的格局。长期的互动、竞争，各国国力被消耗，形成力量相对均衡的格局。这种均衡是一种不稳定的均衡，随时都会因为某种力量的突然崛起而打破。正是金的突然崛起，打破了辽、北宋和夏的均衡。也正是蒙古的突然崛起，打破了金、夏与南宋的均衡。

宋朝时期的多元竞争均衡，是一种不稳定的均衡，还与国家成长和制度相关。尽管宋朝承接了唐朝的核心区域，国家成长的历史长，制度成熟。但所继承的唐朝历史遗产使之长期处于守势，既无能力也无意识由核心地区向外扩展。尽管宋朝做了不少尝试，但收获的大多数是失败。正是因为如此，那些非核心地区的族群通过整合，结合为国家，并以原始的团体战斗力获得生存空间，在与宋进行互动竞争中占据优势地位。只是这些后起者的民族和国家成长的历史短，始终处于维护自己的民族主体性与吸纳更为先进的文化和制度之间的二元冲突之中，未能形成一套新型的稳定有序的国家制度。依靠掠夺而带来的巨大财富使战斗力下降，又无生产力作为支撑。在竞争互动中，时而联合，时而反叛；时而投降一方，时而投降另一方，政治格局缺乏稳定性和权威性。依靠军事征服的民族最终会被更具强大军事征服力的民族所征服。金取代辽，蒙古取代金，便是这一逻辑的自然延伸。

## 九　从开疆拓土到精耕细作

宋朝时期的中国处于多个民族并立和竞争互动的过程之中。宋朝

---

① 〔德〕迪特·库恩：《儒家统治的时代：宋的转型》，李文锋译，中信出版社，2016，第92页。

是在唐朝解体后的分裂割据状态中形成的，它已难以像唐朝时那样一家独大，开疆拓土，无法由汉族核心区域向外扩展和延伸，造就大开放大包容的气象。多个民族的并存竞争使宋朝时期的中国从开疆拓土走向精耕细作。一是新兴民族建国前后励精图治，发奋图强。二是各个民族之间并立互动，充分挖掘和利用自己的优势进行竞争。由此使多民族中国的发展进入一个新的阶段，出现了新的变化。如果说唐朝时期的多民族中国是一种广度的外延式扩展，那么，宋朝时期的多民族中国则是一种深度的内涵式发展。

其一，加强了各个民族之间的深度联系。大唐是以唐朝核心地区为基点，向外扩展。这种扩展主要是表层的扩展。尽管唐朝通过"羁縻""册封""和亲"等方式对长城内外的地方进行了管辖，但更多停留在外部性的臣服。这种臣服关系并不牢固和持久。这些民族地方的内部结构没有根本的变化，且随着唐朝控制的力不从心而与唐朝分立和对抗。"唐维持对西域的间接统治，总共大约七八十年；而它拥有蒙古高原，则只有四十年而已。"正因为如此，有人将大唐称为"瞬间大帝国"。① 宋朝时期的中国，多个民族并存并相互联系。这种联系是动态的互动联系。在各个民族政权之下，存在多个不同的民族，他们长期共同生活，彼此认识和了解。特别是非汉族政权既努力保持本民族的民族性，又主动吸纳汉族文明。各个民族的要素在并立互动中流动和吸收。从表层看，宋朝时期的中国多民族并存，多个政权自立，但各个民族的交往和不同民族要素的流动潜藏于深处，并深深地影响着不同民族和国家的发展。多种文字的创立和一个民族政权中并存有多种文字，便是最生动的例证。因为文字是交往的载体，也是交往的需要，更是深度交往的条件。"辽、金、西夏的历史，既是与汉族为主体的北宋、南宋朝政治军事对峙的历史，也是北方少数民族融合的历史，

---

① 〔日〕杉山正明：《疾驰的草原征服者：辽 西夏 金 元》，乌兰、乌日娜译，广西师范大学出版社，2014，第ⅲ页。

是北方少数民族与汉民族融合的历史。"①

正是在既有区别更有联系的基础上，不同的民族政权创造了混合型的国家发展模式。这一模式尽管不同于过往中国的国家模式，但丰富了多民族统一国家的发展模式。如"契丹帝国不论是在其核心权力的构成方面，还是在统治多地域的领土方面，都是个地道的多种族国家。它尽管坚持以草原地域为核心区，但既不是纯粹的草原国家，也不是一开始就一味向农耕倾斜的国家，而是以游牧部族联盟为基础，组合畜牧、农耕和城市，创建出一个进一步集中了多种族、多地域的多元复合的混合体国家"②。"作为部族联盟和多种族的混合体国家，在这两点上西夏国和大金国是同样的。"③

其二，推动了经济社会的均衡和深度发展。唐朝主要是依托汉族核心地区向外扩展，重点在于民族地区的外在臣服。以唐朝核心地区之力也难以带动新开拓的广阔地区的发展，从而对于众多的地区和民族进行有机整合。况且，为了巩固核心地区和维护新开拓地区的臣服，唐朝更多的是利益输出。宋朝时的中国，多民族并存，多点开发。民族并立与互动不仅仅是军事的、政治的，同时也是经济的和文化的。处于边陲地区的民族，尽管经济发展落后，甚至处于原始状态，但随着民族的兴起，特别是政权的建立，不得不励精图治，在军事征服的同时吸收多民族元素，发展经济，从而使这些落后地区的经济发生超越式的变化。"在这些民族的努力下，整个边地社会的发展与中原地区的发展水平差距也逐渐地缩小，而新的统一的条件也在这不断缩小差距的过程中越来越成熟。"④ 边陲地区的经济发展与核心地区的经济发

① 向燕南、罗炳良、王东平：《历史文化认同与中国统一多民族国家》第三卷，河北人民出版社，2013，第12页。
② 〔日〕杉山正明：《疾驰的草原征服者：辽 西夏 金 元》，乌兰、乌日娜译，广西师范大学出版社，2014，第342页。
③ 〔日〕杉山正明：《疾驰的草原征服者：辽 西夏 金 元》，乌兰、乌日娜译，广西师范大学出版社，2014，第344页。
④ 向燕南、罗炳良、王东平：《历史文化认同与中国统一多民族国家》第三卷，河北人民出版社，2013，第9页。

展相互促进。"在金朝统治下的辽、宋旧境的四千四百多万人口中，汉族人民仍然是绝大多数。广大汉族人民与契丹、女真等各族人民的辛勤劳动，推动了社会生产力的发展，有些部门甚至超过了辽、宋时期的水平。"[1] 党项人本是西北边陲游牧民族，但随着与宋朝的互动，农业得以很快发展起来了。而在边陲民族地区经济发展的同时，宋朝争取到和平发展的时间，并为了应对外部竞争，其经济文化的发展达到了一个相当的高度，特别是内生的商品经济十分活跃。在邓小南看来，"就宋朝自身而言，其疆域面积远不及汉唐，而其统治所达到的纵深层面，却是前朝难以比拟的；就宋代文化的影响而言，其空间辐射面远远超越其统治区域，其长久效应也远远超越十一至十三世纪这三百年"[2]。

其三，改变了民族区域发展的路径和发展动力。帝制国家在发展路径上表现为两种方向："一个王朝建立在边疆以外或边疆之上，然后向内地推进，建立其对中国的统治；或者是在中国以内建立王朝，然后向外推进，建立其对边疆及边疆以外的统治。"[3] 在唐朝及其之前，中国的发展路径和动力主要是中心突破，即以华夏民族核心地区为基点向外扩展，以中心带边缘。正是基于此，华夏民族凭借经济和文化的优越感，将其他民族称为"蛮夷"。宋朝承继了华夏文明的正统，但不再有汉唐那样的气势和能力，从王朝建立开始便处于过往被视为"蛮夷"的压力之下。面对边陲民族的并存，宋朝更多处于守势。在整个宋朝时期，帝制国家的大互动和民族区域发展的发动者是边陲地带的民族，以边陲促进中心。尽管这种边陲突破和推动中心发展是以军事掠夺和占领的方式进行的，但它改变了华夏民族的单一发展路径，走向了中心和边缘双向互动的路径。边陲的野蛮人并不是一无是处。恰恰相反，文明到了"烂熟"之时，需要"野蛮"加以激活和再生。

---

① 蔡美彪等：《中国通史》第六册，人民出版社，2015，第319页。
② 〔日〕小岛毅：《中国思想与宗教的奔流：宋朝》，何晓毅译，广西师范大学出版社，2014，推荐序第 iv 页。
③ 程妮娜等：《中国历代边疆治理研究》，经济科学出版社，2017，第7页。

"'夷而进于中国，则中国之'这种古老的政治理念，在辽金元时期变为政治实践，由理想变为现实。"①

当然，在"野蛮"征服文明的过程中，伴随着大量的痛苦，甚至某些方面的倒退。更重要的是作为文明程度较高的民族，为什么为"野蛮"所征服？

在宋朝时期的中国大互动格局下，宋朝处于守势，甚至处于极为被动的局面。这与宋朝建立时的形势密切相关。唐朝的大扩展，促进了各个分散的族群之间的联系和交往，特别是唤醒了边陲族群的民族和国家意识。这些新兴的民族和政权建立后，以其原始的团体战斗力，发起了一波又一波的对文明宋朝的军事掠夺和征服。这是宋朝之前的华夏民族从来没有过的。汉朝时只是面对匈奴。唐朝时的汉族与非汉族的力量严重不对称，汉族地区居于绝对优势。但唐之后的宋朝所接受的是一个支离破碎的疆域。宋朝面对的北方游牧民族一个比一个更为强悍。在一波比一波更为猛烈的攻击下，宋朝只有招架之功，而无还手之力。

即使招架之功也不是自然生成的。在严峻的外部环境下，宋朝也有过励精图治。宋朝未再出现汉唐时期的皇权旁落。唐无外患而有内忧，宋有外患而无内忧。赵家天下稳稳的。

宋朝并不是一味地守成。相反，宋朝的改革在中国历史上是前所未有的。这些改革有所成效。与汉唐都出现了大规模农民起义不同，宋朝只有小规模的农民起义，国内矛盾相对缓和。"北宋时期的开封就是直到 19 世纪为止世界上人口最多的城市。"② 宋朝的文明达到了一个非常精致化的高度。

尽管宋朝有过励精图治，也有过深度改革，产生了难以企及的文明，但是其成效不足以应对严峻的挑战，特别是一波更比一波猛烈的边陲民族的掠夺和征服。其重要原因是核心竞争力的缺失。

---

① 程妮娜等：《中国历代边疆治理研究》，经济科学出版社，2017，第 33 页。
② 〔德〕迪特·库恩：《儒家统治的时代：宋的转型》，李文锋译，中信出版社，2016，第 191 页。

在宋朝，生产力达到一个前所未有的高度，而战斗力却下降到一个前所未有的程度，生产力和战斗力严重不均衡。生产力可以创造财富，但不能保护财富。仅仅有生产力，核心竞争力会严重削弱。特别是在民族并立和竞争的环境下。

核心竞争力的缺失与核心制度相关。在宋朝，"家天下"的中央集权官僚制达到极致，并陷入极度狭隘的境地。正"所谓'兵也收了，财也收了，赏罚刑政，一切收了'（朱熹语）"①。国家政权被视为一家，甚至一己之专属物。政治制度的安排围绕维护皇帝一家一人的权力。"皇权成为一切权力和荣誉的来源，又由赵氏家族一家一姓所独有，他人不得染指或问津。"② 从宋朝开国皇帝开始，便严防皇权旁落。不信任外人，也不信任内部人。为了皇帝权力，连亲人也要严加提防。对于皇族之外的人更是缺乏信任。尽管宋朝通过科举制度吸纳了大批有才能的人，但由于缺乏信任，很难发挥其应有的作用。因此，宋朝时专门投皇帝之好的所谓"奸臣"特别多，并受到重用。有天下意识的主要是士大夫，但又党争不断，甚至逞一时之气，作无谓之争。"当上皇帝的军阀，从不敢放松对别的军阀篡夺皇位的警戒。"③ 宋朝时期的军队数量并不少，多时达上百万人。但受到皇权限制和皇帝警戒，英雄无用武之地。"边防要地，派禁兵镇守，各镇守兵每年移动防地，浪费时间精力在道路上，名义是'习勤苦，均劳逸'，实际是要兵没有固定的将，将没有熟悉的兵，不容易联合叛变。"④ 而"以经常调换的将官，统率没有训练的兵士，所以战必致败，这是削兵权过甚的流弊"⑤。有战斗力的岳家军因为"赵家的国"的专制排他性而受到陷害。皇帝将国家视为一家一人之私物，天下人自然难以将国家视为自己的共同体加以拼命维护。皇权极端的"家天下"必然会导致天下人

① 蔡美彪等：《中国通史》第五册，人民出版社，2015，第27页。
② 张其凡主编《中国大通史·宋》上，学苑出版社，2018，第6页。
③ 〔日〕小岛毅：《中国思想与宗教的奔流：宋朝》，何晓毅译，广西师范大学出版社，2014，第52页。
④ 范文澜：《中国通史简编》下册，商务印书馆，2017，第390页。
⑤ 蔡美彪等：《中国通史》第五册，人民出版社，2015，第119页。

各自为家，社会趋于原子化。这种原子化的力量在强大的军事征服力量面前更难以形成有组织的和持续不断的反抗。抗战者不多，投降者不少。边陲民族因而"以汉打汉，以汉制汉"。南宋最后实际上亡于汉人指挥的军队之手。

核心制度的极端化又与核心文化相关。在宋朝，与"家天下"的中央集权官僚制达到极致同步的是，儒家文化也达到了一种极致的境界，其重要标志是理学的产生。理学的核心内容是将儒家观念日常生活化，建立起以上下尊卑为核心的秩序。这种秩序是内向的，是一种基于内心的服从。这种文化对于维护中央集权统治是十分有用的，能够将人的道德修养提高到一个全新的境界。但是，这种着重于内心修养的文化，缺乏原始的野性力量。文明在于人的思想，越是有思想，分化越严重，团结越困难。而那些刚从野蛮状态产生的新兴民族的整体性和一致性强。这正是那些新兴民族极力维护自己民族主体性，即野性力量的重要原因所在。宋、辽、夏、金、蒙古，一个比一个文明程度高，结果是最野蛮的蒙古将其全部灭掉。当然，新兴民族建立政权后，为了巩固秩序不得不接受汉文化，那已是另外一个层面的问题了。当宋朝将原有的汉文化推向极化时，没有努力吸纳其他民族原始的野性文化。而其他民族则努力将多种文化融合为一体，从而成为激活原有文明的有生力量。

当缺乏核心竞争力时，在联合他方力量中又处于被动地位，贪图局部利益较多，缺乏宏观的战略格局和长远视野，又在错综复杂的多元互动竞争格局中处于被动地位。往往是"前门拒虎，后门进狼"，不知金钱可以换来一时的和平而无法获得长远的和平。在多种力量相互竞争中，经济力量绝非万能。因为不同的民族，毕竟有不同的历史起点和思维认知。国家内外政策完全不同。国内致力于变，国外固守着不变。许多权宜之计，久而久之成为长远之计。如范仲淹所说："天下休兵余二十载'昔之战者'今已老矣，今之少者，未知战事。人不知战，国不虑危。"（《范文正公集》卷七《天圣三年奏上时务书》）

在宋朝时期中国的多民族并存和大互动中，宋朝未能担任主导性力量，未能延续中心和边缘扩展的路径，也未能实现对多民族的政治整合。还有些民族政权也未能担当这一角色。只是历史期待着有一个角色能够担当起这一重要历史使命。

宋朝时期中国的多民族并存和大互动，政权不断更迭，征服接二连三，政治现象眼花缭乱。但其背后有一种支配性的力量，这就是在地域—民族关系中，地域关系更加重要。从宋朝时期中国的多民族并存和互动进程，可以看出，新兴民族的崛起与对其他民族的征服，都与国家政权相关。国家是以地域关系为基础的。在由政权支配的国家地域上，不管是哪个民族的成员都要服从于国家政权，与政权的关系日益紧密。正因为如此，新兴民族在对原有的部落加以统一形成民族时，都很快建立国家政权，以通过政权的力量集合更大的力量，争取更大的生存空间。而这些新兴民族之所以在获得民族统一时，很快建立起政权，其重要原因是这些政权组织下的人民已不是单一的民族，而是多民族人民的共存。原有的氏族部落组织已无法容纳和组织如此众多的不同民族的人民了。而当政权成立后，便有了两面性：一是社会的公共性，二是政权统治者的私人性。不管哪个民族，只要建立了政权都会面临这两面性的内在张力。新兴民族运用国家政权的力量征服其他民族，在一定程度上体现了民族的整体利益；但政权统治者的私人性又很快导致不同民族和同一民族发生阶级分化。这种分化又会弱化新兴民族的战斗力，造成政治统治的衰败。一些新兴民族之所以被另一个所取代，就在于政权两面性发生了变化。作为核心地区的宋朝未能在民族并立和互动中担当主角，重要原因也在于政权。"皇室数传之后，往往失去蓬勃之气，而耽于安乐。求其守成，已经不易，更何能于艰难之际，奋发有为？皇室如斯，一般官僚上焉者持禄固位，多务因循；下焉者知国运之不长，又汲汲于营私舞弊，为身后之计。"① 蒙古"以新

---

① 萨孟武：《中国社会政治史》（宋元明卷），三联书店，2019，第103页。

兴之邦，攻腐化之国，当然是势如拉朽"①。政权的衰弱，造成民族被奴役。政权兴，民族兴；政权弱，民族弱，民族兴衰与政权强弱息息相关，为宋朝时期中国民族并立和互动竞争所反复证明。

在地域关系日益占据主导地位的情形下，只有通过更为强大的政权力量，才能推动多民族的整合，形成多民族统一的国家。而历史也呼唤出这一力量。这就是蒙古！

---

① 萨孟武：《中国社会政治史》（宋元明卷），三联书店，2019，第 150 页。

# 第七章
# 地域—民族关系中的蒙古征服
# 与国家大整合

随着大唐的衰败,原有的大唐疆域裂变成一个多个民族和政权分立的状态。北方蒙古民族在原生的游牧民族底色基础上形成强大的军事力量,横跨欧亚,将众多民族和广阔地域联结为一体。通过军事征服建立起来的元朝,不仅结束了中国长期分裂的状态,而且建立起一个民族众多、地域辽阔的巨大王朝国家,实现了全国性的总体整合。元朝作为中国第一个由非主体民族居于统治地位的全国性政权,建立起以蒙古人为统治主体、多民族参与的政治体系,形成前所未有的地域—民族关系。

## 一　由外向内的总体整合

唐朝之后,中国陷入五代十国的分裂割据状态。五代十国后的中国有了一定程度的整合,但处于多个民族和政权并立竞争,在互动中形成均衡。以战争为主要方式的互动,呼唤和要求通过整合获得统一性,避免持续不断的战争紧张状态,也避免人们在激烈的冲突和战争中自我毁灭。历史迎来了这一角色，它就是在中国北方草原崛起的蒙古族及其建立的元朝。

茫茫大草原上会不断生成强势民族，但这些民族能够在历史大舞台上扮演什么角色，发挥多大的作用，取决于历史时机。宋朝时期的中国没有唐朝的盛世气象，而处于低调的互动中，并改变着中国历史的原动力。

国家是由地域、人口和政权构成的，并处于变动之中。从中国的国家建立之日起，因为生产力和文化水平，国家演化的动力源于中心地区，在其内部，属于内源式发展和内生性演化。尽管也有过与长城之外的民族之间的互动，但总能以自己的文明消化外部性力量，这一走向至唐朝发展到顶峰。唐朝以中国核心地区产生的核心竞争力，向外扩展，推动了长城内外的多民族的大联结，产生了广泛的影响，成为华夏文明的辉煌代表。但由一个中心支撑广袤的多民族的地域，实在力不从心，唐朝已经达到那个时代的顶点。当中心力量日益衰弱，辉煌的国家从高处跌落而四分五裂。唐朝之后的宋朝只是勉强承接了唐朝的核心地区。面对多民族并立和竞争，宋朝没有能力也没有意识如唐朝那样去整合，反而是边缘地区，特别是北方草原的游牧民族对核心地区发起了一波又一波的挑战。宋朝在挑战面前基本只有招架之功，无还手之力，更不用说如汉唐那样，跨越长城，主动出击。这标志着，农业文明及其帝制国家至宋朝已到了烂熟的境地。它绝不是垂死的文明，且创造了无可比拟的农业文明，只是这种高度内向的文明已难以应对外部性的挑战，并难以整合其他的强势民族。在长城内外多民族并立并联为一体的格局下，国家整体变动的力量源泉发生了转换，这就是由长城之内转为长城之外。位于长城之外的辽、金和蒙古对长城之内地区发起的一波又一波的攻击便是鲜明体现。蒙古只是对辽和金的延续，如果说对于辽和金来讲，宋朝还能有所抵抗，对于更为强大的蒙古则实在无力加以抗衡。"蒙古最终担当了总合历史的角色。从国家、社会开始，各个方面的系统总合，历史性地落在了蒙古的头上。"①

这是因为蒙古是一个世界性的征服帝国。尽管大唐在它那个时代达到了一个世界高峰，但是，大唐主要是凭借强大的文明基础去扩展和影响相邻地区的，其疆域的构成路径是由内向外，先内后外，逐步扩展，形成圈层结构。最核心的区域是农业区域，外层的是内附的羁縻州府，再外层的是册封地区，更外层的是受其影响的地区。这种圈层结构因核心力量的强大而联结，又因为核心力量的衰落而解体，从长城之外回到长城之内。与大唐不同，蒙古是一个世界性的征服帝国。它放马由缰，横跨欧亚，超越地区性限制，以军事征服为己任。由蒙古人建立的元朝只是其庞大帝国联合体中的一部分。因此，代替宋朝出现的元朝，是由蒙古从长城之外的地方，由外向内形成的。蒙古在由外向内的路径中，不断吸收和融化，自我成长和扩展。

元朝的建立具有标志性。它是中国历史上第一个由非主体民族建立起来的巨大王朝国家。在其之前，尽管也有非主体民族建立的政权，但都限于一定的区域，甚至很小的区域之内，如五胡十六国。"少数民族在中原地区建立政权，统治中原地区的一部分，在中国历史上不乏先例，但是像元朝这样由少数民族建立起全国性政权，完成统一，在中国历史上是第一次。"②元朝更是包括长城内外广域地区和多个民族的王朝。这一国家的建立并不是偶然出现的，也不是军事征服随心所欲的产物。它是宋朝时期多民族并立和竞争大体均衡又难以自我整合为一体的产物。蒙古得以长驱直入，将金、西夏、南宋一一灭掉，在于之前的民族和国家在竞争火拼中力量衰竭，谁也无力全面整合。蒙古人以强大的军事征服的方式，灭掉金、西夏、南宋，最后达到了总体性整合，将宋朝及其更大地域联合为一体，形成统一的国家。

元朝时期的地域—民族关系发生了新的变化。元朝存在包括汉族、

---

① 〔日〕杉山正明：《疾驰的草原征服者：辽 西夏 金 元》，乌兰、乌日娜译，广西师范大学出版社，2014，第264页。

② 向燕南、罗炳良、王东平：《历史文化认同与中国统一多民族国家》第三卷，河北人民出版社，2013，第152页。

蒙古族在内的多个民族。在元朝的地域范围内，无论是哪一个民族，都服从统一的中央政权的管辖，不同的民族都要与国家权力发生联系。元朝的统治者从国家统治的角度，强化地域性治理，以地区组织国民，将不同民族的人民组织到统一的国家体系中来。地域关系居于主导地位。但元朝是由蒙古人建立的，蒙古民族居于统治地位。从人口看，蒙古人是少数，汉族人占多数，还有大量的其他民族。在以地域关系为基础的国家里，国家政权难以平等地"允许公民在他们居住的地方实现他们的公共权利和义务，不管他们属于哪一氏族或哪一部落"①。各个族群在国家统治的地域内，有不同的权利和义务，并形成不同的民族关系。这种民族关系的特性和变动又会制约和影响地域国家的变化。不仅各个族群，就是统治族群内部也存在矛盾和冲突。特别是蒙古作为一个征服帝国的联合体，其族群内部的矛盾和冲突更为突出。元朝由兴到衰正是受这一复杂的地域—民族关系的支配。作为一个由少数民族居于统治地位的王朝，元朝实现了全国性的政治统一，但要将多个民族，特别是属于被统治地位的汉民族整合为一体，比过往的国家整合要困难得多。

## 二　次生组织的军事征服

人类社会的成长是一个历史过程。不同的民族和国家在历史进程中的表现形式不一样。恩格斯在谈到野蛮时代和文明时代的转换中，指出了军事在民族和国家成长中的作用和性质。他指出，军事扩大了过往狭隘的氏族部落间的交往，氏族机构因此有了军事首长。"其所以称为'军事'，是因为战争以及进行战争的组织现在已经成为民族生活的正常功能。邻人的财富刺激了各民族的贪欲，在这些民族那里，获取财富已成为最重要的生活目的之一。他们是野蛮人，掠夺在他们看来比用劳动获取更容易甚至更光荣。以前打仗只是为了对侵犯进行报复，或者是为了

---

① 《马克思恩格斯选集》第 4 卷，人民出版社，2012，第 187 页。

扩大已经感到不够的领土；现在打仗，则纯粹是为了掠夺，战争成了经常性的行当。"① 在民族的成长过程中，大致都要经历这一过程。但是，并不是所有民族都会以掠夺为业，或者有以掠夺为业的能力。而蒙古族则是将战争作为经常性行当这一理念发挥到极致的民族。

在茫茫大草原上会生产和不断再生产出强大的游牧民族，但并不是所有的游牧民族都如蒙古那样能成为世界的征服者。除了时机以外，与蒙古族从原生形态的游牧民族迅速转换为次生形态的军事征服联合体密切相关。

蒙古的社会结构和民族统一进程与其他游牧民族相似。他们的强悍，他们的氏族部落，他们的部落联盟，他们面临的无穷无尽的部落战争，他们在部落战争中走向统一，形成整体性的民族，与其他游牧民族没有什么不同之处。但在实现民族统一这一历史的关节点上，蒙古显示其特异之处，并使其游牧民族的特性发生了重大转换，这就是从一个以游牧为生的民族变换为以征服他族为职业的军事征服民族。

蒙古作为一个统一的民族是从艰难困苦的部落战争中发展起来的。作为民族统一者的成吉思汗历经残酷的部落竞争，最终才将蒙古诸部落整合为一个统一的民族整体。"蒙古游牧人习惯了极寒极热的大陆气候，生活朴野，不畏劳苦，幼年熟练骑射，把掠夺看作生活中极重要部分。信奉萨满教，认为人死是往生别一世界，生活与现世无异，死并不可怕。这些条件，使蒙古人成为最能战斗的军士。"② 他们起初的"打仗只是为了对侵犯进行报复，或者是为了扩大已经感到不够的领土"③。但是为了取得战争胜利并巩固统一的民族，成吉思汗对原有的部落社会进行了结构性改革。

草原游牧民族为适应游牧生产和生活，以氏族部落为社会的基本单元。作为血缘关系单位的个体家庭高度依附于由多个家庭共同构成的部落组织，离开了部落组织，家庭难以独立存在。但部落组织规模

① 《马克思恩格斯选集》第4卷，人民出版社，2012，第180~181页。
② 范文澜：《中国通史简编》下册，商务印书馆，2017，第514页。
③ 《马克思恩格斯选集》第4卷，人民出版社，2012，第181页。

有一定的限度。随着军事战争的需要，一些民族开始按军事组织的方式组织游牧社会。在匈奴时代，便有"二十四长亦各自置千长、百长、什长"（《史记·匈奴列传》）。之后，比较典型的是金朝的猛安谋克。"猛安谋克是以千夫长、百夫长命名的一种军事组织，它源于原始的狩猎生产组织。在氏族社会中，出围狩猎是一种生产，围猎时要组织氏族部落的人员出动，一般的是按什伍的编制方法组织，作为军事组织就是从这里出现和发展起来的。"① 大体上是三百户为谋克，十谋克为猛安。成吉思汗所属的部落受金朝管辖，受猛安谋克组织的影响，并在持续不断的军事战争中强化了军事组织编制的作用。

游牧民族进入成吉思汗时代，部落整合十分艰难。"长城外游牧种族的勃兴，首先必须经过团结统一的程序。可是团结统一，在部落和氏族间极难实现，相互杀掠，结成不解的深仇，已是团结的大障碍，再加中国统治者，一向采用离间愚弄及武力摧残政策，务求那些游牧部落永远过着愚昧原始生活，无力侵入中国。金对蒙古，起初也就是这样。"② 但金对蒙古的压制，更加速了蒙古人的整合步伐。1204 年，成吉思汗即位后，对蒙古的部落社会进行改革，以户为单位进行社会重组。以什为进制，十个家户设立十户长，百户设立百户长，千户设立千户长。将全蒙古部众划分为 95 个千户，分别归属于成吉思汗家族及其有功之臣世袭领有和管理，千户和百户的规模不一。

千户组织不是原有的氏族部落组织的简单扩大，而是在原生部落组织的基础上次生的新型组织。千户的成员一是由不同氏族部落部族混合组成，其中包括战争中获得的俘虏；二是由原有部落人员构成；三是由重新收集散在各部落的同族部众所构成。随着战争的扩大，第一种类型的成员越来越多，这种类型的组织的血缘联结更弱。因此，千户既是军事组织，又是地方行政单位。通过千户制，全蒙古人口都被纳入千户之内，固定在指定牧区内，不得任意移动，户口登记入册。

---

① 陈振主编《中国通史第七卷·中古时代·五代辽宋夏金时期》（上册），上海人民出版社，2004，第 928 页。
② 范文澜：《中国通史简编》下册，商务印书馆，2017，第 514 页。

这种制度不再是以血缘关系来组织国民，而是以地域关系组织国民。人们更多是通过十户、百户和千户这样的军事行政组织发生联系，而不再是通过部落这种纯人身关系进行联结。"任何人不得离开他们所属的千户、百户或十户而另投别的地方。违犯这条法令的人在军前处死，接纳他的人也要严加惩罚。"①

千户组织是以大汗为最高统治者的国家化组织。十户、百户和千户是由蒙古国家所编制并对原有人口重新定义的。大汗为国家最高统治者。无论是十户、百户和千户，都置于成吉思汗家族的统治之下。户口登记确立了民众的个人身份，但是这种身份更多的是一种义务，属于国家的臣民。在千户制度下，凡年满 15 岁至 70 岁的男子都要服兵役，并随时根据国家命令，自备马匹、兵仗、粮草，由千户长、百户长带领出征；所有到一定年龄的男性，"上马则备战斗，下马则屯聚牧养"，既是牧民，又是战士。"所有游牧武士都具备的一个内在优势——他们的日常生活其实就是一系列战斗行动的不断演习。"② 战斗性成为经过整合的游牧民族的重要特性。

如果说千户制最初还具有生产的属性，那么，随着军事战争的扩大，它越来越演变为一种纯军事的组织。这一演变有一个过程，从游牧生产和生活本身看，部落是最为合适的组织方式。在茫茫大草原上，游牧民通过部落组织"逐水而居"。部落规模比家庭大，但也不能太大，否则造成集体行动困难，受到草场规模的限制。由于部落之间争夺资源等经常会发生冲突，有了部落联盟。部落联盟是松散的，只是适应偶尔性的战斗的需要。为了维护秩序，国家通过千户制，将人口固定在指定牧区内。这种千户制仍然有一定的生产功能。"蒙古高原的全体居民划分为九十五千户，千户既是地方行政单位，又是基本军事单位，在平时千户长是行政长官，在战时领军出征，就是部队的将领。"③ "取代原先的部族而新

① 蔡美彪等：《中国通史》第七册，人民出版社，2015，第 164 页。
② 〔美〕斯塔夫里阿诺斯：《全球通史：从史前史到 21 世纪》（第 7 版修订版）（上册），吴象婴、梁赤民、董书慧、王昶译，吴象婴审校，北京大学出版社，2006，第 228 页。
③ 白钢主编《中国政治制度史》下卷，天津人民出版社，2016，第 673 页。

编成的千户，是构成蒙古新国家之政治、行政、军事、社会等所有基础的组织，千户长既为行政官又是军事指挥官。"①

但是，在激烈的部落和部落联盟战争中生长出来的千户制一旦出现，就不是按照生产的逻辑而是战争的逻辑发展。因为从纯生产的角度看，部落组织是最适合游牧生产的。这也是部落组织始终难以用其他组织所替代的重要原因。而千户制是适应于战争需要产生的，就会按照战争的逻辑演化，从而成为主要服从于战争需要的军事组织。"在成吉思汗掌权后，蒙古人的生活不再依靠传统的游牧，而是逐渐靠从战争中获取的战利品。"②

这在于战争在不同阶段有其特性。如果说最初的"打仗只是为了对侵犯进行报复，或者是为了扩大已经感到不够的领土"，那么后来的打仗，"则纯粹是为了掠夺，战争成了经常性的行当"，不仅成为一种职业，而且成为"比用劳动获取更容易甚至更光荣"的职业。③ 这种职业不需要有报复和扩大领土这样特定的目的，军事征服战争本身就是目的，一则在于通过军事战争获得生存来源，二则获取更大财富。"聚集在成吉思汗旗下的牧民们认为，他们只要能够集结自身的力量，在政治、军事上就能形成强大的势力。并且，远征的成功，也意味着能够得到丰富的物资及财富。因此，这也符合牧民们的期望。"④ 千户制这种在战争中得以取胜的组织制度，理所当然地向纯粹的军事组织延伸。在千户之上，设立有万户，万户是纯粹的军事组织。"万户被置于成吉思汗亲信控制之下，万户长直接统率将近一半的军队。"⑤

尽管千户制发源于女真人，但只是在蒙古人手中才成为一种国家

① 〔日〕杉山正明：《疾驰的草原征服者：辽 西夏 金 元》，乌兰、乌日娜译，广西师范大学出版社，2014，第261页。
② 〔德〕迪特·库恩：《儒家统治的时代：宋的转型》，李文锋译，中信出版社，2016，第85页。
③ 《马克思恩格斯选集》第4卷，人民出版社，2012，第181页。
④ 〔日〕杉山正明：《忽必烈的挑战》，周俊宇译，社会科学文献出版社，2017，第4页。
⑤ 〔美〕巴菲尔德：《危险的边疆：游牧帝国与中国》，袁剑译，江苏人民出版社，2011，第245页。

化的军事组织，即整个国家都通过十户、百户、千户、万户组织起来了。它不像女真人的猛安谋克那样只是限于地方和基层的军事和行政二元合一的组织，而是全国性的军事主导组织。"成吉思汗力图创建一个组织化的国家，这种国家并不以部落联盟的原则为基础。正是由于这种原因，蒙古帝国较之前任何草原帝国都更有效率，可以说前无古人、后无来者。"① 在这样的体制下，国家整体成为一种军事力量和一种军事组织，这种国家军事组织在当时的世界上是罕见的。国家军事组织如战争机器，一旦启动，便势不可当。"这样造成的战争机器依仗蒙古飞骑纵队，他们训练精良，擅长骑术，残酷无情。他们日常的生活是紧盯着前面可供劫掠的财物，而劫掠又刺激他们不断进行扩张。"② 在扩张过程中，他们还会根据战争的需要不断强化自身的力量。一方面，它根据战争的需要广泛吸纳人才，例如工匠；另一方面，根据战争的需要制造和改良武器装备，从而成为当时军事实力最强大的国家。"组织巩固，而纪律森严，这也是蒙古能够横行世界的原因。"③

随着军事实力的增强，战争的范围扩大，性质也在变化。蒙古人的战争范围早已超越原有的草原，而是不断扩张，并以军事征服为目的。其征服范围无边无界，唯一的边界限制是力所不及。"只要蒙古的军事机器继续向其邻近民族发起进攻并获得战利品，这套统治制度就能正常运转。因此战争、征服以及对战争的渴望成了他们的最终目标。"④

蒙古凭借其强大的军事实力，征服的范围横跨欧亚，建立起庞大

---

① 〔美〕巴菲尔德：《危险的边疆：游牧帝国与中国》，袁剑译，江苏人民出版社，2011，第251页。

② 〔美〕费正清：《美国与中国》（第四版），张理京译，世界知识出版社，1999，第84~85页。

③ 萨孟武：《中国社会政治史》（宋元明卷），三联书店，2019，第242页。

④ 〔德〕迪特·库恩：《儒家统治的时代：宋的转型》，李文锋译，中信出版社，2016，第85页。

的帝国。"这一征服最终导致了历史上最大的帝国的形成。"① "这个原本只不过是各色人等聚集的政治军事集团，通过这样的对外征伐与扩张，彼此之间形成了强烈的一体感，开始共同认识到自己是'蒙古人'。"② 由于帝国规模超大，蒙古人通过分封的方式进行统治。大蒙古帝国实际是一个军事联合体，这一联合体之下由若干相对独立的政治实体构成，元朝只是其中的一部分。

# 三　超大规模的整体联结

在马克思看来，人类早期，"人的生产能力只是在狭小的范围内和孤立的地点上发展着"③，相互之间缺乏联系。人们生活在一个狭隘的地点，人类文明和国家正是在狭隘的地点上一步步扩展，形成相互联系和更大的整体。只是在这一过程中，整体范围有大有小，国家组织有分有合。中国先民们最初对"天下"的认识，也是一个有限的地域，只是随着交往的扩大，"天下"范围才有所扩大。而"天下"的范围大小又与支撑"天下"的国家政权密切相关。

唐朝时的中国由中心向外扩展，成为地域规模超大的国家。在其地域范围内生活着多个原生和次生的民族。唐朝的核心竞争力难以持久支撑一个超大国家和广域"天下"，从而导致唐朝的解体，呈现出多民族并立的格局。尽管在民族大互动中有统一的要求和趋势，但在相当长的时间里缺乏一种超级性力量完成这一使命，直至蒙古人的出现。

蒙古得以成为将不同民族和国家联结为一体的力量，就在于其国家军事征服属性，这是宋、辽、夏、金都不具备的。强大的军事征服力量不仅将宋、辽、夏、金整合为一体，而且范围远远超越于此。"一

---

① 〔美〕斯塔夫里阿诺斯：《全球通史：从史前史到 21 世纪》（第 7 版修订版）（上册），吴象婴、梁赤民、董书慧、王昶译，吴象婴审校，北京大学出版社，2006，第 227 页。

② 〔日〕杉山正明：《忽必烈的挑战》，周俊宇译，社会科学文献出版社，2017，第 4 页。

③ 《马克思恩格斯文集》第 8 卷，人民出版社，2009，第 52 页。

些在强盛的汉唐时代也没有纳入中原皇朝统辖的区域，在元朝则被纳入版图，置于中央政府直接管辖之下，从而为统一多民族国家的进一步发展奠定了基础。"①

首先是从唐朝脱落的民族和国家。

唐朝超越长城内外，成为大规模地域国家。但随着唐朝核心竞争力的衰弱，许多民族和政权纷纷脱离唐朝的"羁縻""册封"的联系，成为散落和自立的族群，吐蕃便是典型。

吐蕃的地域辽阔。唐朝后期，吐蕃作为一个民族整体也不断分裂为一个个小的族群。"其国自衰弱，种族分散，大者数千家，小者百十家，无复统一矣。"（《宋史·吐蕃传》）在宋朝时期，由于宋朝的政治中心在河南，且宋朝实行内向性的政策，吐蕃与宋朝的直接联系较少，更多的是边境地方的交往。而在蒙古的军事征服中，吐蕃所依存的青藏高原地区与蒙古建立了直接联系。由于吐蕃民族整体的分裂，将一个个分散的族群联结起来的整合力量主要是宗教。"在西藏，没有新国家组织来替代宗教，部分原因是内在因素——西藏各部落极端散漫，地方组织微弱，以及交通及协同行动的困难。"② 各个地方政权与宗教合为一体，而不同的宗教和宗教内部的教派之间经常会发生争论和冲突，这种争论和冲突自我难以解决。1258 年，佛、道两教发生争执，到蒙古首领忽必烈处争论。1260 年，忽必烈即蒙古汗位，任八思巴为"国师"，为佛教最高领袖，并管理军民世俗事务，成为藏族地区的最高政治首领。"八思巴逝后加号帝师，以后的历代帝师都由元朝皇帝任命，以命官的身份，管理吐蕃政事。"③ 帝师作为整个藏区的佛教最高领袖和最高政治首领，将由不同教派和地区、族群构成的整个藏区联为一体。元朝皇帝除了任命帝师以外，还专门设立了管辖藏区事

---

① 向燕南、罗炳良、王东平：《历史文化认同与中国统一多民族国家》第三卷，河北人民出版社，2013，第 153 页。

② 〔美〕拉铁摩尔：《中国的亚洲内陆边疆》，唐晓峰译，江苏人民出版社，2010，第 151 页。

③ 蔡美彪等：《中国通史》第七册，人民出版社，2015，第 357 页。

务的中央和地方机构。元朝派军队驻屯。通过上述措施，原吐蕃所在的藏族地区成为元朝疆域的一部分，并直接由元朝中央所管辖。藏族地区因此与中原联结为一个国家整体。为了维持整体，便利联系，元朝修建了三条从内地到藏族居住区的驿道。

其次是相对独立于宋朝的相邻民族和国家。

高丽（918~1392年），又称高丽王朝、王氏高丽，主要疆域是朝鲜半岛。高丽先后向宋、辽、金称臣，建立起宗藩关系。但这种联系更多的是一种外部性和表层的，其独立性很强。宋与高丽之间间隔有辽、金，而辽、金主要面向南方的宋朝。蒙古在征服宋、金的过程中，将高丽也列为征服对象，军队多次直接进入高丽。"忽必烈把高丽作为元朝的属国，按照成吉思汗的定制：'凡内属之国，纳质、助军、输粮、设驿、编户籍、置长官。'"[1] 1283年，元朝在高丽设置行省，蒙古军将领直接参与高丽政事的管理。因此，与过往中国的王朝不同，元朝的统治直接进入高丽内部，深入其中。通过政治和军事的紧密联系，元朝加强了与高丽的整体联结。

日本间隔大海与中国遥遥相望，且早有联系。特别是唐朝期间，日本派使者向唐朝学习，唐朝也委派使者到日本传播。但这种联系更多的是一种文化上的交流。日本作为一个海岛国家，孤悬在亚洲大陆之外。茫茫大海阻隔着人们的相互联系。唐宋之前的游牧民族也只是"逐水草而居"。尽管他们有与生俱来的战斗力，能够跨越长城，但也未曾跨越大海。而以军事征服为职业的蒙古则改变了过往游牧民族的地域限制，将日本作为征服对象，从而将孤悬于大陆之外的日本与整个亚欧大陆联为一体。只是由于大海的险阻，蒙古人的数次征战都未能成功。毕竟在蒙古的征战历史上还没有跨越海洋的经历。尽管蒙古人没有征服日本，但大量的非日本人第一次踏上了日本本土，从而强化了日本与外部世界的联系。

位于中国南部的安南是越南古名，其名称来自唐朝的安南都护府。

---

① 蔡美彪等：《中国通史》第七册，人民出版社，2015，第153页。

安南自公元前 3 世纪的秦朝起便成为中国的疆域，至五代十国时安南脱离南汉，逐渐独立。11 世纪，安南日益强盛，迫使占城、柬埔寨、老挝纳贡称臣，并多次"深入宋境，焚其仓而还"，"伐宋钦州，耀兵而还"（吴士连《大越史记全书》卷三《李纪（二）》）。北宋疲于应付辽和西夏，无暇顾及西南，至南宋孝宗始正式诏赐国名安南。1257 年，蒙古在平定云南后出兵安南，攻破王都。之后，安南国王被迫称臣入贡，接受忽必烈的册封。但是，安南并不愿意接受蒙古要求的"出军役""输纳税赋"等进一步统治，也拒绝服从蒙古的命令。蒙古因此多次派军队压制，特别是在征战日本失败后专力进攻安南。但出于气候炎热、山地丛林、补给困难等原因，蒙古失败。与此同时，蒙古对相邻的占城、缅国进行征战，特别是远涉海洋，征战爪哇。这些征战遭到了重大挫折。尽管蒙古对以上地方的征战未能取得预期成效，但改变了这些地方过往小国林立、各据一方的孤立分散格局，促进了整体联系。

再次是与中国直接联系较少的远方民族和国家。

中国位于世界的东方。西方一直是充满神秘色彩的地方。汉唐时期的中国将其疆域扩展到西域，但缺乏紧密的联系。发源于东方的蒙古以其游牧民族的骑射特性，一路西行，征服了大片过往中国闻所未闻的地方，一直延伸到欧洲。由此将中国与更为广阔地域上的民族和国家联结起来，形成了一个亚欧整体。元朝时期的中国只是这个亚欧整体中的一个部分。中国所能认识的"天下"范围大大扩展了。

由蒙古主导的亚欧整体，是通过军事征服实现的。只有借助于强大的军事实力，才能突破重重地域阻隔和国家疆域，将广泛地域上的众多差异性的民族和国家联结为一个相互联系的整体，从而改变了过往分散分立的亚欧世界。"虽然在'蒙古的时代'之前，中国、印度、中东、地中海地区等几个'文明圈'彼此之间多少已有些联系，但总体来说仍处于各自独立的状态。随着蒙古的出现，任何'文明圈'都不能再对其他'世界'或'文明'全然无知了。"① 这种跨区域的联结一旦形成，便不会轻易断裂。

蒙古依靠持续不断的军事征服实现亚欧整体联结。但要维持大规模和持续不断的军事征服则需要经济支持。在恩格斯看来，"暴力虽然可以改变占有状况，但是不能创造私有财产本身。""暴力不能铸造金钱，它最多只能夺取已经铸造出来的金钱。"② 尽管蒙古通过军事征服获取了大量财富，但这些财富终究是有限的。如果不能持续不断地获得财富，军事征服能力会大大削弱。原生的游牧生产根本不足以支持庞大的战争消费，掠夺也非长远之计。蒙古能够持续不断地开展军事征服，重要办法就是利用征服打通过往为地理和国家阻隔的通道，促进贸易往来。"蒙古人和草原的其他游牧力量有着与汉人不同的观念，他们鼓励商人们前来贸易，并为商队提供保护。"③ 跨越亚欧的东西方存在巨大差异，物产不同。过往由于地域相隔，东西方的贸易往来困难。唐朝时的回纥人正是利用其特殊的地理优势，控制西域通道，利用贸易往来，获取巨大利益。但是，回纥所控制的地域毕竟十分有限。而蒙古所征服的地区从东方一直延伸到西方欧洲的核心地带，包括大片的中亚地区。蒙古通过对这一地域整体的控制，一方面打通了东西方之间的贸易通道，减少了过往的重重关卡，促进了贸易往来；另一方面利用控制权获得巨大的经济利益。蒙古人在军事征服过程中，对善于经商的回纥人给予高度重视。

战斗力并不是大规模和持续不断的军事征服所需要的唯一能力。军事征服还需要借助人才、知识等力量。如果对所征服对象一无所知，也难以持续不断地取得征服的胜利。尽管蒙古是通过有组织的暴力实现征服的，但在实现暴力征服的过程中吸纳了大量的人才和知识，促

---

① 〔日〕杉山正明：《忽必烈的挑战》，周俊宇译，社会科学文献出版社，2017，第5页。
② 《马克思恩格斯选集》第3卷，人民出版社，2012，第542、546页。
③ 〔美〕巴菲尔德：《危险的边疆：游牧帝国与中国》，袁剑译，江苏人民出版社，2011，第264页。

进了过往相互隔绝的民族之间的认识和了解。特别是将过往分散隔绝的地域联结为一个整体，促进了人们之间的相互认识。大唐时期的万国来朝主要还是限于近邻。蒙古征服促进了东西方之间的贸易，也促进了东西方之间的文化交流。具有传奇性的意大利威尼斯的马可·波罗便是这一时代的产物。至此，东西方对彼此不再是一无所知。"商人、传教士和战俘的旅行表明，在远东有一个大帝国，它的人口、财富和文明程度，不仅比得上欧洲，而且还超过欧洲。这也不是一个单向的过程，因为东方这时也开始了解西方。马可·波罗既让西方知道了中国，又让中国和中东了解了西方。"①

经济文化交流的通道一旦打通，就具有历史的穿越力。它不会随着政权的更迭而中断。中国因此进入一个亚欧整体体系之中。

# 四　主从多元的政治体系

征服是一种职业，但不是永恒的职业。通过征服实现统治才是长久之计。而统治则面临着被统治者的情况。在恩格斯看来，"由比较野蛮的民族进行的每一次征服，不言而喻，都阻碍了经济的发展，摧毁了大批的生产力。但是在长时期的征服中，比较野蛮的征服者，在绝大多数情况下，都不得不适应由于征服而面临的比较高的'经济状况'；他们为被征服者所同化，而且多半甚至还不得不采用被征服者的语言"②。

人们的行为总是习惯性的。蒙古最初对中原地区的军事征服，试图将农田用于放牧。这是因为放牧才是他们所熟悉的，对于种田则一窍不通。但农业生产显然是一种比游牧生产更高的"经济情况"，而且可以源源不断地提供物质财富。尽管蒙古人可以通过控制贸易往来获

---

① 〔美〕斯塔夫里阿诺斯：《全球通史：从史前史到21世纪》（第7版修订版）（上册），吴象婴、梁赤民、董书慧、王昶译，吴象婴审校，北京大学出版社，2006，第207页。

② 《马克思恩格斯选集》第3卷，人民出版社，2012，第563页。

得财富，但商业毕竟不生产财富，且受到诸多不可知的因素所限制。蒙古人通过军事征服，获得国家政权，利用政权强制力从农业中源源不断地获得税赋，可以为自己的统治创造持续稳定的基础。

在相当长的时间里，古代中国人对于国家的认识不仅仅是基于地域，更重要的是基于文明的延续。这是国家政权合法性的重要来源。蒙古人征服南宋，不仅仅是成为疆域的统治者，而且是中国文明的承接者。"成吉思汗从未想过会成为一位汉地皇帝，也没想过要将蒙古统治纳入到中原历史传统之中。忽必烈的政策更为老练，因为他既将自己看成是草原上的汗王，同时也要当汉地的皇帝。"[①]

蒙古人的军事征服地域跨越亚欧，通过分封建国进行治理。为蒙古人所征服的南宋是其中的一部分。1271 年，忽必烈称帝，承接了中国历史上统治者的称号。在忽必烈看来，当时他所统治的元朝疆域"舆图之广，历古所无"，像汉唐那样以初起之地或始封之邑为名，都不足以显示其盛大，于是发布《建国号诏》，取《易经》"大哉乾元"之义，以"大元"为国号。元朝官方编纂的《经世大典》解释："元也者，大也。大不足以尽之，而谓之元者，大之至也。"次年定都大都（今北京），同时保留上都，设立中都。

从最高统治者的名称到国号，到都城的设立，都显示出忽必烈所要建立的是跨越长城内外，但以长城之内的广大地区为主体的国家。毕竟无论从人口，还是经济文化来看，长城之内的广大地区才是统治的主要疆域。当然，将首都设立于接近长城的大都，有助于兼顾长城内外。过往中国朝代的都城均在黄河流域，军事力量集中于都城，而军事威胁又主要在北方长城一线，这使国家在军事保卫方面处于被动地位。自元朝开始，改变了这一格局。将首都设立于北方，有助于通过军事力量保卫政治中心，应对来自长城之外的挑战。尽管新的首都不属于传统的华夏文明的核心地域，但承接了古代中国的过往疆域，

---

① 〔美〕巴菲尔德：《危险的边疆：游牧帝国与中国》，袁剑译，江苏人民出版社，2011，第 263 页。

特别是过往的文化，元朝因此被认为属于中国历史延续链条中的一个正统王朝，并被纳入中国历史体系之中，而不是之外。这与蒙古人征服的其他地方的统治有所不同。在那些地方，征服者停留在表层，未能进入被征服者的历史体系之中。"忽必烈自称为大元的创立者，将自己打扮为辽、金、宋朝的合法继承者。……这一举措抹杀了长久以来汉人对'华'（文明的——也是'中华'的'华'）和'胡'（草原上的游牧民族）的区分。……忽必烈把许多民族聚集在自己的统治之下，使他们融为一体，因此，他当得起天子之名。"①

尽管元朝成为中国历史链条中的一个正统王朝，但是毕竟与过往的中原封建王朝有所不同。"中原封建王朝在长期发展过程中形成了一整套系统的以皇帝为中心的、以官僚为支柱的政治制度（可以简称为'汉制'）"，"兴起于草原、与游牧生活方式相适应的大蒙古国，则实行以大汗为中心，以各部贵族、军事将领为支柱的政治制度"②。元朝统治者要统治中原地区，必须采用"汉制"，但是其主体底色来自蒙古，"汉制"要适应蒙古统治的需要。整个政治体系围绕由蒙古人执掌的最高统治权力展开，具有主从关系。"元朝政府内各系统中，'汉制'和蒙古传统的比重是各不相同的。军事系统中，蒙古传统最为突出……行政司法系统中以'汉制'为主……。在中央政府和地方政府之间，两种制度的比重也是不完全相同的。大体说来，中央政府中保存蒙古传统要多一些；而在地方上（特别是路以下），无论机构设置或运行机制，都是'汉制'的继续。"③ 这在于作为征服民族，军事统治权是其生命所在。"由大汗禁卫军蜕变成为皇帝侍从的'怯薛'，在政治上扮演着重要的角色，……怯薛成员离皇帝很近，接触时间很多；历位皇帝都把怯薛视为心腹，听取他们的意见，派遣他们传达诏

---

① 〔加〕卜正民：《挣扎的帝国：元与明》，潘玮琳译，中信出版社，2016，第26~27页。
② 白钢主编《中国政治制度史》下卷，天津人民出版社，2016，第737页。
③ 白钢主编《中国政治制度史》下卷，天津人民出版社，2016，第738~739页。

旨。……怯薛正是蒙古传统的代表。"① 国家权力集中于中央。作为人口居于少数的蒙古人，控制了军事权力和中央权力，便控制了核心权力。

围绕最高统治者的核心权力配置，体现了蒙古人与其他民族之间的关系是主体从属关系。尽管中国历史上君臣、君民关系也是主从关系，但元朝的主从关系更为突出。这是因为元朝的创立者是作为征服者入主中原的。创立者们有着漫长的奴隶制历史。在持续不断的战争征服中，输者沦为受主人驱使的奴隶。而且，军事征服的重要目的之一便是掠夺人口，使之为奴。主人和奴隶是一种具有世袭性的身份，其关系不可改变。在这一关系模式中生长出来的元朝统治者不可避免地会受这一关系的影响和制约。因此，在元朝的政治体系中，统治者与被统治者之间的主从关系更为突出。对于军事征服者来说，儒家的民贵君轻、民为邦本的学说闻所未闻，也不符合其征服者的逻辑。统治者与被统治者的主从关系不仅反映在家族之间，也反映在民族之间。

当然，在茫茫大草原上成长出来的游牧民族，其心胸并不狭隘。除了核心权力不与他人分享外，蒙古统治者尽可能吸纳和包容不同的人，为其所用，具有典型的工具主义理性。正因为如此，蒙古才成就了征服亚欧的大业。忽必烈称帝，自《易经》取国号，重要原因在于只有这样才能获得正统地位，更广泛地吸纳外族人员进入政治体系，从而便于统治。在蒙古人的军事征服中，大量启用异族人。其中有大量汉人军人和官员。将南宋最后一个皇帝逼迫跳海的领军者之一便是汉人。在这一背景下，大量非蒙古人进入元朝的政治体系。这也是作为人口占少数的蒙古人得以治理天下的重要条件。

元朝的政治体系具有多元开放的特点。除了核心权力外，无论是什么人都可能进入政治体系之中，且被给予高度信任，少有"非我族类，其心必异"的猜忌。这是因为蒙古人在茫茫大草原上不断地流动，血缘关系不稳定，部落组织经常处于变动之中。对于血缘关系之外的

---

① 史卫民主编《中国大通史·元》上，学苑出版社，2018，第4页。

人并不过于排斥，相反，不同血缘关系的人相互支持才是道德的。这一传统习俗被带入国家治理中。成吉思汗高度重用耶律楚材。元朝通过开放科举，广泛吸纳统治人才。"蒙古人在其征略之初，就懂得必须聘用有经验的文职行政人员，因为这些人知道怎样征税、理财以及网罗一批官员。"① 除了汉人以外，大量色目人和其他民族的人，也被吸纳进政治体系。当然，政治体系的开放多元性更多的是一种工具主义的，即能够为其所用和用处大小。"蒙古是个罕见的纯军事、政治部落，对于自己以外的种族、宗教、文化等，总是将其视为一种统治的手段，对他人并不抱有蔑视、特殊偏见和狭隘的排他意识。反而特别热心于掌握信息、知识、科学和技术，优待和尊重具有这方面能力的人。"② 如色目人能够经商理财，所以居于重要地位。如果没有用处，甚至背叛，蒙古统治者的惩罚也是相当严厉的。游牧生活可以在困难中接受他人，但对于他人的背叛也极为反感。只是这种反感不限于哪一家族或哪一民族，就是本民族的背叛也会同样受到严厉惩罚。

# 五　军事行政的地域治理

恩格斯指出："国家和旧的氏族组织不同的地方，第一点就是它按地区来划分它的国民。"③ 为此，国家政权要在其统治的疆域内划分政区，进行行政管理，这是国家化的基础。

元朝时期，蒙古人是通过军事征服获得国家统治权的。在元朝按地区划分国民和政区的过程中，表现出强烈的军事性行政的特点。

在长期历史上形成的中国是一个由中心向边缘扩展的内向性国家。国家政权对所辖疆域的治理，更多的是基于疆域自身的地理因素和内

---

① 〔美〕费正清：《美国与中国》（第四版），张理京译，世界知识出版社，1999，第86页。
② 〔日〕杉山正明：《疾驰的草原征服者：辽 西夏 金 元》，乌兰、乌日娜译，广西师范大学出版社，2014，第328～329页。
③ 《马克思恩格斯选集》第4卷，人民出版社，2012，第187页。

在的行政需要，具有因地制宜的特点。

元朝是由长城之外进入中原地区，并分区域逐步进行军事征服而形成的。从1219年灭西辽，1227年灭西夏，1234年灭金，1271年忽必烈定国号为元，直至1279年灭亡南宋政权，才实现全国性统一，历时近半个世纪。每征服一个地方，开始均是实行军事管制，以军队管辖地方，军政不分。随着忽必烈即位和中央政权机构的建立，才自上而下着手设立地方建制，通过地方建制对所征服的地域进行治理，进一步推动国家化。

设立地方建制的重要原则是改变军政完全合一的体制。一方面，可以使军队从繁杂的地方行政事务中解脱出来，另一方面通过稳定和专门的行政机构和人员进行地方治理。行省制成为元朝中央进行地方治理的体制。

省这一名称在中国政制中出现较早。魏晋时期已有尚书省、中书省之称，但属于中央机构。之后出现的行省就是中书省（或尚书省）宰执受派遣到地方或临时在外设置的分支机构。元朝的行省是行中书省的简称。在军事征服过程中，多数行省属于中央政权在地方的临时派出机构。在征服一个地方后便设立行省代表中央进行管辖，有的行省纯粹是为了进行进一步的军事征服而设立。如曾经设立的安南行省、征东行省等。只是随着全国统一，行省才作为常设地方行政机构，成为定制，各行省的行政区划得以大致确定。全国共设10个行省，即岭北、辽阳、河南江北、陕西、四川、甘肃、云南、江浙、江西、湖广。而山东、山西、河北和内蒙古等地则称为"腹里"，由中书省直辖。

行省制是在军事征服过程中形成的，具有军事化行政的特点。它通过外力解决了过往地方治理中存在的一些不足和弊端，对于巩固中央集权和全国统一具有重要意义。首先，行省源起于中央的派出机构，受中央委托办理地方事务。由于军事征服的背景，中央与行省的关系是命令—服从的上下级关系。行省作为中央下属的地方机构要服从中央的命令。这有助于克服唐代地方藩镇权力过大而中央空虚的弊端。其次，行省的性质属于政区而不是战区，统领地方行政事务。行省设置于全国绝大多数地方，包括长城之外的广大区域，如"汉唐时从未正式设置过政区的阴山山脉和辽河以北地区"①。通过行省制可以将中央权力引入行省地方和基层。唐朝在长城之外的地方主要设立与内地不同的都护府，更多的是一种军事监督机构，地方行政仍然为原有的民族地方首领所负责，中央权力难以通过地方机构向下延伸。这也是唐朝中央权力衰弱时，边远地区的民族地方纷纷与唐朝脱落的重要原因。最后，行省所辖区域较大。它是服务于中央统治的需要而设立的，改变了过往以山川为界设立政区的传统，将不同的族群和地方统辖在一个政区内，强化区域整体的联系。如陕西行省包括今陕西、甘肃及内蒙古部分地区，将原归属于西夏的部分地方和宋朝的部分地方合并在一个大的政区内。这有助于避免过往以山川为界容易造成自我封闭和地方割据的问题，从地方着手建立全国的统一性。正因为如此，由行省制演变的省制在中国一直延续下来。

元朝的军事行政不止于行省，只是军事化的特征弱一些。在行省以下的地方建制基本延续旧制，但是地方建制单位都设立有"达鲁花赤"一职。"达鲁花赤"是蒙古语，原意为"掌印者"，是大蒙古国历史上一种职官称谓。成吉思汗在各地设置"达鲁花赤"，也就是督官。达鲁花赤是代表成吉思汗的军政、民政和司法官员，以《大札撒》为根本，结合当地的惯例行使统治权。元朝的各级地方政府中，均设有"达鲁花赤"一职，掌握地方行政和军事实权，是地方各级的最高长官，一般由蒙古人担任。"达鲁花赤"一职的设立和主要由蒙古人担任这一事实，说明蒙古作为军事征服者要在地方宣示其统治权。由此进一步强化了地方与中央的直接联系。

在中国历史上存在过非主体民族执掌部分地方统治权的时期，但一般为时不长，且主要局限于上层统治，未能对基层社会加以改变。元朝

① 向燕南、罗炳良、王东平：《历史文化认同与中国统一多民族国家》第三卷，河北人民出版社，2013，第16页。

统治者不仅将统治权延伸到地方和基层，而且力图对基层社会加以改造和重组。这就是村社制。这一制度规定，以自然村为基础，50家为一社，设立社长一人，督促社众，每社设立学校和义仓，社众之间互相协助。这一建制重新编组基层社会，以社为单位强化社会成员的整体联系。什伍制在春秋时期就已存在，但更多的是一种服从于行政需要的建制。基层社会主要依靠家族统治，家族之间的横向联系较弱。蒙古人有部落社会的底色，后又在部落制的基础上次生出千户制，进一步强化团体性。作为征服者的蒙古人将这种军事团体性的基层组织建制应用于基层社会，对基层社会进行重组，强化超越血缘关系的横向联系。

边陲地域长期以来是国家统治的薄弱地带，也造成边缘对中央的挑战。元朝是通过军事征服由外部向"腹里"延伸而建立起来的。对边缘地带的治理尽量一体化治理。如不分长城内外均实行行省制。但是，元朝的地域治理也考虑边缘地带的特殊性。在远离行省中心的地区和少数民族聚居地区，设立专门的机构，给予特别重视。同时，在这些地方"往往参用当地土官任职，以便于因族而治与因俗而治"①。

青藏高原地区是一个特殊的区域。在长期历史上，中国的国家行政未能实现对这一区域的直接管辖。元朝统一中国后，在这一地域设立了为中央统辖的专门政区。宣政院是元朝掌管全国佛教事宜和藏族地区军政事务的中央机关。一开始忽必烈设立总制院，后改为宣政院。从此，西藏地区正式成为中国中央政府直接管辖的一个地方行政区域。

## 六　身份等级的族群治理

在摩尔根看来，人类最先出现的政治形态是以人身、以纯人身关系为基础，之后则是以地域和财产为基础。前者存在身份问题，即归属于什么氏族、部落或民族；后者存在等级问题，即因为地域和财产而产生人的差别等级。这些问题会在国家演化中出现，并以不同的形

---

① 白钢主编《中国政治制度史》下卷，天津人民出版社，2016，第697页。

式表现出来。

蒙古人军事征服中原地区之后，面临巨大的难题，这就是居于政治统治地位的蒙古人占全国人口的少数，且文化处于相对落后状态。这种在同一地域国家基础上的民族关系是过去少有的。

在长期历史上，作为主体民族的华夏民族，由于物质和精神生产相对先进，具有一种文明的优越感。同时，华夏民族的人口较多，且一直占优势地位。对于其他民族更多的是一种文化上的差异，这种差异在政治上没有特别规定。华夏民族秉承的是"天下一家"的理念，大量非主体民族的人口也可以进入统治体系之中。在唐朝表现得特别突出。因为，无论人口数量和文化方面，在已有制度格局下，少数民族都不可能居于主导地位。由一个人口占多数、文化程度较高的民族居于政治统治地位的国家，比较容易实现对人口数量较少、文化程度较低的民族进行整合。

元朝是中国历史上首次由少数民族建立的大一统王朝。面对中原地区，要实现有效的治理，必须利用汉制。但是，如果完全沿袭汉制，蒙古人不需要多长时间，就会被汉制消解于无形之中。如宋代确立了科举制，以科举选拔官僚人才，改变了过往的身份等级制，完全依据个人能力，所有人在考试面前都是平等的。如果完全沿袭这一制度，蒙古人非但没有优势，反而会很快失去统治地位。因此，蒙古人作为居于政治统治地位的民族，必须借助身份等级制度来处理民族关系问题，进行族群治理。

恩格斯指出：随着氏族社会解体，"按地区来划分就被作为出发点，并允许公民在他们居住的地方实现他们的公共权利和义务，不管他们属于哪一氏族或哪一部落。"同时又认为，国家产生于社会冲突，存在占统治地位的阶级，并会利用特殊的公共权力确立和巩固自己的统治地位。[①] 蒙古人取得国家统治权之后，除了统治阶级外，还要通过身份等级制来确立本民族的统治地位。因为本民族毕竟是统治阶级最

---

① 《马克思恩格斯选集》第4卷，人民出版社，2012，第187页。

坚固的社会基础。身份等级制基于与生俱来的社会身份，具有固化的特性。它不像阶级地位可以由于后天的经济关系变化而改变。蒙古人作为军事征服者，首先是作为一个民族整体面对另一个不同的民族整体。为了巩固本民族，也是本阶级的统治地位，蒙古统治者将地区作为划分国民的出发点，但不同的国民在他们居住的地方享受和实现的则是不同的公共权利和义务，形成不同的等级。"蒙古人放弃了二元化组织，转而采用一种简单的管理体制，用一种世袭化的族类划分维持他们在中原的统治。"①

毫无疑问，居于政治统治地位的蒙古人居于等级层次的最高地位，享受着一系列特殊权利。这是居于政治统治地位的民族的必然表征。

蒙古人在确立不同人群之间的关系时，并不是完全依据原生的民族，而是根据军事征服和方便统治的角度来划分不同的族群，并享有不同的权利和义务。这种族群不是原生的，而是出于人为的因素次生出来的。

在蒙古人之下，是色目人，泛指蒙古人以外的西北各族及其以西至欧洲的各族人。他们属于仅次于蒙古人的第二等级。除了核心权力以外，他们与蒙古人一样享受做官任职、社会地位等一系列特殊待遇。色目人得以处于高等级地位，一则在于他们中有许多有用之才，特别是善于经商和财政。这是饱读儒家经典的中国士人所不及的。而对于征服民族来讲，理财是除了军事之外特别重要的事务。"蒙古的军事力量和穆斯林的商业力量正是支撑忽必烈新国家的两大支柱。"② 二则色目人不是原生于本地，而是外来的族群，他们的人口也不多，也属于少数族群。他们进入中国之后，更多的是依附于蒙古人获取利益，而不会，也很难成为蒙古统治者的反对力量。统治者因此较放心。"色目商人，由商而官，在经济上和政治上，都获有一定的特权。他们的子

① 〔美〕巴菲尔德：《危险的边疆：游牧帝国与中国》，袁剑译，江苏人民出版社，2011，第281页。
② 〔日〕杉山正明：《疾驰的草原征服者：辽 西夏 金 元》，乌兰、乌日娜译，广西师范大学出版社，2014，第317页。

弟，世代充任皇帝和诸王的近侍，并成为蒙古贵族政治上得力的助手。"①

第三等级和第四等级分别为汉人和南人。总体上他们都属于低等级，但之间又有差异。汉人的地位较高，南人处于最低等级。这在于汉人大部分为中国北方人，其中包括过往的夏、金的属民。北方属于先征服地区，总体上没有受到太大抵抗。南人主要是南宋统辖地区的人，这一地方属于后征服地区，且遭遇到顽强抵抗。蒙古统治者对于南人持有高度的戒备。"总的来说，蒙古人、色目人任高官、长官，汉人、南人任中下级官员、次官。其中南人尤其受排挤。"②南人甚至被统称为"蛮子"。

在将不同族群划分为四个等级的同时，蒙古统治者又将社会成员划分为良民和贱民。贱民是社会身份卑下的人群。良民和贱民之间享有不平等的地位，良贱冲突对贱民加重处罚，良贱之间不能通婚。通过这一方式将那些边缘性的人群永远边缘化，成为一种依附性人群。

在元朝，社会地位最低的是驱口，即奴隶。奴隶是主人的财产。在古代中国，随着"编户齐民"，人们普遍成为国家平等的臣民。作为一种制度化的奴隶不复存在。而在元朝，奴隶在一定程度上合法化和制度化。这显然与蒙古人的军事游牧特性有关。在游牧部落战争中，胜者为主，败者为奴。在战争中消耗的人口要依靠战争俘获的奴隶作为补充。尽管奴隶人数众多，但世代为奴的身份使之高度依附于主人。在长期历史上，蒙古人积累了丰富的驾驭奴隶的经验。建立元朝后，蒙古人难以将所有的汉人变为奴隶，但原有的传统保留下来，并以国家制度的方式确立和固化一部分人的奴隶身份。这显然有助于蒙古人的统治。

元朝对族群的治理具有鲜明的身份等级特点，而且加以国家制度化。身份一旦确立，世代沿袭，难以改变。从根本上是为了巩固人口

① 蔡美彪等：《中国通史》第七册，人民出版社，2015，第173页。
② 白钢主编《中国政治制度史》下卷，天津人民出版社，2016，第739页。

居于少数的民族的长远统治。由此使元朝的地域—民族关系有新的特点，这就是同一地域上的人口，因为不同的族群而享有不同的权利和义务。

# 七　稳定秩序的宗教整合

蒙古以强大的军事实力征服亚欧。军事征服建立在强大的有组织的暴力基础上，伴随着大量的杀戮和恐怖，是一种对人身的征服。这种征服不仅对于被征服者来说是巨大的破坏和震撼，就是对于征服者来说也是巨大的冲击。军事征服之后不仅要建立安全秩序，还要建立心灵秩序。

在恩格斯看来，国家是"缓和冲突，把冲突保持在'秩序'范围以内"[①]的力量。但是，军事征服是以摧毁国家政权为目的的。当国家政权被摧毁后，社会因缺乏政权的联结，很容易陷入混乱无序的状态。对于军事征服者来说，无情的杀戮是其进一步征服的手段，但无止境的杀戮并不是军事征服的目的。军事征服的目的是获得财富，而财富的创造者是人口。所以，在军事征服过程中，如何稳定人心和恢复秩序，成为征服者必须面对和考虑的问题。

蒙古人的军事征服无情地摧毁和改变国家政权，但有一种力量难以摧毁和改变，这就是宗教。宗教是一种精神力量和族群的联结机制。就是征服者自身也是依靠共同的宗教作为自己的信仰，作为自己力量的来源，作为联结族群的条件。在蒙古军事征服的对象中，宗教普遍存在于所征服的民族和国家之中，并成为重要的社会联结力量。蒙古人在军事征服中，充分利用宗教对因为政权被摧毁而失去联结的人们进行整合，从而收拾人心和恢复秩序，建构以蒙古统治者为中心的一体性。"蒙古人向外侵略，与多种宗教接触，他们很快懂得保存被征服

---

① 《马克思恩格斯选集》第4卷，人民出版社，2012，第187页。

国的宗教，对自己非常有利，因此保护一切宗教，成为蒙古传统的政策。"①

　　成吉思汗自小便生活在战争及由其产生的恐惧之中。随着岁月的流逝和持续不断的征战，成吉思汗也在思考无情杀戮的问题，并希望通过宗教寻找内心的抚慰。随着军事征服的地域越来越大，征服对象有着与蒙古人完全不同的宗教信仰。成吉思汗对征服对象的宗教持宽容态度。一方面允许各种宗教的存在，另一方面不以蒙古人的宗教去改造征服对象的宗教。这显然是一种现实主义考虑。因为宗教是人们在长期历史中形成的一种信仰和习惯，已成为人们日常生活中的一部分，深深植根于人的内心。政权可以不断更迭，宗教信仰却不会轻易改变，具有持续的稳定性。因政权强制而形成的外部政治秩序可以不断发生变化，基于宗教信仰的内在心灵秩序不会轻易发生变化。宗教具有这种稳定人心和建构内心秩序的功能，因此，它可以将不同的人群联结起来。特别是在早期人类缺乏更多的联系纽带时，宗教成为将散落在不同地方的人们结合在一起的重要纽带。成吉思汗要建立的是一个跨越宗教和族群的大蒙古国。这一超大国家凌驾于原生的族群、宗教和国家之上。在军事征服摧毁了不同民族的国家政权之后，通过原有的多元宗教为自己服务。政治统一体之下的宗教多样化，有助于分而治之。宗教宽容政策对于建立大蒙古国发挥了实际成效。

　　利用宗教为政治统一体服务在西藏地区发挥了重要作用。西藏属于高原地带，地域辽阔但地形复杂，人们以小聚居的方式生活在缺乏联系甚至相互隔绝的地域内。要通过统一的政权将散落在不同地方的人群联结起来，实非易事。随着唐朝后期吐蕃政权的衰败，藏族人又回复到互不联系的分散状态，而宗教是将这些政治经济联系极少的人群联结起来的主要纽带。"寺院佛教在一个宗教的社会中，可以连接地域上孤立的社会团体，利用在各地拥有财产的寺院来管理，把它们团

① 范文澜：《中国通史简编》下册，商务印书馆，2017，第524页。

结起来。"① 尽管蒙古有强大的军事实力，但要在这一广阔的高原地带建立政权，以政权进行直接治理也非易事。蒙古人凭借强大的军事实力，主持主要宗教及教派的争论，并最终确立佛教的主导地位。主要原因之一是佛教的影响力更大。同时，元朝给予佛教很高的政治地位，将佛教领袖确立为帝师，同时赋予佛教以政治管辖功能，设置直辖中央的专门政区，由此将西藏民族地区纳入国家的统一治理体系中。

元朝建立后，承接成吉思汗的政策，继续实行宗教宽容。这种宗教宽容比其他蒙古人建立的汗国要更加宽容。元朝的宗教具有前所未有的多样性。连发源于遥远西方的伊斯兰教和基督教也十分流行。宗教有助于族群的联结。而多元宗教的存在且平衡，又可防止一种宗教独大并有可能造成对政权的威胁。这种威胁在那些单一宗教国家经常会出现。元朝政权希望通过在宗教宽容政策下的多元宗教来稳定人心，建构服从和服务于统一政权的心灵和政治秩序，实现政治整合。元朝以佛教领袖为帝师，总领全国的佛教，僧人有诸多特权。道教和伊斯兰教人士都有很高的社会地位，可以免除税役。

人们在改造客观世界的过程中也会改造主观世界。蒙古人最初所信仰的是萨满教。这一宗教属于原始宗教，注重的是人从神那里获得超越人自身的力量，仪式和内容相对简单，并充满野性的力量。蒙古人正是凭借这种野性的力量获得巨大的能量。但是，其征服对象的宗教经过长时间的演变，已经超越原始宗教，包含大量文化元素，是对文明成果的积累。一方面，在蒙古的军事征服过程中，要以在一定地域下产生的本民族的原始宗教取代他民族的宗教很困难；另一方面，只有大量吸收其他民族的宗教及其内涵的文明元素，才能支持自己生活在一个更为高级的文明世界里。因此，早在大蒙古国建立前，蒙古人便已存在不同于萨满教的其他宗教信仰。随着军事征服，蒙古人更是广泛接受了其他宗教信仰。这种宗教信仰有助于改变蒙古人的信仰

---

① 〔美〕拉铁摩尔：《中国的亚洲内陆边疆》，唐晓峰译，江苏人民出版社，2010，第153页。

孤立状态，使之与更为广阔的族群通过宗教信仰联结为一体。

军事征服在于人身，宗教信仰在于人心；军事征服造成的是口服，宗教信仰造成的是心服。蒙古人以军事征服建立全国统一的政权，以多元宗教将不同的族群整合到统一的政权体系中来。这是元朝政权建立统一的多民族国家的重要特点，也是对多民族进行国家整合的重要方式。

# 八　社会反抗的族群元素

在漫长的中国历史上，王朝每隔两三百年更迭，似乎已成为规律，其中的秦、隋两个王朝则是短命王朝。而元朝介于常态王朝和短命王朝之间，王朝统治时间近 100 年。元朝的更迭原因包括以上两类王朝的因素，也有自身的特点。

作为短命王朝的秦、隋属于扩张型王朝，即王朝因为急剧扩张造成负担沉重进而引起了大规模反叛。其表现为其兴也勃，其亡也忽。其重要原因是生产力受到严重破坏造成矛盾迅速激化，王朝是以突变的方式走向灭亡的。

人是最重要的生产力。大批劳动力脱离直接的物质生产，甚至生命难以保障，必然导致生产力受到破坏，从而引起社会矛盾激化。秦、隋都是经过长期战乱建立的统一王朝，政权统治力量强大，通过政权组织征调民力，并消耗大量财力，社会负担沉重，造成大规模反叛。

元朝是以军事征服获得国家政权的。之后，由于军事征服的惯性，它持续不断地对高丽、日本、安南、占城、缅甸进行征战，特别是远涉海洋，征战爪哇。这些征战不仅遭到了重大挫折，而且消耗了大量人力和财力。它们不像在草原上和平原上的征战，可以就地补充给养，而大量海船的修造更需要消耗相当的财力。元朝定都于北方，需要将大运河向北方延伸进行运输。与此同时，为了统治辽阔的疆域，元朝修建了大量的驿道。这些国家行为所形成的人力和财力负担最终要由社会承担。而经历长期战乱，生产力还处于缓慢恢复的阶段，民力有限。

元朝后期，天灾不断。特别是黄河失修，严重威胁生命和生产。元朝政权征调大量人力兴办黄河水利工程，这一工程将大量早有不满的人员集聚起来，形成了有组织的反抗力量。

常态王朝的更迭与秦、隋有所不同，是帝制国家长期积累的矛盾而自己无法解决，最后只能通过王朝更迭的方式加以解决。其表现为渐进变化，矛盾积累，缓和矛盾，自身无解，兴亡都有一个历史过程。这一过程在于生产力有一定程度发展但生产关系和上层建筑不能与之相适应。尽管各个朝代更迭的表现形式有所不同，但有共同之处。比如重大自然灾害、人口增长过度、土地兼并严重、政治腐败、皇权衰败和更迭无序等。由于生产力有一定程度的发展，由以上因素造成的社会矛盾有一个积累过程，社会反叛还不足以在短时间内一举推翻政权，王朝是以缓慢的方式走向灭亡的。

尽管元朝有秦、隋扩张型王朝的特点，但并没有成为短命王朝，其重要原因是元朝对南宋及其他地区的征服是一个渐进的过程，是逐次展开的。仅仅是对南宋的征服就延续了近半个世纪，人力和财力的消耗也是一个过程。特别是元朝政权善于经商理财，广辟财源，在一定程度上缓解了社会矛盾的迅速集聚。因此，元朝又具有常态王朝的特点。"历史提出了这样一个问题：面临这样反反复复的大规模的灾难时，还有哪一个朝代能比元朝做得更好？如此反复的自然灾害长期积累的后果，很有可能使任何一个政府都束手无策。如果中国正常的年景多一些，元朝有可能比它实际存在的时间要长得多。"[1]

但与一般的常态王朝有所不同的是，元朝始终没有能够解决最高统治权的有序更迭问题。重要原因是基于草原游牧民族与农业定居民族而产生的政治逻辑的二元矛盾。草原游牧民族在不断地游动和征战中，信奉的是强人逻辑，有超凡魅力的强人才能具有号令全体族人的

---

[1] 〔德〕傅海波、〔英〕崔瑞德编《剑桥中国辽西夏金元史（907-1368年）》，史卫民等译，中国社会科学出版社，1998，第591页。

权威，如成吉思汗。草原游牧民族要通过召开忽里台大会确认领袖的地位，领袖继承实行兄终弟及、父死子继、承继父业的子更注重的是能力而不是长幼，这都是为了保证有超凡能力的人成为首领。"蒙古的汗与中国的皇帝不是一回事。他在自己的政体中居于一个非常不同的地位，他与被统治者的关系也与后者有着很大的差异。他亲自指挥士兵，并通过各种手段召集自己在军事上的支持者和盟友。但是，他却没有可以仰赖的官僚班底，也没有可以守内的宦官。他的血统和排行固然重要，但重要程度不如对于皇帝那般。"① 在持续不断的军事征服中，有能力的人并不少。除了开国的成吉思汗外，在其之后存在多个领袖竞争者。这种竞争一直伴随着大蒙古国，从而引起内部冲突和矛盾不断，甚至自相残杀。 "军事上的胜利经常会导致草原上的无序继位。"②

在费正清看来，"妨碍蒙古人按中国方式统治中国的诸因素中，最直接的因素可能是他们未能吸收中国文化，使之成为他们自己的东西：他们是纯游牧民族，不习惯于农耕和定居生活"③。农业定居民族与草原游牧民族不同，注重稳定有序。农业定居民族强调血缘关系，血缘关系能够提供一种具有稳定性、次序性、规范性的力量。基于血缘关系形成的儒家学说将这种具有稳定性、次序性、规范性的力量提升到国家治理的层面，并加以制度化。皇权的确立和继承有一整套制度规范。即使是皇帝幼小，甚至在皇帝暂时缺失的非常时期，也有替补性力量加以支撑。因为农业可以自我生产，具有超凡能力的领袖不是农业生产和再生产的必要条件，而稳定性才是必要条件。"嫡长子继承制是为了维持稳定，这是帝制中最核心的理念，也是安土重迁的农业社

---

① 〔加〕卜正民：《挣扎的帝国：元与明》，潘玮琳译，中信出版社，2016，第76～77页。

② 〔美〕巴菲尔德：《危险的边疆：游牧帝国与中国》，袁剑译，江苏人民出版社，2011，第265页。

③ 〔美〕费正清：《美国与中国》（第四版），张理京译，世界知识出版社，1999，第82页。

会所偏好的条件。"①

　　元朝是由草原游牧民族进入农业定居民族地域后建立的。原生的底色与次生的特色交互影响着元朝最高统治权的运行和继承。在开国皇帝忽必烈之后，元朝实行类似于农业定居民族的皇帝继承制，皇帝权力为家族垄断，皇位传承在家族内进行，而没有也无须通过类似忽里台大会加以确认，注重的是稳定性。因此，在忽必烈之后，元朝少有有能力的皇帝，反而有不少有作为的大臣。但是，元朝政权作为游牧民族政权，缺乏农业民族长期形成的稳定性、次序性、规范性力量及其支撑制度。而游牧民族对领袖位置的无序竞争传统却一直延续下来。"按照汉人的标准，这里充斥着诸多的暗杀以及将帝位传给幼弟与侄子的无序继承。虽然蒙古人在朝廷中也曾接纳了一些儒家观念及机构，但在牵涉到权力争斗时，他们就回复到自身有着非常不同标准的传统上去了。"②"历史上最令人震惊的征服者的子孙们已经退化到软弱无能、畏畏缩缩、优柔寡断的地步，当灾难临头时，只会悲伤。他们惟一保持的蛮族本色是不能适应把国家作为一个抽象实体的中国意识。尽管占据了天子的王位，但是他们仍然是一个氏族，氏族成员们公开争斗，互相夺权，互相残杀。"③为了争夺皇位，元朝经常发生内乱，造成皇权的频繁更迭，皇帝在位时间短暂。整个元朝统治不到100年，共有10多个皇帝。其中，"八帝二十五年，一帝平均在位三年。"④皇位的激烈争夺和皇权的频繁更迭，使皇帝无暇料理国事，更不用说励精图治。朝不保夕的皇帝更加关注的是个人享受和专权，由此使一般常态王朝所有的问题更加突出，从而加速了王朝的灭亡。"顺帝日事淫乐，不理朝政，奇后与太子朝夕密谋夺取皇位，朝中大臣无休止地相互诛杀，不待农民军来推翻，元朝的统治已日益腐败，难以继

① 〔加〕卜正民：《挣扎的帝国：元与明》，潘玮琳译，中信出版社，2016，第77页。
② 〔美〕巴菲尔德：《危险的边疆：游牧帝国与中国》，袁剑译，江苏人民出版社，2011，第286页。
③ 〔法〕勒内·格鲁塞：《草原帝国》上册，蓝琪译，商务印书馆，1998，第444页。
④ 范文澜：《中国通史简编》下册，商务印书馆，2017，第522页。

续了。"①

定居农业民族的思维注重细水长流，税赋取之有道，用之有度。而作为游牧民族的蒙古人难以迅速接受这一理念。"蒙古人止懂得畜牧和杀掠，从没有想到收税的利益更大，等到懂得收税，又不会想到兼顾民力的必要。在蒙古人看来，收税与杀掠，只是名称不同，实质无异。因此贪暴政治，比任何时代严重得多"。②

同一般王朝灭亡一样，元朝也是在社会反抗中灭亡的。但与一般王朝不同的是，元朝的社会反抗包含着族群因素。原因在于元朝的统治权力执掌在蒙古人手中，社会反抗本身便具有族群反抗的意义。但是，这种社会反抗主要还是基于对政权的反抗，而不是针对民族的反抗。社会反抗的最基本原因还是民不聊生，为了获得生存条件。这与过往对王朝的反抗没有什么区别。"当时起事之人不是依民族思想，出来革命，而是乘民众暴动之时，作攻城夺地之举。"③ 元朝的社会反抗是全国多点发起的，相对集中于长江、淮河一线，主要反抗对象是官府。这种反抗与一般王朝的反抗一样，缺乏统一的组织性，且义军内部矛盾重重，甚至自相残杀。当然，随着社会反抗的持续，族群的元素得以增强。一些义军打出族群的旗号。"包含种族意义的有力号召，广大人民即时围绕在这个号召下，发生摧毁蒙古统治的力量。"④ 特别是直接推翻元朝的朱元璋表明了民族主义的旗帜。他向天下发布檄文说道："驱逐胡虏，恢复中华，立纲陈纪，救济斯民。"（《明太祖实录》卷二十一）

应该看到，朱元璋的民族主义更多的是获得和巩固政权的一种工具，而不是目的。檄文中表示，蒙古、色目人，"愿为臣民者，与中夏之人抚养无异。"朱元璋建立明朝之后，没有沿袭元朝的民族身份等级制。只是在元朝的社会反抗中第一次有了族群的元素，这与元朝是第

---

① 蔡美彪等：《中国通史》第七册，人民出版社，2015，第284页。
② 范文澜：《中国通史简编》下册，商务印书馆，2017，第534页。
③ 萨孟武：《中国社会政治史》（宋元明卷），三联书店，2019，第327页。
④ 范文澜：《中国通史简编》下册，商务印书馆，2017，第560页。

· 280 ·

一个非主体民族建立全国性政权有关。

# 九　野性力量的文明濡化

　　人类由野蛮时代进入文明时代是一个必然趋势。因为不同的历史阶段，将人类区分为野蛮民族和文明民族。相对先进的文明民族最终会替代相对落后的野蛮民族。但是，这一过程不是简单的替代关系。在一定阶段，野蛮民族会战胜文明民族。恩格斯在论述国家起源时，详细分析了处于较高文明水平的罗马为较为落后的德意志民族所替代的过程。"德意志野蛮人把罗马人从他们自己的国家里解放了出来。""然而，德意志人究竟是用了什么神秘的魔法，给垂死的欧洲注入了新的生命力呢？……使欧洲返老还童的，并不是他们的特殊的民族特点，而只是他们的野蛮状态，他们的氏族制度而已。"① 在罗马，原始的氏族制度早已被摧毁，而德意志人还保留了大量的氏族制度元素。"凡德意志人给罗马世界注入的一切有生命力的和带来生命的东西，都是野蛮时代的东西。的确，只有野蛮人才能使一个在垂死的文明中挣扎的世界年轻起来。"②

　　野蛮时代是氏族制度的时代。氏族社会的重要特征是社会的整体性和团结力。而在文明时代，伴随着社会分化、阶级对立、阶级冲突和国家压迫，由国家暴力压制和掠夺造成的结果是，"公民却把野蛮人奉为救星来祈望"③。野蛮人的整体性和团结力是一种基于原始野蛮时代产生的野性的力量。这种力量可以形成强大的能量，从而改变既有的、依靠其自身力量难以改变的格局。野性的力量在人类历史进程中是一种不可或缺的力量。正如恩格斯所说，"直到现代还有其生命力"④。

---

① 《马克思恩格斯选集》第4卷，人民出版社，2012，第168、172页。
② 《马克思恩格斯选集》第4卷，人民出版社，2012，第174页。
③ 《马克思恩格斯选集》第4卷，人民出版社，2012，第165页。
④ 《马克思恩格斯选集》第4卷，人民出版社，2012，第168页。

自从唐朝衰败之后，中原便陷入了分立分裂状态。有统一的趋势，但没有统一的力量。五代十国之后的宋、辽、夏、金多个政权并存，谁也没有足够的力量在短时间内结束这一状态，取得全国性的统一。在这一过程中，与宋相比，居主导地位的辽、金、蒙古，一个比一个更为边缘和落后，一个比一个保留了更多的原始状态，所集聚的野性力量也一个比一个更多。"五代之后，契丹是第一个部落，女真是第二个部落。他们习汉族之繁文缛礼，丧失其勇敢善战的精神……"①而之后的蒙古正是依靠更为强大的野性力量，才结束了长期的多个政权分立分裂的状态，不仅推进了全国性的大统一和大整合，而且建立了有着巨大疆域并能够持续统治的帝制国家。"它以继承迄今历史和经验而一时崛起，最终却成为了实现历史统一的总合者。"② "它毕竟结束了将近400年的分裂局面，将汉人、契丹人、女真人、党项人、蒙古人以及所谓的色目人（包括畏吾儿人、西域各部人）重新统一在一个政权之下，将原处于分离状态的农耕、渔猎、游牧三个经济区整合为一个整体，加强了各经济区域之间的有机联系，这些无不为日后统一多民族国家是一个整体之观念的发展，打下了坚实的政治基础和经济基础。"③

统一的广阔地域为经济文化发展创造了条件。"由于元朝幅员的广阔和交通的发展，各民族之间以及元朝与西域、南海各国之间，加强了贸易往来。因此，元代的商业，特别是海外贸易，得到较大的发展。"④ "在技术领域里，蒙古统治下的和平导致了一连串中国发明的传播，其中包括火药、丝绸、机械、印刷术和炼铁高炉等。"⑤ 通过野

---

① 萨孟武：《中国社会政治史》（宋元明卷），三联书店，2019，第236页。
② 〔日〕杉山正明：《疾驰的草原征服者：辽 西夏 金 元》，乌兰、乌日娜译，广西师范大学出版社，2014，第345页。
③ 向燕南、罗炳良、王东平：《历史文化认同与中国统一多民族国家》第三卷，河北人民出版社，2013，第21页。
④ 蔡美彪等：《中国通史》第七册，人民出版社，2015，第163页。
⑤ 〔美〕斯塔夫里阿诺斯：《全球通史：从史前史到21世纪》（第7版修订版）（上册），吴象婴、梁赤民、董书慧、王昶译，吴象婴审校，北京大学出版社，2006，第234页。

性的力量，元朝解决了许多过往未能解决的问题，包括对西藏高原地区的行政管辖，创造出一种新的疆域治理制度。"它不仅能在作为帝国经济基础的汉地社会和统治者的'祖宗根本之地'之间保持着平衡，而且为进一步将其他各种非汉人群的活动地域纳入有效治理，提供了比中原汉制更有弹性、更能容纳多样化、可能性因而也更能持久的一种制度框架。"这一制度"萌芽于辽，发育于金，定型于元"。①

尽管野性的力量在人类历史进程中是一种不可或缺的力量，但人类发展的总体趋势是从野蛮到文明，正如从小孩到成年是必然趋势一样。恩格斯说："由比较野蛮的民族进行的每一次征服，不言而喻，都阻碍了经济的发展，摧毁了大批的生产力。但是在长时期的征服中，比较野蛮的征服者，在绝大多数情况下，都不得不适应由于征服而面临的比较高的'经济状况'；他们为被征服者所同化，而且多半甚至还不得不采用被征服者的语言。"②特别是由游牧到定居，由军事征服转向生产发展，对于原始野蛮形态的改变更为迅速。"定居下来的征服者所采纳的共同体形式，应当适应于他们面临的生产力发展水平，如果起初情况不是这样，那么共同体形式就应当按照生产力来改变。"③伴随着时代的转换，产生于原始状态的野性力量有一个文明濡化的过程。

文明濡化是指初始状态的人们接受和汲取文明成果的过程。这一过程的结果又表现为两个方面。一是初始状态的人通过接受和汲取文明的积极成果，改变自己，从原始状态中超越出来，获得了新的成长。"蛮族之所以取胜，每次都因为它一半已文明化了。在进入邻居的内室以前，它已在前厅等了很久，并敲过十次大门。它对邻居的文明即使尚未操练得尽善尽美，但在耳濡目染之下，至少已受到很深的影响。"④二是初始状态的人们在接受和汲取文明成果的过程中，也为夹杂在文

① 〔日〕杉山正明：《疾驰的草原征服者：辽 西夏 金 元》，乌兰、乌日娜译，广西师范大学出版社，2014，第vii页。
② 《马克思恩格斯选集》第3卷，人民出版社，2012，第563页。
③ 《马克思恩格斯选集》第1卷，人民出版社，2012，第207页。
④ 〔法〕费尔南·布罗代尔：《十五到十八世纪的物质文明、经济和资本主义》第一卷上册，顾良、施康强译，商务印书馆，2018，第95~96页。

明成果中的消极成果所俘获，从而失去了初始状态的童贞。

罗马较早从人类的原始野蛮状态中走了出来，依靠军事征服建立了庞大的帝国，创造了无与伦比的罗马文明。但是，"罗马国家变成了一架庞大的复杂机器，专门用来榨取臣民的膏血。捐税、国家徭役和各种代役租使人民大众日益陷于穷困的深渊；地方官、收税官以及兵士的勒索，更使压迫加重到使人不能忍受的地步"①。一切生产劳动都是奴隶的事，自由民的劳动却在道德上受鄙视。"只有一次彻底革命才能摆脱这种绝境。"②

"蒙古民族在成吉思汗以前没有文化，连固定的宗教信仰都没有。其所崇拜的是武力，他们依靠武力征服世界。到了领土扩大，由部落进化为国家之时，因为种族分散于远方异域，而远方异域之人，文化又比蒙古人高，所以政治上虽然统治了各地民族，而数传之后，自己民族反为被征服民族所同化。"③ 如孟德斯鸠所说："在中国，改变的一向是征服者。因为征服者的风俗并不是他们的习惯，他们的习惯并不是他们的法律，他们的法律并不是他们的宗教；所以他们逐渐地被被征服的人民所同化，要比被征服的人民被他们所同化容易一些。"④ 这种同化，也出现了文明濡化双重性的结果。一方面，元朝统治者以广阔的胸怀接受和汲取各种文明成果，特别是汲取汉文明成果，从而迅速实现了由游牧民族统治到农业定居民族统治的转换，包括发展生产，从生产中汲取税赋，而不是将农田变成草原。"中华民族得了新的血液，反可洗涤前此萎靡不振之气，而恢复勇敢迈进的精神。"⑤ 另一方面，元朝统治者执掌的国家政权很快又变成一架汲取税赋的复杂机器，并极度贪婪地享受由政权和定居所带来的生活。"汉族的文化比塞外民族高，物质上有许多生活工具令人舒适。塞外

---

① 《马克思恩格斯选集》第 4 卷，人民出版社，2012，第 165 页。
② 《马克思恩格斯选集》第 4 卷，人民出版社，2012，第 167 页。
③ 萨孟武：《中国社会政治史》（宋元明卷），三联书店，2019，第 249 页。
④ 〔法〕孟德斯鸠：《论法的精神》（上），张雁深译，商务印书馆，1961，第 314 页。
⑤ 萨孟武：《中国社会政治史》（宋元明卷），三联书店，2019，第 250~251 页。

民族接受汉文化，苟无其他方法以为调剂，很容易由文弱而至腐化。"[1] 在享受中，元朝失去了初始状态的整体性和团结力这种野性的力量，与过往历史上王朝一样不可避免地走向了衰亡。"朝廷里的酒肉声色使统治者个人日趋萎靡。汉化的夷狄之君也会遭到这种危险。例如，蒙古诸汗就是由于贪图安逸和荒淫无度而自取灭亡的。"[2] 这种危险实际上在他们下马后成为统治者那一天便开始了。他们打败了原有的贪图享受的统治者，自己却更比原来的统治者更为贪图享受。"蒙古人衰败的基本原因在于，相对于被征服民族，他们人数太少，过于原始。……他们一旦下马，定居下来享用掠取物，就很容易被同化。……蒙古人采用了比他们更先进的属国的语言、宗教信仰和文化，从而失去了自己的身份。"[3] 最重要的是失去了作为他们身份最重要标志的团体战斗力。"世祖以后，蒙古种族即失掉勇敢好战的精神。"[4]

野性力量给文明世界注入了活力。由这种力量创造的文明和国家不会简单地消失，还会被后来的人们所继承。

---

[1] 萨孟武：《中国社会政治史》（隋唐五代卷），三联书店，2019，第 422 页。

[2] 〔美〕费正清：《美国与中国》（第四版），张理京译，世界知识出版社，1999，第 97~98 页。

[3] 〔美〕斯塔夫里阿诺斯：《全球通史：从史前史到 21 世纪》（第 7 版修订版）（上册），吴象婴、梁赤民、董书慧、王昶译，吴象婴审校，北京大学出版社，2006，第 231 页。

[4] 萨孟武：《中国社会政治史》（宋元明卷），三联书店，2019，第 289 页。

# 第八章
# 地域—民族关系中的
# 民族稳固与国家体制化

尽管元朝是中国历史上第一个由少数民族建立的大一统王朝，但它承接了以往中国各个朝代的遗产，是中国历史延续链条中的一个环节。明朝取代元朝后，使中国历史发展的动力和路径重新回到由内到外、由中心到边缘的轨道上。明朝是在元朝统一的多民族国家的基础上行进的，重要使命是以地域关系为基础，以制度为支持，稳定民族之间的关系，加固统一的多民族国家格局。

## 一　保守主义的政治战略

人类历史的出发点是共同的。但由于不同的条件，人类发展的进程和特点不一样。恩格斯通过对雅典、罗马国家产生与演化历史的考察，指出："以血族团体为基础的旧社会，由于新形成的各社会阶级的冲突而被炸毁；代之而起的是组成为国家的新社会，而国家的基层单位已经不是血族团体，而是地区团体了。"在罗马，"平民的胜利炸毁了旧的血族制度，并在它的废墟上面建立了国家"①。但是，庞大的罗马帝国因为蛮族侵入而受到摧毁，再次成为废墟。只是这一废墟不是由新的社会要素生成而造成的，而是较为落后的野蛮民族对较为先进的文明民族的摧毁。"中世纪完全是从野蛮状态发展而来的。它把古代文明、古代哲学、政治和法学一扫而光，以便一切都从头做起。它从没落的古代世界接受的唯一事物就是基督教和一些残破不全而且丧失文明的城市。"② 在罗马帝国时期，"广大领土上的广大人群，只有一条把他们联结起来的纽带，这就是罗马国家"③。随着罗马国家的解体，欧洲从文明形态坠入"黑暗的中世纪"；在政治上则陷入四分五裂的封建状态，其政治版图犹如"一条政治上杂乱拼缝的坐褥"。④

在中国历史上，第一次由较为野蛮落后的民族建立全国性政权，是元朝。蒙古人的军事征服，没有造成古代中国坠入黑暗的世纪，更没有造成四分五裂的政治状态，反而形成的是一个前所未有的跨长城内外的庞大国家。这是因为蒙古人建立元朝后，并没有也不可能摧毁古代中国原有的文明形态，毁灭汉人田地，将之变为废墟，再造牧场，一切都从头做起。相反，在进入中原后，征服者接受和汲取了古代中国原有的文明积累，形成的是一个有更大领土和更具民族包容性的国家。中国的历史延续性没有中断，元朝因此成为中国的正统王朝。"古代华夷之别，经五代，由宋至元，已经消灭，且认元为继宋而为正统。……就伦理说，是指取天下以'正'；就政治说，是谓'统'天下于一。……依朱熹之说，凡能统一中华，即有资格成为正统。"⑤ "不管是不是外族，元朝统一中国已经实现了儒家所要求的合法性。"⑥

---

① 《马克思恩格斯选集》第 4 卷，人民出版社，2012，第 13、186 页。
② 《马克思恩格斯文集》第 2 卷，人民出版社，2009，第 235 页。
③ 《马克思恩格斯选集》第 4 卷，人民出版社，1995，第 164 页。
④ 〔美〕海斯、穆恩、韦兰：《世界史》，冰心、吴文藻、费孝通等译，天津人民出版社，2016，第 213 页。
⑤ 萨孟武：《中国社会政治史》（宋元明卷），三联书店，2019，第 253 页。
⑥ 〔美〕巴菲尔德：《危险的边疆：游牧帝国与中国》，袁剑译，江苏人民出版社，2011，第 297 页。

元朝是中国历史上第一个由少数民族作为全国性统治者的朝代。在元朝疆域内，生活着多个民族，并通过各个地区团体与国家形成联系。它意味着地域关系高于民族关系。元朝将广大领土和广大人群联结起来，而无论这些人属于哪一氏族或哪一民族。尽管蒙古人与欧洲的蛮族一样，刚走出氏族部落的野蛮时代，并是以军事征服获得统治地位的。但与欧洲蛮族不同的是，它创立了元朝这一地域国家，承接了原有地域中国的文明形态，并在文明濡化中实现对中国的治理。就创立地域性国家来讲，蒙古人虽然是少数民族，但与历史上的其他朝代没有什么不同。唯一不同的是他们的人口属于少数。

但从统治者的角度看，元朝毕竟是一个"小族大国"。居于统治地位的民族在人口上为少数，在文化上相对落后。尽管蒙古人进入中国后，吸纳和接受中国文明，但要完全消化有一个过程，特别是还要通过保守其民族性而维护其统治地位。以少数统治多数，以落后统治先进，缺乏核心统治能力，难以持久。这使蒙古人很难担当起有效统治一个庞大国家的重任，最终为明朝所替代。

尽管明朝的创立者朱元璋曾经打出了反对蒙古人的民族主义旗号，但更多的是出于社会动员。"元朝的垮台并不是民族观念下的汉人反外族起义的结果，而是一种反抗衰弱王朝的传统意义上的反叛。"[1] 明朝推翻了元朝的统治，但继承了元朝传承下来的绝大部分疆域。从地域中国来看，明朝与元朝没有什么不同。所不同的是明朝是占人口多数的汉族人居于统治地位的帝制国家。历史在唐代之后，又重新摆回，由作为主体民族的汉族人作为国家整体疆域的统治者。"蒙古人统治的近一个世纪 （1271~1368） 是一个独立的时间段，它截断了中国历史的奔流，而明代的建立又恢复了它故有的河道。"[2] 历史发展的动力和路径重新回到由内到外，由中心到边缘的轨道上。"明朝提出了'驱逐胡虏、恢复中华'（《明太祖实录》卷26）的政治口号，作为其取代元

---

① 〔美〕巴菲尔德：《危险的边疆：游牧帝国与中国》，袁剑译，江苏人民出版社，2011，第297页。

② 〔加〕卜正民：《挣扎的帝国：元与明》，潘玮琳译，中信出版社，2016，第3页。

朝、建立政权的政治合法性的依据。相应，在制度、文化、民族、边疆、外交关系一系列方面，明朝历史都呈现了向中原脉络复归的取向。"①

但对大规模多民族统一国家进行统治确实有难度。唐朝都未能解决，蒙古自外向内的整合更为困难。元朝提供了统一的多民族国家格局的基础，但很不稳固。对于明朝统治者来说，稳固统一的多民族国家的格局，成为其主要任务。

明朝与宋朝一样，寻求的是一种内源式的发展。"明朝一改蒙元帝国积极向外扩张的态势，重归中原王朝保守、内敛的传统思路。"② 但是，内源式发展，必须以稳固其统治和疆域为条件。没有统治和疆域的稳固，内源式发展就会使其像宋朝那样处处被动挨打。"游牧部落的强盛还由于守卫文明大门的人比较软弱和疏于防范。"③ 明朝与宋朝不同，宋朝本身是在一个分裂并立的格局下建立的，而明朝则建立在大统一的格局上。明朝的使命是稳固统一的格局。"明朝主静而不主动。"④ "关在家里过自己的日子""安全第一"也符合定居农业民族的思维特性。"小农政治意识的基本特征便是皇帝个人权力欲望极强，心胸狭窄，猜忌臣下，在政治策略制定上采取保守态度。这些特点在朱元璋身上有着鲜明的体现，并深刻影响了洪武一朝的政治特征。"⑤

要稳固统治和疆域，还需要制度化，即通过可持续的制度方式将各种关系和行为确立并稳定下来，使之成为固定的模式。在古代中国的各个朝代中，唐朝尽管呈现出大扩展的气象，但缺乏核心制度的支撑。唐朝的联结更多的是依靠非制度化的因素，缺乏稳定性和持续性。一旦核心能力缺失，大唐很快解体，成为"瞬间大帝国"。因此，明朝的统治者力图以制度化的方式来实现稳固的目标。朱元璋表示："朕少

① 毛佩琦主编《中国大通史·明》上，学苑出版社，2018，第27页。
② 毛佩琦主编《中国大通史·明》上，学苑出版社，2018，第28页。
③ 〔法〕费尔南·布罗代尔：《十五到十八世纪的物质文明、经济和资本主义》第一卷上册，顾良、施康强译，商务印书馆，2018，第97页。
④ 黄仁宇：《中国大历史》，三联书店，1997，第184页。
⑤ 毛佩琦主编《中国大通史·明》上，学苑出版社，2018，第29页。

遭乱离，赖皇天眷命，剪除群雄，混一天下，即位以来，劳神焦思，定立法制，革胡元之弊政。至于开导后世，复为《祖训》一编，立为家法，俾子孙世世守之。尔礼部其以朕训颁行天下诸司，使知朕立法垂后之意，永为遵守。后世敢有言改更祖法者，即以奸臣论无赦。"（《皇明典故纪闻上》）明朝的制度体现在两个方面：一是反映了中国长期历史上居于主导地位并具有理想主义的儒家思想；二是反映了作为开国皇帝朱元璋的治国方略。明朝希望将立国初期的举措制度化，作为祖宗之法，代际传递。明朝初期订立的制度具有很强的理想化成分。尽管因环境变化，制度延续的成本太高，不得不放弃和改变，但希望以制度稳固天下的基本理念长期存续。由于时间和空间的变化，制度的绩效表现不一。

明朝的稳固，主要是稳固统治和疆域。统治和疆域都是以地域关系为基础的。在共同的统治和疆域下，无论是哪个民族，什么人群都被纳入中央政权管辖的地区团体之中。人们要通过地区团体发生联系。民族之间的关系为地域关系所主导。建立在地域关系基础上的国家政权，通过制度化的力量，稳固不同民族之间的关系。首先是稳固作为主体民族的地域主体性，在多民族关系中强化主体民族的地位。"明朝取代元朝，其意义超出了一般的政权更迭，更含有结束了中唐以来中原王朝相对于北族政权的劣势、重振华夏雄风的历史意味。"[1] 其次是尽可能将非主体民族及其与主体民族利益相关的族群稳固在可控制的范围内。其政策具有突出的"分而治之"的特点。这是地域—民族关系在明朝中国的具体表现。

## 二 长城体系以稳固北方

长城是汉民族的象征。除个别朝代以外，历朝历代都修建过长城。但大规模修建长城，并将长城作为稳固的边防体系，唯有明朝。

---

[1] 毛佩琦主编《中国大通史·明》上，学苑出版社，2018，第27页。

　　包括明朝的中国多数朝代为何持续不断地修建长城的原因在于民族和国家利益。"中国的国家利益需要一个固定的边疆，包括一切真正适宜中国的东西，隔绝一切不能适合中国的事物。长城就是这种信念的表现。"① "长城的修建既是军事建设，也是政治建设。在之后所有的中原统治者眼中，长城标示着中原文化的边缘，也标志着野蛮地域的开端，其目的在于尽可能瓦解中原边地民众与草原的任何潜在联盟，也就是说，要将游牧民众从中原排除出去。"② 明朝对这一点的认识尤深。

　　人们的认识基于生活环境。在萨孟武看来："一切民族均有其民族的特质，这不但因为它们的风俗习惯不同，抑亦因为它们的感情思想有别。同一的感情思想是由长期的共同生活铸造而成。换句话说，各种民族因为生活于不同的环境之下，故乃铸出不同的感情思想。"③ 北方游牧生产"逐水草而居"，移动是重要特点，移动权是重要理念。农业生产的特点是以土地为基本的生存资料。土地及其附属物，包括房屋是不能移动的。这些不能移动的生存资料有明确的主人专享权。通过固定的地界、房界确立所有权，并将我者与他者区别开来。对于主要以土地为生的汉民族来说，国家的长城犹如家庭的地界、房界一样，将不同的人群和地域区别开来，尤其是将以移动为特性的游牧民族隔离开来。这正是自战国时期便连绵不断地修建长城的重要原因。在中国历个朝代中，唯有明朝的开国者朱元璋是地道的农民出身。汉朝的开国者刘邦虽然也出身"草根"，但毕竟为小吏，对于农业与土地的认知没有朱元璋那样深切。

　　明朝重视修建长城，可以说是定居农业民族的感情思想的集中体现。

---

① 〔美〕拉铁摩尔：《中国的亚洲内陆边疆》，唐晓峰译，江苏人民出版社，2010，第325页。
② 〔美〕巴菲尔德：《危险的边疆：游牧帝国与中国》，袁剑译，江苏人民出版社，2011，第41~42页。
③ 萨孟武：《中国社会政治史》（宋元明卷），三联书店，2019，第249页。

朱元璋是在元朝末年持续不断的战争中最终获得胜利而建立明朝政权的。在持续不断的战争中，他切实体会到修建高墙的重要性。对元朝的反叛是在多个地点进行的，并形成了不同的义军相互争战的态势。朱元璋征询学士朱昇对他平定天下战略方针的意见，朱昇说："高筑墙，广积粮，缓称王。"在做好充分准备之前，不要急于出击。这一战略思想对于朱元璋平定天下、获得政权发挥了重要作用，也深深影响了朱元璋的治国安邦理念，修建长城可以说是这一理念的逻辑延伸。

当然，修建长城更是基于明朝建立后的疆域形势。元朝是中国王朝，但与大蒙古国具有同体性，都为蒙古人所统治。伴随元朝和大蒙古国的解体，统一的政权缺失了，但是大片的草原和以草原为生的游牧民族仍然存在。元朝政权灭亡后，还有相当数量的蒙古人退回到草原。北方草原民族仍然会造成对长城内部的威胁。"面对北方的防线，修建'边墙'成为一种值得专注之事业。"[1] "明朝对待草原的态度受到元朝征服记忆的深刻影响，因此其边疆政策跟其他任何本土王朝都不一样。"[2] 明朝统治"朝夕思虑的是北方蒙古邻居所给予的威胁"，其对策便是"构筑堡垒自固"，形成"防御态势"。[3]

朱元璋建立明朝不久，便着手修建长城。明朝修建长城具有以下特点。

一是持续不断地修建。过往朝代对长城的修建时修时不修，或者是修建而不维护，不具有持续性。而在明朝，修建长城在整个明王朝时期中一直持续。明长城始建于明太祖朱元璋洪武元年，主要配合明太祖北伐所加固修缮，整个洪武年间都在进行长城的修建。后来，随着北方民族威胁重心的变化，长城的修建不断持续，最后修建了历史以来跨度最长的长城。东起鸭绿江，连接秦长城，然后西至嘉峪关，

---

① 黄仁宇：《中国大历史》，三联书店，1997，第 181 页。
② 〔美〕巴菲尔德：《危险的边疆：游牧帝国与中国》，袁剑译，江苏人民出版社，2011，第 295 页。
③ 〔美〕牟复礼、〔英〕崔瑞德编《剑桥中国明代史》，张书生等译，中国社会科学出版社，1992，第 8 页。

蜿蜒数千公里。

二是最为坚固的防卫工程。过往朝代的长城修建时断时续，并不牢固，其军事防护功能也不突出。明代修建长城从开始一直到后来，都是在与北方民族的战争中修建的，服从和服务于战争防御的需要，是整体大型防御工程的主体部分，特别牢固。明朝在"外边"长城之外，修筑了"内边"长城和"内三关"长城。"内边"长城与"外边"长城相接。"内三关"长城在很多地方和"内边"长城并行。与此同时，还修筑了大量的"重城"。

三是强有力的长城边关防守。长城是一种物体，如果没有人的高度重视，其功能便难以发挥。在中国各朝代，长城更多的只是修建，而没有足够的力量加以利用。所以，长城更多的只是一种象征物，没有能够发挥，也不可能发挥其防御功能。长城没有阻挡住北方民族进入中原汉地的步伐。明代长城，不仅仅在于物体的修建，更在于人的防守。明朝是典型的家族统治，实行分封制。朱元璋表示，分封是为了"屏藩国家"（《明太祖实录》卷五一）。"明太祖分封习兵事的皇子于北边军事要地，皆预军务，习称'塞王'。"[1] 尽管秦始皇也派其子监守长城，但朱元璋则将多个皇子分派北边长城防守。在长城沿线驻扎大量军队。

四是屯田生产与军事防卫相结合。历史上的多数朝代之所以不能持续地修建维护长城，重要原因在于人力、物力和财力的耗费巨大，难以支撑。曹操通过驻兵屯田的方式解决边防难题，但政权时间太短，未能持续。而在明朝，为了充分发挥长城的功能，实行屯田生产，以缓解财政压力。

明朝修建长城，不仅是建一种建筑物，而且致力于构造一个巨大的军事防御体系，并形成一种持续不断的制度化力量。通过这一制度化力量确保整个国家不再受到自秦汉以来北方游牧民族的攻击。"在明

---

[1]　蔡美彪等：《中国通史》第八册，人民出版社，2015，第24~25页。

王朝的后来年代里，筑墙和沿长城防区的驻兵便是明政府首要关注之事。"① "明朝以北京为中心，以九镇为重要军防点，以卫所等为网络，以长城为屏障和阵地，形成北部的严密防线。"②

长城作为军事防御体系，主体功能是军事防御。而军事战争并不是每天每地都有的，只有日常生活才是持续不断的。长城只是为了阻挡北方游牧民族的军事征服步伐，隔绝一切不能适合中国的事物，但没有也不可能隔绝长城内外人们的交往。特别是随着长城沿线人员的增多，日常生活物品的交换需要增多了。边关贸易成为日常生活的必需。日常生活交往，特别是贸易往来，促进了不同民族的交流和融合。

因此，长城所要防守的只是军事力量，而不是防守不同民族的日常生活交往。这种日常生活交往反过来可以促进军事防守。因为就近获得生活物品的成本远远低于长城两侧不同民族从遥远的核心地区获取的成本。

## 三  农牧分域以稳固草原

明朝持续不断地修建长城，不是简单地设防，而是为了将进入中原地带的北方游牧民族永远地阻挡在长城之外。从这一点看，明朝比中国过去任何朝代都体会更深，也更为紧迫。这是因为明朝所替代的元朝是中国历史上第一个由少数游牧民族进行全国性统治的朝代。明朝取代元朝之后，元朝最后的统治者返回蒙古草原。明朝军队不断对其征战，且获得巨大胜利。但是，与汉武帝一样，明朝没有将草原作为自己永久统治的地域。这在于由地理环境决定的生产方式。正如元朝统治者进入中原之后，不能将农田变为牧场一样，汉人也难以将寒冷的草原变成农田。与此同时，少数游牧民族在中原的统治，可以从农田中获得源源不断的财富，来维持其统治。而茫茫无际的大草原提

---

① 〔美〕牟复礼、〔英〕崔瑞德编《剑桥中国明代史》，张书生等译，中国社会科学出版社，1992，第8页。
② 毛佩琦主编《中国大通史·明》上，学苑出版社，2018，第170页。

供的财富十分有限，要通过政权的力量有效统治茫茫无际的大草原却需要高昂的成本。这是农业民族难以想象的。即使是汉武帝时军队可以深入漠北，但从未有过将大草原作为统治地域的想法。唐朝的统治虽然延伸到大草原，但只是停留在表层，且时间不长。所以，尽管明朝的军队可以深入漠北，但最终还是退回到长城以内。"蒙古鞑靼乃游牧民族，而和林之地寒冷，汉军不能久留。"①

　　游牧民族继续成为茫茫无际的大草原的主人。"为了有效地捍御蒙古游牧部族势力对农耕文化地区的进犯和骚扰，明朝在东北至西北一线，大致沿着400毫米等降水线。或干旱区和湿润区、游牧经济区和农业经济区的自然界线，构成了稳固屏障，希望以此来保障中原农耕地区经济运作。"②

　　民族的特质是由地理环境及其生产方式所塑造的。"蒙古民族在成吉思汗以前没有文化，连固定的宗教信仰都没有。其所崇拜的是武力，他们依靠武力征服世界。到了领土扩大，由部落进化为国家之时，因为种族分散于远方异域，而远方异域之人，文化又比蒙古人高，所以政治上虽然统治了各地民族，而数传之后，自己民族反为被征服民族所同化。其能保有鞑靼固有的生活习惯者不过蒙古之地而已。"③　只有在"蒙古之地"才能找回和恢复游牧民族的特质。而这种特质又注定了游牧民族还会与中原继续产生互动。在相当长的时间里，北方草原游牧民族所产生的战斗力仍然是明朝最重要的威胁力量。

　　在元末义军的打击下，部分蒙古人返回草原，并重新回归到原生的生活方式。但是，这种回归不是简单地回复到初始状态。毕竟，他们的先辈经历过无数征战，建立了跨越欧亚的大帝国。他们经受了战争的洗礼，也经历了文明的濡化。只是回到了他们过去生活的草原上，就必须根据草原的逻辑生存。而战斗力是草原生存逻辑的首要法则。

---

①　萨孟武：《中国社会政治史》（宋元明卷），三联书店，2019，第355页。
②　向燕南、罗炳良、王东平：《历史文化认同与中国统一多民族国家》第三卷，河北人民出版社，2013，第231页。
③　萨孟武：《中国社会政治史》（宋元明卷），三联书店，2019，第249页。

因此，尽管蒙古人失去了对中原地区的统治权，但其原生于草原的战斗力开始恢复。

最终击败元朝统治者的朱元璋多次派大军深入草原打击元朝残余势力，以获得王朝统治的完全合法性，并取得重大胜利。但是，草原上不是只有元朝残余势力，还长期存在大量游牧人群，并会构成对中原的威胁。"自建国之初，明朝便以防范蒙古势力为其首要任务之一。"①

镇守北方的藩王朱棣执掌大量军队，是朱元璋众多皇子中最有军事实力的一个皇子。后来，经过靖难之役，朱棣成为皇帝，定都于北京。北京距离草原更近，且朱棣有多年的战争经历，在其成为皇帝后多次派大军深入草原，有胜有败。为彻底消除来自草原的隐患，朱棣亲率大军出征，但死于返程的路途上。这是中国历史上第一个死于率军北征的皇帝。

朱棣出兵北征虽然没有完全达到预期目的，但是，从根本上改变了草原游牧民族与中原封建王朝的关系，这就是建立起朝贡机制。草原游牧民族作为中原封建王朝的臣服者，向中原封建王朝的统治者提供贡奉。这是自成吉思汗以来所没有的。草原游牧民族过往是征服者，现在成为臣服者。当然，依据中原封建王朝过往的逻辑，对于臣服者的贡奉，会加倍地返还，以显示中原封建王朝的富贵和声威。

然而，朝贡机制很快被草原游牧者作为壮大自己力量的方式。草原的生存环境艰难，生存压力大，自给自足难。元朝统治体系解体后，草原上又回复到部落和部落联盟的分散状态，相互之间的竞争和争战持续不断。为了在竞争中获得胜利，巩固部落联盟，草原民族必须不断获得更多财物。但草原上的财富毕竟有限，而且高度同质化。只有南边的中原地区，物产丰富，能够满足草原民族的多方面需求。因此，草原民族希望开关贸易，交换他们所需要的物品。但是，这一想法受

---

① 〔美〕费正清：《美国与中国》（第四版），张理京译，世界知识出版社，1999，第86页。

到限制。明朝出于过往经验，对草原民族保持着高度警惕，对边关贸易并不积极，甚至持抑制态度。长城体系的构建毕竟主要是用于阻挡而不是用于开放。与此同时，草原民族可提供的贸易物品毕竟有限，而且利益不大。而朝贡机制为草原民族提供了新的利益通道，可以使其获得比贸易更大的利益。少量奉献可以获得多倍回报。"历来鞑靼遣使入贡，既是表明政治关系，也是一种贸易方式。贡使越多，获得明廷回赐也越多。"① 朝贡机制成为草原民族获得更大利益的渠道，进京朝贡的人越来越多，有时甚至多达上千人。明朝统治者意识到这一问题，并试图加以限制。但是，长期的利益输送已壮大了草原民族的力量。草原民族平战结合的团体力量，使他们不断以侵扰边地的方式获得利益。特别是北方的边地与明朝的首都距离不远，作为王朝核心之地的首都时刻处于军事威胁之下。"它使朝廷直接暴露在脆弱的边疆防御线之后，非常容易受到来自草原或东北的攻击，并且还远离南方的大量汉地人口及农业剩余物资。"②

军事暴力必然会造成冲突的升级。明英宗时期，皇帝亲率大军征讨进入长城内的草原军队。但此时的皇帝不再如其先辈有战争经历，且被无战争经验的宦官首领把持军权。而草原军队的首领则是草原上锋芒毕露的新星——也先。在这一格局下，也先领导草原军队大败明军，并俘获了皇帝，即著名的"土木堡事变"。皇帝在战场上为对方所俘获，在中国历史上是仅见的。在于谦等人的有力协助下，明朝的首都才免于陷落。

"土木堡事变"具有标识性，意味着双方力量的均衡。一方面，草原的力量日益壮大，可以直接威胁明朝首都。"对于一个建都北京的朝廷而言，游牧力量的每次攻击都直接威胁到王朝的安全。"③ 另一方面，

① 蔡美彪等：《中国通史》第八册，人民出版社，2015，第211页。
② 〔美〕巴菲尔德：《危险的边疆：游牧帝国与中国》，袁剑译，江苏人民出版社，2011，第300页。
③ 〔美〕巴菲尔德：《危险的边疆：游牧帝国与中国》，袁剑译，江苏人民出版社，2011，第301页。

明朝毕竟建立不久，尚有足够的国力。首都得以保存，除了缘于军民誓死保卫外，还有外地的明军赶赴首都参战的原因。

对于草原民族来说，胜利可以获得更大胜利，失败则意味着继续失败。也先将俘获但已没有利用价值的皇帝放回，自己却在本民族的部落竞争中被杀。这是因为蒙古人的最大敌人是他们自己。草原民族以部落为基本单元，部落之间存在激烈的竞争和分化。"这些氏族的一个明显特点是常常容易分成许多分支：当氏族在数量上增加或经历了内部的倾轧后，他们分裂为氏族分支，这些分支依然能够繁殖而发展成新的氏族。"[1] 这种氏族部分的不断再生产机制造成氏族部落间的联结和整合困难。虽有部落联盟，但出于距离等原因，其稳定性弱。没有强大的人物，没有强大的组织，没有强大的利益，便很难形成统一的强大民族。成吉思汗从战争中锤炼出来的特殊魅力人格，对部落组织的根本性改造，从持续不断征战胜利中获得的巨大利益，统一了四分五裂的草原民族，成就了蒙古大帝国。但是，这一切都是难以再生和复制的。自蒙古大帝国解体后，草原又陷入四分五裂的常态。偶尔有也先这样的能人产生，但也难以与成吉思汗相比。因此，草原民族长期处于部落和部落联盟状态，没有能够实现完全和真正的统一。他们已不可能像其先辈那样从整体上征服中原，也缺乏这一意识。"明代的游牧力量不是试图重新统治中国的元朝复仇者，更多的是采取外部边界战略的典型的早期游牧力量。他们试图在远方从中原获得好处，而没有打算重新征服中原。"[2] 他们更多的是通过各种方式获得本部族的利益，包括对明朝边地的侵扰。这种侵扰一直持续到明朝的灭亡。因此，"明代是在中国二千二百年王朝史中仅有的一个特殊时期，这期间，草原无法形成一个统一而稳固的帝国以对抗中原本土王朝"[3]。

---

① 〔德〕傅海波、〔英〕崔瑞德编《剑桥中国辽西夏金元史（907—1368年）》，史卫民等译，中国社会科学出版社，1998，第334~335页。

② 〔美〕巴菲尔德：《危险的边疆：游牧帝国与中国》，袁剑译，江苏人民出版社，2011，第296页。

③ 〔美〕巴菲尔德：《危险的边疆：游牧帝国与中国》，袁剑译，江苏人民出版社，2011，第295页。

对于明朝来讲，尽管首都没有陷落，但已标志着明朝不再有朱元璋和朱棣时期那样的锐气和能力。明朝要深入草原内部大规模地征讨草原军事力量，已不可能，且花费巨大。"土木之变后明朝对蒙古高原采取专守防卫方针，成化十年（1474）开始新建与改修长城。"① 因此，明朝通过和与战两种策略应对草原民族的侵扰。和，便是适当开通边关贸易；战，便是对草原民族的侵扰进行军事打击。最终目的便是将颇具战斗力的游牧民族稳固在草原上，不让其进入长城之内，从而与农业民族分隔开来，以维持农业民族的和平。"混乱可以重返平静，那就是农夫和牧人分别退回到永远对他们各自有利的地理环境中去。"② 明朝坚持不懈地建构长城体系，是服务和服从这一基本战略，对游牧民族的政策变化也是服务和服从这一基本战略。经过多年的互动，"在与蒙古人协商而得的一项和约中，明廷保证通过授封、奉供以及边市以换取边疆的和平。这正是蒙古人七十多年来孜孜以求的结果。在一代人的战争之后，这一协定为边疆带来了和平"③。这种和平说明，明朝要将游牧民族整合到国家体系中来，十分困难，将其隔离在外，对于明朝是最有利的。

## 四　卫所体制以稳固边陲

明朝是通过军事战争的方式获得全国性国家政权的。明朝在获得全国性政权的过程中，在全国许多地方建立起卫所，以稳固国家政权，并以此推进全国地域和民族的国家化。

中国的王朝更迭基本是通过军事的方式实现的，一开始实行军事化统治。但这种统治的持续时间不长，且浮在表层，未扎根于社会生

---

① 〔日〕上田信：《海与帝国：明清时代》，高莹莹译，广西师范大学出版社，2014，第 176 页。

② 〔美〕拉铁摩尔：《中国的亚洲内陆边疆》，唐晓峰译，江苏人民出版社，2010，第 51 页。

③ 〔美〕巴菲尔德：《危险的边疆：游牧帝国与中国》，袁剑译，江苏人民出版社，2011，第 316 页。

活之中，具有临时性、过渡性和表层性的特点。明朝的卫所吸收了过往一些朝代的经验，但有其鲜明的特征，并形成一个具有长期性、稳定性和深层性的制度化体系。在明太祖看来："攘外者所以安内，练兵者所以卫民。凡中国之民安于畎亩衣食，而无外侮之忧者，有兵以为之卫也。"（《明太祖实录》卷八五）

卫所是军事据点，由若干数量的军人长期驻扎在一个地方。为了解决长期驻军的后勤供给问题，实行屯田制，由国家分配一定的土地。"到了明代，卫所遍设全国内外各地。每卫必拨军屯种，且有一定比例。"[①] 军人平时耕种，战时打仗，自我供给。"明代军屯规模之大，成效之显著，亦在历代军屯之上。军队粮饷可以自给，使明初可以一再减免赋税，而仓储仍然充实"。[②] 为了稳定军队，军人携带家属，实行军户制。军户与民户不同，是国家专门设立的一种户籍。军户实行世袭制，军人的子弟世代为军人。通过一系列的制度安排，卫所在地方和基层扎下根来，成为国家政权统治的基石。"从朱元璋设置卫所之始，就把它作为非常理想化的军事制度，以军籍保证军数，以军屯实现卫所的自养，以家属同守来安定军心，内地卫所驻防为主，边地卫所除守御边疆外，还能保障交通，开发地方。"[③]

从军事的角度看，随着时间的推移，卫所兵的军事能力会不断减弱。但这一制度的一个重要后果，就是有助于稳固边陲地区的民族，成为国家政权嵌入少数民族地区的重要基点。

民族是人们长期在共同的地域上生活而形成具有共同文化和心理的人群。在中国，民族的构成具有典型的中心与边地的地域特点。主体民族主要居住在中心地带，非主体民族主要居住在边陲地带。后者的经济文化相对落后，因此经常被称为"蛮夷"。但是，恰恰是这些被称为"蛮夷"的民族经常挑战主体民族。自秦汉建立统一的多民族国家开始，这一挑战便已开始，例如匈奴。直到明朝之前的元朝，这种

---

① 王毓铨：《明代的军屯》，中华书局，2009，第12页。
② 白钢主编《中国政治制度史》下卷，天津人民出版社，2016，第800页。
③ 郭红等：《明代卫所与"民化"：法律·区域》，上海大学出版社，2019，第224页。

由边陲地带的非主体民族挑战主体民族居主导地位的国家的趋势愈演愈烈。元朝成为第一个由非主体民族居于全国性统治地位的朝代。明朝建立后，仍然面临这一挑战。明代建构的长城体系和农牧分域都是应对这一挑战。但仅仅如此，还远远不够。明朝要建立的是一个长治久安的国家制度。而卫所体制则在稳固边陲民族方面发挥出特有的功效。

首先，改变边陲地区人口的民族构成。卫所设立的地点遍布全国，但相当数量在那些对国家政权统治有威胁的地方。这些地方大多居住着非主体民族。由于长期的共同地域、共同生产和生活方式、共同的文化心理和共同的利益，这些地方的人口形成具有整体性的民族，进而建立起政权，并有可能构成对主体民族及其国家政权的挑战。从汉代开始，帝制国家便一直伴随着这种挑战。尽管在应对这一挑战中，民族之间不断交流融合，但一些民族长期居住在一定地域的基本状况未能改变。由这种共同地域产生的整体民族性仍然存在。在草原地区上产生的游牧民族，表现得特别突出。由于其特殊的民族性对主体民族构成的挑战也特别突出。明朝建立后，除了草原深处之外，在全国相当数量的边陲地带设立卫所。这些卫所的长期存在和世代沿袭，可以改变边陲地区单一的民族人口结构。一方面，卫所人员是军事人员，处于调动之中，有军事任务必须外出打仗。其人员具有流动性。另一方面，卫所人员并不都是当地人，相当多数是由内地到边陲地区的驻防人员。明朝初期，实行"南北互易之法，即北人戍南，南人戍北"。"定例，补伍皆发极边，而南北人互易。"（《明史·兵志四》）这种人员的流动有助于改变单一的民族及其民族要素结构，将不同民族的要素带入边陲地区。"从甘肃到广西的西南山地，是传统的西南民族分布区。宋元以来，汉人大量涌入，明初更是以倾国之力，深入云南，在西南各地广置卫所，形成多民族混居的状态。"① 卫所人员与当地民族的人口"插花居住"，使同一地区上居住着不同族群的人口，同一族群

---

① 李新峰：《明代卫所政区研究》，北京大学出版社，2016，第62页。

的人也有不同的族群要素。因此，这种在一定地点上间隔存在的卫所嵌入原有的民族地区之中，有助于阻隔当地民族之间的整体联结。

其次，加深民族之间的交往。在中国，民族之间的差异在相当程度上是由经济文化差异造成的。居住在核心地带的主体民族，其经济文化较为先进；居住在边陲地带的非主体民族，其经济文化较为落后。民族之间的差别表现为地域之间的关系，民族关系反映为地域关系。北方民族长期成为挑战者，重要原因是其生存环境及其经济利益，这种民族差异性及其构成的挑战，依靠军事力量是难以消除的。尽管在长期历史上，不同民族之间也有经济文化方面的交往，但这种交往更多的是在上层和表层。明朝的卫所嵌入原有的民族地区之中，并根植于当地，会持续不断地促进不同民族之间的交流，尤其是草根民众之间的交往。"军籍、家属同守、屯田这三大制度本意是将卫所军人牢牢束缚在驻守之地，成为相关人口与当地紧密结合的纽带。"① 尽管卫所是一个相对封闭的体系，但这种封闭仅仅在于军事和政治，日常生活的交往则是不可或缺的。特别是卫所作为军事机构日益"民化"，更有助于不同族群的人们日常交往。这种交往有助于改变民族地区单一的经济文化结构，不同民族互相接受彼此的经济和文化，加深了解。因此，"卫所的意义并不仅仅限于武力后盾与军事控制，它还意味着一场大规模的移民运动与文化移植"②。

再次，加强边陲民族与国家的联系。在中国，民族之间的差异与国家权力联结的程度密切相关。出于地理交通等原因，国家要直接治理边陲民族所需要的成本太高，因此更多的是间接治理。国家权力只是延伸到民族地区的上层，一旦国家政权衰弱，民族地区很容易自立，与帝制国家脱落。唐朝之后的多民族和政权并立便是如此。明朝的卫所直接嵌入原有的民族地区内部，建立起这些地区与国家政权的直接联系。卫所是国家法定的军事机构，有一定的军事力量，并直接隶属

---

① 郭红等：《明代卫所与"民化"：法律·区域》，上海大学出版社，2019，第224页。
② 温春来：《从"异域"到"旧疆"：宋至清贵州西北部地区的制度、开发与认同》，社会科学文献出版社，2019，第133页。

国家政权。"终明一代，卫所除了是一种军事制度外，同时也是一种行政管理组织形式。可以说，卫所是一个具有独立行政职能的地理单位，基本上都管辖有面积大小不等的耕地和数量多少不一的人口。"① 通过散布于各地的卫所，将国家权力直接带入民族地区，形成民族地区与国家的联结机制。"在边疆地带，卫所负管理疆土之责，全面统辖明确边界内的人口、田地等，类同内地州县。"② 卫所实行自我供给，通过卫所将国家权力带入民族地区的成本较低，因此具有可持续性。朱元璋因此表示："屯田以守要害，此驭夷狄之长策。"（《明太祖实录》卷五十）

最后，促进边陲民族地区与内地的交通联系。民族是在共同地域上生长出来的。不同的地域生长出不同的民族。而不同的地域的形成在相当程度上源于交通的阻隔。中原尽管地域辽阔，但交通便利，从而形成人口居多数的主体民族。边陲地带的人口尽管属于少数人，但是由于交通阻隔，从而在互相隔离的不同地域里形成不同的族群。明朝的卫所设置于交通要塞，并有开发地方的功能。"卫所一般戍守交通要道，特别是沿海卫所和北边卫所，成为对外交往的前沿地带，起到了中外交流、贸易往来的中转站作用，交通枢纽职能在卫所职能中所占的比重也越来越大。"③ 尽管在广阔的边陲地带，这些卫所如天空中的星星。但由于它们位于交通要塞，可以由点到面将边陲地区的民族与外界联结起来。"卫所是在对土酋的武力威慑或征剿的基础上建立起来的，它们控扼驿道，形成了一条线状的、明廷可直接管制的区域，在此基础上，各种与土司相关的朝贡、赋役、土兵征调等制度才逐步确立与完善。"④

边陲不是一个单纯的地域概念，同时也是一个人群概念。明朝设

---

① 郭红等：《明代卫所与"民化"：法律·区域》，上海大学出版社，2019，第24页。
② 李新峰：《明代卫所政区研究》，北京大学出版社，2016，第4页。
③ 郭红等：《明代卫所与"民化"：法律·区域》，上海大学出版社，2019，第92页。
④ 温春来：《从"异域"到"旧疆"：宋至清贵州西北部地区的制度、开发与认同》，社会科学文献出版社，2019，第115页。

立卫所不仅仅是稳固了边陲地域，更重要的是稳固这一地域上的民族。当然，卫所毕竟是一种以军事为主的体制。

"这种把世袭军官、世袭士兵和军事管理下的农田结合起来的办法是不适合中国社会的性质的，而且在军事上也是无效率的。它到头来摧毁了这整个制度的军事性质。"① 卫所制度实行"南北互易"有相当难度。特别是大量南人不适应北部地区的气候环境，加上卫所的军事功能弱化得不到相应重视，造成大量人员逃离。随着卫所制度的衰败，通过这一制度稳固边陲民族的效能也受到影响。但在不同民族地区，这一制度产生的效能不一样，其遗产仍然长期影响着民族地区的治理。"卫所及其'民化'对明清边疆地区的稳固和发展有重大意义，尤其在西南、西北、东南沿海更为突出。"②

# 五　行政建制以稳固族群

在恩格斯看来，由氏族组织向国家转变的重要标志是，"按地区来划分就被作为出发点，并允许公民在他们居住的地方实现他们的公共权利和义务，不管他们属于哪一氏族或哪一部落"③。按地区划分居民的主体是国家。国家凭借特殊的公共权力，设立行政建制，将居民划分到各个行政建制单位，居民通过行政建制单位与国家发生联系，由此实现国家化。中国作为帝制国家的重要标志是实行郡县制，将居民纳入郡县体制之中。

但是，中国自秦汉以来是一个多民族的超大规模国家。郡县体制并没有进入绝大多数的非主体民族地区。大量的非主体民族并不能根据行政建制单位与国家发生联系，其国家化程度不高。自汉代以来，中国就开始了将行政建制延伸到非主体民族地区的努力，只是这种努

---

① 〔美〕牟复礼、〔英〕崔瑞德编《剑桥中国明代史》，张书生等译，中国社会科学出版社，1992，第115页。
② 郭红等：《明代卫所与"民化"：法律·区域》，上海大学出版社，2019，第226页。
③ 《马克思恩格斯选集》第4卷，人民出版社，2012，第187页。

力的范围和程度有限，所以每当中央权力衰弱时，许多民族地区便与帝制国家脱落。唐朝之后的多民族和政权并立便是典型表现。元朝通过军事征服，建立了统一的多民族国家，并力图将中央统辖的行政建制单位延伸到非主体民族地区，将这些地区的族群固定在中央统辖的行政建制单位之中。只是元朝统治时间太短，制度化程度不高。明朝承继元朝，继续推进元朝的制度，并因为其统治时间较长，制度化程度大为提高，并力图以行政建制稳固非主体民族。"在建构和整顿各边疆民族地区建置时，明朝十分看重建立政治上的臣服关系。"[①]

明朝延续了元朝将行政建制延伸到边陲民族地方的方向，但其治理理念深受主体民族的思维影响。"明人在总结历代对边疆少数民族统治政策时说：'从古中国之于夷狄，必离其党而分之'，'夫夷狄自相攻击，见谓中国之利，可收渔人之功。'"[②] 作为一个由内向外扩展的朝代，明朝与唐朝一样，对民族地方通过"羁縻""册封"，实行统而不治，进行间接治理。但与唐朝不同，明朝注意到民族地方的特性及中央对这些地方管理的难度。一方面加强中央权力对这些地方的管辖，以行政建制加强统治；另一方面充分根据这些地方的特性，以分而治之稳固统治。

元朝在西藏地区设立了中央管辖的行政机构。明朝建立后，在西藏地区设立多个层级的军政机构，其官员均由中央任免，西藏的地位相当于内地的省级行政区且直辖中央。作为全国地域代表的中央居于主导地位，同时考虑西藏民族地方的特性。明朝在西藏的治理充分体现了中央统一治理与地方分而治之相结合的特点。

一是对藏族居住区的政区做了分别划分。元朝对西藏地区统一归为总制院（后为宣政院）辖区。明朝则在此基础上划分多个行政政区。在今西藏大部设置乌斯藏都司，在今西藏的昌都地区东部、四川甘孜藏族自治州和青海西南部设置朵甘都司，在今克什米尔地区东北部和

---

①　程妮娜等：《中国历代边疆治理研究》，经济科学出版社，2017，第 124 页。
②　程妮娜等：《中国历代边疆治理研究》，经济科学出版社，2017，第 121 页。

西藏西部设置了俄力思元帅府；以下分别设有主管宗教、军事、民政的机构。①

二是行政官员由明朝中央委派和当地部落首领共同担任，当地部落首领主要是担任较低一级的官职。

三是实行政教合一。明朝封了八个法王和教王，其中"三个法王都有自己较固定的势力范围，五个教王都各有份地，世代相传。各代教王均由明中央政府封授，彼此互不统属，是政教合一、由明中央政府管辖的地方政权"②。

明代在西藏的分而治之，考虑到西藏的地方和民族特点，并根据这一特点实施有效的中央治理。首先，西藏藏民普遍信教，宗教成为联结藏民的最重要的纽带。依靠中央行政的统一治理，十分困难。就是其内生的吐蕃政权都难以长久维持。宗教的联结作用大大超越于一般的行政。"在西藏，没有新国家组织来替代宗教，部分原因是内在因素——西藏各部落极端散漫，地方组织微弱，以及交通及协同行动的困难。"③ 其次，西藏地域广阔，教派和部落众多，各有影响范围。明朝顺势而为，授予各部首领和各教派领袖以不同的品级和职位，各部首领和各教派领袖的合法权力来源于中央，既各得其所，也不易形成统一性力量。明朝初期对于前来归附的僧俗首领都予以安抚和录用，以迅速建立明朝与西藏地区的联结。后根据西藏地方部落和教派实际情况授官，对有实力的部落和教派首领都加以封号。再次，废除元朝独尊一个教派领袖的做法，西藏地方权力为不同部落和教派首领所分别掌握，形成权力分立和均势，有利于具有统一性的中央权力的统辖。中央通过行政建制，将不同部落和教派稳固到中央统辖的权力体系网络中，从而形成中央统辖、以教固政、分别治之的治理体系。最后，

---

① 谭其骧：《中国历史地图集第七册：元·明时期》，中国地图出版社，1982，第3~4、5~6、40~41、42~43页。
② 白钢主编《中国政治制度史》下卷，天津人民出版社，2016，第761页。
③ 〔美〕拉铁摩尔：《中国的亚洲内陆边疆》，唐晓峰译，江苏人民出版社，2010，第151页。

明朝修复交通，增进贸易往来，为稳固西藏民族地方提供物质基础。"明政府在西藏实行多封众建、以教固政的制度和令各教王修复驿站、道路等措施，有利于中央加强对西藏的统治。"①

东北是由多个少数民族组成的地区，也是少数民族经过统一后建立政权并攻打中原地区的策源地，明朝统治者给予了高度重视。明朝初，在东北设立奴儿干都指挥使司。"奴儿干都司是直属明中央政府的、军政合一的，管辖黑龙江、乌苏里江流域等地的最高一级地方行政机构，设都指挥使、都指挥同知、都指挥金事等。"辖区内还设立了100多个卫。"都司以下各卫所官员，由中央政府任命当地各部族首领担任。"② 明朝对东北地区的行政建制还主要停留在表层，地方权力主要还是由当地部族首领执掌。这一"羁縻"政策的成效取决于地方力量与中央力量的对比。至明中期，由于明朝中央考虑财政支持困难，东北奴儿干都司实际已不存在，这一地方再次成为少数民族经过统一后建立政权并攻打中原地区的策源地。

北方草原游牧民族失去了对中原地区的统治权之后，又复归到部落、部落联盟为基础的社会。明朝初，中央封蒙古三部首领为王，对三部族之下的部落首领授予指挥、千户、百户等官职。只是这种封职更多是名义，部族首领对明朝时臣时反，经常以军事力量威胁明朝。但明朝利用分裂的部族形势，将行政建制嵌入其中，以部族制衡部族，在一定程度上阻截了各个部族的一体化，也减轻了来自草原民族的整体压力。因此，在整个明朝，草原民族被稳固在草原上。

西北民族地区也曾经对中原构成挑战，特别是西夏国。元朝统治时期，这一地区回复到分散的部落首领管理的状态。明朝建立后，在这一地方封王，设立卫所，纳入统一的行政建制。尽管这一行政建制是利用当地人管理当地人，但毕竟归中央所管辖。换言之，如果不能听从中央的号令，中央有加以压制的合法性。

---

① 白钢主编《中国政治制度史》下卷，天津人民出版社，2016，第761页。
② 白钢主编《中国政治制度史》下卷，天津人民出版社，2016，第762页。

西南地区多山，交通不便。元朝通过军事征服，将这一地域纳入中央的统一管辖之下，实行土司制度，由中央任命的当地人管理当地事。明朝沿袭了这一制度，"整个明朝时期，设置土司的地区遍及湖南、四川、贵州、云南、广西、广东和西北陕西。"① 明王朝赋予土司管理当地事务的权力，同时也要求土司履行相应的义务。在"土司制度之下，中国的王朝并不是像唐宋时代的羁縻府州制度那样，对周边的异民族社会实行一种若即若离的'羁縻'，而是对其地域及民众都直接拥有主权"②。凭借这一权力，国家居于绝对主导性地位。土司世袭，容易造成地方割据和叛乱。明朝在平息叛乱的同时，"改土归流"，设置中央直接委派的流官，以加强中央权力的管辖。同时，西南地方的卫所制度成效明显，能够以军事行政的方式将西南地区族群稳固在中央权力的管辖之下。明朝对西南地方治理的总体趋势是行政建制力量得以日益强化。

# 六　内外移民以稳固整体

一定的人群是历史环境的产物。越是人类早期，人们越是生活在狭隘的地域和孤立的地点上，并产生相应的联结和组织。以血缘关系为纽带的氏族组织便是在这种环境下产生的。"氏族制度的前提，是一个氏族或部落的成员共同生活在纯粹由他们居住的同一地区中。"③ 只是随着人们交往的扩大，血缘氏族组织显得不够了，进而才形成更大的人群共同体，包括民族。其中，人口的迁徙和杂居是重要方式。人们从一个自己原来居住和生活的地方移动到新的居住和生活的地方，意味着人们社会关系的重新建立，并形成新的社会联结。伴随罗马帝

---

① 〔日〕上田信：《海与帝国：明清时代》，高莹莹译，广西师范大学出版社，2014，第122~123页。
② 〔日〕王柯：《从"天下"国家到民族国家：历史中国的认知与实践》，上海人民出版社，2020，第171页。
③ 《马克思恩格斯选集》第4卷，人民出版社，2012，第184页。

国的解体，是欧洲的民族大迁徙，无数人从各自的氏族部落中走了出来，接受其他族群的元素，形成新的民族。

中国是一个历史悠久、地域辽阔的国家。在漫长的历史上，出于战争、饥荒、商业等原因，人口处于不断地迁徙和移动之中。可以说，每一次战乱和饥荒都带来了大规模的移民，特别是在王朝更迭时期。

明朝的移民具有鲜明的特点，这就是制度化的移民，将移民作为国家制度化行为。过往的移民基本属于自然性移民，主要是移民自己的行为。即使是政府行为，也局限在一定范围，如对内附族群的安置。这是因为，对于以土地和农业为基础的人群来讲，安土重迁，故土难离。不到万不得已之时，不会轻易离开生活的乡土社会。

元末明初的战争造成极大破坏，许多地方成为一片荒野。只是各个地方因为受战乱影响不同，人口分布不均衡。明朝建立初期，为了迅速恢复生产和巩固边防，实行移民制度。朝廷出台“免其赋役三年”“户给钞二十锭”的政策支持移民，进而又出台移民条例，按“四口之家留一；六口之家留二；八口之家留三”的比例强行迁徙。移民因此成为国家强制性行为。这一行为的结果，一是规模大，移民范围涉及全国；二是目的性强，哪个地方的人移到什么地方去，由政府决定；三是持续性强，全国性的大移民时间持续达半个世纪，之后还有小规模的移民。“明代以前的北人南下大多数是自发的，明初的移民却是在中央政府的严密组织下进行的，迁移的数量、分布区域等也有一定的规定。”①

人口是国家的主要构成要素。将人口稳定在一定地方上，使之获得生存来源，是国家稳定的基础。明朝通过大规模的制度化移民，促使人口分布相对均衡，对于不同族群的整体稳固，具有相应意义。“明朝尽力使中国内部均匀一致则超过以前任何朝代。中期之后华北即无异族逗留的痕迹，华南有了省区之间的移民，使人口更能疏散到广大

---

① 葛剑雄、曹树基、吴松弟：《简明中国移民史》，福建人民出版社，1993，第 391 页。

的地区"。①

明朝大移民有助于推动主体民族的一体化，激发活力和强化与国家的联系。

明朝移民多数发生于传统的汉地。自秦汉以来，作为主体民族的汉人占人口大多数。但是，就是汉族人口也由于生活在不同区域，有其地方性。汉族人口主要从事农业生产，以土地为生，以血缘家族为基本的组织单元。"中国是家庭制度的坚强堡垒，并由此汲取了力量和染上了惰性。"② 牢固的血缘关系为人们的生活提供了基本秩序、安全感和力量的源泉。"家族，一串生物的血统关系，真把全家人连锁成了一个牢不可破的事业团体。"③ 与此同时，单一的血缘关系也会将人们束缚在一个个相对封闭的血缘组织体系中，通过传统的生活方式和观念体系，形成了人们不愿改变现状的惯性。而人口大规模、大跨度的迁移，可以促使不同地域、不同家族人口的结合，从而改变历史上长期存在的单一血缘人口结构，给传统的家族社会增加活力。人们可以从其他地方来的人口中发现和了解不同于本地和本家族的元素。中国有许多杂姓村便是通过移民的方式形成的。相反，在那些没有移民的村庄，单一姓氏较多。这是因为要让一个单一姓氏村自然接受外地人口，非常困难。明代的移民去处，一是人口稀少土地较多的地方，缺乏原生村庄的阻力；二是属于政府行为，具有一定的强制性。这种大移民促进了不同地区的共同发展，同时也有助于改变过往的单一血缘关系的人口结构，增加社会活力。

在主要以血缘关系为基础的社会，人们主要是通过家庭、家族、宗族等血缘组织进行联结，并处理财产和个人问题。在这一组织体系下，国家成为血缘社会之上的产物，若隐若现，未进入社会之中。而

① 黄仁宇：《中国大历史》，三联书店，1997，第 208 页。
② 〔美〕费正清：《美国与中国》（第四版），张理京译，世界知识出版社，1999，第 21～22 页。
③ 全慰天：《论家天下》，载费孝通、吴晗等《皇权与绅权》，华东师范大学出版社，2015，第 84 页。

在移民过程中，人们从各自原来的家庭中走了出来，汇聚到新地方，仅仅依靠血缘关系处理财产和个人问题已远远不够了。不同的姓氏共同居住在同一个地方，形成地域关系，并需要通过地域关系基础上的国家来处理他们的财产和个人问题。对于这些地方，国家不再是若隐若现、可有可无的，而成为地域社会的必需品。因此，大规模、有组织的移民，有助于强化地域关系及国家对农村社会的介入。

明朝的移民对于改变边陲民族的单一人口结构，推进边陲地区的发展和加强与国家的联系，也有积极意义。

作为国家人口整体，既包括内地的主体民族，也包括边陲的非主体民族。在中国，对民族的区分在相当程度上是以地域为标准。居住在边陲地带的民族因为经济文化相对落后，属于"化外之地"和不开化的族群。这种"化外之地"是在历史中形成的。生活在其中的人们因为有共同的习俗而联结为一个民族共同体。这种民族共同体有强烈的认同感，也有强烈的排他性。人们从这种共同体中获取力量，也会染上惰性。由共同体产生的野性力量，使"化外之地"的民族成为主体民族的挑战者；但长期封闭的共同体，造成经济文化落后的状况难以改变。在相当长的时间里，内地的文化在边陲民族中的传播和影响主要限于上层，未能深入基层社会层面，单一的民族性未能得到改变。通过移民有助于改变边陲地区的单一民族人口结构和单一民族性。尽管明朝的大移民主要发生于内地，但为了巩固边陲，也有相当数量的人口从内地迁移到边陲地区。"尽管他们的人数不多，但在本来人烟稀少、汉人不多的边疆却占了不小的比重。"[1] 其重要载体是设置于边陲的卫所。"明朝在西南边疆农业地区大量驻扎军队卫所，进行大规模屯田，造成大规模的军事移民浪潮，遂使农业地区尤其是大中坝子发展的速度加快，由此推动了卫所驻扎地区内地化的进程。"[2] 相当一部分的边陲卫所人员来自内地。他们不仅改变了边陲地区的民族人口构成，

---

① 葛剑雄、曹树基、吴松弟：《简明中国移民史》，福建人民出版社，1993，第383页。
② 程妮娜等：《中国历代边疆治理研究》，经济科学出版社，2017，第121页。

而且将文化带入这些地带，逐渐地将"化外之地"变为"化内之地"。如在西南，"由于卫所数量众多，占据优势地理位置，卫所官兵又携带家属入黔，带来大量的中原、川、陕、江南等地移民，起到移民实边的作用"，特别是移风易俗，教化为先，兴办学校。①

在边陲地带，人们主要是以氏族、部落等方式进行联结，通过氏族、部落处理财产和个人问题。氏族部落是社会基本单元，国家是一种外在于自己的产物。"在阶级对立还没有发展起来的社会和偏远的地区，这种公共权力可能极其微小，几乎是若有若无的"。② 尽管国家通过行政建制，试图将国家权力延伸到这些地方，但国家权力基本停留在上层。这是边陲民族对国家时服时反的重要根基。明朝的移民是一种国家化行为，体现着国家意志。特别是设置于边陲的卫所带来的移民更是如此。不同于土著的新人口进来了，原有的氏族、部落难以再容纳这些不同性质的人口。不同特性的人口共同生存在一个地域上，建立起地域关系，并需要通过地域关系基础上的国家组织来处理财产和个人问题。由此增强了边陲地区民族人口与国家之间的联系。国家不再是若有若无的，而是存在于日常生活之中。

当然，国家强制性的大规模移民总有一定的限度，其对整体民族的影响也有所不同。但是，明朝的大规模移民对民族构成及民族与国家关系的改变，成为重要的历史制度遗产。

# 七　海禁政策以稳固海域

地理环境是民族形成的基础。黑格尔将世界上的地理条件分为三种，并产生相应的民族性。一是干燥的高原，以及广阔的草原和平原；二是平原流域——大江大河所流过的地方；三是和海相连的海岸区域。"在这第三种土地的条件下的各民族性"表现为："大海给了我们茫茫

① 郭红等：《明代卫所与"民化"：法律·区域》，上海大学出版社，2019，第175页。
② 《马克思恩格斯选集》第4卷，人民出版社，2012，第187~188页。

无定、浩浩无际和渺渺无限的观念；人类在大海的无限里感到他自己底无限的时候，他们就被激起了勇气，要去超越那有限的一切。大海邀请人类从事征服，从事掠夺，但是同时也鼓励人类追求利润，从事商业。"①

　　作为中国主体民族的汉族，生活于第二种条件。"在这些区域里发生了伟大的王国，并且开始筑起了大国的基础。因为这里的居民生活所依靠的农业，获得了四季有序的帮助，农业也就按着四季进行。""平凡的土地、平凡的平原流域把人类束缚在土壤上，把他卷入无穷的依赖性里边。"② 作为主体民族的汉族是典型的内陆农业民族。尽管濒临海洋，但那只是天下之边界，不是天下之家园。秦始皇完成全国统一后立下石刻，"六合之内，皇帝之土。西涉流沙，南尽北户。东有东海，北过大夏"（《史记·秦始皇本纪》）。这在于土地和平原尽管平凡，但正在于其平凡，才能获得四季有序的帮助，才能有四季有序的农业，也才能筑起大国的基础。对于农业民族来讲，大海尽管近在咫尺，但并不能提供四季有序的生产及其财富。因此，在相当长的时间里，农业民族对大海是陌生的，也没有主动去拥抱大海。就是北边的高原和草原，也是因为相邻而不得不交往。而这种交往更多的是侵袭。因为生活在这一地带上的民族，"时常集合为大群人马，在任何一种冲动之下，便激发为对外的活动。他们先前虽然倾向和平，可是这时却如洪水一般，泛滥到了文明国土上，一场大乱的结果，只是遍地瓦砾和满目疮痍"③。正是在这种高原与平原的互动中，形成了更大的民族共同体。

　　总体上看，作为中国主体民族的汉族是农业民族，并形成内向的民族性。他们虽然居住在海边，但从未主动去"拥抱"大海；他们居住在高原的邻近，只是不得已才与高原互动。所以，他们不属于海洋民族。这与地中海周边邻近并向大海敞开的海洋民族有很大的不同。

---

① 〔德〕黑格尔：《历史哲学》，王造时译，商务印书馆，2007，第55页。
② 〔德〕黑格尔：《历史哲学》，王造时译，商务印书馆，2007，第55页。
③ 〔德〕黑格尔：《历史哲学》，王造时译，商务印书馆，2007，第55页。

尽管，由草原民族居于政治统治地位的元朝曾经跨越海洋力图征服日本和东南亚，但均以失败告终。作为元朝后续者的明朝对此记忆犹新。明朝恢复了汉族的政治统治地位，回归到内向的民族性上，他们对固定不动却能带来源源不断财富的土地有一种高度的依恋，因此不惜运用国家的力量推动移民；而对神秘莫测的海洋则是一种高度的戒备，更难以去主动"拥抱"。"在江淮荒芜的流浪中形成自己品格的朱元璋，他的梦想是建造一个背向大海、扎根陆地的帝国。他的梦原本应该是把国家的轴线从连接南京北京的线往西转移到大陆内部。"①

只是任何人的天下都是有限的。自己不去拥抱大海，却有他人积极拥抱大海。因为大海邀请人类从事征服，从事掠夺，追求利润，从事商业。尽管汉民族对利用大海不积极，但紧靠大海，就不可避免地会受到来自大海彼岸人群的碰撞，就如汉朝时受到来自匈奴人的碰撞一样。这只是一个时间和主体问题。

在相当长的时间里，由于平原和农业，中国成为大国和文明古国，成为四方朝拜和学习的国家。其中之一就有大海彼岸但又相邻的日本。日本可以说是向中国学习最积极的国家，特别是唐朝时期，历经艰难，主动派人到中国的长安学习。也正是因为这种学习态度，它由一个野蛮落后的民族跨越性地成长起来。作为一个四周邻海的国家，除了狭小的土地外，茫茫无定、浩浩无际和渺渺无限的大海为他们提供了生存发展的机会。只是这种机会与大多数海洋民族一样，是"冒了生命财产的危险来求利的"。② 对于一个长期处于落后野蛮且四分五裂状态的民族来讲，他们实在没有过多的物质财富用于正常的贸易交换。元朝时期尽管没有征服日本和东南亚，但为那里的人们打开了走向广阔海洋的通道。除了官方允许的贸易外，民间的海上贸易日益活跃，其中也包括中国沿海居民贸易。由于民间海上贸易不受官方保护，且竞争激烈，一种保护贸易，甚至借助贸易强制掠夺的武装人群出现了，

---

① 〔日〕上田信：《海与帝国：明清时代》，高莹莹译，广西师范大学出版社，2014，第127~128页。

② 〔德〕黑格尔：《历史哲学》，王造时译，商务印书馆，2007，第55页。

这就是来自大海彼岸的倭寇。

倭寇显然是既不同于汉族，也不同于草原民族的新族类。他们背后是茫茫无定、浩浩无际和渺渺无限的大海。神秘莫测的大海赋予这一族类神秘莫测的秉性和不可预知的挑战。对于这一全新的挑战，百废待兴的明朝无暇顾及，只是将这一极具复杂性的问题加以简单化处理，即实行海禁。

明朝规定的"寸板不许下海"，显然是一种强硬的稳固措施。它意味着不主动积极拥抱大海，但高度警惕来自大海的挑战。强硬的海禁政策不仅出自明朝初期的一时举措，更是长期以来平原农业民族对海洋的一种本能抵制，是为了维护内陆平原农业民族的安全，因此被提升为一种持续不断的制度。"这个海禁政策，并不是暂时的权宜之计。明朝的大半时期，至少都是以这个政策为前提。"①

强硬的海禁政策经不起如海浪一般的巨大利益的冲击。在高额利润的诱惑下，倭寇与汉人联手，形成了更大的武装走私集团。这一集团不仅活跃于海上，而且登陆上岸，侵扰沿海地域。而此时的沿海地域，特别是浙江已成为中国的经济重地。因为海上边患日益严重，明朝政府多次派兵加以征剿。

尽管军事征剿取得了一定的胜利，但财政花费巨大。特别是在明中期之后，财政问题日益严重。长期依靠军事征剿，财力不支。明朝后期的隆庆年间，海禁政策得以松弛。

海禁政策的调整并不意味着海禁思维的变动。海禁是为了稳固海域，解禁是因为海域得到了一定程度的稳固，且严厉的海禁造成财力不支，但政策调整并不是主动拥抱大海。这是农业民族的思维惯性所致。"明帝国因为组织上的特殊情形，务必保持一种与外间绝缘的状态。"②

只是此时的世界已进入大航海时代。因为新航路开辟和地理大发

---

① 〔日〕上田信：《海与帝国：明清时代》，高莹莹译，广西师范大学出版社，2014，第95页。
② 黄仁宇：《中国大历史》，三联书店，1997，第204页。

现，茫茫无定、浩浩无际和渺渺无限的大海为人们提供了前所未有的机会，也势必将所有民族都卷入茫茫无定、浩浩无际和渺渺无限的大海之中。这时，人们的命运不是自己能够把控的。中国不能像修建长城一样，修建一道海上长城阻隔来自海上的挑战。明朝的禁海政策被迫放松，乃是大势所趋。只是这种被动的放松，注定了农业民族将遭受比长城之外的北方草原民族更为猛烈的冲击。"16 世纪明朝的境遇可谓是'北虏南倭'"。①

# 八 朝贡体系以稳固远服

明朝实行严厉的海禁政策是否在于其拥抱大海的能力不够，只能面对茫茫无定、浩浩无际和渺渺无限的大海，望而生叹呢？恰恰相反，明朝初期拥有当时世界上最强大的航海船队和最先进的航海技术。在明朝初期，郑和先后七次率领大型船队远涉海洋。"这些惊人的远航使中国船队比那些更出名的绕过非洲的葡萄牙航海家，几乎早一个世纪到达印度、波斯湾和东非海岸。那时，中国在造船、导航（罗盘针是中国人发明的）和一般航海技术上比欧洲先进。"②

单就航海能力和技术看，明朝初期处于世界先进地位，绝非倭寇所能相比。但同样是大海，在不同族类眼中的作用不同。对于海洋民族来讲，"大海邀请人类从事征服，从事掠夺，但是同时也鼓励人类追求利润，从事商业。""这种超越土地限制、渡过大海的活动，是亚细亚洲各国所没有的，就算他们有更多壮丽的政治建筑，就算他们自己也是以海为界——像中国便是一个例子。在他们看来，海只是陆地的中断，陆地的天限；他们和海不发生积极的关系。"③ 那么，明朝的大

---

① 〔日〕上田信：《海与帝国：明清时代》，高莹莹译，广西师范大学出版社，2014，第 205 页。

② 〔美〕费正清：《美国与中国》（第四版），张理京译，世界知识出版社，1999，第 138 页。

③ 〔德〕黑格尔：《历史哲学》，王造时译，商务印书馆，2007，第 55、56 页。

型航海活动是为何呢？其中的重要目的，是重新恢复和建立与其他民族和国家的基本关系——朝贡体系。

朝贡是华夏民族对待其他族群的一种观念，源远流长。华夏民族自认为生活于天下之中，地域上由中心向边缘无限扩展，文化上由中心向边缘无限延伸。根据这一理念，由近至远，在政治上形成不同的服侍关系。"先王之制，邦内甸服，邦外侯服，侯卫宾服，蛮夷要服，戎狄荒服。甸服者祭，侯服者祀，宾服者享，要服者贡，荒服者王。"（《国语·周语上》）根据血缘和地域的远近，从邦内至邦外至侯卫形成对天子的服侍关系。如果不能尽其义务，天子有权加以惩罚。蛮夷和戎狄属于非血缘关系的不同族类，是"化外之地"，主要是通过道德声威感化使其归附。其标准便是象征性地对天子朝觐和进贡。

这种由近及远的关系起源于血缘关系，本质是父子、上下、主从关系。周朝将血缘关系提升为宗法政治关系，用于处理不同人群和族类的原则，其目的是通过不同的形式实现"近无不听，远无不服"（《国语·周语上》）。对于"非我族类"的远者来讲，主要是基于道德感化而对周天子的心悦诚服。这一理念成为后来朝贡制度的理论依据。"朝贡制度是儒家主张用于对外事务的一种办法，根据他们的主张，中国君王行使政治权力是有伦理依据的。正如仁君之能以德感召中国人民一样，他也必然会吸引化外的夷狄到中国的朝廷上来。……既然皇帝受命于天统驭万民，他自宜对一切'远方来人'表示仁慈的胸怀。而皇上的慈恩就理应由外来者的俯首恭顺来予以报答。"①

秦汉时期建立起地域关系居于主导地位的帝制国家，但血缘关系及其宗法观念长期延续，并深深影响着国家政治进程和民族关系。"凡天子者，天下之首，何也？上也。蛮夷者，天下之足，何也？下也。"（《汉书·贾谊传》）汉代，"朝贡制度的内涵逐渐明晰，就汉匈关系而言，匈奴须朝觐、进贡、纳质；汉朝则对其上层给予相应的

---

① 〔美〕费正清：《美国与中国》（第四版），张理京译，世界知识出版社，1999，第147页。

册封和赏赐"①。

随着秦汉时建立的帝制国家不断扩展，与不同族群的联系越来越多，从而形成一个较为完整的政治秩序。这一秩序的基石是由血缘而生的族类关系。基于这一关系形成差序性的圈层结构。圈层结构以天子为中心，内层是由天子直接治理的地方和族群，主要实行郡县官僚体制，通常被称为内地，属于核心地区和主体族群。外层是由天子间接治理的地方和族群，主要实行羁縻制度。这一制度是中央控制边缘地方和族群的一种方式。从形式上，羁縻的地方和族群服从于帝制国家，属于帝制国家的一部分，要臣服于作为帝制国家象征的天子，但是有相当大的自主权。更外层的则是为天子的影响力和感召力所涉及的地方和族群，主要实行朝贡制度。实行朝贡制度的地方距离天子所在的核心地区遥远且交通不便，帝制国家不便于治理。这些地方的自主性更强，与帝制国家的联系更弱，主要属于和平的邦交关系。其中内含着主从关系，如定期的朝贡和对天子的跪拜。

以天下之中为基础，以自我为中心，由近及远，由内向外的差序性圈层结构，构成了帝制国家处理族群和中外关系的基本原则，并辅以相应的制度作为支撑，即内郡县、外羁縻、再外朝贡。只是这一制度是自我建构的，具有理想主义色彩，在实施过程中表现不一。特别是随着地域性的帝制国家建立之后，实力与利益在其中发挥着越来越重要的作用。按照朝贡制度的最初设想，天子对边缘地带的族群主要是道德感化，以德服人。但是，这一设想从帝制国家一建立，便显得力不从心。边缘族群没有得到道德教化，并有自己的生存逻辑和相应的道德观念，如匈奴的"贵壮健，贱老弱"。匈奴基于利益不断地侵扰中原，只是在强大的军事压力下，才朝觐、进贡、纳质，一旦实力强大立刻超越于朝贡体系之外，对汉朝宣战。唐朝实行羁縻制度，帝制国家对于边缘地方和族群的控制程度和效果，主要取决于利益和实力。

---

① 石元蒙：《明清朝贡体制的两种实践（1840 年前）》，知识产权出版社，2015，第18 页。

当帝制国家的实力不够，不能满足羁縻地方和族群的利益要求时，这些地方和族群很快便摆脱羁縻而要求自立。为了维持羁縻和朝贡，国家必须输出更大利益。只是这一越来越大的成本需要由内地的人们来承担。日益加重的负担及强制造成的结果是"远而未服，近也不听"，以致王朝被颠覆。

元朝是继唐朝之后的又一个统一的帝制国家。元朝的统治者来自边缘地带的族群，有自己的行为逻辑，主要是通过军事征服的方式获得统治权。但是，军事征服不是万能的，天下也有军事征服不了的地方。如元朝先后发动的对日本和东南亚地区的军事征服都以失败而告终。更重要的是，军事征服是以力服人，无论远近都得听从。而要让那些远方的族群听从必须支付巨大的战争成本。这也是元朝对日本和东南亚地区军事征服失败后不得已停止征服步伐的重要原因。

继元朝之后的明朝是由核心地区的主体民族建立起来的统一的帝制国家。它继承了元朝的绝大部分疆域，并力图按照主体民族的思维，以传统的差序圈层结构来建构新的天下秩序。除了在内地和内地边疆实行郡县和羁縻制度外，对更远的地方实行朝贡制度，以达到"近无不听，远无不服"的理想目标。明朝初期郑和下西洋便是整个明朝建立华夷秩序的组成部分。"与蒙元帝国积极构建世界秩序的宏伟大略相比，明朝再次回归中原王朝的朝贡体制。"[1] 明朝持续不断地从事航海事业，且越走越远，重要原因便是"远者犹未宾服"[2]。"明成祖上台后，大力发展中外朝贡关系，扩大朝贡规模，将传统的'厚往薄来'之道推向极致。而他'锐意通四夷'，所本的仍为'居中夏而治四方'的观念，自认'帝王居中，抚驭万国，当如天地之大，无不履载'，故对'远人来归者，悉抚绥之'。"[3]

朝贡制度取得了相当大的成效。大量的海洋族群和国家被纳入朝

① 毛佩琦主编《中国大通史·明》上，学苑出版社，2018，第 29 页。
② 蔡美彪等：《中国通史》第八册，人民出版社，2015，第 87 页。
③ 李云泉：《朝贡制度史论——中国古代对外关系体制研究》，新华出版社，2004，第 195 页。

贡体系之中。"作为帝国整体的事业来看，远征的实质性成果是，以此为契机，南洋各政权纷纷开始向明朝派出朝贡使节。由此也可以认为朱棣远征的目的在于把以明朝为顶峰的朝贡体制扩展到海域世界。"①

就是日本也曾经进入这一体系。"有明一代，来华朝贡的国家数量之多，朝贡规模之大、手续之缜密、组织管理之完善，皆为历代所不及。"②

但是，朝贡制度实行的时间越长、规模越大、手续越缜密，组织管理越完善，需要支付的成本就越高。首先，让那些对中国闻所未闻的族群和国家对远在天边的中国皇帝进行朝拜，必须要让其知道帝制中国的力量。郑和下西洋拥有庞大的船队，便是明朝力量的象征。没有这一超级力量及其显示，要让那些远在天边的族群和国家臣服是不可能的。当年，周天子没有分封土地的能力时，权威便迅速流失。其次，朝贡制度是以厚重的恩赐来换取"远无不服"的。"明朝在朝贡制度运行中奉行厚往薄来政策，对朝贡者赏赐非常隆厚。"③ 在这一制度下，越来越多的族群和国家将这一制度视为获取利益的方式和机制。有利则服，无利则反。一些族群和国家聚众向天子朝拜以获取厚重的赏赐，类似于"吃大户"。而"大户"的力量终究有限，难以维系，以至于明朝严格限制来朝贡的人数。派遣大型船队出使海洋的"朱棣之作为已超过他可以支付的能力，他的帝国接受了极度的负担，已近乎破裂点，他的继承人必须全面地紧缩，才能避免朝代之沦亡"④。

无论如何，朝贡体系终究将相当一部分"远者"稳固下来，为明朝创造了一个稳定和平的周边秩序。

① 〔日〕上田信：《海与帝国：明清时代》，高莹莹译，广西师范大学出版社，2014，第 148 页。
② 石元蒙：《明清朝贡体制的两种实践（1840 年前）》，知识产权出版社，2015，第 25 页。
③ 程妮娜等：《中国历代边疆治理研究》，经济科学出版社，2017，第 126 页。
④ 黄仁宇：《中国大历史》，三联书店，1997，第 187 页。

# 九　维稳绩效与制度成本

一般来讲，帝制国家是以家族统治为核心的，即韦伯所说的"家产官僚制国家"。① 农耕帝国的农业思维更追求家族对国家的经营，将国家作为家族产业精耕细作，以保持平安、稳定和可持续性，实现江山永固。明朝作为一个由农民创建的王朝，在这方面表现得尤其突出。要过好日子，稳定至上，安全第一。维持稳定成为明朝的首要目标。为实现这一目标，建立起各种制度，以提供一个稳定性、次序性和规范性的国家秩序。在维持稳定的总体目标下，将各个民族稳固在一定的地域上，处理相应的民族关系。明朝维持稳定的举措和制度取得了相当的成效。

首先，建构起以汉族为主体的民族大家庭。秦汉建立帝制国家时，以汉族为主体。汉朝建立时，主要面临的是北方草原民族的挑战，并在这一挑战中进一步确立了汉族的主体地位。经过长时间的民族互动和融合，唐朝建立起多民族国家，实现民族大联结和国家的大扩展。但由于核心制度和核心竞争力的缺失，唐朝难以支撑起民族大联结和国家大扩展的体系，成为"瞬间大帝国"。之后则是多民族和政权的并立与互动，进而由来自北方的草原民族加以统合。在唐之后的数百年时间里，汉族的主体地位受到严重挑战，各个民族间也经常处于相互征战之中。只是到了明朝，汉族才全面恢复和确立全国性的主体地位。当然，与主要是汉族人口的宋朝不同，明朝的疆域广大，在统一政权控制的疆域上共同生活着多个民族。明朝虽然恢复和确立汉族的主体地位，但并不排斥其他族群，而是将众多族群纳入以汉族为主体的民族体系中，这一民族体系就如一个扩大了的大家庭。各个民族共同生活于明朝的大屋顶之下。"明朝在各少数民族地区实行了许多成功的政

---

① 〔德〕马克斯·韦伯：《韦伯作品集Ⅴ：中国的宗教 宗教与世界》，康乐、简惠美译，广西师范大学出版社，2004，第8页。

策，这些政策上因于元、下启于清，推动了各民族的凝聚与融合。……全国各地、各民族进一步走上了统一均衡的发展轨道。"①

因此，只是到了明朝，中国才真正建立起以汉族为主体、多民族共存于帝制国家中的体系，形成了明朝特有的地域—民族关系结构。

其次，通过多种制度的创立，将各个民族稳固在特定的地域上，在相互联系中各居其位和各得其所。唐朝实现了空前的民族大联结和国家大扩展。但是，由于缺乏合适的制度安排或者制度化程度不高，这种联结和扩展非常脆弱。不受羁縻的民族不时出现，反叛王朝的行为经常发生，甚至多次直接侵入作为政治中枢的唐朝首都。明朝的疆域并不小，共同生活的民族并不少，面临的挑战也很多，特别是还面临着唐朝时期所没有的海上挑战和跨海联结。而明朝承继了长期历史以来的儒家政治思想，建立起以朱姓家族统治为核心、以郡县官僚为支撑的政治制度，通过创立各种有差别的制度，力图将各个民族稳固在特定的地域上，各居其位，各得其所。包括建立长城体系和实行海禁以阻隔外来挑战，通过卫所和行政制度稳固不同族群，以政府主导的移民政策稳固全国整体平衡，建立内郡县、外羁縻、远朝贡的制度体系等。由此形成一个外有"围墙"，内有大小房间，其间为中心—边层结构的地域—民族体系。这一体系在与汉地和汉族接近的地方和族群，取得的成效更为显著，制度化达到最高水平。

最后，在相对稳定的和平环境里，整体上的经济社会得到进一步发展。中国历史上大的王朝，都有雄才大略的开国皇帝。但各个朝代的表现则不一样。唐朝重视积极进取，不断地开疆拓土。宋朝安于守成，面对周边严峻的挑战，尽可能息事宁人。明朝"所处的方位使之更像是弱小的宋朝而非强大的汉朝或唐朝"②。而明朝所经营的事业范围虽然不及唐朝，但远超宋朝。更重要的是，明朝的开创者特别注重将国家作为一份家族永继的事业，追求的是长治久安。它不像大唐那

① 毛佩琦主编《中国大通史·明》上，学苑出版社，2018，第20页。
② 〔美〕巴菲尔德：《危险的边疆：游牧帝国与中国》，袁剑译，江苏人民出版社，2011，第321页。

样大，但重视稳；不像宋朝那样小，但重视固。而要实现稳固，必须有所发展。只是这种发展是在现有基础上的发展，而不是如唐朝一般冒险开拓；是在稳固前提下的发展，而不是如宋朝一般具有屈辱性的发展。明朝的开国皇帝是在苛政猛如虎的元朝末期成长的，也深知猛如虎的苛政同样会吞噬自己亲手创立的大明王朝。所以，明朝的开国者减少税赋、严惩贪官，以图江山永固。农业社会的重要特点便是只要风调雨顺、轻徭薄赋，便可源源不断地提供财富。以作为农业民族的汉族为主体，就是稳住财源。明朝开国者的预期成效还是很明显的。整个明朝没有出现像唐、宋那种首都多次遭受摧残性打击的现象。超级船队多次穿越海洋更是国力强大的象征。"试以明政府所要执行的任务来说，它既要维护这么广大疆域上的统一和同舟共济的意识，又要表现出充分的自我振兴的面貌，以便在和平而有秩序的情况下使社会哪怕是缓慢地，但却是灵活地发生变化，所以它的成就给了人们很深刻的印象。"①

任何制度，都需要支付相应的成本。每项制度的实施，其背后都是人力、财力和物力的支付。这是制度创立者往往缺乏考虑的。明朝的统治者是将国家作为家族事业来经营的。"整个国家就像一个大家庭。"②家族范围小，经营规模不大，不需要通过专门的计算成本来维持。家长凭借多年的经验和直觉，便将家族事业打理得井井有条。它不需要专门的成本核算，也不需要所谓的"数目字管理"③。但是，国家毕竟不是家庭。一则在于国家的规模比家庭大得多，地域、人口和事务远非家庭可以相比；二则在于国家有特殊的公共权力，执掌权力都很容易出现对权力的滥用。因此，国家治理需要考虑成本，需要有"数目字管理"。

明朝缺乏制度成本考虑和"数目字管理"，一则在于以家视国的思

---

① 〔美〕牟复礼、〔英〕崔瑞德编《剑桥中国明代史》，张书生等译，中国社会科学出版社，1992，第7页。
② 〔美〕费正清：《美国与中国》（第四版），张理京译，世界知识出版社，1999，第145页。
③ "数目字管理"是明史专家黄仁宇提出的一个重要概念。

维。二则在于维稳目标。为了稳固，不考虑制度成本。但是，制度创立者可以不考虑成本，并不意味着没有成本。明朝创立的每一项制度都需要支付巨大的成本，越是那些具有工程类的制度，所需成本越大。由长城和海禁构成的巨大"围墙"，由庞大的航海船队构成的朝贡体系都需要支付巨大成本。这种成本不仅是财政成本，也包括其他成本，如卫所制度造成军事能力的丧失。三则尽管制度成本巨大，但成本主要是由臣民承担。这是最为核心的问题。

帝制国家的核心是皇帝制度，是以皇帝为核心的家族统治。当皇帝将整个国家作为家族事业经营时，实际上面临着两个家庭，一是皇帝小家，二是天下大家。小家、大家一体两面，有同一性，也有冲突性。帝制的核心是小家置于大家之上，大家服务服从于小家。明朝将这一方面推向极端。维稳制度的核心是维持家族统治的稳固。安全第一，首先是朱姓家族安全第一。追求安全第一在于唯皇帝小家独尊，在天下大家之中缺乏安全感。越是缺乏安全感，越会强调安全，越具有排他性和防范意识。家天下安全第一，公天下在次。为此，开国皇帝在大杀贪官的同时更是大杀功臣。明朝的皇帝修建的长城最长，修建的宫殿陵寝也最多。为皇帝家族安全，对任何人都不信任，唯一可依靠的是身边的宦官，以至于明朝宦官专权长期延续。为巩固皇帝权力，不惜废除丞相制。"虽然皇帝的能力和功能的范围在中国人关于君主制的观念中是固有的，但是在明代，这种范围在执行中的制度化的程度却是空前未有的。"[1] 将皇帝小家置于极端位置的结果是官僚各为自己的小家，造成贪污屡禁不绝。所有这些成本都需要农民支付，农民负担日益沉重。一旦遭遇天灾，便会激起民变。明朝成为唯一一个由农民领导的义军推翻的由一个农民开创的王朝。作为明朝亡国之君，崇祯帝责怪大臣误国，实际上是以家误国，以朱姓小家误了明朝大家。

本来，随着维稳制度的推行，成本日益高昂，难以维系，后任皇

---

① 〔美〕牟复礼、〔英〕崔瑞德编《剑桥中国明代史》，张书生等译，中国社会科学出版社，1992，第4页。

帝试图加以改变。但囿于"祖宗家法"，改革难以推行，更难以彻底，致使制度成本更为沉重，维稳不稳。"明帝国只是在维护和保养旧制度基础上的自由航行。"① 这一航行直至王朝的覆灭。明朝灭之于外，而亡之于内。长城和海禁能够抵挡外来的侵扰，但抵挡不住内部的反叛。维稳制度稳得住人身，但稳不住人心。"长期的战乱和沉重的负荷，使天下民心背离，许多人被迫投入反叛的队伍，不参与造反的也多不对朝政抱有希望，甚至愿意看到明朝的垮台，以解倒悬之忧。"② 与底层农民反叛相呼应的是官员的反叛和冷漠。明朝自己的官员打开了宫门和国门，迎来了挑战者。明朝正是在长期内乱下，由外轻轻地一推便轰然倒塌。以汉族为主体、多民族共存的帝制国家体系由此解体。

更为重要的是，此时的世界正在酝酿着一场前所未有的历史大变革。而明朝的统治者对此还浑然不觉，其视野仅仅局限于长城内外的地域上。"中国的政治家们在从事于阻止少数民族自长城之外的攻击时，他们也在不十分自觉、却是相当努力地阻止汉族及其权益向长城以外的发展。即使在中国的统治已经推到长城以外，并设置戍军以支持的时候，其目的也不是对外发展，而是一种防御性占领，以填充可能被利用来攻击中国边界的缺口。要使这种政策发生效用，就必须限制长城以外的汉族事业。"③ "明代连绵不断的边墙，在观念上则是隔绝内外的界限。明军只守边，罕见出关袭击。这一心理，即是'我''他'的绝对隔绝。"④

维稳优先的制度使中国难以主动参与到即将到来的世界大变革进程中！

---

① 〔英〕塞缪尔·E. 芬纳：《统治史 卷二：中世纪的帝国统治和代议制的兴起——从拜占庭到威尼斯》，王震译，华东师范大学出版社，2014，第232页。
② 毛佩琦主编《中国大通史·明》上，学苑出版社，2018，第17页。
③ 〔美〕拉铁摩尔：《中国的亚洲内陆边疆》，唐晓峰译，江苏人民出版社，2010，第164页。
④ 许倬云：《我者与他者：中国历史上的内外分际》，三联书店，2015，第98页。

# 第九章
## 地域—民族关系中的
## 清朝崛起与国家大一统

尽管明朝实行保守主义政治战略，以制度维持稳定，但终因内外交困而被替代，来自东北的清朝最终替代了明朝。但是，历史不是简单地重复。尽管满族来自边缘地区，但深受核心地区的影响。满族崛起并成为中国的统治者，建立起统一的多民族国家。其地域之大，共同地域上存在的民族之多，在历史上是少见的。特别是清朝统治者力图以各种举措、制度和机制，将不同的族群牢牢地吸附在统一的国家政权体系里，成为国家政权的依从者和拥护者，从而构成大一统的格局。

## 一　国家大一统与民族大吸附

一个民族在其适宜的环境中长期存在，因为缺乏与外部的互动而往往缺乏活力，甚至会因为内部的能量耗尽而难以自拔。恩格斯在评价辉煌的罗马帝国因为蛮族入侵而解体时说："凡德意志人给罗马世界注入的一切有生命力的和带来生命的东西，都是野蛮时代的东西。的确，只有野蛮人才能使一个在垂死的文明中挣扎的世界年轻起来。"①

中国的历史发展尽管与罗马帝国有很大的不同，但国家的发展越来越需要在不同民族的互动交往中获得动力。自唐朝之后，这一趋势越来越明显。正是在这一趋势下，元朝成为中国历史上第一个由边缘地带的少数民族执掌全国性政权的朝代。元朝之后，历史的钟摆再向内摆，历史发展的动力和路径重新回到由内到外、由中心到边缘的轨道上。明朝继承了元朝的历史遗产，但改变了元朝的扩张政策，奉行稳定优先的保守主义战略。只是维稳难稳，明朝陷入内外交困中不可自拔，最终被长城之外的清朝所替代。继元朝之后，清朝成为中国第二个由边缘少数民族执掌全国性政权的朝代。

但是，历史并不是简单地重复。马克思指出："历史的每一阶段都遇到一定的物质结果，一定的生产力总和，人对自然以及个人之间历史地形成的关系，都遇到前一代传给后一代的大量生产力、资金和环境，尽管一方面这些生产力、资金和环境为新的一代所改变，但另一方面，它们也预先规定新的一代本身的生活条件，使它得到一定的发展和具有特殊的性质。"② 清朝尽管与元朝一样，都是少数民族执掌全国性政权的朝代，但它直接替代的是明朝。与蒙古完全依靠自我的力量从外部进入内地不同，满族是基于明朝内外双重危机而进入中原，并执掌全国性政权的。明朝的最后一个皇帝死于明朝农民军攻入首都的前夕，打开边关大门让清军得以长驱直入的是明朝重臣。而进入长城之前的满族人早已褪去原生的民族性，而深受主体民族的影响，其首领甚至曾经是明朝的官员，入关之前便已按照中国的传统政制做了充分的准备。"满人于1644年征服中国的主要原因，是当他们入主中国时业已掌握了儒家的治国之道，并使他们自己的政治制度与之相适应。他们所以能在政治上成熟到这种程度，是因为他们是中国边陲上

---

① 《马克思恩格斯选集》第4卷，人民出版社，2012，第174页。
② 《马克思恩格斯选集》第1卷，人民出版社，2012，第172页。

的边民，在那里部族制度可以同官僚政治融合起来。"① 所以，清朝与元朝有着鲜明的不同。它不是简单地由一个单一的少数民族自外向内获得全国性政权的，历史发展的动力和路径不是简单地重新回到由外向内、由边缘到中心的轨道上，而是双重动力和双向轨道。

当然，清朝毕竟不同于明朝。它是由外向内获得全国性政权的。清朝创立前的满族人口仅仅数十万人，最后造成 1 亿多人口的明朝被清朝替代，必然有过人之处。它不仅将在明朝长城之外的族群和巨大疆域带入了整体中国，而且进一步拓展了国家的疆域。清朝的疆域之大，在疆域中生活的族群之多都是历史上少有的。清朝之"大"，是其鲜明的标志。这种大，不仅在于疆域大，也在于民族包容心大。康熙皇帝表示："朕统一寰区，无分中外，凡尔民人，咸吾赤子。"（《清圣祖世录》卷 112）"清朝有意识地将自己视为一个普世帝国、多民族的政体，而前明的属地不过是其中的一部分。"②

国家疆域之大不容易，对广阔疆域上的众多民族进行统一的中央政权治理，更为困难。这是自秦汉王朝创建之后的重大难题。秦汉时期的疆域主要在长城之内，面临的挑战主要是长城之外的草原民族。唐朝不修建长城，疆域空前辽阔，民族众多，但面临着多个民族的同时挑战，最后因为缺乏核心支撑力，造成疆域紧缩，不少民族从帝制国家体系上脱落。元朝自外向内，疆域再次扩张，民族众多，但缺乏制度支撑，难以为继。之后的明朝的重心重新回到长城之内，并试图以保守主义战略和相应的制度稳固多个民族。

清朝继承了明朝的历史遗产，且疆域空前辽阔，但也继承了明朝如何有效治理辽阔疆域上的众多民族并存的难题。"大清帝国是一个包含许多不同民族的帝国，也同时是中国王朝传统中的一个朝代（国），

---

① 〔美〕费正清：《美国与中国》（第四版），张理京译，世界知识出版社，1999，第87 页。

② 〔美〕罗威廉：《最后的中华帝国：大清》，李仁渊、张远译，中信出版社，2016，第7 页。

其统治者同样要遭遇前朝所面对的诸多问题。"① 清朝之前的朝代已有过不少尝试。特别是明朝以制度稳固民族的做法有相当的成效。但是，明朝的重心毕竟在长城之内，并未能通过有效的制度将长城之外的民族紧紧地吸附在统一的中央政权之下，明朝正是由于长期伴随的边缘地带的挑战将国力消耗殆尽才最终覆亡的。尽管明朝的举措有很大的局限性，但为清朝的治理提供了借鉴。

清朝是满族作为一个边缘少数民族挑战成功从而建立的全国性政权。它深知边缘民族野性力量的强大。因此，清朝统治者在获得全国性政权之后，一方面保持着强大的军事能力，这是其获得政权和巩固政权的根本，也是将广阔疆域上的众多民族统一到政权之下的首要力量；另一方面通过各种举措、制度和机制，力图将众多民族紧紧地吸附到统一的中央政权之下，使之由潜在的反对者变为附着者和依从者，以保持"大一统"的政治格局。它吸取了过往羁縻制、册封制、和亲政策的思想，但注重加强中央权力，以建构具有直接统治功能的民族地区行政建置为主干，并辅之以各种举措，将不同的民族吸附进国家权力体系之中，成为大一统体系的构成部分。

国家大一统和民族大吸附，使清朝的地域—民族关系呈现出新的特点。一方面，清朝拥有着辽阔的疆域和众多的民族，多个民族共同存在于一个由中央政权管辖的地域共同体内；另一方面，在统一的中央领导之下，各个民族建立起与中央统一领导的紧密关系，各个民族的人们越来越多地与国家政权建立联系，依靠国家政权处理财产和个人问题。地域关系的主导地位日益增强。民族关系越来越受制于作为地域关系产物的国家政权的制约和影响。国家化和国家共同体日益强化，民族性和民族共同体有所弱化。只是这一走向的具体表现不一样，同时也会受到即将到来的新的关系格局的影响。

---

① 〔美〕罗威廉：《最后的中华帝国：大清》，李仁渊、张远译，中信出版社，2016，第 26 页。

# 二　次生的族群与再造的组织

清朝入关前仅仅有数十万人口，何以替代一个拥有 1 亿多人口的明朝？这不能不让人了解清朝的创立者——满人及其变化。

任何一个民族都是在特定的土壤上生长出来，并形成其民族性的。有些民族长期生活在一个特定的地方，受固定不变的生产方式的影响，其原生的民族性长期保持下来。如茫茫无际的大草原上生长的游牧民族，因为大草原的特殊环境，游牧民族的特性得以长期保持下来。尽管受外部影响，但这种外部影响力有限，不足以改变其基本特性。这正是尽管许多游牧民族进入南方中原后，仍然要将草原作为自己的根据地，从中不断汲取力量的重要原因。还有些民族，由于生产方式、地域环境等因素的影响，其原生的民族性逐渐褪色，新的元素不断加入，使之成长为次生的民族。其尽管保留了大量原生民族的特性，但已是不同于原生民族的新的更高形态的民族了。满人便是如此。

在中国的东北区域，产生了一个被称为"女真人"的族群。这是一个古老的族群，也是特别能战斗的族群。女真人尽管早期活动于东北偏远寒冷地带，但在漫长的岁月里，不断与外部世界特别是中原接触，其生产和生活方式、文化习俗都有了很大改变。在辽代，便有了"熟女真"和"生女真"之分。后者更靠北，距离中原更远，受政权控制也更弱。正是由于这种原生民族生长的野性力量，"生女真"在推翻辽朝统治的基础上创立了金朝并进入中原。女真人与外部世界的联系越来越密切，其生产方式也有了很大变化，除了原生的狩猎、游牧以外，还有了农业。而国家政权也越来越多地向女真人生活的地域渗透。从辽朝，到金朝、元朝和明朝，都在女真人生活的地域上设立行政建制，进行政权管理。金朝正是因为女真人对辽朝统治者的反抗而建立的。自金朝之后，女真人的地域性和政制性特点日益突出。明初，女真分为建州女真、海西女真、野人女真三大部。后按地域分建州、长白、东海、扈伦四大部分。作为清朝统治者的爱新觉罗氏便属于建州女真。

在女真人居住的地域中，建州相对较南，即较为接近中原地带。但是，建州女真不是在原生的女真部落上直接生长出来的，而是由分散迁徙，几经变迁，随着社会发展的需要和外部压力的驱使，最后南迁到一个新地区后才形成的。这种分散迁徙进一步淡化了原生族群的血缘纽带，地域性和政制性日益增强。族群首领同时是政权体系的官员。建州女真首领猛哥帖木儿时为明朝建州左卫指挥使。

明朝对东北民族地区实行的是羁縻统治，大量基层官员由当地部落首领担任。这是因为，当地族群的基本社会结构仍然是氏族部落。各个氏族部落及其部落联盟经常会发生冲突，同时又会在冲突中进一步兼并和联合，形成更大的族群。爱新觉罗氏正是在这种部族冲突中不断壮大的。在30多年的时间里，爱新觉罗家族的努尔哈赤将东至海滨、西达开原、北抵嫩江流域、南至鸭绿江广大地区分散的女真各部全部统一起来，经济社会也有了相当程度的发展，出现了"满洲民殷国富"的局面。"满人"因此脱颖而出。

从女真人到满人的变化可以看出，满人已不是原生的族群，而是在众多原生族群基础上结合，并渗入新元素的次生民族。一是这一民族具有很强的地域性，是在共同地域上由多个原生族群和部落结合而成的。二是在这一民族的形成过程建立起政权组织，并通过政权组织维护民族的统一。三是这一民族的生产生活方式、思想意识具有多样性，尽管保留了许多原生族群的特性，但吸收和内含了多个其他民族，特别是汉民族的元素。爱新觉罗家族三代人为明朝官员，接受明朝政府辖制。"在17世纪时实际上不存在'满洲'这个种族，只有与明帝国东北边疆接邻的众多人群，各自具有相当不同的祖先谱系与文化传统，其中不少人全部或部分的祖先是汉族。这个承继明代皇位的群体不是种族上的满族，而是一个以胜战为目的、有意创造出来的人群组织。"[1]

---

[1] 〔美〕罗威廉：《最后的中华帝国：大清》，李仁渊、张远译，中信出版社，2016，第11~12页。

明万历十一年（1583 年），出身建州左卫指挥使世家的努尔哈赤因祖、父被明朝误杀，以先人所留下的"十三副遗甲"起兵，开始了他之后统一女真各部和建国称汗的道路。这一道路的起点便是对原生族群的氏族部落组织加以改造，再造出新的组织体系。"国家首脑与其忠诚部族头目间原先的个人关系，变成了不受个人情感影响的制度形式。"① 在这方面，努尔哈赤与成吉思汗相类似。

氏族部落组织的特点，一是以血缘关系为纽带，组织规模小；二是各个部落居住分散，难以形成统一的力量；三是血缘单位具有排他性，部落组织经常会发生冲突，并在相互冲突中自我消耗。这种自我消耗又内生出联合和统一，形成新的组织。这一过程便是组织再造。

女真人原生的组织是氏族部落，骑马打猎是其重要的生产和生活方式。为了便于打猎和保卫部落，形成牛录制度。女真人出兵或打猎，按族党屯寨进行。每人出一支箭，十人为一牛录（汉语"箭"的意思），其中有一首领，叫"牛录额真"（汉语译为"佐领"）。万历二十九年（1601 年）努尔哈赤在牛录制的基础上建立了黄、红、白、蓝四旗，分别打黄旗、红旗、白旗、蓝旗。四十三年（1615 年）扩大为八旗。原四旗名称冠以"正"，另四旗名称以黄、红、白、蓝冠以"镶"，即为正黄、正红、正白、正蓝、镶黄、镶红、镶白、镶蓝。每旗原则上包含 25 个牛录，每个牛录有 300 人，共计 7500 人。"八旗单位事实上成为女真政治军事组织的核心。牛录可能依旧在当地首领的领导之下，却从属于更大的帝国结构。八旗体系一旦兼并了部落集团，就取代了旧有的分类，并废除以前组织机构的家族性。"②

八旗制度是对牛录制度的再造，这种再造不是简单的组织规模的扩大，更重要的是性质的变化。恩格斯在讲到氏族部落军事化时说道："以前打仗只是为了对侵犯进行报复，或者是为了扩大已经感到不够的

---

① 〔美〕费正清：《美国与中国》（第四版），张理京译，世界知识出版社，1999，第 89 页。
② 〔美〕巴菲尔德：《危险的边疆：游牧帝国与中国》，袁剑译，江苏人民出版社，2011，第 326~327 页。

领土；现在打仗，则纯粹是为了掠夺，战争成了经常性的行当。"① 从牛录组织到八旗组织的转变便体现了这一趋向。牛录制度主要是适应生产的需要，兼顾保卫。"这是以族寨为基础编成的临时性武装组织，围猎用兵便组合，兵猎完毕则解散。"② 而八旗组织则主要是军事组织。因为以氏族部落为单位的打猎不需要过大的规模。八旗组织以牛录组织为基础，但完全不同于牛录组织，军事是其主要功能，并受政权所支配，是全民皆兵、军政合一的组织。这一组织是对部落人群按照军事的方式重新编制，从而集聚军事力量，并会按照军事发展的逻辑运行。

"旗人军队是可畏的战士。"③ 努尔哈赤得以统一各个部族，正是依靠这种经过再造的军事集团力量。随着军事征服形成的巨大能量，向更大范围的地域进军便是其自然逻辑。由北向南，入主中原，便成为满人的目标。

## 三　超越族群限制的规划变革

社会变迁有两种，一种是自然而然的变迁，另一种是有规划的变迁。后者的人为性更为突出。在中国的朝代更迭中，大量的是自然性变迁，即所谓应天命，顺天意。而清朝的建立则是一种有规划的变迁，并在这种规划性变迁中建立起相应的国家体系。这种有规划的变迁及其国家体系有族群的因素，但已超越狭隘的族群限制。"清皇朝的统一过程前后经历了 100 多年的时间，从本民族的统一，到地方性的统一，再到全国规模的统一和统一多民族国家的巩固。"④

一是目标明确。

---

① 《马克思恩格斯选集》第 4 卷，人民出版社，2012，第 181 页。
② 翁独健主编《中国民族关系史纲要》（下），中国社会科学出版社，2005，第 681 页。
③ 〔美〕罗威廉：《最后的中华帝国：大清》，李仁渊、张远译，中信出版社，2016，第 14 页。
④ 向燕南、罗炳良、王东平：《历史文化认同与中国统一多民族国家》第三卷，河北人民出版社，2013，第 24 页。

清朝和元朝一样都是边缘地带的民族发起挑战后建立的，但有不同的特点。成吉思汗崛起后的军事征服并没有限于某个国家目标，而是不断开拓，建立的是横跨欧亚的大帝国，元朝只是其中的一部分。而"满族人除了他们贫瘠的满洲故地（该地当时是一片森林和林中旷地）外，专心致力于中国的帝国"[①]。

清朝的创立者在创立前目标非常明确，就是建立自己的国家政权，反叛明王朝，力图推翻明王朝统治。努尔哈赤通过所积聚的强大军事能力，统一女真各个部族，建立后金政权，由此与明朝发生尖锐冲突。努尔哈赤因此发布反明的檄文，即所谓"七大恨"：（1）明朝官府无故杀害努尔哈赤父、祖；（2）明朝官府偏袒叶赫、哈达，欺压建州；（3）明朝官府违反双方划定的范围，强令努尔哈赤抵偿所杀越境人命；（4）明朝官府派兵保卫叶赫，抗拒建州；（5）叶赫由于得明朝官府的支持，背弃盟誓，将其"老女"转嫁蒙古；（6）明朝官府逼迫努尔哈赤退出已垦种之柴河、三岔、抚安之地，不许收获庄稼；（7）明朝辽东官府派遣守备尚伯芝赴建州，作威作福。（《清太祖高皇帝实录》）

从"七大恨"可以看出，努尔哈赤反对明朝的目标明确。其理由是明朝的强制和压迫。这种强制和压迫，有族群的因素，但已远远超越一般的族群局限，更多的是一般的政治压制和强迫。这种政治压制和强迫在其他地方和其他族群中也会发生，只是表现形式有所不同。

二是步骤清晰。

成吉思汗崛起后的军事征服具有很强的随机应变性。在经历了很长时间之后，蒙古铁骑才踏上中原土地。成吉思汗起事前属于同在北方的金朝政权的管辖，并受到金政权的压制。但其军事征服并不限于对金朝的反叛，而是向更为广阔的地域扩展，特别是向西方进军。

努尔哈赤的起事有明确目标，也有清晰的步骤。努尔哈赤尽管属于女真人，但其家族已进入明朝体制，包括自己在内的祖、父三代为明廷官员，只是因为祖、父被杀，自己也处于危险境地，才成为官府

---

① 〔法〕勒内·格鲁塞：《草原帝国》下册，蓝琪译，商务印书馆，1998，第701页。

的反对者，并以自己的部族为基础，统一了女真各部落。随着力量的增强，他建立起以地域关系为基础的后金政权。后金政权统治的地方，不仅仅有女真人，还有大量的其他族群，包括汉人。此时，女真人建立后金政权的主要目的还是维护自己的利益，反抗明朝的统治。

随着女真人的崛起和后金政权的建立，明朝对之高度重视，并进行军事剿灭。明朝的军事行动，显然不只是针对女真人，更是针对后金政权。在东北，发生过多次以少胜多的战争，包括女真人对辽朝，蒙古人对金朝。女真人领导的后金政权再次在东北，以少胜多，取得了对明朝的重大军事胜利，从而改变了力量对比。推翻明朝统治，成为明朝替代者的目标日益清晰。

三是准备充分。

成吉思汗崛起后的军事征服具有很强的随机应变性，征服目标的选择在相当程度上取决于当时的力量对比。在相当长的时间里，蒙古的军事征服只是在中原封建王朝的外围。只是随着辽、宋、金、夏之间的互动，中国地域上各个政权的力量被大量消耗，而蒙古人对其他地方的军事征服节节胜利之后，最后征服南宋，建立一个全国性政权。

女真人的崛起和后金政权的建立有着非常明确的目标，步骤清晰。为了一步步实现其目标，努尔哈赤及其继任者做了充分的准备。首先是超越族群，废除旧有族名，建立包容多个原生族群在内的次生的，也是更大的民族——满人。"这是一个混杂的民族，蒙古人在其中为数甚众，汉族农民也很早越过长城前来满洲。硬说是蛮族当然也未尝不可，但他们早已被汉化了。"[1] 其次是超越地方性，建立起大清国。1636 年，皇太极称帝且改国号"金"为"大清"，并要以清代明。再次是致力于满人地方的建设，将其作为取得全国性政权的根据地。最后是将政治中心向南移动，军事行动南压。"它是一种少数民族征服者

---

[1] 〔法〕费尔南·布罗代尔：《十五到十八世纪的物质文明、经济和资本主义》第一卷上册，顾良、施康强译，商务印书馆，2018，第 96 页。

所制定的政治战略，所关注的是维持其对人数多得多的汉人的统治。"①

在所有准备中，吸纳汉人官员和接受中国历史传统是最为重要的。这是因为女真人所要面对的是一个人口超过其多倍且具有不同经济和文化特征的中原地区。"在中国本土，精耕细作制是官僚政府的基础，在这个区域里，土地相对于劳动力来说是稀少的，并且政府要依靠田赋的收入来维持。在草原上，游牧制是部族式政府的基础。那里人力比起土地来是稀缺的，而部族首领的权力在于他能取得手下战士对他个人的效忠。中国民众必须通过一批官吏来加以统治，而非汉族的蛮夷则只能通过个人之间的从属关系来加以控制。满人很幸运，他们来自这两种制度相遇而又互相混合的地区。"② 尽管女真人依靠原始的野性力量，在军事上取得了重大胜利，但要完全取代明朝，成为中国的统治者，还是有相当大的困难。与之前的东北少数民族击败统治者一样，少数民族的军事胜利不仅建立在自己的军事能力基础上，更建立在对方政治统治和军事能力衰弱造成的失误的基础上。一旦既有的政权和军事力量有所调整，少数民族在军事上便可能受到挫败。随着明朝军事官员的调整，女真人在军事上屡遭挫败。努尔哈赤在1626年的宁远战役中被明军的大炮打成重伤致死。军事挫败使女真人认识到，要巩固后金政权和大清国，进而替代明朝统治，必须广泛吸纳汉人官员，只有依靠汉人的官僚制传统，才能实现更大范围的联合和进行有效治理，这成为女真人的基本政策。而明朝晚期，正是政治极度衰败时期，皇帝多疑猜忌，官场相互排挤，加之底层民众的反抗，使政治衰败更甚，由此为清国吸纳汉人官员提供了机会。汉人官员的加入，大大增强了清国的力量。最终将关门打开引清兵入关的正是驻守关口的汉人官员。

满人得以入关，取得全国性政权，在相当程度上在于将明朝的背

---

① 〔美〕巴菲尔德：《危险的边疆：游牧帝国与中国》，袁剑译，江苏人民出版社，2011，第332页。
② 〔美〕费正清：《美国与中国》（第四版），张理京译，世界知识出版社，1999，第87~88页。

离力量集聚在自己的体制内，特别是统治集团成员的军队。而造成明朝统治衰弱并直接推翻明朝政权的则是农民军。因此，满人入主中原，不是一个民族的力量，而是包括多个民族力量在内的社会合力的结果。满人从努尔哈赤十三副铠甲起兵，到后来取得全国性政权，是一步步吸纳不同民族，特别是作为主体民族的汉人力量的结果，也是不同的民族共同相处和互动交融的结果。

努尔哈赤起事有明确的目标，对明朝的统治不满，进而要替代明朝的统治。这种统治不仅是军事征服，更重要的是要比明朝治理得更好。因此，随着夺取全国性政权的目标明确，清朝便开始了治理中国的准备。"满人在其崛起称雄之时，充分利用了他们在边陲的战略地位：他们能够在那里学到汉人的方法而又不致完全受制于汉人。"① 汉人的方法包括物质设施、制度典章和文化规范等各个方面的中国历史传统。

除了接受中国历史传统以外，清朝还借鉴明朝失败的教训。因为明朝是中国历史传统的固守者，为何失败，有明朝治理的原因。其中的一个重要原因便是狭隘的家族主义和民族主义。因为家族统治的极端化，皇帝多疑猜忌，官员相互排挤，政治不团结。而清朝得以以"十三副铠甲"起事到最终替代明朝，重要原因是依靠了原始的部落团结这一野性力量，从而将大量的反对者和潜在的反对者吸纳到自己的旗帜下。狭隘的民族主义造成民族压制和对族群的分化离间，从而会激起民族反抗。努尔哈赤的"七大恨"中有相当的内容涉及这一方面。替代明朝的清朝如果在民族政策上重蹈覆辙，那么其统治命运也会与明朝相同。因此，清朝入关后的民族治理政策取向发生了重大变化，这就是尽可能将不同的族群吸纳到统治体系中来。

---

① 〔美〕费正清:《美国与中国》（第四版），张理京译，世界知识出版社，1999，第88页。

# 四　宽待严防与主体民族吸附

尽管满人在人口上是少数，但毕竟是执掌统治权的民族。其统治对象则是多于满人数百倍的全国人口。其中，汉人又占绝大多数。尽管由汉人执掌政权的明朝被替代了，但汉人占人口大多数的结构没有变化。由此形成典型的"小族大国"的特点。满人要治理中国，首先必须要处理好与作为主体民族的汉族人的关系。"在他们入关接受天命时，他们已充分准备好怎样来解决他们的基本问题，即如何按汉人方式来实行统治，但又保持满人的本色。"[1]

与中国历史上的朝代更迭一样，满人是以军事力量获得统治权的，也要以军事力量维护统治权。作为关外的少数民族入主中原后，除了获得最高权力外，还必须在广泛的社会层面获得统治权威。这种统治权威在相当程度上依靠的是政治压制。其重要举措便是颁布"剃发易服"令，强迫"留头不留发，留发不留头"。这对汉人是普遍性地伤害，并引起了激烈的反抗。

"剃发易服"令引起的激烈反抗，促使清朝统治者不得不意识到，治理中国仅仅依靠暴力是远远不够的。更重要的是获得人们的广泛认同，将汉人吸纳到自己的统治体系中，成为依从者，从而取得统治的合法性。

在中国，农民是人口大多数。明朝灭亡的基本原因是农民造反。农民造反的基本原因又是沉重而不断加码的税赋。清朝入关后的重要举措便是实行让农民休养生息的宽松政策。特别是清朝统治者提出的"滋生人丁，永不加赋"和"摊丁入亩"两项重大举措，是中国税赋史上的重大变革，废除了中国实行2000多年的人头税（丁税），极大地减轻了农民负担。农民与国家政权关系的核心是税赋关系。马克

---

[1] 〔美〕费正清：《美国与中国》（第四版），张理京译，世界知识出版社，1999，第90页。

思在描述法国小农与国家政权关系时说，"赋税是官僚、军队、教士和宫廷的生活来源，一句话，它是行政权的整个机构的生活来源。强有力的政府和繁重的赋税是一回事。小块土地所有制按其本性说来是无数全能的官僚立足的基础"。① 分散的小农经济，使"他们不能代表自己，一定要别人来代表他们。他们的代表一定要同时是他们的主宰，是高高站在他们上面的权威，是不受限制的政府权力，这种权力保护他们不受其他阶级侵犯，并从上面赐给他们雨水和阳光。所以，归根到底，小农的政治影响表现为行政权支配社会"②。中国的小农经济特征更为明显。分散的自给自足的小农与国家联系极少，主要的联系便是税赋，即使是这种联系也是由国家的代理人作为中介的。他们最为关心的是税赋这一关系生存的核心问题。谁能够在这方面有所作为，谁就能获得农民的支持。收拾人心，莫过于轻徭薄赋。清朝统治者汲取明王朝覆亡的教训，也为了证明自己作为少数民族，其统治不逊于主体民族的统治，在减轻农民负担方面有很大作为，从而稳定了农民。"清朝赋税比较轻微，人民又免差徭烦扰，这使占人口最大部分的小农民，得保守一小块耕地，安心过着自给自足的生活。"③农民占人口大多数，农业是国家财政的主要来源。稳定了农民和农业，政治统治就有了稳定的基础。农民因此由潜在的反对者变为国家政权的依从者。

官僚是国家统治的支柱。清朝的创立者是缺乏国家统治和行政管理经验的族群。从获得国家政权到国家治理，清朝便以十分宽厚的举措，吸纳明朝降官。"吏来归，复其位；民来归，复其业。"（《清史稿·范文程传》） 在获得全国性政权后的政治体系中，汉人官员的比例逐渐增大。特别是汉人饱受儒家正统君臣观念影响甚深，对君主的政治忠诚意识更强，且是归附者，因此得到最高统治者的重视。清朝政权体系的开放性，将一大批潜在的反对者变为政权的依附者。

① 《马克思恩格斯选集》第 1 卷，人民出版社，2012，第 766 页。
② 《马克思恩格斯选集》第 1 卷，人民出版社，2012，第 763 页。
③ 范文澜：《中国通史简编》下册，商务印书馆，2017，第 767 页。

民族生活在共同的地域上，其社会联结主要限于本民族范围。有的民族为了保持自己的民族性，限制不同民族之间的交往，包括婚姻。特别是一些自认为高贵的民族更是避免和限制与其他族群的通婚。为了争取汉族的依从，防止民族隔阂，清朝统治者允许和鼓励满汉通婚。"方今天下一家，满汉官民皆朕臣子。欲其各相亲睦，莫若使之缔结婚姻。自后满汉官民有欲联姻好者，听之。"（《清世祖实录》卷四十）通过婚姻，满汉成为一家人。

在中国，士人是最具有民族自觉意识的。在反对清朝"剃发易服"令的激烈抵抗运动中，士人成为领导者和组织者。民间士人更是广泛存在反对满人的民族意识。这种意识对于清朝统治是重大威胁。清朝统治者也感受到要赢得士子之心的困难。为此，清朝统治者以一系列举措，争取士人之心，将其吸纳进统治体系中来。一是"敬孔"。孔子是士人的祖师爷，也是士人的代表，尊敬孔子便是尊重士人。二是开科举。士人的最大愿望是"学而优则仕"。明末清初的社会动乱使科举中断，民间淤积了一大批士人，他们都是潜在的反对者。清朝获得全国性政权之后，便着手恢复科举，为士人提供实现其意愿的通道。三是举办文化工程。为了让更多的士人能够进入政权体系之中，清朝统治者举办了多项大型文化工程，包括编修康熙字典、拟订明史、编修四库全书等。通过这些举措，将士人吸纳到国家政权体系之中，由潜在的反对者变为支持者。

尽管清朝的统治者通过多种举措力图将主体民族吸附到政权体系之中，但是，他们也深知自己属于少数民族。清朝的统治牢固与否取决于主体民族的支持与否。在尽可能以宽松的政策对待汉人的同时，清朝的统治者又对汉人严加提防。清朝统治者对明朝皇室后代的追剿，平定"三藩"，都包括防范明皇室和藩王动员汉人力量反对清朝统治的因素。在吸附士人的同时，又对士人严加防范和控制。清朝对待士人的态度表现为两个极端：一是以极宽厚的政策吸纳；二是以极严厉的举措防范，这种严厉程度可以说是到了病态的程度，即大兴"文字狱"。尽管这种行为本质上属于维护政治统治，但也有民族因素，"说

明满洲统治者对汉人民族思想的恐怖"①。其重要表现是雍正皇帝在诛
杀他认为有反叛之心的士人的同时，亲自撰写了长篇文章并昭告天下，
对狭隘的民族意识进行了驳斥，认为："且自古中国一统之世，幅员不
能广远，其中有不向化者，则斥之为夷狄。如三代以上之有苗、荆楚、
严狁，即今湖南、湖北、山西之地也，在今日而目为夷狄可乎？"（胤
禛《大义觉迷录》）

　　无论是宽待还是严防，目的都是维护少数民族作为最高统治者的
政治统治。在这一过程中，地域关系居于主导地位。作为地域关系基
础上产生的国家统治，必须处理好统治地域基础上的民族关系，特别
是处理好与主体民族的关系，否则其统治难以维持和巩固。与此同时，
作为国家最高统治者的清朝皇帝是少数民族，占人口大多数的主体民
族属于被统治者，其间存在民族关系。清朝统治者的宽待与严防受这
一关系的支配。尽管清朝统治者对待其他民族的态度也相同，但在对
待占人口多数的主体民族时，表现得更为突出，也更为重要。汉人支
持与否，决定了其统治的命运。

# 五　划界定牧与草原民族吸附

　　在漫长的岁月里，草原游牧民族便是一种游动不定的因素，并影
响着与其相邻的民族的文明和国家进程。

　　游牧民族的民族特性及其影响是在茫茫无际的大草原上生长出来
的。它主要由以下三个相互关联的因素所决定。一是"逐水草而居"
的生产和生活方式，使其缺乏固定的产权意识，移动权对于他们更为
重要。"草原社会的统治不是像中国那样以土地所有权为基准的。……
因为没有一个牧场经得起长时期的放牧。移动权比居住权更加重要。"②
二是在"逐水草而居"的生产和生活方式中形成部落组织，这种部落

---

① 范文澜：《中国通史简编》下册，商务印书馆，2017，第 755 页。
② 〔美〕拉铁摩尔：《中国的亚洲内陆边疆》，唐晓峰译，江苏人民出版社，2010，第
　 47 页。

具有强大的团结力，是命运共同体。三是为了获得更好的牧场和水源等，部落之间的竞争特别激烈，并经常发生冲突。"游牧民族的移动性有两种：正常的有限制的移动，与可能的无限制的移动。"[1] 为了在激烈的竞争中生存和发展，部落内部有抑制分化的机制，如移动权赋予人们从一个部落到另一个部落的自然权利；部落之间可能形成联合，这种联合以共同获得更大利益为基础。正是在这一基础上，造就了改变既有秩序的野性力量：永不停息的游动、具有高度同一性的部落团结、对外扩展以寻求更大利益。这一野性力量随着其力量的增强，冲击着既有的秩序，打破了世界的平静。

与"主动"的游牧民族形成鲜明对比的是，农业民族"主定"。农业民族以土地为生。土地是不能移动的。以土地为生的民族"安土重迁"。农业人群在不动的土地上反复耕作，对固定的土地产权有很强的需求。固定的产权会造成社会的分化，社会基本单元的演化从氏族部落到宗族公社再到单个家户。为了保护各自的利益避免社会冲突，通过各种界碑将人们的行动限定在相应的范围之内。当社会难以自我实现这一秩序时，便会生成国家，并由国家通过强制力"定分止争"。秦始皇建立帝制国家，首先便是确立家户农民的产权，然后以家户为单位，组成郡县制地域性社会，将人们限定在固定的产权和政权单元之中，形成稳定的帝制国家秩序。

游牧民族与农业民族之间的差异和冲突一直伴随着中国的文明和国家进程。"主动"的游牧民族成为挑战者。自秦汉王朝创建之后，便面临着如何应对挑战这一重大难题。其解题方式大致相同，因此始终未能有效解决。但是，随着时间的推移，解决这一难题的可选择性更大了。

选择的增多，不在于后人一定比前人更为聪明，而在于条件发生了很大变化。草原民族的力量来自草原。草原世界也是有限的。随着

---

[1] 〔美〕拉铁摩尔：《中国的亚洲内陆边疆》，唐晓峰译，江苏人民出版社，2010，第357页。

游牧民族活动的范围超越草原，他们在征服外部世界的同时，外部世界的因素也在悄无声息地渗透草原，并改变着草原民族的主观和客观世界。

越是人类早期，越是艰苦的环境，人们的行为越是受到宗教的支配。在相当长的时间里，游牧民族的宗教主要是原始宗教，如萨满教。这种原始的宗教教义简单明了，主要局限于人们的精神世界，没有也不需要物质财富加以支撑。

随着游牧民族走出草原，其视野开阔了，文明程度提高了，接受了更高层次的宗教。这种宗教是对文明的反应和集聚，有复杂的信仰体系，有物质载体作为支撑，并有专业的人员。在成吉思汗超越草原、趋向世界的过程中，超越原始宗教的新宗教也走入了草原民族的内心。其中，作为佛教支系的藏传佛教一直深入草原内部。"蒙古统治阶级接受这种宗教，是想利用它来造成国家的统一，并团结蒙古民族以自别于汉族。"[1]

藏传佛教是一个系统的体系。不同于流动性的萨满教，藏传佛教在固定的地方建立寺庙，有专门的教职人员，还有归属于寺庙所有的土地。"喇嘛寺院都有自己的牧场、牲畜，主持寺院的大喇嘛役使下级喇嘛和庙丁（沙比那尔），并从蒙古人众中取得大量牲畜财富。"[2]　由此有了固定而清晰的产权。"寺庙以团体法人的资格取得产权，这比当时以其他方法整合移动性的游牧财产与定居的土地财产更加有效。"[3]信仰者要到固定的寺庙朝拜，原来的游牧者进入固定性的寺庙担任教职人员。与此同时，原始的萨满教更多的是激发人的野性力量，而藏传佛教更多的是教导人们向佛行善，是对野性力量的消解，让人躁动不安的尘俗之心得以安宁。"蒙古人信仰益深，强悍的习性，逐渐委

① 〔美〕拉铁摩尔：《中国的亚洲内陆边疆》，唐晓峰译，江苏人民出版社，2010，第57页。

② 蔡美彪等：《中国通史》第十册，人民出版社，2015，第204页。

③ 〔美〕拉铁摩尔：《中国的亚洲内陆边疆》，唐晓峰译，江苏人民出版社，2010，第60页。

靡。"① "在虔诚的西藏教权主义的影响下，他们很快丧失了阳刚之气。"② 藏传佛教作为一种固定性的因素悄无声息地改变着草原民族的客观和主观世界。当然，这种改变是一个过程。

造成草原世界发生突变的则在于清朝对待草原游牧民族的政策。自成吉思汗之后，草原民族再未能实现大统一，游牧民族又回归部落社会。明朝对草原民族分而治之的政策使草原民族更难以统一起来。互不统属的草原部族为了获得生存或更大利益，致力于寻求外部性支持，并与外部力量联合。女真人与蒙古人不仅地域相近，而且生产和生活方式相同。从女真人崛起，到以明朝为敌，女真人便与蒙古人有较多的合作。随着清朝的创立，满人与蒙古人的联合便更为紧密。在进行社会编制时，除了满人的八旗外，还专门编制了蒙古八旗。"蒙古的并入为满洲人提供了更强大的军事力量，并使其获得上佳的战略位置。"③ 满蒙汉一家成为清朝统治者的理念。而从共同对付主体民族的角度看，满蒙的关系更为紧密。 "实行满蒙结盟，乃是整个清代的国策。"④

当然，在清朝建立之初，满蒙的联系还是局部地域性的，大量游牧部族还游离在清朝统治之外。这些体制外的游牧部族像他们的祖先一样，继续挑战中原的统治者，而无论是哪个民族统治着中原。尽管清朝建立之初，尽力招抚游牧民族，并给予诸多利益，但是仍然不能平息游牧民族的挑战。为了壮大其挑战力量，甚至借助于外部性支持。为此，康熙皇帝与过往汉人王朝一样，亲率大军征讨。

在平息游牧民族挑战的过程中，清朝寻求一种新的政策来稳定草原。这就是对草原社会的再造。草原社会上的人群最大的特点是长距离的流动性。"这些以畜养马匹和骆驼为业的牧民耐苦而又凶残，当他

① 范文澜：《中国通史简编》下册，商务印书馆，2017，第 627 页。
② 〔法〕勒内·格鲁塞：《草原帝国》下册，蓝琪译，商务印书馆，1998，第 696 页。
③ 〔美〕巴菲尔德：《危险的边疆：游牧帝国与中国》，袁剑译，江苏人民出版社，2011，第 339 页。
④ 白钢主编《中国政治制度史》下卷，天津人民出版社，2016，第 850 页。

们因冲突、干旱或人口增长而被逐出自己的草地时，便侵入邻近的草地。经过多年的积累，人口流动能在几千公里沿线引起连锁反应。"① 只有将他们稳定下来，草原才能平静下来。清朝的统治者是通过对原有的部落社会进行再造后获得稳定性的。八旗制度是政权自上而下有目的地对社会的重新编制，形成一种服从政权的、有组织有行为边界的秩序。清朝统治者在原有的游牧部落联盟社会的基础上，以国家政权的力量植入盟旗制度，将草原划分为不同的盟旗政区。"旗制建立后，原有的部落继续存在。新建的旗不同于部，也不同于八旗制度的旗，而是依地理划分的一级军事行政组织。……建旗后，邻近地区的各旗定期会盟，从而形成旗以上的盟。……各札萨克旗均有户籍，人户依制负担各种差役和兵役。"②

　　盟旗制度极大地改变了草原的政治生态。盟旗是一种由国家划定的行政区。这种政区是有确定边界的。这意味着过去那种信马由缰的游牧生活有了确切的边界。人们的移动权不是依靠自身力量来确定的，而是由外部性力量加以确定和维护的。"一个定居社会的游牧附庸，必须要减少其游牧的移动循环，而代之以比较严格的土地制度。……统治者指定土地权，因为他有统治所有部落的权力。"③ 移动是有限的，而不是无限的。国家政权主导下的"划界定牧"取代了过去的任意放牧，也避免了因为争取移动权而造成的部落之间的相互冲突。"传统的游牧循环被打破。从一个牧场移动到另一个牧场，不再会引起移动权的争执，……移动只限于其本部落的土地。"④ 无限范围的"动"为有限范围的"动"所替代。这是草原游牧社会的一次革命性变革。

　　划界意味着产权。只是这种产权不是固定不变的耕地，而是有确

---

① 〔法〕费尔南·布罗代尔：《十五到十八世纪的物质文明、经济和资本主义》第一卷上册，顾良、施康强译，商务印书馆，2018，第96~97页。
② 蔡美彪等：《中国通史》第十册，人民出版社，2015，第198~199页。
③ 〔美〕拉铁摩尔：《中国的亚洲内陆边疆》，唐晓峰译，江苏人民出版社，2010，第56页。
④ 〔美〕拉铁摩尔：《中国的亚洲内陆边疆》，唐晓峰译，江苏人民出版社，2010，第63页。

定范围的草地。这一变革显然与草原原有的逻辑是相互冲突的。为了保证新旧的均衡，盟旗制度不是完全从外部移植的，而是充分考虑了原有的制度基础。部落间联盟的会盟制度早已存在。这种会盟本身便是各部族相互承认各自力量范围的产物。而通过政权编制社会更是蒙古人所发明的，如千户制度。所以，盟旗制度不是全新和简单地从外部移植。但盟旗制度确实又是能够带来革命性变革的新制度。因为它是由外部的国家政权设定的制度，并有强制力作为支撑。盟旗制度的当事人要遵守这一制度，否则便会受到惩罚。"对蒙古所设每一个旗，都规定了界线，严禁私行往来，使互相隔离，不能集众成势。"① 一方面是确定划界，将人限制在一定范围内；另一方面也将人群分化到一定地域内，防止横向联系，从而保障国家的统治。"盟旗按照传统的部落世系加以组织，大体上使旧有的部落变成新的盟旗。……它通过将蒙古人分化为众多细小单位并禁止这些成员另寻新的领导者的方式，对原有体制进行重组，还规定了巨额罚金，以惩罚那些允许其属民脱离或接受这些人的任何首领。1662 年，这些规定被进一步严格化，将离开旗地狩猎都定为犯罪。"② "清廷划定旗界，或依山川，或设鄂博（封堆），不准越界放牧。如有违犯，便被视为侵犯他人利益，王公罚马七至十匹，庶人罚牛一头。"③

盟旗制度充分体现了国家的特性，这就是"定分止争"。

但是，国家的"定分止争"是建立在强制力基础上的。对于茫茫无际的大草原来说，国家政权的力量更是鞭长莫及，即使军事征服也代价甚大。这也是长期历史以来，游牧民族能够不断在草原上生长并发起挑战的重要原因。国家设定了盟旗制度，游牧民族同样可以不遵守。因此，盟旗制度与内地的郡县制度有很大的不同，这便是盟旗制度具有高度自治性。盟旗的首领与该地强有力的部族首领是一体的。

① 白钢主编《中国政治制度史》下卷，天津人民出版社，2016，第 850 页。
② 〔美〕巴菲尔德：《危险的边疆：游牧帝国与中国》，袁剑译，江苏人民出版社，2011，第 355 页。
③ 蔡美彪等：《中国通史》第十册，人民出版社，2015，第 204 页。

"盟长和旗札萨克由蒙古贵族充当，管旗章京、副章京、参领、佐领等旗官，从台吉或贡民（阿勒巴图）选任。"① 原来的蒙古首领们获得了清廷的封爵以继续领导其民众。只是部族首领同时具有了社会和国家的双重身份，他们成为国家管辖之下的地方性首领。清朝根据蒙古首领原来地位高低和对其效忠程度、功劳大小，分别授予不同等级的爵位、俸禄，以及各种政治和经济特权。他们既有原有的社会基础，同时又成为国家政权体系的一分子。"蒙古王公们自清廷取得俸禄，同时承认清朝皇帝有决定他们世袭权的权力。"② 这样的双重身份使他们能够获得更大利益。"贵族通过与清廷联姻或者其他联合的方式与清廷建立起联系，这也使蒙古首领们乐意将自己视为更广义的清朝贵族的一部分。"③ 他们不再只是站在社会之中，而是凌驾于社会之上的政治统治者。"旗官凭借特权，使用优良牧场，放牧牲畜，勒索属下。"④ 一个新的王公贵族阶级出现了。

　　国家是社会分化的产物，也是社会分化的再生产者。随着盟旗制度的推行，草原上产生了激烈的社会分化，并强化了产权意识，你我之分日益突出。社会分化必然会引起社会冲突。为了保护自身利益，占人口少数的上层人士会更加寻求国家政权的保护。"蒙古贵族将其自身利益与清朝利益视为一体。在认识到无法用一种官僚化的方式统治之后，满洲人解决了统一草原的问题。在中原的统治是官僚化的，而在草原的统治则依靠部落世系进行，两者都被统一到帝国体系之中。"⑤ 国家政权将王公贵族吸纳在自己的统治之下。特别是清朝统治者从立国开始就一直高度重视与蒙古各部联姻，通过联姻关系加强政治联系。

① 蔡美彪等：《中国通史》第十册，人民出版社，2015，第 204 页。
② 〔美〕拉铁摩尔：《中国的亚洲内陆边疆》，唐晓峰译，江苏人民出版社，2010，第56～57页。
③ 〔美〕巴菲尔德：《危险的边疆：游牧帝国与中国》，袁剑译，江苏人民出版社，2011，第 355 页。
④ 蔡美彪等：《中国通史》第十册，人民出版社，2015，第 204 页。
⑤ 〔美〕巴菲尔德：《危险的边疆：游牧帝国与中国》，袁剑译，江苏人民出版社，2011，第 387 页。

皇太极的孝端文皇后、孝庄文皇后，顺治帝的孝惠章皇后都是科尔沁蒙古王公之女。还有十多位公主和宗室之女嫁给蒙古王公子弟。而对于一个长期生活在部族首领之下的游牧民族来说，王公贵族仍然有强大的感召力。从一定意义上讲，王公贵族们对国家政权的依从，也意味着整个族群对国家政权的依从。

当然，这种族群的依从是有限的。社会分化到一定程度，如果社会大众的生存困境日益突出，就会出现社会反抗。"有权者的利益增加了，被统治的部属的职责也增加了，因为他们要受两种权力和法律的管辖。"① 而日益兴起的藏传佛教则为社会民众提供了一种新的通道。越来越多的游牧民族人员放下马鞭入寺为僧。他们通过这一方式成为上层社会体系中的一员，或为逃避兵役。由此也在一定程度上消解了社会反抗。"清朝严格控制着蒙古贵族的数量，而为了逃避兵役，其他人宁愿去当僧人。僧人数量的增加与清朝对蒙古军队日益减少的需求相伴而生。清朝的领导权也确立起了蒙古地区的和平，让寺院在草原各地安全地建立起来，寺院成为农业、贸易和学习的中心。在19世纪蒙古的一些地方，有三分之一到一半的男性人口成为僧人。"② "蒙古民族趋向和平的真正原因，是召庙的不动产强化了为各旗及其首领划分疆界的稳定政策，打倒了作为草原游牧经济传统的移动性。"③

动荡不安的草原终于开始安静下来。

## 六　政教合一与高原民族吸附

动荡不安的草原得以安静下来的重要原因之一是藏传佛教的传入。没有金戈铁马，凭借着一种信仰，藏传佛教不断扩展，不仅进入茫茫

---

① 〔美〕拉铁摩尔：《中国的亚洲内陆边疆》，唐晓峰译，江苏人民出版社，2010，第65页。
② 〔美〕巴菲尔德：《危险的边疆：游牧帝国与中国》，袁剑译，江苏人民出版社，2011，第389页。
③ 〔美〕拉铁摩尔：《中国的亚洲内陆边疆》，唐晓峰译，江苏人民出版社，2010，第68页。

无际的草原，而且深入人心，成为重要的、超越地域的一体化力量。而藏传佛教则是由西藏高原传承到草原上来的。清朝的创立者早在东北便与草原民族有过密切交往，直接感受到藏传佛教的力量，并很快将目光投向西藏高原。

自唐朝之后，西藏高原再没有出现吐蕃王朝这样的统一政权。将高原上各个部落和族群联结为一体的，主要依靠的是藏传佛教。"前者即吐蕃王朝对青藏高原地区众多部落和部族长达两百余年的征服和统治，主要是一种政治凝聚过程，它是以军事征服和政治统治手段来进行的凝聚。而后者即藏传佛教在青藏高原地区的传播、普及和发展，则是一种文化凝聚，它是通过文化的传播和发展来进行的凝聚过程。"①

藏传佛教不是高原上原生的宗教，但适应了高原社会的变化。在高原，生存环境艰苦，许多地方终年为白雪覆盖，生存资源有限。即使是在这样的条件下也产生了社会分化。由于居住分散，人们的阶级性联系缺乏，也难以通过阶级联合和斗争改变自己的命运。面对苦难的环境，人们表现更多的是对命运的无奈。信仰成为人们生活的精神支柱。在这一背景下，宣扬因果报应，提倡禁欲修行，主张众生平等的佛教进入西藏地区，并加以改造，形成藏传佛教。藏传佛教有固定的场所、系统的教义、专门的人员，传播迅速，成为雪域高原民族的普遍性信仰，并构成高原民族最重要的民族性。雪域高原地形复杂，农牧业生产方式多样，居住分散。正是共同的信仰，将这些分散多样的人群联结成为一个民族整体。"寺院佛教在一个宗教的社会中，可以连接地域上孤立的社会团体，利用在各地拥有财产的寺院来管理，把它们团结起来。"② 尽管明朝实行"多封众建"的举措，但是，宗教作为一体化的力量，影响日益强大，并形成宗教权威力量。"佛教信仰所

① 石硕：《青藏高原的历史与文明》，中国藏学出版社，2007，第19页。
② 〔美〕拉铁摩尔：《中国的亚洲内陆边疆》，唐晓峰译，江苏人民出版社，2010，第153页。

建立的是一种替代性的政治组织，它将各个部落与整个地域维系起来。"① "雪域高原因此成为古代中国非常独特的一个区域，它成了教权有机会独立于政权之外发展起来的唯一的地方。"②

在高原上，代表一体化力量的宗教领袖具有重要的地位。清朝创立初期，便高度重视宗教领袖的影响力。清朝建立后，建立起"政教合一"的体系，通过中央集权统治下的高度自治体制，来吸附高原民族。

高原上的"政教合一"体系有鲜明的特点，这就是充分体现了中央政权与民族地方的关系。"政教合一"的体系是在清朝中央统一领导下并以承认中央统一领导为前提条件的，是一种地方性的政治体制。

首先，宗教领袖的地位要得到中央的认可。在相当长的时间里，高原上的宗教教派林立，互不相属，并会发生冲突。只是经过长期的内部博弈，宗教权威才相对集中。但是，由于宗教权力与政治权力的结合，宗教领袖的地位难以得到普遍性认可，特别是在宗教领袖更迭时更容易发生争端。在这一背景下，得到超越宗教世界的国家权力的认可至关重要。1652 年，五世达赖至北京觐见顺治皇帝，受到特殊的礼遇，并受到册封。之后，清朝又专门派人正式册封班禅。

除了认可外，国家还扮演着保护人的角色。清朝康熙年间，准噶尔入侵西藏，原有的西藏统治秩序受到严重威胁，连达赖喇嘛都被囚禁。康熙皇帝两次派兵征讨，并将准噶尔人驱逐出西藏，恢复了高原的秩序。清军入藏，将国家权力带入西藏，并获得超越宗教世界的特殊地位，成为宗教世界的保护者。中央权威因此得到进一步巩固，并将高原上的宗教领袖置于自己的权威之下。达赖和班禅作为两个不同高原区域的宗教领袖的职位，要经过清朝中央政权的认可才能取得合法性。清朝政府"建立金本巴制度，规定达赖、班禅和前后藏各大呼图克图（活佛）灵童转世的'金瓶掣签'的仪式，要驻藏大臣亲临监

---

① 〔美〕巴菲尔德：《危险的边疆：游牧帝国与中国》，袁剑译，江苏人民出版社，2011，第 366 页。

② 施展：《枢纽：3000 年的中国》，广西师范大学出版社，2018，第 92~93 页。

视，然后呈清廷批准，才算有效。达赖、班禅的坐床典礼，也由驻藏大臣主持"①。这样就将宗教置于国家政权的领导之下。金瓶掣签制度"选择小孩做教主继承人，而且选用不重要家庭的孩子，使他不能利用其新的地位来建立新的地区或贵族党派"②。清朝专门设立了宗教管理机构，行使管理宗教事务的权力。尽管宗教领袖在高原上具有至高无上的地位，但要得到中央的认可，从而表现为中央与地方的关系。国家权力尽管不直接介入宗教内部生活，但宗教外部要接受中央政权的认可。

其次，中央政权在高原上直接行使统一的管辖权。清朝中央向西藏派出驻藏大臣，代表中央负责处理西藏地区的一切军政要务，并直接掌管外交和防务大权。"凡西藏的官吏任免、行政、财政、军事、涉外事务等权力，均归驻藏大臣，达赖喇嘛的世俗权力远在其下，这就大大强化了驻藏大臣的职权，加强了清中央政府对西藏地方的政治。"③地方官员由驻藏大臣会同最高宗教领袖共同任命，并授予中央统一的品级，属于朝廷命官。国家权力由中央自地方，一直向下延伸，覆盖整个高原。"清朝通过设置驻藏大臣衙门强化了对西藏地方的行政管理。"④ 与此同时，清朝派军驻藏，行使国家军事权力。西藏对外不是独立的政治实体，而只是统一的中国的一部分。

在中央统一领导下，高原具有很强的自治性。与内地地方制度不同，高原实行"政教合一"制度。最高宗教领袖执掌最高宗教权力，同时也执掌着最高统治权力，但具体政治事务委托噶厦处理。噶厦由三名贵族和一名僧侣组成，叫作噶伦，授三品衔，之下有各级品官。西藏还保留有自己的武装力量。

在"政教合一"制度下，高原民族的人们主要还是与本民族的政

---

① 白钢主编《中国政治制度史》下卷，天津人民出版社，2016，第 847 页。
② 〔美〕拉铁摩尔:《中国的亚洲内陆边疆》，唐晓峰译，江苏人民出版社，2010，第 159 页。
③ 李世愉、王政尧主编《中国大通史·清（1644—1840）》下，学苑出版社，2018，第 567 页。
④ 程妮娜等:《中国历代边疆治理研究》，经济科学出版社，2017，第 132 页。

治体系建立联系，处理财产和个人问题。但是，这一政治体系置于中央政权的管辖之下。高原民族与其他民族一样，都是统一的国家政权的臣民，而不是游离在国家政权体系之外。"明朝时期未曾宣称或尝试直接介入这广大的领土，而倾向于只对当地众多教派与部落实施中国传统的'分而治之'政策。"① 而清朝更加强化西藏地方和民族与国家的联结和统一性。"清朝对西藏由间接羁縻统治开始向中央直接控制的统治形式转变。"② 其国家化程度显然大大高于明朝。

当然，高原毕竟与中原距离遥远，高原民族所能接触的"国家"毕竟主要是本民族的统治者。特别是雪域高原上的基本单元是一个个农业庄园和游牧部落，人们联系更多的是各自的庄园或部落。庄园和部落体现的是人身、纯人身关系，并产生极具人身依附性的奴隶制。但不同的等级有着共同的信仰。藏传佛教渗透到各个庄园和部落，成为普遍性的支配力量。"藏传佛教乃是藏民族的根基，是形成和凝聚藏民族的主要文化纽带。"③ 人们对宗教领袖的认同高于对政权的认同。"尊崇其宗教信仰，是处理好民族关系的关键，也就是处理好中央和地方关系的关键。"④ 清朝统治者对此有清醒的认识和相应的举措。这就是，只有充分吸附宗教领袖才能充分吸附整个高原民族。为此，清朝统治者给予宗教领袖以极高的待遇，将其纳入超越地方性的中央权力体系之中。达赖进京时，皇帝临朝时设立专座，列于群臣之上。"达赖喇嘛得到清朝的封赠，统治全藏和各地喇嘛教。"⑤

正是通过赋予宗教领袖以极高地位，通过中央领导下的"政教合一"体系将高原民族吸附到国家政权体系之中。

---

① 〔美〕罗威廉：《最后的中华帝国：大清》，李仁渊、张远译，中信出版社，2016，第 67 页。
② 程妮娜等：《中国历代边疆治理研究》，经济科学出版社，2017，第 131 页。
③ 石硕：《青藏高原的历史与文明》，中国藏学出版社，2007，第 17 页。
④ 李世愉、王政尧主编《中国大通史·清（1644—1840）》上，学苑出版社，2018，第 36 页。
⑤ 蔡美彪等：《中国通史》第九册，人民出版社，2015，第 332 页。

# 七　以军领政与西域民族吸附

新疆并非"新"的疆土，而是"故土新归"。"故土"是指这一天山南北的地区在历史上称之为西域，"新归"是指到清朝时，国家恢复了对这一地区的统治，并纳入其版图，居住在这一地区的多个民族的人们成为清朝的臣民。

与长城之外的游牧民族地区相比，西域距离中原更为遥远，中间隔着戈壁沙漠。相对于茫茫无际的大草原来讲，穿越戈壁沙漠更为艰难。只是在汉朝，为了应对匈奴才开辟通向西域之路，西域也才进入中国的版图，汉唐在这一地域设立都护府。但是，自唐朝解体后，这一地区便失去了与中原的紧密联系，因此被称为"故土"。

西域地方辽阔，无边无际，向西延伸，是欧亚的连接地带。在靠近中原的天山南北地区居住着多个民族。唐朝的回纥人便是其中的重要民族。之后，这里生活着不同的民族，各自有不同的生产方式和宗教信仰。如生活在天山南部的维吾尔族，主要从事农业，使用阿拉伯字母为基础的察合台文，信仰伊斯兰教。哈萨克族主要从事游牧业，辅以狩猎业、农业、手工业和商业，活动区域大，使用察合台文，信仰伊斯兰教。柯尔克孜族分布在高原地区，被称为"高山居民"，主要从事传统的畜牧业，以信仰伊斯兰教为主，也有的信仰藏传佛教。乌孜别克族由中亚迁移而来，主要从事商业，使用乌孜别克语，信仰伊斯兰教。塔吉克族生活在帕米尔高原地区，主要从事畜牧业，信仰伊斯兰教。除了以上民族之外，西域还生活着多个民族的人，包括不少汉人。

西域的民族有以下特征：其一，所生活的地域与中亚地域连为一片，受中亚的影响很深。蒙古大帝国时期，这里的大部分地区为成吉思汗次子察合台的封地即察合台汗国。察合台汗国向西延伸到中亚。其二，民族居住地分散。西域的地理环境复杂，有高原大山，也有戈壁沙漠。这种难以逾越的天然地理屏障将人们切割成一个个相对独立的人群，相互之间缺乏联系，从而形成一个个不同的民族。其三，民族之间的差异性大。各个民族的生产生活、语言信仰有很大的不同，很难如草原民族一样整合为一个更大的一体性民族。即使是同一信仰，也有不同的教派和语言。加上地理相隔，民族整合更为困难。

至清朝初期，西域的民族面临着一个共同的挑战，这就是准噶尔的入侵。准噶尔是明朝之后崛起的游牧汗国。明朝以稳固的长城体系将游牧民族阻挡在长城之外。一部分游牧民族活跃在长城之外，最终通过部族联合，建立起准噶尔汗国，其疆域北接额尔齐斯河、鄂毕河、叶尼塞河上游，南到西藏阿里地区，西包巴尔喀什湖，东至蒙古萨彦岭及色楞格河流域，极盛时达 400 多万平方公里。清朝初期，准噶尔一度归附清朝，后又反叛，清朝多次派军讨伐。之后，准噶尔向西扩展，侵扰并试图吞并西域的民族。正是在这一背景下，西域的民族纷纷要求归附清朝，寻求清朝的保护。在清朝出动军队讨伐准噶尔的过程中，统一了西域地方，将国家统治权带到了这一地域，将这一地方命名为"新疆"，实现了"故土新归"。

清朝将西域定义为"新疆"，意味着这一地方是中国疆域的一部分，受到国家的管辖。生活在这一地域的民族均成为国家的地区居民。国家按地区重新定义这里的居民。无论这里的人属于哪一民族，都首先并共同属于大清的子民。地域关系居于主导地位，民族关系受地域关系所支配。

但是，"新疆"毕竟是"新归"的"故土"，只有对这一地区实行有效的统治，才不至于使其再次成为"故土"或者"故土"上的"故人"。为此清朝建立起以军领政的制度。

清朝是通过军队平定准噶尔并获得对新疆的统治权。军队率先进入新疆。天山北路和南路长期驻扎军队两万多人，"成为定制"①。军队的长期驻扎是一种强大的威慑力量。在军事力量的支持下，政权管理迅速跟上。乾隆二十七年，清朝在新疆地区实行军府机制，建立军

---

① 蔡美彪等：《中国通史》第十册，人民出版社，2015，第 41 页。

政机构。在新疆的伊犁设立伊犁将军，总管新疆军政事务。在伊犁将军之下设立参赞大臣统辖南疆诸城，诸城分设办事大臣或领队大臣驻扎。清朝官员每年对天山以北的柯尔克孜族生活的区域进行巡视。

为了保障统治权的行使，清朝派军队在新疆驻守。同时兴办屯垦，解决长期驻军的后期给养问题。过往的中原王朝之所以难以持续不断地对遥远的边陲地区行使统治权，其重要原因便是无法持续不断地提供军政人员的供给。

以军领政体现的是国家对新疆的直接治理，使这一地区获得了政治上的统一性。这种统一性超越于各个族群之上。它与过往的主要依靠当地族群首领进行治理的羁縻制有所不同，是国家有效行使统治权的主干。

当然，要在新疆这一广阔的地域建立与内地一样的直接治理体制，非常困难。为此，清朝在保留新疆各民族原有制度的基础上适当加以改造，以与清朝统治保持一致性。在距离中原较近的哈密、吐鲁番等地区实行"札萨克制"，即由朝廷授予地方首领以官职，管理当地事务。在距离遥远的南疆地区对原有的伯克制度加以改造，取消伯克的世袭制，对伯克设定清朝统一的品级，发放统一的印信，使之成为朝廷的命官，将其纳入清政府的地方官制体系。在哈萨克设立各种官职，由当地首领担任。

尽管清朝建立起以军领政的体系，利用当地人管理当地人和事，但是要将"新疆"上的"新人"吸附到国家统治体系中并非易事。这一地域不像高原民族，没有统一的宗教作为一体化力量。在新疆，主要是通过利益机制来吸附各个民族。

首先是利益保护性吸附。新疆各个民族是受到外部力量侵扰时寻求清朝保护而归附清朝的。这种保护是各民族以自己的力量难以实现的，因此要依靠具有强大保护能力的清朝。长期安宁的外部环境是各个民族内在的需要。清朝作为超越原有民族之上的力量，统一新疆后，可以确认各个民族的边界，处理族际的冲突，并保障疆域内民族的外部安全。

其次是利益增长性吸附。清王朝在治理新疆时，实行比内地更优惠的政策。"赋予传统的民族上层以特权，由他们直接统治自己的民族社会。"[1] 将由官府掌握的土地分配给农民，并不收取或只收取少量税金。"一部分有势力的维吾尔人认为，这是清王朝对维吾尔人的一种'恩义'。由于一种道义感，他们承认了清王朝统治的'合法性'。"[2]

最后是利益扩展性吸附。利益是长远的吸附机制。新疆的统一，有利于各个民族之间，特别是边疆地区与内地的交往，促进商业贸易往来。新疆的屯垦是兵民共同开发，兵民两利。在这一过程中，先进的农业技术被引入新疆。

# 八　改土归流与山地民族吸附

云南、贵州等地山峦起伏，在崇山峻岭中，生活着一个个不同于汉族的族群。因为普遍的山地特性，他们被统称为山地民族。

山地民族有以下特点：一是生活在崇山峻岭之中，交通不便。二是由于地理阻隔，环境封闭，从而形成多个有不同特性的族群，他们相互之间缺乏联系。三是族群之间的差异性大。在经济文化方面，有的族群已接近内地，有的还处于原始状态。四是为了适应山区的环境，人们通常以小聚居的方式生活。五是在长期的共同生活中，山地民族形成自我管理的权威和秩序。

山地民族生活的地方在地理上与内地相连，很早就属于中国的疆域。只是由于交通困难，国家权力鞭长莫及，对于这些地方实行"统而不治"，即为国家所统辖，但主要实行由当地头人治理当地事的间接治理。这种治理方式形成土官制度。土官为国家所认可，拥有对当地

---

① 〔日〕王柯：《从"天下"国家到民族国家：历史中国的认知与实践》，上海人民出版社，2020，第201页。
② 〔日〕王柯：《从"天下"国家到民族国家：历史中国的认知与实践》，上海人民出版社，2020，第198页。

的全面管治权，甚至拥有军队，成为地方统治者。在土司统治下，土地和人民都归土司世袭所有，土司各自形成一个个势力范围，司法、财政、行政、兵事都实行自治，对于当地人民予求予取，掌握一切生杀大权，除了不能登基称帝，其他一切甚至比照皇帝，而且只需要象征性地向朝廷缴纳微薄的赋税。在相当多数的地方，土官治下的民众与其形成人身依附关系。人们接受和认同的是土官。尽管他们也是国家的臣民，但并不知"国家为何物"，皇帝远在天边。土官在一定程度上成为主宰一方的"土皇帝"。而且由于长期的地方共同体基础，土官有相当的权威影响。特别是土官世袭，世守土地和人民，在一个地方世世代代为统治者，可以利用国家权力和当地社会权力，形成地方性政治势力。这种政治势力一方面会造成对其他族群地方的侵袭，另一方面也很容易转化为对抗中央的力量。

　　明朝在山地民族居住的地方普遍实行土官制度，同时辅以军事卫所。国家权力通过军事卫所向山地民族地方渗透。但是，卫所毕竟是外部嵌入的一个个据点，并没有也不可能改变原有的社会和政治结构。随着土官的世代相袭，一些土官的势力日益强大，不断扩张自己的势力范围，甚至与中央分庭抗礼。最为典型的是明朝万历时期的播州事变。播州位于川、贵山区。在这里有一个沿袭 700 年的杨应龙大家族。杨应龙是明朝诏封的大土官，下属五司七姓。杨应龙通过内部剥夺和利用川、贵及湖广交通要道的条件，实力迅速增强。随着地方性矛盾和地方与中央关系的日益紧张，杨应龙集合 10 万军民反叛官府。朝廷用费极大才平息了这一事件，播州之役成为"万历三大征"之一。播州事变的重要根源是土官制度。随着播州事变的平息，明朝在当地设立县制，改土官为"流官"，即由朝廷直接任命并听从朝廷的官员行使对当地的统治权。这就是所谓的"改土归流"，即改土司制为流官制，又称土司改流、改土设流、废土改流，废除原先的土司头人，改为朝廷中央政府派任流官，设立州、县，由中央政府的间接治理改为直接治理。

　　但是，在明朝，"改土归流"的范围还很有限。明万历年间已是矛盾四起，朝廷应对无力的时期。只是到了清朝，改土归流成为一项国策，在今滇、黔、桂、鄂、湘、川等山地民族地方普遍推行。清朝"改土归流"是一项包含多重因素的政治改造工程。首先，"改土归流"的核心是土司。对土司本人，在军事和政治压力下，根据他们的态度给予不同对待。对自动交印者，加以赏赐，或予世职，或给现任武职。对抗拒者加以惩处，没收财产，并将其迁徙到上述六省以外的省份，另给田房安排生活。其次，在设立府县的同时，添设军事机构，为"改土归流"提供支持。最后，在改土归流地区，清查户口，丈量土地，征收赋税，修建城池、设立学校。废除原来土司的税赋征收制度，与内地一样，按地亩征税。"田土人民登载于王朝的版籍，'土其土而人其人'，原来只对土司、土目负责的原住民开始直接为清廷输粮应役，成为王朝的编户齐民，赋役由土官名下总行认派的原则宣告废止。"[①] 这些举措造成西南民族地方的体制与核心地区趋于一致。"其结果是原以血缘族群关系为基础的地方区域共同体，逐渐向以地缘关系为主的行政单位转化。"[②]

但是，由于崇山峻岭、交通不便，在山地民族地方完全实行流官制，成本太大。这在于流官制不只是简单地设立州、县，改派流官，更重要的是要在当地实行有效的治理。而在这些地方，长期实行当地人治当地事，有族群和地方的认同感，缺乏对外来权力的认同。完全改为流官制，不仅经济成本巨大，而且成效并不一定好。因此，清朝在相当一部分地方仍然保留了土司制。"而在当地民族集团的酋长看来，不仅自己没有足以反抗中国的王朝的实力，而且只要从朝廷得到一个土司的称号，就可以确保自己以至后代在当地民族社会中的政治权力和地位，并借此进一步提高自己在当地民族社会中的声望。"[③]

---

① 温春来：《从"异域"到"旧疆"：宋至清贵州西北部地区的制度、开发与认同》，社会科学文献出版社，2019，第227~228页。
② 向燕南、罗炳良、王东平：《历史文化认同与中国统一多民族国家》第三卷，河北人民出版社，2013，第22页。
③ 〔日〕王柯：《从"天下"国家到民族国家：历史中国的认知与实践》，上海人民出版社，2020，第166页。

在这些地方，只要将当地头人吸附住了，就有利于吸附整个族群。

当然，土司制毕竟内生着分离、分立的因素。在清朝，尽管保留了土司制，但对其进行了改造。一是将土司官职纳入国家官职体系，土司官职的世袭有一定规则并须上报官府核准。二是通过土流并治，分封众建，切割和弱化土司的势力范围，使之没有能力与官府对抗。"其深山穷谷，流官威法所不及之处，则将所削之土分立本人子弟为众土司，使其地小势分，事权不一，而不能为害。"①

"改土归流"和对土司制度的改造，都是为了将山地民族整体吸附到国家政权体系中来，使之成为国家政权的依从者而不是反叛者，其成效较为明显。

一是有助于调节族群之间的关系。山地民族差异性大，各个族群大小不一，力量不同，族群之间会发生冲突。这种冲突是完全依靠当事人所无法克服和解决的。因此，在一些山地地方，经常可见同位于一座山，山底平坝、山脚、山腰和山头居住着不同的族群，其族群力量由低到高，越是力量弱小的，便只能往山上迁移。作为冲突调节者和秩序维护者的国家介入后，可以通过设立地方建制、判决争端，调节族群之间的关系。

二是有助于调节山地民族与国家的关系。山地民族尽管与国家政权联系较少，但置于国家政权之下，必然要与国家政权发生联系。土司制比较多地考虑当地族群的利益，但如果土司势力过大从而造成与国家政权的对抗，当地人的利益也会受到极大损失。播州事变即造成当地民众死伤无数。"改土归流"和对土司制度的改造，是为了寻求山地民族与国家政权之间的平衡关系，同时强化山地民族与国家之间的联系。"在云、贵、川等设置府县流官的改土归流地区，封建地主经济得到发展，彝族土司统治彝民的政治权力受到限制。他们占有的土地需报粮入册。原来的庄奴、院奴向地方官交纳丁银，成为清朝的

---

① 李世愉、王政尧主编《中国大通史·清（1644—1840）》下，学苑出版社，2018，第 569 页。

百姓。"①

三是有助于促进山地民族的经济社会发展。山地民族大都是在崇山峻岭、交通不便的相对封闭环境下生成的。这种环境不改变，民族的生存状态便难以改变。比如彝族长期保留着奴隶制度。这一制度得以长期保存的重要原因是大、小凉山的封闭环境。"改土归流"的重点是"流"，意味着封闭环境的开放。流官的进入不仅是官员的进入，更重要的是打通了山地民族与外界交往的通道。只有通过外部元素的输入，才能改变山地民族的生存环境，促进其经济社会发展。"改土归流打破土司在少数民族地区一统天下的局面，为中央政府在这些地区推行政治、经济制度创造了必要条件。"② 特别是在"改土归流"的地方实行轻徭薄赋、与民休息政策，对于一般民众有较大的吸引力。

# 九　海岛国家化与海洋意识萌生

中原位于内陆，但邻近大海。内陆农业为人们提供了稳定的生活来源，而缺乏对波涛汹涌的大海的探索，走向大海，寻找新的生存地方。在相当长的时间里，茫茫无际的海域并没有能够进入农业民族的视野。

尽管华夏民族站在黄河的中心观天下，海洋已是"天边"。但就是在天边的人们，因为邻近海洋，也会跨越大海，寻求新的生存之源。在中国大陆邻近的海岛上，便开始有了人类的居住，并形成了特定的族群。比如，台湾及附近的岛屿上生活着高山族。之后，随着交通工具的发展，越来越多的中国沿海居民向台湾诸岛移居，并与当地居民融合。随着人口的增多，封建王朝开始在台湾岛设置政府机构加以管理。但是，从总体上看，与大陆相比，台湾诸岛的面积很小，人口不

---

① 蔡美彪等：《中国通史》第十册，人民出版社，2015，第232页。
② 程妮娜等：《中国历代边疆治理研究》，经济科学出版社，2017，第133页。

多，更难以向政府缴纳税赋。因此。在相当长的时间里，海岛及其居民都处于默默无闻、若有若无的状态。对于以内陆为主体的民族来讲，有海洋，却缺乏海洋意识。

只是到了元代，特别是到了明代，海洋日益活跃了起来。越来越多的中国东南沿海人群跨越大海，移民海岛，台海两岸的交往越来越多。特别是台湾诸岛不仅面积大，而且邻近大陆，处于海上交通要道。其他民族和国家也将台海诸岛纳入他们的视野。先是邻近的，且极具海洋民族特性的倭寇将台湾作为重要的侵扰地点。随着地理大发现，遥远西方的荷兰长距离跨越来到台湾，并将台湾作为其新开拓的殖民地。但是，在总体上的保守主义战略支配下，明朝实行海禁政策，重点是稳固中国大陆沿海，对于台湾诸岛没有给予足够的重视。只是荷兰殖民者的强制压制激发起台湾民众的反抗。在郑成功的率领下，荷兰殖民者被驱逐。郑成功的儿子和孙子先后主持治理台湾22年，奖励制糖、制盐，兴办工商业，发展贸易，开办学堂，改进当地少数民族的农业生产方式，推动经济和文化发展。

台湾的移民、开发和收复，说明中国沿海居民已有了海洋意识。这种意识不是像渔民一样仅仅靠海谋生，而是跨越波涛汹涌的大海，寻找和开发新的居住地。特别是移民们利用有利的海上交通要道，从事商业贸易，以获取更大利润。他们与其他海洋民族一样，是"冒了生命财产的危险来求利的"[①]。这说明，台海两岸的居民已有海洋意识，并具有海洋民族的一些特性。只是这种特性是在长期的海洋生活中自生自发的一种民间意识，尚没有转换为国家统治者的意识。特别是在海禁政策下，这种意识受到相当程度的压制。

然而，民间意识一旦自我生成，便会不断扩展。茫茫无际的海域也为这种意识的扩展提供了机会。尽管封建王朝早已在台湾设置了管理机构，但缺乏有效的实质性统治。特别是王朝的更迭，使这里经常与大陆失去联系，"孤悬海外"。缺乏实质管治，使海洋意识不断在民

---

① 〔德〕黑格尔：《历史哲学》，王造时译，商务印书馆，2007，第55页。

间生长和扩展。他们不满足于既有利益，希望以其力量获得更大利益。明朝时对大陆危害甚深的倭寇中的相当一部分人是来自中国东南沿海的居民。尽管明朝实行严格的海禁政策，但是海上禁而难禁，民间贸易一直持续，明朝后期不得不放松管制。郑成功本受命于明朝，但其收复台湾时，正值明清易代之际。台湾收复后建立起地方政权。在郑成功的儿子郑经的治理下，台湾的经济社会有了一定程度的发展，特别是拥有一支强大的航海武装。这样一支航海武装与草原上的游牧民族一样，具有极强的机动性。但是，航海武装力量必须有专门的物质供养。仅仅依靠台湾自身的经济实力是难以维持这支武装力量的。隔海相望的大陆有着取之不尽的财力，且清朝的军事力量主要集中于北方长城，沿海的军事力量薄弱。这为郑经的航海武装提供了机会。利用航海武装从大陆沿海获取财富，成为经常性的方式，也引起清朝统治者的高度重视。其重要原因是东南沿海，特别是浙江省已是国家财政的重要来源。

历史上，中国的边患主要在北方，但至明朝开始，这一格局便发生了变化。"16世纪明朝的境遇可谓是'北虏南倭'。"[1] 明朝的海禁政策只是将倭患阻止在大陆之外，而不是主动进击海洋。正是在这一背景下，倭寇和荷兰殖民者才在台湾有机可乘。与明朝的国策不同，清朝对边疆实行的是积极有为的政策。随着郑经武装力量的日益活跃，清朝决定主动出击，收复台湾。

清朝对台湾的收复过程，实际上是海洋意识萌生的过程。清朝的统治者与过往的统治者一样，生活于大陆腹地，对海洋缺乏感性认识，特别是通过航海武装主动出击缺乏经验和准备。过往的航海武装主动出击大多以失败而告终。这进一步加剧了对海洋的畏惧心理。清朝统治者在收复台湾的过程中经历了惨重的失败。只是凭借大陆雄厚的国力和得当的举措，才最后收复了台湾。在这一过程中，加深了对海洋

---

[1] 〔日〕上田信：《海与帝国：明清时代》，高莹莹译，广西师范大学出版社，2014，第205页。

的认识。

清朝收复台湾，将台湾置于国家的直接管辖之下，强化了海域意识。作为在黄河中原地带生长出来的华夏民族来说，具有强烈的陆地意识。海只是陆地的边，并不是能够为人们提供物质财富的地域。正因为如此，国家统治者并没有将海域作为国家统治不可缺少的组成部分而加以高度重视。只是随着元朝之后，海域才进入统治者的视野。但是，明朝的海禁政策意味着其统治疆域仍然是陆地，对包括大量海岛在内的海域只是持防守状态。随着各种力量以海岛为据点跨越大海构成对大陆的挑战日益突出，清朝统治者树海域高度重视。对于国家统治来讲，海域并不是可有可无的，而是与大陆密不可分的。没有海域的安全，也无大陆的安全，国家统治基础便不牢固。

清朝收复台湾实际上是台湾诸岛的国家化过程。尽管之前的中国封建王朝早就在台湾设立官府，但未能有效行使统治权。毕竟台湾诸岛只是人口不多，经济落后又远隔大陆的海岛。台湾诸岛的移民和开发主要是民间的自发行为。郑经政权主要是一种与中央脱节的地方性政权。而清朝收复台湾主要凭借强大的军事力量。在强大的军事力量支持下，行政力量介入台湾，在台湾设立政府机构，对台湾进行统一的治理。由此将台湾纳入统一的国家政权体系之中。

台湾诸岛的国家化过程不仅是国家政权的建构，更重要的是两岸的一体化。台湾长期"孤悬海外"，明朝实行海禁政策，阻隔着两岸的交往。清朝收复台湾，将两岸统一到一个政治实体之下，有助于两岸经济、文化的广泛交往。大量的新移民开垦荒地，使台湾成为新兴的农业区域，并向大陆提供大量稻米和蔗糖。由大陆输入的日用消费品和建筑材料等也使台湾经济得到相当程度的发展。这种经济文化的密切往来，是将孤悬海外的台湾吸附到国家体系中的重要基础。

当然，清朝收复台湾更多的是一种政治考虑，仍然是基于陆地本位的决策。尽管在这一过程中萌生出海洋意识，但仍然受到陆地本位意识的限制。"蒙古人和满族人先后融合在汉族群众之中。放蛮族进来之后，文明之乡的大门又重新关上。"① 正因为如此，清朝对于海洋时代和正迅速席卷世界的全球关系时代缺乏足够的认识，更缺乏充分准备。台湾诸岛很快受到海洋时代的冲击，清朝对台湾的吸附受到严峻挑战。

# 十　致力大一统与吸附性之难

同样是由北方少数民族建立起来的王朝，元朝存续不到 100 年，而清朝则延续了 200 多年，仅仅是康熙、雍正和乾隆三朝便有 100 多年。中国继"贞观之治"之后迎来了一个难得的"康乾盛世"。"从 1644 年至 1911 年统治中国的满族，在发源地、语言和文化上都不同于汉人。可是他们能用传统的儒家方法，把政权保持到像任何汉族朝代那样长久。"②

在中国历史上，清朝的疆域之大，民族之多，是历史少见的。更重要的是清朝致力于大一统，重视实质上而不是名义上的有效治理。唐朝的民族大联结和疆域大扩展是空前的，但维系时间不长，唐朝要同时应对多方面的挑战。由于核心竞争力难以支持，唐朝很快解体，许多民族地方从帝制国家体系上脱落。与唐朝相比，清朝统治者数代人励精图治，致力于大一统，一步步推进。不仅仅是"大"，更重要的是"一统"，即将辽阔的疆域和众多的民族紧紧吸附于国家政权体系。"凡'大一统'政权，无论何种民族建立，何种方式建立，都被视为正统。"③ 通过有目的、有步骤地推进，清朝解决了很多过往的遗留问题，实现了空前的大一统。"且自古中国一统之世，幅员不能广远，其中有不向化者，则斥之为夷狄。如三代以上之有苗、荆楚、严狁，即今湖

① 〔法〕费尔南·布罗代尔：《十五至十八世纪的物质文明、经济和资本主义》第一卷上册，顾良、施康强译，商务印书馆，2018，第 96 页。
② 〔美〕费正清：《美国与中国》（第四版），张理京译，世界知识出版社，1999，第 87 页。
③ 向燕南、罗炳良、王东平：《历史文化认同与中国统一多民族国家》第三卷，河北人民出版社，2013，第 330 页。

南、湖北、山西之地也。在今日而目为夷狄可乎？至于汉、唐、宋全
盛之时，北狄、西戎世为边患，从未能克服而有其地，是以有此疆彼
界之分。自我朝入主中土，君临天下，并蒙古极边诸部落俱归版图，
是中国之疆土开拓广远，乃中国臣民之大幸，可得尚有华夷中外之分
论哉！"（胤禛《大义觉迷录》）雍正的这番话尽管有极力辩白之意，
但也有一定的事实基础。"清政府成功地解决了中国历史上几千年来民
族关系中的大难题，长城内外，天山南北，兄弟民族间和平交往。北
部边疆面貌根本改观，历代维修的万里长城失去了军事屏障的意义，
这是清代统治的伟大功绩。"①

　　尽管清朝是以一个少数民族创立的，但有相当的民族包容性，力
图将众多民族统一于一个政权体系之下，形成一个由众多民族共同构
成的中华民族。"强调'中外一家'的逻辑延伸必然是昔日被视为近于
禽兽的'夷狄'的少数民族具有与汉族完全平等的地位，必然是把生
存繁衍在大清版图之下一切语言、文化、宗教、习俗不同的各民族各
部落视为一个大家庭，必然是把中国看成既包括中原内地，又包括广
阔边疆地区的'中外一家'的大中国。"② 只要在清朝疆域上生活，无
论是哪一个民族，都是皇帝的臣民。作为国家统治基础的地域关系居
于主导地位。民族的差异性和民族关系要服从于国家的统一性和地域
关系。与唐朝李世民一样，清朝的统治者具有中华民族是一家的民族
自觉。"如果清朝的统治者对中国臣民而言是天子，对蒙古人而言便是
大汗，对西藏人而言则是法轮王。清朝是多样化、多民族且被认为应
该是普世的帝国，与中国历代前朝有所不同。"③

　　当然，地域关系居于主导地位，需要建立在地域关系基础上的国
家的力量强大，能够将不同的民族紧紧地吸附在国家政权体系之下，

---

① 李世愉、王政尧主编《中国大通史·清（1644—1840）》上，学苑出版社，2018，
　第37页。
② 向燕南、罗炳良、王东平：《历史文化认同与中国统一多民族国家》第三卷，河北人
　民出版社，2013，第332页。
③ 〔美〕罗威廉：《最后的中华帝国：大清》，李仁渊、张远译，中信出版社，2016，
　第16页。

而不至于脱落。清朝继承了过往朝代的成果，又注重自己的创造。这就是运用国家的力量，将不同的民族吸附于国家政权体系内，变潜在的反对者为国家政权的依从者和支持者。一方面，清朝强化统一的中央权力。没有强大的中央权力，辽阔的疆域和差异性极强的民族很容易产生分离和分立。唐朝尽管通过羁縻、册封、和亲等方式实现了民族大联结和疆域大扩展，但是由于缺乏在强大的中央权力支撑下的稳定体系，羁縻、册封、和亲难以维系，许多民族地方甚至反噬中央统治权威，直接侵入中央权力的集聚地——首都。这种边缘地带的民族侵入首都的事情在清朝再未发生。边地民族主要活跃于边地，即使有反叛，也从未构成对中央权力的挑战。造成这一现象的重要原因是，中央权力不仅仅是集聚在首都和内地，而且延伸到边地，在民族地方推进国家政权的建设。伴随着军事推进到哪一个地方，国家权力便延伸到哪一个地方。国家权力超越民族和地方之上，不允许民族和地方凭借其力量要挟，甚至威胁中央统一权力，如唐朝一般。特别是这种国家权力不是临时性的，而是体制化的，能够保持相当的稳定性。对各民族地方的行政体制加以改造纳入统一的官制系统。另一方面，在保证国家统一性的前提下，民族地方也有相当的自治权。当地内部事务尽可能由当地权威主持和办理，中央只是协助和监督。强大的中央统一领导与高度的民族地方自治同时并存。同时，清朝以各种举措极力将各个民族地方吸纳到国家政权体系中来，形成对国家和中央的向心力。超强的政权压力与内在的民族凝聚力同时并存。"到清朝，最后完成了在边疆地区全面设立具有民族特色的行政建置，实行中央集权统治。"① 在清朝的统治和经营下，中央统一领导下的民族地方自治框架初具雏形。

"统一，这个理想的信念在中国人的思想上，久已同没有内战从而同内部的安定、秩序和繁荣联系在一起。这个信念从清皇朝那里又获

---

① 程妮娜等：《中国历代边疆治理研究》，经济科学出版社，2017，第 3 页。

得了新生。"① 当然，致力大一统和维系大一统毕竟不一样。要在一个疆域辽阔的国家里，将众多差异性极大的民族吸附在国家政权体系之下，并非易事。在帝制国家，将不同的民族吸附在国家政权体系中，主要依靠的是国家的力量。而国家本身具有两面性。从地域关系看，将不同的民族置于统一的国家权力体系之下，通过居住的地方实现其公共权利和义务。但是，"由于国家是从控制阶级对立的需要中产生的，由于它同时又是在这些阶级的冲突中产生的，所以，它照例是最强大的、在经济上占统治地位的阶级的国家，这个阶级借助于国家而在政治上也成为占统治地位的阶级，因而获得了镇压和剥削被压迫阶级的新手段"②。清朝统治者从地域的角度，将其统治下的人群，都当作国家的居民。但是，作为政治统治者，有其自己的特殊利益，并尽力维持自己的特殊利益。尽管清朝最高统治者属于少数民族，并与其他民族，特别是主体民族日益融合，但其统治家族和统治民族的核心利益还是处于第一位。他们将自己的发源地——满地加以特殊保护，不允许移民；给予满人各种特别的优惠。其对主体民族的态度既努力吸纳又严加防范。在少数民族地方，尽管清朝极力吸附各个民族，但主要是民族地方的上层领袖。这些上层领袖归附清朝，在相当程度上出于不得已。清朝毕竟在自己的领地内是主宰。因此，一旦有机会，便可能背离，甚至反叛清朝统治。更为重要的是，国家权力将政治统治带入民族地方，加速了这些地方的阶级分化，民族矛盾与阶级矛盾交织。这种矛盾是过往民族地方少有的，也成为民族地方不稳定的重要因素。伴随清朝的发展，由这种矛盾引起的民族地方反抗越来越多。仅仅依靠通过吸附民族地方上层来吸附民族整体，已远远不适应了。这是清朝统治者面临的新的，也是严峻的挑战。

更为严峻的挑战在于清朝统治时期的世界正在发生翻天覆地的变化。一个个世界强国正在崛起，并伴随海洋时代的来临，深刻影响着

① 〔美〕费正清：《美国与中国》（第四版），张理京译，世界知识出版社，1999，第95页。
② 《马克思恩格斯选集》第4卷，人民出版社，2012，第188页。

中国的国家进程及其民族关系。到了清朝，这一特性日益突出。无论是东南沿海，还是北方、西域，民族之间和国家与民族之间的关系背后都有国际势力的影响，甚至操纵。这些国际势力形成一种拉力，极力将一些民族地方从中国的国家统治体系中分离出去。清朝有效治理民族地方的空间大大压缩。不仅如此，清朝的统治本身也处于摇摇欲坠之中。

这是因为人类正在进入一个崭新的时代——全球关系时代。在地域—民族关系下生长出来的帝制国家已越来越不适应新的时代。中华民族和中国国家的整体危机正在逼近！

# 第十章
# 地域—民族关系中的
# 南方民族与国家的治理

在中国南方生活着多个与汉民族不同的少数民族。由于大致相同的生产方式，他们与汉族的共同性较强。又由于地理因素，他们与汉族有诸多差异。南方民族的数量多于北方，在于他们很难联合和统一为一个更大的民族，也难以像北方民族那样多次进入中原地区。南方民族为统一的多民族国家提供了较为稳定的基础，其与汉民族的诸多差异，也使帝制国家以不同于汉族的方式对南方民族地区进行治理。

## 一　南方民族的特性与国家

在很早以前，中国人便是以地域的角度看待民族。位于黄河中下游地区的中原地带是华夏民族的发源地，也是作为地域中国的核心地区，后通常称之为中原地区。随着历史的推进，华夏民族的地域范围不断扩大。秦汉王朝的建立，承接华夏民族本源的汉族成为主体民族。但在中国的南方区域，尚存在大量不同于汉族的少数民族，他们与帝制国家形成不同的关系。

在中国，南方通常指长江以南。如果以黄河为中轴，长城以北属于寒冷地带，长江以南则属于热带和暖温带，比较适宜农耕。从总体看，南方民族以农耕为主。从这一方面看，他们与汉族的差异不大，不像长城以北的游牧民族和长城以南的农耕民族之间形成鲜明的差异。地理环境与生产方式，使南方民族与汉族有更多的共同点。"中国人所扩张的各种地区，虽然地理与气候各不相同，其中有些地区比原来的黄河河曲地带还要肥沃，但对建立在灌溉基础上的精耕制度的反响很好，有些也许在不同的社会及经济制度下也能同样发展。"① 发源于黄河中下游的华夏民族首先是向南方扩展，与南方联结为一个整体，从而形成更大的民族。原来被视为南蛮的族群大多结合到汉民族之中。特别是随着南方经济的发展，人口的迁移，南方成为中国最重要的基本经济区，也是中国的核心区域。

但是，南方的地域辽阔。除了平原地带以外，还有大量的山区。在人类早期，交通不发达。将在狭隘的地点上生存的人群联为一体的，率先发生于交通便利的平原。尽管南方早就有人类文明的存在，但只是在黄河中下游率先形成华夏民族。其重要原因便是黄河中下游的平原为不同氏族部落的联合提供了便利条件。"北部环境上的优良条件显然能使人们优先进步到较大规模的经济经营、社会组织及政治统一。"② 华夏民族率先向南拓展，主要是南方的平原地带。这些地带与黄河中下游联为一体，交通较为便利。"从黄河流域向外发展，汉族发现长江流域的环境，有利于继续发展在黄河流域建立起来的那种精耕农业及专门化的社会。这样，导致了汉族向南发展的范围，但准确的界线还远没有确定。"③ 在南方，除了平原以外，大量存在的是由高山峻岭相隔的山区地带。在这一地带，尽管也有小的平原和丘陵，但高山河谷

---

① 〔美〕拉铁摩尔：《中国的亚洲内陆边疆》，唐晓峰译，江苏人民出版社，2010，第29页。

② 〔美〕拉铁摩尔：《中国的亚洲内陆边疆》，唐晓峰译，江苏人民出版社，2010，第27页。

③ 〔美〕拉铁摩尔：《中国的亚洲内陆边疆》，唐晓峰译，江苏人民出版社，2010，第323页。

将其与外部隔离开来，形成一个个相对封闭的地理环境。"西南边疆地形复杂、气候类型多样，高山峻岭绵延不绝。不同海拔高度的民族，对特定生态环境及其动植物资源有较强的依赖关系，形成安土重迁、封闭隔绝的民族特征。"① 正是在这种环境下，生长出与汉族不同的南方少数民族，并形成与帝制国家的不同关系。

南方是相对于北方而言的，其内部具有很大的差异性，东南、中南与西南各有不同。但作为一个相对性概念，它与北方又具有共同的特性。南方民族特性有如下几点。

其一，族群数量多。人是自然和社会环境的产物。特定的环境下形成特定的人群。由于崇山峻岭的隔离，人们生活在一个个相对封闭的地理环境之中，并形成其特有的生产方式和文化习俗。由于交通不便，各个人群难以形成联合，从而形成更大的民族。长城以北的游牧人群之所以能够结合为一个更大的民族，重要条件便是草原提供了便利的交往条件，也提供了民族统一性的基础。所以，北方尽管地域大，但民族数量相对较少。

其二，文明程度的差异性大。生产方式及其文明发展是人群差异性的决定性因素。长城以北的游牧民族与长城以南的农耕民族有很强的差异性，便在于其生产方式。但不同民族内部由于地理因素，其文明发育程度不一样。北方游牧民族虽然从整体上与农耕民族有很大差异，但其内部的文明程度差异不大。"贵壮健，贱老弱"是其共同特性。南方民族主要从事农耕活动，但由于自然环境和封闭程度不一，各个族群之间的文明程度差异性较大。少数经历了原生、次生和再生阶段，接近或达到了核心地区的水平，多数还停留在人类文明的次生阶段，还有少数处于原生的初始状态。这种文明程度的差异性更增大了族群联合与国家治理的难度。

其三，大杂居、小聚居的居住形态。游牧民族的流动性强，"逐水草而居"。农耕民族的稳定性强，以固定的土地为生。有相当数量的南

---

① 程妮娜等：《中国历代边疆治理研究》，经济科学出版社，2017，第 374 页。

方民族是出于战争、饥荒、族群冲突等原因迁移到崇山峻岭之中的。作为南方民族人口较多的苗族便相传是早期活跃于黄河地带的蚩尤的后代。"越虽蛮夷，其先岂尝有大功德于民哉，何其久也！"（《史记·东越列传》）大量来自原生地的不同人群迁移到南方崇山峻岭之中，定居下来。由此形成"大杂居、小聚居"的居住形态。在较大的地域上，生活着不同的族群，而这些族群又以聚居的方式共同生活在一个相对较大的地域上。这种"大杂居、小聚居"的居住状态，进一步阻碍了不同族群的自动联合。

其四，自我生存和发展性强。由于与外界的交往困难，南方民族主要依靠自我的力量生存和发展。适宜的地理条件和农耕生产，使这里的人群一般不会为生计困扰，生存压力较小，不像北方游牧民族经常面临着残酷的生存压力。南方民族在适宜的环境下，自给自足，对外部的依赖性极小。在相对封闭的环境下，人们共同生活，相互依赖，其自治自立性强。"一切问题，都由当事人自己解决，在大多数情况下，历来的习俗就把一切调整好了。"[1] 人们根据长期沿袭且为人们共同认可的习俗处理公共事务，维系共同体的存续。

其五，与核心地区的互动较少。由于地理相隔，又因生存压力相对较小，南方民族与核心地区和国家的互动较少。"北方民族因交通便利容易走向联合，社会发展的进程也比较快，这与他们从事集体的游牧活动、具有勇敢的精神有关。南方民族，往往局促于山地，交通不便，极不利于联系和融合。这是南方民族虽然在民族数量上超过北方民族，但在社会发展上却落后于北方民族的一个很重要的原因。由此也可以说明这样一个历史现象：北方民族曾经一次又一次地进入中原地区，而南方民族却很少有过类似的活动。"[2] "蛮夷虽附阻岩谷，而类有土居，连涉荆、交之区，布护巴、庸之外，不可量极。然其凶勇狡算，薄于羌狄，故陵暴之害，不能深也。西南之徼，尤为劣焉。"

---

① 《马克思恩格斯全集》第28卷，人民出版社，2018，第116页。
② 白寿彝主编《中国通史》第一卷导论，上海人民出版社，2004，第147页。

（《后汉书·南蛮西南夷列传》）

　　其六，与国家政权的联系较少。北方游牧民族由于联合容易、生存压力大和交通便利，与国家的联系较多，包括对国家构成威胁和使自己成为国家的统治民族。南方民族与国家政权联系较少。一方面，国家政权很难逾越崇山峻岭，将权力延伸其中。"百蛮蠢居，仞彼方徼。镂体卉衣，凭深阻峭。亦有别夷，屯彼蜀表。参差聚落，纡余歧道。"（《后汉书·南蛮西南夷列传》）在一些南方民族地区，"这种公共权力可能极其微小，几乎是若有若无的"①。另一方面，南方民族也很难联合起来，形成更大的力量，逾越崇山峻岭，争取国家的统治权。"对于南方各少数民族来说，由于居住相对分散，势力相对弱小，社会经济发展比较落后，而且极不平衡，难以形成强大的独立力量对抗朝廷，往往与汉族处于和平状态。"②

　　南方民族的以上特性，使它处于与其他民族不同的地域—民族关系的结构之中。首先，南方民族生活的地域与中国的核心地域紧密相连，并经历长期的历史发展，形成一个共同的地域整体。在这一共同的地域整体之上建立有国家政权，并行使对这一共同地域及其生活其中的人群的统治权。无论是哪一个族群都置于统一的国家政权之下。共同的地域关系居于主导地位。其次，南方民族有自己的民族特性，他们属于少数民族。他们相互之间存在民族之间的关系，他们与作为主体民族的汉族之间也存在民族之间的关系，并会与国家政权产生不同形式的互动。与北方民族经常与国家政权的互动不同，南方民族的互动较少。当国家统治衰弱或者王朝更迭时，北方民族往往是乘虚而入，试图入主中原。而南方民族更多的是自立为王，从帝制国家体系中自动脱落，失去与国家政权的联系。

　　由于南方民族特性产生的不同的地域—民族关系，国家统治者以特有的方式治理南方民族地方。治理得当，南方民族便会成为华夏民

---

① 《马克思恩格斯选集》第 4 卷，人民出版社，2012，第 188 页。
② 向燕南、罗炳良、王东平：《历史文化认同与中国统一多民族国家》第三卷，河北人民出版社，2013，第 238 页。

族整体中的一部分，成为统一的多民族国家的构成要素；治理不当，南方民族就有可能自外于华夏民族，缺乏对统一的多民族国家的认同，甚至成为反对力量。

## 二 军事活动对族群的联结

人类最初生活在缺乏联系的孤立地点和狭隘的地方上，没有民族，也没有国家。将孤立的人群联合为民族整体，并形成国家的重要方式是军事活动。与在孤立地点和狭隘地方上的氏族不同，国家是拥有比氏族大得多的有组织的暴力。其中，军事武装是最重要的暴力组织。国家正是凭借军事组织和军事活动，将一个个互不联系的人群联结为一体，形成统一的民族，并将不同的族群置于自己的统治之下，形成国家整体。南方民族的重要特点是孤立性强，崇山峻岭将人们切割成不同的族群。只有通过军事暴力活动才能突破崇山峻岭的地理限制，将不同的族群与国家联结起来。但与对待北方民族不同，针对南方民族的军事活动表现出多样性。

其一，军事征服。军事征服是通过军事活动将原来"非我族类"的族群联结为一体，联合为新的民族整体，或者将这些族群置于统一的国家政权统治之下。

中国的先民很早就有了部族之间的军事战争，并在军事征战中形成华夏民族及其国家。相对黄河中下游的华夏民族来讲，南方民族属于"非我族类"的蛮族，相互之间经常兵戎相见。特别是在长达数百年的春秋战国兼并争霸战争中，出自"南蛮"的楚国参与战争，最后在战争中形成了更大的民族，这就是作为中国主体民族的汉族。

秦始皇在兼并争霸战争胜出之后，在北方修筑长城加以守卫，大军向南，征服了大片南方地域。在这片地域上生活的越人成为中华民族的一部分，并置于统一的国家政权统治之下。

"政治文化商业传入南方，岭南开始成为中国的领土。"① 之后，通过军事征服活动将更多的南方族群纳入多民族整体和统一的国家统治之下，南方民族因此成为华夏民族的重要部分。

其二，军事收复。军事收复是通过军事活动将已属于多民族整体的族群和国家统治下的民族地方重新收复。

军事征服是凭借暴力的压制。这种征服活动的结果有可能将一些族群纳入统一的国家统治之下，也有可能出现一些族群因为国家统治不力而重新分立。特别是帝制国家经常会发生王朝更迭。当新的国家政权建立后，便会采取军事活动恢复对这些民族地方的统治，将分离的民族重新纳入中华民族的整体之中。秦始皇派 50 万大军征服南方。之后，秦朝覆亡，被征服的族群和地区缺失了中央的统治。主体民族的人群忙于争夺国家统治权，无暇顾及。在这一背景下，秦朝征服南方的大将赵佗在岭南自立为王，建立南越政权，并进一步兼并了大片的南方土地，将更多的南方族群联结为一体，"和集百越"（《史记·南越列传》）。汉朝建立后，赵佗接受了汉高祖赐的南越王印绶，臣服于汉朝，南越国成为汉朝的一个藩属国。之后，由于汉朝统治者实行对南越的经济禁令，赵佗"乃自尊号为南越武帝"，谋求更大的独立性。"佗因此以兵威边，财物赂遗闽越、西瓯、骆，役属焉，东西万馀里。乃乘黄屋左纛，称制，与中国侔。"（《史记·南越列传》）到汉武帝时派遣大军分四路攻打南越国，才使南越复归于统一的国家统治之下。

汉武帝军事收复的南越，主要还是平原地带，其间尽管有山岭，但并不是难以逾越的崇山峻岭，特别是这一地带有很高的经济开发价值。除了这一片南方地区以外，还有大片的南方处于崇山峻岭之中，不仅交通不便，而且经济开发价值不大，所以很多地方未能通过军事活动及时收复。

一般来讲，南方民族比较多的是寻求稳定的秩序。但有些族群由

---

① 范文澜：《中国通史简编》上册，商务印书馆，2017，第 114 页。

于有独特的条件，自我扩张，且有天然地理屏障的保护，从而不受统一的国家政权节制，甚至反叛国家统治。国家不得不通过军事活动将其收复，重新归于国家统一的管辖之下。

还有一些地方经过多次征服和收复，最终未能纳入多民族整体之中。如由百越诸族组成的南越国靠南的一部分，多次收复又多次分离，直到最后完全独立成国。

其三，军事压制。军事压制是通过军事力量对民族地方进行武装镇压，使之臣服于国家统治权。

国家统治权是具有强制性的力量。国家化的重要标志是将地域和人口置于国家权力体系中来。而与国家权力渗透相伴随的是税役。当人口编制为国家臣民的同时，也意味着要承担一定的税赋。这种税赋经常超越臣民所能承担的限度，从而激起民众的反抗。特别是官员对少数民族不尊重，甚至歧视、侵犯其利益。当统治权力进入并逐步深入南方民族地区时，会引起这些地方的民族对国家统治的反抗。"顺帝永和元年，武陵太守上书，以蛮夷率服，可比汉人，增其租赋。议者皆以为可。尚书令虞诩独奏曰：'自古圣王，不臣异俗，非德不能及，威不能加，知兽心贪婪，难率以礼。是故羁縻而绥抚之，附则受而不逆，叛则弃而不追。先帝旧典，贡税多少，所由来久矣。今猥增之，必有怨叛。计其所得，不偿所费，必有后悔。'帝不从。其冬，澧中、溇中蛮果争贡布非旧约，遂杀乡吏，举种反叛。"（《后汉书·南蛮西南夷列传》）在蜀汉政权下，南方民族"供出官赋，取以给兵，以为愁怨"，"无岁不征""苦其役调"，从而造成"南夷复叛"（《三国志·蜀书》）。这种对中原王朝的反叛绵延不绝，如东汉时有越族、武陵蛮的反抗，南北朝时岭南地区的反抗，元朝时的苗瑶起义和彝族的反抗，明朝时的贵州苗族起义和瑶族起义，清朝时的贵州两广苗瑶起义等。国家由此动用军事力量加以压制。但由于特殊的地理条件，这种压制往往会付出沉重的代价。山越"山出铜铁，自铸甲兵，俗好武习战，高尚气力"（《三国志·吴书》）。清朝出兵攻占广西瑶族山区。瑶族民间流行的斗争方针是"官有万兵，我有万山；兵来我去，兵去我还"①。清朝对南方苗族地方实行"改土归流"，国家统治权日益深入苗疆，引起苗民的强烈反抗。清朝军队"对起义苗民进行大规模的屠杀"，在付出沉重的军事代价之后不得不宣布免除苗疆的钱粮，永不征收。② 显然，依靠军事压制来实现国家化会遭遇很大困难。只是南方民族难以联合为统一的更大民族，不能如北方游牧民族那样进行大规模的反抗，因此容易受到国家的统一的军事压制。

其四，军事威慑。军事威慑是以强大的军事力量作为支撑，维持南方民族地方对统一的国家政权的服从。

南方尽管处于崇山峻岭之中，但也有诸多平坝地区，并会形成一个个区域性中心。一些族群生活在这些区域性的中心地带，形成规模较大的民族，并建立起地方性政权。这些民族凭借其规模大和实力强，侵犯相邻族群，扩大势力范围，不受统一的国家政权的节制，俨然成为国中之国。在这些地方，除了通过军事活动消灭独立性的地方政权以外，就是以军事力量为后盾，维持对这些民族地方的统一治理。在这些地方长期驻扎大量军队维持统治，显然成本太高。而军事威慑主要是在交通便利的区域性中心驻扎适当的军事人员，作为一种威慑性力量。毕竟，南方民族的族体普遍不大，即便是建立地方性政权，其军事力量也难以与统一的国家力量相抗衡。有一定的国家军事力量的存在，便可基本维系统治秩序。蒙古征服大理之后，"一面在当地屯驻大军以镇戍，一面大力招抚各族首领充当蛮夷之官，利用其实力与影响来帮助元朝维持统治"③。

其五，军事进驻。军事进驻是国家在南方民族地方长期驻守军事人员，以维持统一的国家治理。

军事征服、军事收复、军事威慑都是通过外部性的强大军事力量进行压制。这种外部性的军事力量难以持续，更难以深入崇山峻岭之中。对于生活在崇山峻岭之中的南方民族来说，他们不仅有与生俱来

① 蔡美彪等：《中国通史》第十册，人民出版社，2015，第248页。
② 蔡美彪等：《中国通史》第十册，人民出版社，2015，第15页。
③ 程妮娜等：《中国历代边疆治理研究》，经济科学出版社，2017，第282页。

的居民的自动武装组织，而且可以通过联合形成更大的军事力量。这种军事力量使他们有能力保卫自己，甚至实现其扩张。特别是他们可以凭借崇山峻岭的地理优势，与外部抗衡。大规模的军事活动在这些地方难以展开，也难以持续。为此，国家通过在这些地方的交通要道和区域中心长期驻守军事人员的方式来维持国家的统一治理。最为典型的是明朝的卫所制度。卫所是军事据点，但与屯垦结合，可以保持其延续性。卫所作为军事据点不仅在区域中心，而且广泛分布于崇山峻岭之中。分布在各个区域和交通要道上的卫所形成一个相互联系的军事网络。通过这一军事网络，分割族群之间的横向联系，将各个族群地方置于统一的国家政权统治之下。

军事活动是一种有组织的暴力，但又不仅仅是暴力，其后果也不仅仅是强制。西南民族生活于崇山峻岭之中，有天然的地理屏障。正是这样的地理屏障使他们难以与内地联结形成统一的整体，同时也为其分立和分离提供了条件。如云南的大理国得以长期自立，便得益于天然的地理屏障。经过蒙古骑兵的艰难开拓，开辟了交通要道，才得以将归属于大理国的南方族群与统一的国家政权联结起来。因此，军事活动的重要功能是开辟地理通道，逢山开路，遇河架桥，从外部打通南方民族与外界的联系，从而将处于崇山峻岭之中的族群纳入中华民族整体和统一的国家统治之下。除了国家统一的军事活动之外，没有任何一种活动能够有广泛开辟交通的意识和能力。军事活动拓宽了南方民族的视野，使他们知道山外有山，天高皇帝并不远。

## 三　行政嵌入与间接的治理

"在黑格尔那里，恶是历史发展的动力的表现形式。"[①] 军事活动是最重要的暴力，但毕竟不是万能的。紧随军事活动之后是有效的行政管理。只有后者才是国家进行持续统治的基础。

---

① 《马克思恩格斯选集》第 4 卷，人民出版社，2012，第 244 页。

　　与基于血缘关系的氏族组织不同，国家是基于地域关系，建立在一定范围的地域基础上。国家政权对这一地域及地域上的人口行使统治权。为此，国家要确定地域范围，将地域划分为不同的政区，设立行政机构，进行治理。设立政区是国家化的基础。在一个由多个不同的民族相邻的国家，一般是由占统治地位的民族在执掌国家政权之后，自上而下地对所控制的地域进行界定和编制，从而实现对不同民族的国家整合。

　　在中国，由南到北，生活着多个相邻的民族。由于地处崇山峻岭之中，南方各族群很难自动联合起来形成统一的民族，并通过国家的力量由南向北推进，将更多的族群和地方纳入统一的国家政权之下。因此，在中国，统一的多民族国家的发动机和策源地一直在北方。北方的族群通过联合形成统一的民族，建立国家政权，并通过国家的力量由北向南将更多的族群联结起来，并置于统一的国家政权体系之下。由北方的民族建立的国家政权统一南方的族群，一直是中国统一的多民族国家建设的基本路径。在这一过程中，国家为了将南方民族置于国家政权统治之下，会自上而下、由中心向边缘划定地域范围，建立国家行政机构，行使国家权力。

　　但是，在国家行政机构从外部嵌入南方民族地方时，这里的族群已经内生出公共管理机构并对其事务进行自我治理。早在原始时期，人们的生活都有特定的地域、特定的人群、特定的公共事务，也有相应的公共管理机构。随着人们的联结范围扩大，族群人口增多，公共管理机构也会发生变化。在南方民族地方，公共管理机构大体上可以分为三种类型。一是单一族群在狭小的地域形成的公共管理。由于南方民族地处崇山峻岭之中，许多族群在封闭的地理环境中生活，地域范围较小，人口不多，公共事务简单，人们以很简单的公共机构处理共同的事务。这类公共机构是南方民族公共机构的基础，属于非国家形态的公共管理。二是单一族群在较大的地域范围建立的公共管理机构。有的族群规模较大，族群内部有较多的联系，公共事务较多，从而形成专门化的公共管理机构。这类机构具有准国家形态的特性。三是一个族群主导包含多个族群在内的较大地域上建立的公共管理机构。这类机构通常位于区域中心。在其管辖的地方，族群联系较多，有较强的统一性，也有较多的公共事务。这类机构具有较为完整的国家形态，设立有专门的强制性机关，征收税赋和劳役。如云南的南诏国和大理国，其地域范围广泛，包含多个不同的族群。以上机构都是在南方民族地方内生出来的，主要是管理本民族和本地域的事务，其自治性很强。不同层次的机构相互之间也具有很强的独立性。

在由北方民族建立的统一的国家政权向南延伸时，势必与南方民族地方的公共管理机构发生联系，并要将南方民族地方置于统一的国家政权之下。一是确定疆土范围。国家建立在地域关系基础之上，有较为确定的疆土。当外部性的国家政权介入之后，原有民族生活的范围有可能成为国家的疆土范围。有的同一个民族可能归属于不同的国家，如云南的一些民族。二是划分政区，将原来互不隶属的民族地方划分为统一的国家政区，形成民族地方与国家整体之间的关系。三是设立行政机构，行使统一的国家管辖权。

而要在南方民族地方设立行政机构进行有效治理较为困难。在吉登斯看来，"传统国家本质上是裂变性的，其国家机器可以维持的行政权威非常有限。传统国家有边陲（包括次位聚落边陲）而无国界，这一事实表明其体系整合的水平相对有限。"① 特别是南方民族处于崇山峻岭之中，大大限制了国家机器可以维持的行政权威。国家机器是由一系列强制性机构和专门的人员组成的。"为了维持这种公共权力，就需要公民缴纳费用——捐税。"② 中原地带由于是平原地区，人口居住集中，便于设立政府机构进行直接治理。而且，平原农业发达，可以提供供养政府机构的赋税。在南方民族地方，崇山峻岭，交通不便，居住分散，政府管理的成本大。与此同时，南方民族地方经济较为落后，生产剩余不多，难以提供供养政府机构的赋税。政府强制性收取

---

① 〔英〕安东尼·吉登斯：《民族—国家与暴力》，胡宗泽、赵力涛译，三联书店，1998，第63页。
② 《马克思恩格斯选集》第4卷，人民出版社，2012，第188页。

的成本也大。由国家提供维持政府机构运转的费用则花费巨大。这种条件使国家对南方民族地方的治理不能不采用与内地有所不同的方式，这就是间接性治理。

所谓间接性治理，是指国家尽可能利用原有的公共管理机构，实行当地人管理当地事务。秦朝有初郡制，汉朝有属国制，唐朝实行羁縻制，元朝之后实行土司制度。在唐代，"岭南93个羁縻州县，根据当地少数民族各个势力的大小，任命其首领为都督、刺史等，这些由朝廷任命的职务可以世袭，但需报朝廷备案。"① "元、明、清三代，在以云南、贵州、四川、湖南（含广西、湖北）为中心的中国西南部非汉民族地区，实行了一种任命当地民族集团的酋长担任总管、知府、知州、县令和宣抚使、安抚使、招讨使、长官等地方长官的制度。……这种任用当地民族集团的酋长做地方官的制度称为'土司制度'。"② 这一制度将国家的统一性与南方民族的地方性结合起来，是一种低成本的治理。但是，间接治理也会面临诸多困难。一是地方治理的实际权力仍然执掌在原有的首领手中。他们有可能顺从，也有可能反叛统一的国家统治。二是在帝制国家，经常发生王朝更迭。在王朝更迭时期，人们的重心在于统一的国家政权的获取，边缘地带很容易与内地和国家政权体系脱节。在国家统治衰弱和空虚时，原生的公共管理机构会迅速扩展。大理国便是典型。自唐朝解体之后，大理国所在的民族地方便与帝制国家体系脱落，唐朝之后的宋朝的治理重点在于核心地区，无暇顾及南方民族地方。在这一背景下，大理国迅速崛起，其势力范围扩展到西南大片区域。尽管它不像辽、夏、金那样直接威胁到宋朝，但脱落在统一的帝制国家体系之外。只是到了元朝才灭掉大理国。

尽管在南方地区主要实行间接治理，但直接治理的成分一直存在，且日益增多。南越最初实行间接治理，但汉朝官府干预其内部事务，

---

① 程妮娜等：《中国历代边疆治理研究》，经济科学出版社，2017，第263页。
② 〔日〕王柯：《从"天下"国家到民族国家：历史中国的认知与实践》，上海人民出版社，2020，第162页。

类似于汉地的郡县。平定南越之后，完全改为直接治理的郡县制。元朝灭大理国后，强化国家的直接治理。首先是在云南置省，由国家统一划定政区。这种政区是国家基于统治需要划定的，直接隶属于中央，而不是基于民族地方自然内生的。省域范围内的民族人口都受到省的管辖。其次，在省以下设立各级政府，由国家统一任命地方官员进行管辖。"元代在西南边疆地区设立民族地区建置之细密、统治之深入均超前代。"①

当然，这种直接治理还是有限的，并分不同阶段。"自南海郡西至益州北至武都，汉武帝置十七个初郡（南粤九郡、西南夷七郡及零陵郡），中央统治势力得到广泛的发展。……汉承秦旧制，初郡不收税赋，……初郡的官吏俸食及用具，都由附近郡县供给，不在本地征取。……初郡要经过几十百年，才变成普通郡县。"② 还有些地方，尽管设立了与内地一样的建制，但大量的地方官员仍然是当地人，这就是所谓的土官。土官凭借实际权力也有可能反叛国家政权。清朝先后发动两次对金沙江上游的大小金川之战，"在付出巨大代价后，仍然不得不收兵纳降，继续承认当地土司的统治"③。只是在第二次战争后，原有的部落统治受到沉重打击难以持续，才不得不实行"改土归流"，强化国家政权的直接治理。"中央王朝对不同的土司区域所采取的政策很不相同，即便同样的政策，在不同的时期和不同的地域实施，亦会呈现出不同的面相和影响。"④

尽管随着帝制国家的演进，国家对于南方民族地方的直接治理成分越来越多，但与内地还是有很大区别。边缘地带、交通不便、居住分散、生产剩余不多等因素使国家不得不更多地采用间接治理。特别是在基层地方更多的是实行间接治理。在彝族地区，"土司的子孙多为

---

① 程妮娜等：《中国历代边疆治理研究》，经济科学出版社，2017，第111页。
② 范文澜：《中国通史》第二册，人民出版社，2015，第117页。
③ 蔡美彪等：《中国通史》第十册，人民出版社，2015，第20页。
④ 温春来：《从"异域"到"旧疆"：宋至清贵州西北部地区的制度、开发与认同》，社会科学文献出版社，2019，第14页。

土目，……夷民俱听土目管束”，地方事务也委托土目办理。① “西南地区的土司制度废除以后，清朝在上述地区实行保甲制度，继续授予少数民族上层首领‘土舍’、‘土弁’诸名目，作为封建基层统治的工具，或成为朝廷所派流官的副手。”② 只是通过基层以上的地方强化直接治理，阻隔了民族地方之间的横向联系。各个族群生活在国家统一划定的行政建制当中，并受到节制，难以形成反叛国家政权的强大力量。即使存在反抗，也比较容易应对。因此，在强化直接治理的过程中保持相当程度的间接治理是一种成本较低的治理。

## 四　政治吸纳与内生的权威

对于在黄河中下游生长出来的华夏民族来讲，长城以北的草原民族一直是不安宁的因素，而南方民族却相对较为稳定。其重要原因便是南方民族有一种内在的稳定性因素，这就是在长期固定生活中形成的内生权威。

马克思从生产和交换关系的视角，将人类社会分为三种形态。在他看来，“人的依赖关系（起初完全是自然发生的），是最初的社会形式，在这种形式下，人的生产能力只是在狭小的范围内和孤立的地点上发展着”③。这种人的依赖关系在不同的地方表现不一样。北方游牧民族以部落为基本单位，形成部落内的人与人之间的依赖关系。但是这种依赖关系处于不稳定状态。游牧的流动性，使人们经常从一个部落转向另一个部落。因为争夺水草，部落间会经常发生冲突。而南方民族地处崇山峻岭之中，相互之间处于隔绝状态，主要以农耕为生，自给自足。人们世世代代生活在一个地方，形成稳定的共同体。在这样的共同体内，人与人相互依赖，难以从一个共同体转向另一个共同

① 蔡美彪等：《中国通史》第十册，人民出版社，2015，第232~233页。
② 向燕南、罗炳良、王东平：《历史文化认同与中国统一多民族国家》第三卷，河北人民出版社，2013，第274页。
③ 《马克思恩格斯文集》第8卷，人民出版社，2009，第52页。

体。正是在这种稳定的相互依赖关系中，内生出能够得到共同体成员共同认同的权威。这种权威是在长期的氏族社会中生长出来的。"文明时代最有势力的王公和最伟大的国家要人或统帅，也可能要羡慕最平凡的氏族酋长所享有的，不是用强迫手段获得的，无可争辩的尊敬。后者是站在社会之中，而前者却不得不企图成为一种处于社会之外和社会之上的东西。"① 尽管南方许多族群已脱离原始氏族社会，但是，由于相对封闭的环境，原始氏族酋长这样的内生权威长期保留下来。即使是那些超越小的族群之上的地方性权威，开始拥有一定的处于社会之上的强制力，但是在世代相袭的地方里，他们也不得不站在氏族和地方性社会之中，而不是简单地凌驾于社会之上。这种站在社会之中的公共权威使他们能够得到氏族和地方性社会的广泛认同，拥有稳定的治理根基。这一根基将南方民族固定在一个个氏族和地方性共同体之中，形成稳定的生活秩序。

世代相袭的共同体生活及其内生的权威，使南方民族获得一种稳定性，不会寻求对外部世界的探索，更不会像北方游牧民族那样挑战外部世界。与此同时，被崇山峻岭切割的一个个氏族和地方性共同体，因为与外部世界的交往少，对外部世界有一种本能的不信任和排斥。特别是当外部世界以强制性的方式打扰他们世世代代习以为常的生活秩序时，他们会表现出本能的抵制，甚至表现出"野性的力量"。从这一方面看，他们与北方游牧民族一样，有着勇敢剽悍和团结战斗的民族性。

在南方民族所具有的这一特性背景下，外部性的国家权力要进入南方民族地方并不容易，要落地生根，进行有效的统治更为困难。"文明国家的一个最微不足道的警察，都拥有比氏族社会的全部机构加在一起还要大的'权威'。"② 但是，这样特殊的公共权力毕竟是一种"处于社会之外和社会之上的东西"③。特别是当这种特殊的公共权力

---

① 《马克思恩格斯选集》第 4 卷，人民出版社，2012，第 188 页。
② 《马克思恩格斯选集》第 4 卷，人民出版社，2012，第 188 页。
③ 《马克思恩格斯选集》第 4 卷，人民出版社，2012，第 188 页。

来自不同的族群，更难以得到人们的认同。因此，当统一的国家政权从外部进入南方民族地方，便面临获得稳定统治的难题。一些族群尽管开始纳入中华民族整体和统一的国家统治之下，但后来几经反叛，最终分离，便在于统一的国家政权未能对这些族群地方行使稳定有效的统治。特别是随着行政建制的设置，伴随的是官府的压制和掠夺，激起南方民族的经常性反抗。汉朝时，"以蛮夷率服，可比汉人，增其租赋"（《后汉书·南蛮西南夷列传》）。结果引起持续不断的强烈反抗。

显然，当国家政权通过军事活动和行政嵌入进入南方民族地方时，还必须寻求稳定的统治基础。其重要方式便是政治吸纳。所谓政治吸纳，是指国家政权通过各种方式将地方共同体的权威吸纳到国家统治体系中来，使之成为国家统治的代理人，支持国家统治而不是反对。

这种吸纳表现为两个层次。一是将地方的上层人士纳入国家体系。世袭土官便是如此。过往世世代代统治一方的地方性首领，成为国家体系的成员，但仍然执掌着地方治理的权力。"对酋长王侯说来，他们得到封号与赏赐可以巩固自己的地位。"[1]尽管国家体制性身份会使他们手中的权力"企图成为一种处于社会之外和社会之上的东西"[2]，但他们毕竟世代生活在当地，不能不站在社会之中。这些地方性首领难以像内地的流官一样可以及时寻求国家机器的保护，且得到社会的认可。他们如果不站在社会之中，便会失去权威基础，甚至无立足之地。当然，他们的国家身份，又使他们成为国家统治的代理人，维护国家治理的统一性。

二是在基层社会仍然基本保留着原有的治理形态，由各个小共同体的头人进行治理。只是这些头人得到了国家正式权力体系的认可。由此他们具有了双重的权威来源，其一是长期历史沿袭的内生权威；其二是超越小共同体之上的更大权力。

---

① 范文澜：《中国通史》第二册，人民出版社，2015，第251页。
② 《马克思恩格斯选集》第4卷，人民出版社，2012，第188页。

政治吸纳是一种代理人治理。代理人因为获得国家身份或者得到国家认可，使国家统治权能够在当地持续稳定地存在，从而将国家从外部世界带入一个个氏族和地方共同体之中。代理人因为在长期历史上形成的公共权威基础有很大的影响力。将他们置于国家统治之下，就意味着将所在的族群吸纳到国家统治体系之中。"西南诸蛮，种类繁杂，各有大姓（酋长）统率部众。大姓与中国统治者交相利用，中国赏给大姓官号，令蛮人应差徭听调遣，大姓得官号，恃势残虐部众，更有保障。"① 这种治理能够获得一种稳定的权威基础，能够得到更多的认同。它与国家政权的间接治理方式是相配合的，只是更注意于统治的权威基础。正是基于统治的权威，即便国家政权不断强化直接治理的成分，但仍然从总体上维系着间接治理格局。毕竟，统治权力与统治权威是不等同的，尤其是在南方民族地方。

## 五　国法到边与因俗而治

法律是国家统治意志的外在表现。国家的统治者通过统一的法律实现对国家的统一治理。秦始皇统一中国，最重要的表现之一就是"法令为一统"。但是，法令的行使有一定的范围，并受到诸多条件的制约。法令不只是一纸文书，它的实施需要专门的法律机构和人员。中国的国家产生与演进是由中心到边缘的路径，法律的实施也遵循着这一路径。随着国家政权由中心到地缘地逐步推进，国家法律也进入边地。但是，在南方民族地区，"法令为一统"表现为不同的形式。国家法令主要限于民族地方对统一的国家政权的臣服。南方民族人群与其他地方的人群一样，都是统一的国家的臣民。如果脱离统一的国家政权管辖，国家政权会通过各种手段恢复臣服的合法性。"法令为一统"主要是维护国家整体的统一性。统一性是多民族共同存在的前提和基础。

---

① 范文澜：《中国通史简编》下册，商务印书馆，2017，第 629~630 页。

　　而在南方民族地方层面和其内部事务方面，实行的则是因习俗而治。即按照当地习以为常的规范治理其内部事务。这是因为，组合为中华民族的各个族群有着共同的出发点，最早都受到血缘关系的支配，以氏族组织的方式存在，"以人身、以纯人身关系为基础"①。但是，由于不同的条件，各个族群进入政治社会的速度和方式不一样，由此形成文明和国家形态的落差。黄河中下游地区率先进入文明和国家形态，并有了统一的法令。而在一些边缘地区，不仅不知道国家为何物，也不知国家法令为何物。随着国家版图的扩大，大量边缘地带的族群被置于国家整体统治之下，但是由首都中央制定的法令要穿越崇山峻岭进入南方民族地区并落地生根，为各个族群所接受，甚为困难。"书写能被用来阐明行为准则，而行为准则的最重要方面，显然就是成文的法律准则。"② 在许多南方民族地区，汉文字使用十分有限，要实行以汉文字为载体的统一的国家法律进行治理，十分困难。因此，在这些地方，主要是依照各个族群早已存在的习俗进行治理，体现着儒家的精神，即"修其教，不易其俗；齐其政，不易其宜"（《礼记·王制》）。保持政治统一，但不改变原有的习惯。"蜀不变服而巴不化俗也。"（《史记·司马相如列传》）

　　"因俗而治"的"俗"不是简单的风俗，而是一个原生于当地的规范系统。它至少包括以下三个层次。

　　一是人类组织的基础制度。在摩尔根看来，人类政治社会"先出现的第一种方式以人身、纯人身关系为基础，我们可以名之为社会。这种组织的基本单位是氏族，……第二种方式以地域和财产为基础，我们可以名之为国家。"③ 法律是国家产生之后才有的。但在由第一种方式到第二种方式的转变过程中，存在诸多过渡环节，表现为

---

① 〔美〕路易斯·亨利·摩尔根：《古代社会》上册，杨东莼、马雍、马巨译，商务印书馆，1977，第6页。

② 〔英〕安东尼·吉登斯：《民族—国家与暴力》，胡宗泽、赵力涛译，三联书店，1998，第55页。

③ 〔美〕路易斯·亨利·摩尔根：《古代社会》上册，杨东莼、马雍、马巨译，商务印书馆，1977，第6页。

不同形式。在南方，大量的族群还停留在社会的形态或向国家形态过渡的中间形态。组织的基本单位是氏族，但有了地域和财产的因素，由此形成次生状态的基本组织单位。这种组织单位是各个民族生活的基本依据，也构成其民族性的标志。与北方游牧民族的基本组织单位比较单一不同，由于地理因素，南方民族的基本组织单位表现为多样性。

基本组织单位的延续需要相应的制度支持，正如氏族组织会形成氏族制度一样。在南方民族中，多种基本组织单位形成多种基础制度。如苗族的村寨制度、彝族的家支制度、黎族的合亩制度、傣族的村社制度等。

二是由基本单位产生的行为习惯。人类组织的基本单位是人们赖以存在的基础和出发点。为了维系基本组织单位的存续，便会形成相应的行为规范。这些规范是在人们的日常生活中产生并世代相承，形成不需要外部强制的自觉习惯。"一切问题，都由当事人自己解决，在大多数情况下，历来的习俗就把一切调整好了。"[1] 随着地域和财产因素的增加，有了强制性行为和具有强制性的命令，但因为这种行为和法令是当事人约定俗成的并缺乏外部世界的冲击，从而也转变为一种习惯。正如恩格斯所说："在社会发展的某个很早的阶段，产生了这样一种需要：把每天重复着的产品生产、分配和交换用一个共同规则约束起来，借以使个人服从生产和交换的共同条件。这个规则首先表现为习惯，不久便成了法律。随着法律的产生，就必然产生出以维护法律为职责的机关——公共权力，即国家。"[2] 在南方民族地区，国家权力影响很小，习惯具有法律的效力。彝族以家支为基本组织单位，家支之间经常会发生冲突，胜者为主，败者为奴。奴隶作为主人的财产可以买卖。这种奴隶制尽管没有国家成文法的支持，但已成为当事人世代遵守的习惯法，违者要受到处罚。

---

① 《马克思恩格斯全集》第 28 卷，人民出版社，2018，第 116 页。
② 《马克思恩格斯选集》第 3 卷，人民出版社，2012，第 260 页。

　　三是人们在日常生活中形成的文化习俗。基本单位是人们赖以存在的基础和出发点，并会形成相应的日常生活习俗。这种习俗为一定数量的群体所共有和接受，便构成一个族群的共同文化，也是一个族群的外在标志。华夏民族识别"非我族类"的族群的重要尺度便是日常生活习俗。与北方游牧民族不同，南方民族的日常生活习俗表现出多样性。这也是南方民族尽管有农耕的共同基础却分为不同族群的重要原因。

　　正是基础制度、习惯法和共同的风俗，构成了南方民族的行为规范系统。其重要特点便是在世代相袭的共同生活中自我形成的，具有广泛的认同性。这种认同的力量使当事人将相应的规范视为理所当然。相反地，违反规范则是大逆不道。特别是在崇山峻岭之中，人们难以逃避的方式逃避规范的约束。尽管奴隶制具有相当的强制性，但少有奴隶的反抗。奴隶很难以逃跑的方式改变自己的命运，即便能够改变个人的命运也很难改变整个奴隶制的命运。

　　对内部规范的认同性还意味着对外部规范的排他性。崇山峻岭的地理相隔，使南方各个族群很难自动联合为国家，即便产生一定的国家形态，也缺乏较为完整的成文法令，且这些成文法令难以穿越崇山峻岭进入人们的生活之中。那么，处于崇山峻岭之外的统一的国家法令的输入更难以落地生根。这是因为南方民族的习俗是在长期封闭的环境下自我生长起来的，很难被简单地替代。只能随着生成这些习俗的环境的改变而改变。所以，"因俗而治"是国家治理南方民族地方的必要选择。《大清律例》规定："一切苗人与苗人自相争讼之事，俱照'苗例'归结，不必绳以官法，以滋扰累。"（《大清律例·断方狱·断罪不当》）

　　当然，华夏民族以国家看待民族。"因俗而治"是基于现实的考虑，但并不意味着国家持完全放任态度。随着国家政权建设和国家直接治理的强化，国家法令也在不断地向边缘地带的南方民族地方延伸和扩展。"国法到边"不仅仅是维持民族地方与国家整体之间的关系，而且开始介入民族地方的内部事务。特别是对生命权保护的国法介入。

"土司与属下人民有严格的人身隶属关系。"① 随着"改土归流"，这种人身隶属关系会有所松动。"对人民来说，在通常情况下，可以得到汉法律上的一些保护。"②

# 六　教化优先与文化的传承

从野蛮时代到文明时代是人类历史的巨大飞跃。但不同的人群进入文明时代的时间上有先后，程度上也不一样。黄河中下游是人类文明的发源地，并诞生出华夏民族。华夏民族看待族群的重要尺度是文化。在华夏民族看来，华夏民族占据着文化的高地，成为天下的文化中心。非华夏民族缺乏文化，处于未开化的野蛮状态。只有以华夏文化去教化非华夏民族，才能获得天下一统和太平。中国作为中心，主要是从文化中心的角度加以定义的。作为华夏文化集中体现者的儒家，特别强调教化优先，以德服人，有教无类，不能不教而诛。国家统治者在对待不同的族群时，也要持这一原则和态度。所谓天下，便是一个不断地"以夏化夷，化夷为夏"的过程。

"以夏化夷，化夷为夏"的政策依据是文化中心主义。文化与政治不同。政权可以更迭，而文化则具有延续性。政权可以为不同的族群所执掌，甚至为非华夏民族所执掌，而无论哪个民族要维持长远的统治，都要接受并以华夏文化为统治地位的文化。国家政权可以通过由内向外或由外向内的不同路径推进，而文化只能由中心向边缘扩展，这是由华夏文化的先进性所决定的。许多非华夏民族尽管执掌了政权，但连文字都没有，要统治一个不仅早就产生文字而且有丰厚的文化积淀的国家，不能不以华夏文化为核心。这本身便是化夷为夏的过程。

华夏文化由中心到边缘的教化过程，从而将大量的非华夏民族卷入华夏文化圈内，形成文化认同。这种认同是中华民族和多民族国家

---

① 蔡美彪等：《中国通史》第十册，人民出版社，2015，第249页。
② 范文澜：《中国通史》第二册，人民出版社，2015，第251页。

统一的坚实基础。但是，在中华民族整体中的不同族群和中国的不同地方，华夏文化的影响和效果不一样。从总体上看，南方的族群在受华夏文化的教化方面，效果更为明显。

其一，农耕基础。在工业文明产生之前，农业是最为先进的生产部门。华夏文化之所以在漫长的历史时期居于先进行列，在于它产生于农业文明，是农业文明的集中表现。南方民族尽管因为地理因素，文明发育得较晚，长时间里被称为"南蛮"，但因为农业生产方式，比较容易接受华夏文化。华夏文化由中心向南延伸几乎没有什么障碍。接近黄河中下游的楚人率先接受并融化于华夏文化，迅速成为华夏文化的主体之一。由楚地进一步向南扩展，尽管有崇山峻岭相隔，但并没有隔绝华夏文化的扩展。从根本上说，便在于共同的生产方式基础。华夏文化强调老吾老以及人之老，很容易为南方民族所接受，并集中表达了他们的意愿。在南方许多族群中，老人居于很高地位。村寨的头人便是年纪较长的"寨老"。这是由农业依靠生产经验的特性决定的。而对于北方游牧民族来说，游牧生产方式及其生存环境决定了只能优先壮健力量才能保持整个族群的延续，因此有了"贵健壮，贱老弱"的民族特性。这种民族性决定了农业民族与游牧民族之间内在的文化冲突。长城不仅阻碍着游牧民族的南下，也阻碍着华夏文化的北上。而那种超越农业和游牧两种生产方式的佛教文化更容易为游牧民族所接受。

其二，居住方式。华夏文化根植于农耕生产和生活方式之中。农耕以固定的土地为生，人们世世代代居住在一个地方。根植于农耕基础之上的华夏文化是一个不断提升和传播的过程。重要的传播方式便是学校。学校成为传播知识和华夏文化的重要场所和载体。随着国家政权力量的向南延伸，兴办教育，开办学校，开化"南蛮"成为国家统治者治理南方民族地方的重要方略，且收到相当大的成效。因为这种行为也是南方民族内生的需求。南方民族世代定居，学校作为固定的场所容易扎根。而游牧民族"逐水草而居"，迁徙不定，开办学校不易。变动不定的生活，使宗教成为高原、西域和草原民族的最重要的精神和知识来源。而宗教毕竟与华夏文化有诸多相抵触的地方。华夏文化的核心是基于血缘关系的祖宗，宗教的核心则是超越血缘关系的神灵。

其三，文化接纳。文化不仅是一个传播，也是一个接受的过程。只有接受者自觉接受华夏文化，才能使这种文化得到广泛传播，并能够以文化人，形成文化认同。华夏文化虽然发源于农耕，但成长于国家，与政治统治紧密相连。文化的传播实际上是一个柔性的华夏国家渗透和扩展的过程。这就是所谓的"以夏化夷"。北方民族是进取性民族，拥有丰富财富的内地中国始终是他们向往的目标，并希望成为国家的统治者。为争取和维护国家的统治权，他们不得不接受华夏文化，但又时刻严密防范"以夏化夷"，从而失去自己的主体地位和力量源泉。毕竟他们是通过"以力服人"争取其统治地位的。这种被动性的接受妨碍了北方民族对华夏文化的接受、传播和认同。"清朝对汉人及儒家文化有一定的防范心理，导致黑龙江、吉林等地文教滞后。东北乃满族之发祥地，统治者千方百计地减轻儒家文化对满洲人所产生的冲击和威胁。"[1] 对于南方民族来说，其存在条件使他们缺乏向北扩展，进而获得国家统治权的自觉，也缺乏严密防范"以夏化夷"的自觉。华夏文化只会有助于他们的生活更加有序、和平和安宁。所以，尽管有崇山峻岭相隔，华夏文化还是无孔不入地向南方民族渗透，并广泛接受。"南诏文化显示着向汉文化看齐的趋势，也就是逐渐革除白蛮故俗，完全接受较高级的汉文化。"[2]

其四，治理方式。治理是一种人为的活动。这种人为的活动以文字为载体，并包含相应的意识。秦始皇统一中国的重要条件便是"书同文"。汉族实行汉制在于有汉文化。在非汉族地区，主要实行非汉制的间接治理，重要原因是缺乏统一的文化。特别是北方的一些非汉族，随着力量的增强，自己建构文字，强化本民族文化，更增大了国家直

---

[1]　程妮娜等:《中国历代边疆治理研究》，经济科学出版社，2017，第 425 页。
[2]　范文澜:《中国通史》第四册，人民出版社，2015，第 127 页。

接治理的难度。而在南方，国家治理的基本走向是由间接治理向直接治理转变。伴随着这一转变，国家推动教化优先。特别是推广中华文化，兴办学校和普及科举考试。如果没有共同的文化基础，直接治理便难以推进。"明政府对教育非常重视，在边疆卫所普建卫学，学校不仅教授卫所子弟，还要求当地土官子弟入学。"① "来自'中州'的士民不但有着读书应举的习惯，而且包括卫所士兵在内的众多流移已被纳入王朝户籍赋役制度的系统，科举是他们应享的权利。"②

当然，在华夏文化向南方民族地方渗透和扩展的过程中，南方民族固有的文化也得以传承。这在于华夏文化具有包容性。华夏文化本身并不排斥其他文化的存在。在内地，华夏文化与政权结合紧密。出于政治需要，华夏文化作为官方的意识形态，受到一定的限制，具有某种专制主义倾向。而在南方民族地方，政权力量较弱，华夏文化对政权的依附性不强，也没有能够作为官方的意识形态居于统治地位。尽管华夏文化为官方所倡导，但更具包容性。最重要的是，南方民族内生的文化经历了漫长的历史过程，已经成为人们的生活习惯。这种文化不会因为华夏文化的传播而消失或被替代。特别是许多南方民族文化本身便具有一种稳定性，不仅不会对华夏文化形成挑战，反而可以丰富华夏文化，使过于严肃的华夏文化多了一分生气和活力。

华夏文化向南方民族地方的渗透和扩展，毕竟是一个教化的过程。南方民族原生的文化形态在某些方面会有所改变，并与华夏文化越来越靠近。特别是统一的文字的接受。而"书同文"则是民族融合和国家统一的基础，也是国家化的重要表征。

# 七　开垦移民与族群的融合

恩格斯在谈到人类从野蛮时代向文明时代的跨越中，社会大分工

---

① 程妮娜等：《中国历代边疆治理研究》，经济科学出版社，2017，第209页。
② 温春来：《从"异域"到"旧疆"：宋至清贵州西北部地区的制度、开发与认同》，社会科学文献出版社，2019，第142页。

的重要性。农业的出现使人类进入一个新的历史阶段。农业与"逐水草而居"的畜牧业不同，它要借助工具对土地进行开垦和反复耕作，使之能够不断再生产出产品。其中，铁在农业生产中扮演了重要角色。"铁使更大面积的田野耕作，广阔的森林地区的开垦，成为可能。"①

在历史上，华夏民族以农耕看待族群。华夏民族的祖先由迁徙不定的族群变为一个以农耕为主的民族，并领先于其他族群，便是不断开垦土地的历史结果。周人最初生活在"戎狄之间"，后"贬戎狄之俗"，数次迁徙，选择更为合适的地方从事农业生产，因此而强盛（《史记·周本纪》）。秦也是在不断开垦荒地的过程中成长为一个强国。为此，还专门从晋国招募人口开垦荒地。当然，对土地的开垦也不是任意的，而是要在适宜于农耕的地方开垦。秦统一中国后，大军向南，重要原因是南方有大片可供开垦的土地。军事活动不仅仅是征服和占领，更重要的是能够获得经济价值。在北方修筑长城，恰好处于适宜游牧与适宜农耕的交界之处。长城之外的寒冷干旱的北方草原，不适宜于农耕。修筑长城更多的是军事守卫农耕地区。

秦始皇统一中国后，军事重心在北方，土地开垦的重点则在南方。在相当长的时间里，黄河中下游更适宜农耕。黄河冲积平原和土壤条件不需要过于复杂的工具。因此，这里率先成为中国文明的发源地。而在南方，地理条件较差，而且多山，经济文化相对落后，因此被统称为"南蛮"。但是，随着农业的发展和人口的增加，黄河中下游的土地已基本开垦完毕，人口与土地资源的矛盾开始出现。周天子权威衰败的重要原因是无土地可分，只能鼓励各诸侯自行开拓。大片的南方地区，气候适宜农耕。特别是铁器的运用，为大面积的田野耕作和广阔森林地域的开垦，提供了条件。因此，伴随着军事活动，土地的开垦向南方拓展。

随着土地的开垦，人口的增加，族群不断结合，汉民族的范围扩大。在东南，古闽、越族与汉族融为一体。在中南和西南的平原丘陵

---

① 《马克思恩格斯选集》第 4 卷，人民出版社，2012，第 179 页。

地区也与汉族融为一体。原楚国的范围只是在长江一带，即使如此，还被称为"南蛮"。随着楚地与中原连为一体，长江以南的地方被称为"南蛮"。再后来，长江以南与岭南连为一体，大量土地得到开垦成为良田，促进了土著与外来开垦者的结合，南方区域成为汉族地区的一部分，"南蛮"的范围进一步缩小。

土地开垦是人类一种有目的的活动。平原地区是率先开垦的，一则在于开垦容易，二则在于产出大。南方的土地开垦首先是在江河间的平原，进一步是丘陵，再进一步是低山。而西南地区因有崇山峻岭相隔，成为最后的开垦地区。但随着平原丘陵低山土地的开垦结束，人们又不得不走向深山。其主要因素有以下几个。

一是人口压力。物质生活资料的再生产与人口生命的再生产密切相关。适宜于农耕的地方也适宜于人口的再生产。但是，在一定的地方，土地的增长和农产品的增长是有限的，而人口的增长总是快于土地的增长。当土地难以承受过多的人口时，人们就会寻找新的土地资源。中国文明从黄河中下游产生，土地不断增加，但人口增加更快。面向南方的开垦，重要原因是基于人口增多的压力。这种压力一直伴随着中国的历史进程。在东南和中南地带的土地开垦完成之后，被崇山峻岭阻隔的西南地区成为进一步开垦的目标。毕竟生存的欲求可以超越崇山峻岭的阻隔，何况在崇山峻岭之间还有许多可以用以开垦和耕作的地方。

二是战乱饥荒。中国的文明和国家起源于黄河中下游，财富集聚于此，战乱也集聚于此。除了内乱以外，还有来自长城之外的北方民族的进入。在这一过程中，大量长城之外的北方民族进入中原，而中原的土著不得不走向南方。这些土著属于农耕者，北方草原没有他们的生存之源，只有在南方寻找他们所熟悉的土地。如南方大量存在的"客家人"。相对于中原来讲，南方不是政权中心，战乱较少。魏晋南北朝时期，中原地区分裂动乱，造成大量汉人南迁。"汉族向南方大规模迁徙，开始进入闽南、粤东等地区。人口稀少的岭南、滇、黔，渐渐被南迁的汉族人民充实起来。汉族的迁徙，虽然在当时是被迫的颠沛流离，是悲惨的生离死别，但客观上却改变了汉族的布局。"① 特别是荒无人迹的深山老林，与世无争，能够躲避战乱。"宋代是海南移民的一个高潮时期，也是海南人口发展史上的重要时期，而靖康以来，中原纷扰不断，独海南没有兴兵，里巷之间，晏如承平，这正是大陆居民远涉鲸波、千里来归的吸引力所在。"②

因此，南方大量的族群本身便是因为人口压力和战乱饥荒，从北方走向南方，从平原走向高山，并定居下来形成的族群。

除了自然性的开垦移民以外，中国历史上还大量存在国家政权有组织的开垦和移民。其中包括"移民实边"和军事垦屯。这种移民在不同的地方产生的效果不一样。由农耕地区向非农耕地区的移民，因为缺乏生存基础，逃亡率较高。而西南地区尽管有崇山峻岭相隔，但毕竟属于农耕地区，生存下来较容易。在明代，"沐英带去的军队后裔，留在西南，湖广的移民不断，充军西南的贬谪人犯也在西南长养子孙，大多不再还乡。于是汉人人口增加，涵化少数族群的效应遂大为可观。甚至许多土司，会自诩是沐家兵将的后代"③。同时，朝廷对开垦移民提供诸多优惠政策。乾隆年间，清朝两次平定了四川省金川地区的土司叛乱，并在"改土归流"的基础上，将原金川土司的辖区划分为 5 个屯田区，从四川内地招募了大批汉族农民到当地屯垦。屯民每户给地 30 亩，可以继承，给移民发放路费，安排住宿，资助农具、耕牛和种子，第六年起才按户纳粮，且税赋极轻。

开垦移民将先进的农业技术带入开垦地区，推动了经济发展。"大批的汉族居民移居边疆地区后，逐渐改变了当地社会经济的落后面貌。他们带去了汉族先进的生产工具、耕作技术和农作物品种，各少数民族受其影响，逐渐放弃了刀耕火种的原始经营方法，'即夷人亦渐习耕

---

① 陈琳国、侯旭东主编《中国大通史·魏晋南北朝》上，学苑出版社，2018，第 39 页。
② 程妮娜等：《中国历代边疆治理研究》，经济科学出版社，2017，第 193 页。
③ 许倬云：《我者与他者：中国历史上的内外分际》，三联书店，2015，第 101 页。

牛'。"① 经济社会发展，推动了族群之间的融合。这种融合是双向的，开垦移民既影响土著族群，同时也接受了土著的一些文化。相互之间通过长期的共同生活而融为一体。这在东南和中南地区表现得特别明显。"秦始皇迁徙内地五十万人戍五岭，与越人杂居，因之南海等四郡文化较高，交通较便，汉政治影响也较强，越人逐渐朝着与汉人融合的方向发展。"② 大量的古闽、越人成为汉族的一部分。而在西南民族地区，开垦移民过程也促进了族群之间的融合。当地族群接受开垦移民的文化，开垦移民长期生活在不同的族群中间，成为这些族群的一部分。"广大的谷地、坡地和高原，逐渐开放为以汉人为主的移民区。当地少数民族，除了一些山高谷深的地区以外，也随之逐渐同化。新大陆的农作物传入中国，尤其玉米、地瓜，都可以在这山区种植，扩大了耕地面积，也因此可以维持中国庞大人口的生计。"③

相对东南和中南，西南区域的族群融合面临的阻力更大一些，甚至伴随着族群的冲突。首先，开垦移民掌握着先进的农业技术和文化，能够以各种方式占有更好的资源。其次，由官府组织的移民能够获得较好的土地并能够享有优惠政策。最后，西南民族地区属于后开发地区，处于崇山峻岭之中，农耕资源毕竟有限。大量的开垦移民会造成人口与自然资源的矛盾。这种矛盾最终会引起族群之间为争夺资源的冲突。

在族群之间的冲突中，一部分弱小的族群只能从平原走向低坡，从低坡走向山谷，从山谷走向高山，通过迁徙的方式寻求新的生存来源。也有的族群采用直接对抗的方式。如随着湖南中部的开垦结束，开始向西部山区开拓，世代居住于此的"生苗"族群受到威胁。他们以强悍的武力方式加以反抗。明朝官府不得不修筑长墙以阻挡"生苗"的侵扰。随着清朝推行"改土归流"，大量汉人拥入苗地，激发起大规模的苗民反

---

① 向燕南、罗炳良、王东平：《历史文化认同与中国统一多民族国家》第三卷，河北人民出版社，2013，第252页。

② 范文澜：《中国通史》第二册，人民出版社，2015，第252页。

③ 许倬云：《说中国：一个不断变化的复杂共同体》，广西师范大学出版社，2015，第185页。

抗。"在这次苗民大起义中，'逐客民、复故地'是个有号召力的战斗口号，它主要是打击清朝官吏和掠夺苗民田地的汉族地主。"①

# 八　交通贸易与族群的依赖

人们最初都生活在孤立的地点和狭隘的地方，相互间缺乏联系，并形成不同的族群。只是通过交通，才将不同地方的人群联结起来。由于有了交通，不同地方的人群可以进行交换，形成相互依赖关系。"在中国这种国家里，天然资源分布之不均使内部贸易成为必需。没有盐和铁（最重要的商品，它们对未开发社会的影响要大于对已开发社会的影响，可以造成未开发社会群体之间的更大的分化）的社会，不可能按期整体迁移到出产这种资源的地方去，而必须由商人来做代表和中间人。"② 因此，交通贸易是不同族群相互依赖并结合为一体的基础性条件。

华夏民族起源于黄河中下游，这里也是中国文明和国家的中心地带。北方相邻的游牧民族与中心地带在地理上连为一体，交通便利，贸易往来方便。但是，频繁的互动经常与战争相伴随。为了应对挑战，交通和贸易成为限制性的武器。长城便是对交通和贸易的阻隔。

与北方游牧民族不同，南方民族距离中心较远，特别是有崇山峻岭相隔，交通不便。地理上的相隔，造成不同族群之间缺乏联系，也缺乏认识，更难以形成相互依赖的关系。西汉年间，张骞出使西域，发现有出自西南的产品，后来才知有滇地。"滇王与汉使者言曰：'汉孰与我大？'及夜郎侯亦然。以道不通故，各自以为一州主，不知汉广大。"（《史记·西南夷列传》）"道不通"，使西南族群与主体民族和国家缺乏联系，也使各个族群之间缺乏联系。国家难以对这些族群生活的地方行使有效的治理。与此同时，东南和中南平原地带没有崇山

① 蔡美彪等：《中国通史》第十册，人民出版社，2015，第246页。
② 〔美〕拉铁摩尔：《中国的亚洲内陆边疆》，唐晓峰译，江苏人民出版社，2010，第49~50页。

峻岭相隔，且紧邻大海。西南的族群地方与主体民族和核心地带有崇山峻岭相隔，而与东南亚陆地相连。因此，西南族群很容易与国家脱离。由此才有滇国和夜郎国与汉比大。

因此，国家要有效治理南方族群地方，将南方族群紧紧地置于中华民族整体和统一的国家政权之下，基础条件便是交通。但是，在崇山峻岭的南方开辟交通，确非易事。汉时，高后出兵平定南越。"会暑湿，士卒大疫，兵不能逾岭。"（《史记·南越列传》）西南更是艰难。"巴蜀四郡通西南夷道，戍转相饷。数岁，道不通，士罢饿离湿，死者甚众；西南夷又数反，发兵兴击，耗费无功。"（《史记·西南夷列传》）花费了相当大的气力，汉朝才最终打通通向夜郎国的道路，继而将夜郎国置于郡县制之下。可以说，国家统治权和国家整体的统一性是以交通为载体的。

正因为如此，中国的国家统治者都注重南方的交通。秦始皇统一中国，"车同轨"，修建驰道，但主要是在平原地带，而在南方则采用多种方式。公元前214年，秦始皇发大军50万人经略岭南，令史禄通运粮水道。史禄通过开凿人工渠道，连接河流，开辟开发岭南的航路。"汉、唐、宋、明相继修筑，航路和农田灌溉愈益完善。"[1] 在西南，自成都始，修建五尺道，通过西南夷地区。"秦时，常頞略通五尺道，诸此国颇置吏焉。"（《史记·西南夷列传》）

汉代在西南地区修筑的道路主要有五尺道、南夷道、灵关道、博南山道、交州道等。元朝在西南地区设置中央统辖的行政建制方面是前所未有的，与此相应，是广辟"驿道"，将西南连成一片。"今贵州地区成为联系今云南、四川、广西和湖南地区的交通纽带。"[2]

随着道路的开通，贸易也开始兴起和发展起来。"巴蜀民或窃出商贾，取其筰马、僰僮、髦牛，以此巴蜀殷富。"（《史记·西南夷列传》）

在西南民族地方，由于距离国家中心地带遥远，国家力量弱小，

---

① 范文澜：《中国通史》第二册，人民出版社，2015，第10页。

② 程妮娜等：《中国历代边疆治理研究》，经济科学出版社，2017，第115页。

当地族群在交通贸易方面发挥着重要作用。张骞出使西域后才发现西南早已存在通向"身毒国"（今印度）的通道。如果从这一通道往西方，既方便又近。正是基于此，西南夷才引起了汉武帝的重视。西南族群不断努力地改变交通条件。这在于交通的改善是他们内生的需要。尽管他们的生活尽可能自给自足。但不是所有的物品都能为自己提供，比如日常生活所需要的盐。随着社会分化，一些上层人士更需要通过交换获得本地不生产的物品。与此同时，当地还有许多外地稀缺的资源和物品。只有通过交换才能变为财富。

随着交通的发达和贸易的往来，西南民族地方的族群之间，特别是与内地的联系越来越紧密。毕竟中国的核心地区在农业文明时代处于世界最先进的位置。与核心地区的交往所获得的收益更大。"南诏本身贫弱，介在唐、吐蕃两大国间，必须依附一个大国。附唐利多害少，附吐蕃利少害多，南诏自然愿意附唐。"① "在云南和西藏高原之间，有一条以茶马古道而闻名的交易之路。来自中国中心部的影响从东呈波状扩散。"②

尽管经过世世代代的努力，西南的交通条件有所改善，但崇山峻岭仍然阻碍着交通的发展。交通不便制约着物品的交换，使这一地方长期处于自然经济状态。还有许多族群处于与世隔绝的"夜郎"状态。这也是西南族群数量众多、大小不一、长期存在的重要原因。

# 九　族际关系与国家的整合

中华民族是由多个民族共同结合而成的，是在原生民族基础上次生出来的更大和更高层次的民族。这一更高层次的民族体现着各个原生民族在相互结合中形成的统一性。各个原生民族的差异性尽管仍然存在，但通过结合而形成的统一性日益高于差异性，从而形成更高层

---

① 范文澜：《中国通史》第四册，人民出版社，2015，第132页。
② 〔日〕上田信：《海与帝国：明清时代》，高莹莹译，广西师范大学出版社，2014，第120页。

次的中华民族。只是这种民族统一性是由中心向边缘扩展，由地方统一性向国家整体统一性逐渐形成的。而各个民族统一性的形成，与族际关系和民族整合方式密切相关。

北方草原游牧民族有着共同的生产方式、共同的文化，同样的组织结构，其同一性强。特别是茫茫无际的草原，骏马奔腾，人群之间的联结容易。尽管其基本组织是一个个部落，但是由于冲突和战争，部落之间结成联盟，进而"同一地域的部落组成一个民族，从而取代了各自独占一方的几个部落的联合"①。因此，草原游牧民族的族群单一，茫茫无际的大草原上只有一个大的族群，这就是游牧民族。他们主要是基于草原环境自我整合为一个统一的民族。在大草原上，只有部落关系而没有民族关系。草原游牧民族主要是外部性的民族关系。他们与中国的农耕民族紧密相连。出于环境的原因，他们与农耕民族的互动伴随着侵扰和战争。尤其是当他们自我整合为一个统一的民族时，这种情况更为突出。如匈奴帝国、成吉思汗大蒙古国。以农耕民族为主体的国家对于游牧民族，一方面寻求和平共处，将其纳入统一的国家政权之下，获得更大的统一性；另一方面采用"分而治之"的方式，防范其自我整合为草原民族整体，使其与内地农耕民族的力量保持平衡。

南方民族与北方游牧民族有明显的差别。由于崇山峻岭相隔，南方民族尽管相邻相近，但相互联系困难。正因为如此，在南方崇山峻岭之中生长出多个族群。这些族群有着不同的生产方式、不同的文化习俗，差异性大。他们大多是以分散的状态生活在孤立的地点上，就是"各自独占一方的几个部落的联合"都很少，更难以超越地域的限制，在广阔的地域上联结成一个统一性的民族整体。因此，在南方崇山峻岭之中，散落着多个族群。南方长期存在着多个不同族群这一事实本身，就说明南方民族的自我整合困难。他们很难像北方草原游牧

---

① 〔美〕路易斯·亨利·摩尔根：《古代社会》上册，杨东莼、马雍、马巨译，商务印书馆，1977，第6页。

民族那样通过自我整合，在原生部落和族群的基础上形成一个统一的民族。即使是产生过滇国、夜郎国，也不是经过族群的自我整合而形成的更大民族。因此，南方民族的差异性远远大于其统一性。

南方多个族群的长期存在，使南方面临着南方内部族群之间及南方族群与内地主体民族之间的双重关系。在南方，生活在崇山峻岭之中的各个族群更多的是各自独占一方，自我生存，互不统属，如不知"汉"多大的"滇"和"夜郎"一样。但是，各个族群毕竟地域相近，除了和平相处以外，也会伴随大量的冲突。就是一个族群内部也会存在冲突。这在于，南方族群大多是以部落、村寨共同体为基本单位。这些共同体与北方游牧民族的部落一样，也会存在冲突，也会存在冲突中的结盟。但是，这种冲突始终难以通过寻求更大的民族共同体加以调节。如彝族以生活在崇山峻岭之中的家支为单位。"基本单位是房，联合许多有血缘关系的房为家，联合许多有血缘关系的家为支。……彝族各家支之间，也因为争夺奴隶或其他事故，经常发生械斗——打冤家。……彝族有'不抢不偷不硬'的谚语，劫掠抢夺就是奴隶主的职业。"① 这种冲突长期存在，说明南方族群内部的自我整合能力弱，也难以通过内生的强大力量推进族群之间的地方性统一。在北方草原，各族群早在汉代就已通过自我整合，产生了强悍的匈奴，并与汉朝进行大规模的整体互动。而在南方，"滇"和"夜郎"还不知"汉"有多大。"滇"和"夜郎"更不可能将所有的南方族群整合为一个更大的民族整体，与"汉"互动。当汉朝军队逼近，只有附属于汉。

当南方民族的自我整合能力弱，难以形成地域内的民族统一时，国家便扮演着重要角色。国家是凌驾于社会之上的强制性力量，是在社会冲突中产生又为将社会冲突控制在秩序内而存在的。随着国家力量从外部进入南方民族地方，设置地方建制，具有超越当地族群的政治权威，能够在一定程度上调节各个族群之间的关系。各个族群被划

① 蔡美彪等：《中国通史》第十册，人民出版社，2015，第233~234页。

分在一定的政区内，受到政区的管辖。正是由于外部性的国家介入，南方各个族群获得了政治上的统一性。这种地域整体的政治统一性在北方草原上是自动获得的，而在崇山峻岭之中的南方，主要是依靠国家获得的。国家在南方民族地方设立中央辖制的行政建制，将南方各个族群统一起来，由历史的文化的共同体转变为地域和政治的共同体。因此，南方民族是通过国家从外部将各个分散分裂的族群整合为一个更大整体的。

南方民族缺乏自我整合能力，使国家在处理族际关系中居于主导地位。这种主导地位不仅包括南方族群内部，也包括族群外部。因为缺乏自我整合能力，南方各个族群难以结合为更大的民族整体，进而与主体民族和国家进行互动。除了极个别特殊情况外，南方民族基本上没有跨越崇山峻岭，与主体民族和国家进行大规模的互动，更不会像其他经过统一的民族一样进入核心地带，甚至掌握全国性政权。北方游牧民族是在与主体民族和全国性国家政权的大规模互动中与中华民族和国家整体连为一体的。而在南方，主要是依靠国家的力量，将地方性的民族整合到中华民族和国家整体之中。当然，这种整合又表现为不同形式。

其一是汉族本位。即在处理汉族与南方民族之间的关系时，更加重视汉族的利益。毕竟汉族是作为国家支撑的主体民族。这种情况在汉族作为国家统治民族时更为明显。如在向南方开垦移民时，汉族利益优先。在南方开垦土地的过程中，地方官府利用"熟苗"压制"生苗"，从而遭到"生苗"的强烈抵制。

其二是相对平衡。即在处理汉族与南方民族之间的关系时，相对均衡。这在非主体民族作为国家的统治民族时，表现得较为突出。因为，对于非主体民族的统治民族来说，无论是南方民族还是汉族，都属于被统治民族。甚至为了应对主体民族，非主体民族的统治民族对于同属于非主体民族的南方民族，更为接近一些。毕竟他们同属于被主体民族所认为的"蛮夷"。

其三是放任主义。即在处理汉族与南方民族之间的关系时，持放任的态度。宋朝是以汉族为主体的朝代，在其北方和西方受到非主体民族的同时压制，自顾不暇。为求自保，对南方民族只能放任自流。

正是由于中国的国家政权伴随着朝代的更迭和不同民族对国家政权的执掌，国家对南方民族的整合经常发生变化。从总体上看，通过国家处理族际关系建构的民族地方统一性和全国整体的统一性越来越强。

# 十　治理的梯度演进与成效

南方民族人口多、地域多、差异性大，国家对南方民族地方的治理表现出由平原到山区，由表层到内部的梯度演进过程。

中国先民早期活动的地域范围很广，只是处于互不联系的状态。华夏民族和国家起源于黄河中下游的中原。之后，华夏民族和国家不断向南延伸，一步步推进。先是南方平原地带，后是平原与高地交汇的丘陵地带，再是高山地带，由此将广大南方族群与中原主体民族联结为一体。而在对南方民族地方的治理中，先通过军事和行政嵌入，将南方民族地方纳入统一的国家体系中来，实行间接治理；再进一步强化直接治理，实现地方直接治理与地方之下的间接治理相结合。从治理政策上，根据治理对象的汉化程度加以区别对待。如通过分别"生黎"与"熟黎"、"生苗"与"熟苗"、"生蛮"与"熟蛮"、"生番"与"熟番"等，实行不同的政策。这种治理具有鲜明的渐进性。

而在国家对南方民族地方的治理中，基础性治理扮演着重要角色。国家治理方式可以分为两个方面：一是强制性，即通过军事和行政的强制性手段进行压制的方式；二是基础性，即通过非强制性的手段改变治理对象的基础性条件从而实现治理目的。对于北方游牧民族，国家更多的是强制性手段。只是这种强制性不是单向的，而是在互动过程中发生的。国家尽可能以非强制性方式与北方游牧民族和平共处，但由于游牧民族特殊的生存条件，使这一目的难以达到。而要改善北方游牧民族的基础性条件又非常困难。而在南方民族地方，国家的基础性治理比较容易。一是开垦移民容易落地生根。二是文化交流更为顺畅。三是交通贸易及共同意愿。基础性治理对于国家的有效治理更具有可持续性。

在南方民族地方，地形复杂，族群众多，但国家对南方民族地方的治理成效明显。

其一，通过渐进性治理，相当多数的族群已融合在主体民族之中，并成为主体民族的重要组成部分。华夏民族和国家起源于黄河中下游的中原，其范围较小。正是由于向南方的延伸才将大量的族群和地域纳入主体民族和统一的国家整体之中。特别是随着经济重心由黄河中下游地区向南移到长江和珠江流域，这一地带成为主体民族和国家政权的重要支撑。在北方游牧民族数次南下入主中原时，正是凭借南方区域，主体民族及其国家政权才得以继续支撑。尽管由于崇山峻岭之中的南方民族还保留着自己的民族性，但是他们与主体民族的结合越来越紧密，不仅是民族人口集聚在共同的地域上，而且相互吸收不同族群的元素，形成你中有我、我中有你的融合格局。这种民族融合，增强了民族的凝聚力和对国家的向心力。由于改朝换代，国家治理将重心置于北方，南方民族时常处于被搁置甚至被遗忘的状态，但是除了极少量族群人口以外，绝大多数族群将自己视为多民族国家整体中的一部分。人口、文化、交通和贸易使他们更倾向于中原而不是中国之外。

其二，南方民族主要是通过和平的方式融入多民族国家整体之中。由于特殊的历史条件，北方游牧民族进入多民族国家整体之中，一直伴随着冲突和战争。通过冲突和战争实现了民族的联结和融合，但是代价巨大，并深刻地影响着帝制国家的历史进程。一方面是扩大了民族的联结和疆域，为中华民族和国家注入了活力；另一方面也使民族和国家进程充满了战乱。南方民族地域广大，特别是人口众多，但主要是以和平的方式融入多民族国家整体之中。"自然环境的隔绝使得西南民族支系众多，内部结构复杂，较难进行整合并形成较大的民族政权，对中原王朝构成威胁较小。"① 尽管其间有过一些冲突和战争，但

① 程妮娜等：《中国历代边疆治理研究》，经济科学出版社，2017，第374页。

其规模和烈度都不大。南方民族没有发生对主体民族和国家的大规模反叛，也没有引起大规模的战乱。其内部也处于相对和平状态。

从总体上看，国家在南方民族地方的治理卓有成效。但其间也存在一些问题。北方游牧民族尽管人口不多，但通过自我整合，能够形成一个民族整体，并运用其野性的力量与主体民族和国家进行互动，争取主动地位，甚至获得全国性的统治权。尽管南方民族人口多，但主要是一种自在的民族，而非自觉的民族，难以自我整合统一为更大的民族，从而形成与主体民族和国家的互动。他们更多的是被动地整合。在这种被动地整合中，国家的强制力往往会导致对南方民族的挤压。南方民族的反叛在相当程度上是由官府的行为引起的。对于南方民族来说，尽管他们当中也有自我扩展的意愿，但是要主动挑战主体民族和国家，是缺乏力量的。特别是随着交通和信息的发达，再难以出现昔日的"滇"和"夜郎"不知"汉"有多大的情形。大汉族主义在南方民族地方表现得更为突出，这是由各个民族的特性和力量不均衡的状态决定的。由于地理因素，南方民族与内地主体民族的互动较少，"使得西南少数民族在相当长的时期内仍然保持其民族特征，汉化的程度比东北边疆要慢得多，边疆开发进程也不如其他边疆地区。"[1]

正是由于构成中华民族和国家整体的各个民族的特性和力量不均衡，帝制国家在形成统一的多民族国家进程中，表现出不同朝代和不同民族地区的不同特点。

---

[1] 程妮娜等：《中国历代边疆治理研究》，经济科学出版社，2017，第374页。

# 参考文献

## 经典著作

《马克思恩格斯选集》第 1 卷，人民出版社，2012。

《马克思恩格斯选集》第 2 卷，人民出版社，2012。

《马克思恩格斯选集》第 3 卷，人民出版社，2012。

《马克思恩格斯选集》第 4 卷，人民出版社，2012。

《马克思恩格斯全集》第 26 卷，人民出版社，2014。

《马克思恩格斯全集》第 28 卷，人民出版社，2018。

《马克思恩格斯文集》第 2 卷，人民出版社，2009。

《马克思恩格斯文集》第 8 卷，人民出版社，2009。

《马克思恩格斯文集》第 9 卷，人民出版社，2009。

《列宁选集》第 4 卷，人民出版社，2012。

《毛泽东选集》第 2 卷，人民出版社，1991。

《斯大林全集》第 11 卷，人民出版社，1955。

《斯大林选集》上卷，人民出版社，1979。

## 国内著作

安作璋、孟祥才主编《中国封建社会经济史》第一卷，齐鲁学社、文津出版社，1996。

　　白钢主编《中国政治制度史》上卷，天津人民出版社，2016。

　　白钢主编《中国政治制度史》下卷，天津人民出版社，2016。

　　白寿彝主编《中国通史》第一卷，上海人民出版社，1995。

　　白寿彝、高敏、安作璋主编《中国通史第四卷·中古时代·秦汉时期》（上册），上海人民出版社，2004。

　　白寿彝、廖德清、施丁主编《中国通史第四卷·中古时代·秦汉时期》（下册），上海人民出版社，2004。

　　蔡美彪等：《中国通史》第五册，人民出版社，2015。

　　蔡美彪等：《中国通史》第六册，人民出版社，2015。

　　蔡美彪等：《中国通史》第七册，人民出版社，2015。

　　蔡美彪等：《中国通史》第八册，人民出版社，2015。

　　蔡美彪等：《中国通史》第九册，人民出版社，2015。

　　蔡美彪等：《中国通史》第十册，人民出版社，2015。

　　陈振主编《中国通史第七卷·中古时代·五代辽宋夏金时期》（上册），上海人民出版社，2004。

　　陈琳国、侯旭东主编《中国大通史·魏晋南北朝》上，学苑出版社，2018。

　　程妮娜等：《中国历代边疆治理研究》，经济科学出版社，2017。

　　范文澜：《中国通史》第一册，人民出版社，2015。

　　范文澜：《中国通史》第二册，人民出版社，2015。

　　范文澜：《中国通史》第三册，人民出版社，2015。

　　范文澜：《中国通史》第四册，人民出版社，2015。

　　范文澜：《中国通史简编》上册，商务印书馆，2017。

　　范文澜：《中国通史简编》下册，商务印书馆，2017。

　　费孝通等：《中华民族多元一体的格局》，中央民族学院出版社，1989。

　　费孝通、吴晗等：《皇权与绅权》（增补本），华东师范大学出版社，2015。

葛剑雄：《统一与分裂：中国历史的启示》，商务印书馆，2013。

葛剑雄、曹树基、吴松弟：《简明中国移民史》，福建人民出版社，1993。

葛兆光：《宅兹中国——重建有关"中国"的历史论述》，中华书局，2011。

顾颉刚、史念海：《中国疆域沿革史》，商务印书馆，2015。

关凯：《族群政治》，中央民族大学出版社，2007。

郭红等：《明代卫所与"民化"：法律·区域》，上海大学出版社，2019。

何兹全主编《中国通史第五卷·中古时代·三国两晋南北朝时期》（上册），上海人民出版社，2004。

侯外庐、赵纪彬、杜国庠：《中国思想通史》第一卷，人民出版社，1957。

黄仁宇：《中国大历史》，三联书店，1997。

江应樑主编《中国民族史》（上），民族出版社，1990。

冀朝鼎：《中国历史上的基本经济区》，商务印书馆，2014。

李云泉：《朝贡制度史论——中国古代对外关系体制研究》，新华出版社，2004。

李新峰：《明代卫所政区研究》，北京大学出版社，2016。

李世愉、王政尧主编《中国大通史·清（1644—1840）》上，学苑出版社，2018。

李世愉、王政尧主编《中国大通史·清（1644—1840）》下，学苑出版社，2018。

林耀华：《民族学研究》，中国社会科学出版社，1985。

吕思勉：《先秦史》，上海古籍出版社，2006。

毛佩琦主编《中国大通史·明》上，学苑出版社，2018。

穆鸿利、武玉环主编《中国大通史·西夏》，学苑出版社，2018。

宁骚：《民族与国家——民族关系与民族政策的国际比较》，北京大学出版社，1995。

彭丰文：《先秦两汉时期民族观念与国家认同研究》，中国社会科学出版社，2016。

瞿林东、李鸿宾、李珍：《历史文化认同与中国统一多民族国家》第二卷，河北人民出版社，2013。

钱穆：《中国通史》，叶龙整理，天地出版社，2017，第37页。

《孙中山选集》上卷，人民出版社，2011。

萨孟武：《中国社会政治史》（三国两晋南北朝卷），三联书店，2018。

萨孟武：《中国社会政治史》（隋唐五代卷），三联书店，2018。

萨孟武：《中国社会政治史》（宋元明卷），三联书店，2019。

石硕：《青藏高原的历史与文明》，中国藏学出版社，2007。

石元蒙：《明清朝贡体制的两种实践（1840年前）》，知识产权出版社，2015。

史念海主编《中国通史第六卷·中古时代·隋唐时期》（上册），上海人民出版社，2004。

史卫民主编《中国大通史·元》上，学苑出版社，2018。

施展：《枢纽：3000年的中国》，广西师范大学出版社，2018。

谭其骧：《中国历史地图集第七册：元·明时期》，中国地图出版社，1982。

王会昌：《中国文化地理》，华中师范大学出版社，1992。

王毓铨：《明代的军屯》，中华书局，2009。

王德忠、赵永春主编《中国大通史·金》，学苑出版社，2018。

温春来：《从"异域"到"旧疆"：宋至清贵州西北部地区的制度、开发与认同》，社会科学文献出版社，2019。

武斌：《文明的力量》，广东人民出版社，2019。

翁独健主编《中国民族关系史纲要》（上），中国社会科学出版社，2005。

翁独健主编《中国民族关系史纲要》（下），中国社会科学出版社，2005。

向燕南、罗炳良、王东平：《历史文化认同与中国统一多民族国家》第三卷，河北人民出版社，2013。

许殿才、汪高鑫、王志刚：《历史文化认同与中国统一多民族国家》第一卷，河北人民出版社，2013。

许倬云：《我者与他者：中国历史上的内外分际》，三联书店，2015。

许倬云：《说中国：一个不断变化的复杂共同体》，广西师范大学出版社，2015。

徐杰舜、徐桂兰：《中华民族史记》（第三卷，从华夏到汉族），福建教育出版社，2014。

徐勇：《关系中的国家》第一卷，社会科学文献出版社，2019。

岳庆平：《中国的家与国》，吉林文史出版社，1990。

岳庆平主编《中国大通史·秦汉》上，学苑出版社，2018。

周平：《多民族国家的族际政治整合》，中央编译出版社，2012。

张其凡主编《中国大通史·宋》上，学苑出版社，2018。

## 译著

〔德〕迪特·库恩：《儒家统治的时代：宋的转型》，李文锋译，中信出版社，2016。

〔德〕黑格尔：《历史哲学》，王造时译，商务印书馆，2007。

〔德〕马克斯·韦伯：《经济与社会》下卷，林荣远译，商务印书馆，1997。

〔德〕马克斯·韦伯：《韦伯作品集 V：中国的宗教 宗教与世界》，康乐、简惠美译，广西师范大学出版社，2004。

〔德〕傅海波、〔英〕崔瑞德编《剑桥中国辽西夏金元史 907-1368年》，史卫民等译，中国社会科学出版社，1998。

〔法〕费尔南·布罗代尔：《十五至十八世纪的物质文明、经济和资本主义》第一卷，上册，顾良、施康强译，商务印书馆，2018。

〔法〕勒内·格鲁塞：《草原帝国》上册，蓝琪译，商务印书馆，1998。

〔法〕勒内·格鲁塞：《草原帝国》下册，蓝琪译，商务印书馆，1998。

〔法〕孟德斯鸠：《论法的精神》（上），张雁深译，商务印书馆，1961。

〔加〕卜正民：《挣扎的帝国：元与明》，潘玮琳译，中信出版社，2016。

〔美〕巴菲尔德：《危险的边疆：游牧帝国与中国》，袁剑译，江苏人民出版社，2011。

〔美〕狄宇宙：《古代中国与其强邻：东亚历史上游牧力量的兴起》，贺严、高书文译，中国社会科学出版社，2010。

〔美〕费正清：《美国与中国》（第四版），张理京译，世界知识出版社，1999。

〔美〕弗朗西斯·福山：《政治秩序的起源——从前人类时代到法国大革命》，毛俊杰译，广西师范大学出版社，2012。

〔美〕海斯、穆恩、韦兰：《世界史》，冰心、吴文藻、费孝通等译，天津人民出版社，2016。

〔美〕拉铁摩尔：《中国的亚洲内陆边疆》，唐晓峰译，江苏人民出版社，2010。

〔美〕陆威仪：《分裂的帝国：南北朝》，李磊译，周媛校，中信出版社，2016。

〔美〕陆威仪：《世界性的帝国：唐朝》，张晓东、冯世明译，中信出版社，2016。

〔美〕陆威仪：《早期中华帝国：秦与汉》，王兴亮译，中信出版社，2016。

〔美〕罗威廉：《最后的中华帝国：大清》，李仁渊、张远译，中信出版社，2016。

〔美〕路易斯·亨利·摩尔根：《古代社会》上册，杨东莼、马雍、马巨译，商务印书馆，1977。

〔美〕路易斯·亨利·摩尔根：《古代社会》下册，杨东莼、马雍、马巨译，商务印书馆，1977。

〔美〕牟复礼、〔英〕崔瑞德编《剑桥中国明代史》，张书生等译，中国社会科学出版社，1992。

〔美〕斯塔夫里阿诺斯：《全球通史：从史前史到 21 世纪》（第 7 版修订版）（上册），吴象婴、梁赤民、董书慧、王昶译，吴象婴审校，北京大学出版社，2006。

〔美〕斯塔夫里阿诺斯：《全球通史：从史前史到 21 世纪》（第 7 版修订版）（下册），吴象婴、梁赤民、董书慧、王昶译，梁赤民审校，北京大学出版社，2006。

〔美〕R. 麦克法考尔、费正清编《剑桥中华人民共和国史·上卷，革命的中国的兴起：1949—1965 年》，谢亮生等译，中国社会科学出版社，1990。

〔日〕川本芳昭：《中华的崩溃与扩大：魏晋南北朝》，余晓潮译，广西师范大学出版社，2014。

〔日〕气贺泽保规：《绚烂的世界帝国：隋唐时代》，石晓军译，广西师范大学出版社，2014。

〔日〕藤善真澄：《安禄山——皇帝宝座的觊觎者》，张恒怡译，中西书局，2017。

〔日〕杉山正明：《疾驰的草原征服者：辽 西 夏 金 元》，乌兰、乌日娜译，广西师范大学出版社，2014。

〔日〕杉山正明：《游牧民的世界史》，黄美蓉译，中华工商联合出版社，2014。

〔日〕杉山正明：《忽必烈的挑战：蒙古帝国与世界历史的大转向》，周俊宇译，社会科学文献出版社，2017。

〔日〕上田信：《海与帝国：明清时代》，高莹莹译，广西师范大学出版社，2014。

〔日〕王柯：《从"天下"国家到民族国家：历史中国的认知与实践》，上海人民出版社，2020。

〔日〕小岛毅：《中国思想与宗教的奔流：宋朝》，何晓毅译，广西师范大学出版社，2014。

〔英〕安东尼·吉登斯：《民族—国家与暴力》，胡宗泽、赵力涛译，三联书店，1998。

〔英〕崔瑞德编《剑桥中国隋唐史589—906年》，中国社会科学院历史研究所西方汉学研究课题组译，中国社会科学出版社，1990。

〔英〕梅因：《古代法》，沈景一译，商务印书馆，1959。

〔英〕塞缪尔·E. 芬纳：《统治史 卷二：中世纪的帝国统治和代议制的兴起——从拜占庭到威尼斯》，王震译，华东师范大学出版社，2014。

〔英〕塞缪尔·E. 芬纳：《统治史 卷一：古代的王权和帝国——从苏美尔到罗马（修订版）》，王震、马百亮译，华东师范大学出版社，2014。

# 后　记

近 30 年前，我在《非均衡的中国政治：城市与乡村比较》一书的后记中写道："每个人想必都有自己的梦想。我人生中一个小小的梦想是，写出经过长期构思和准备的'非均衡的中国政治'系列著作（三部）。"三部曲分别是：城乡比较、民族比较、区域比较。只是后来一脚踏入田野，这一计划被搁置了下来。不承想大规模田野调查为我的计划提供了丰富的资源，并激发起实现 30 年前梦想的意愿。此卷的写作和出版算是对多年前心愿的了却。

现在看来，30 年后再来了却心愿未尝不是好事。人年轻时的思维是未来的，更会朝向未知的世界前行；人年老时的思维是历史的，总是希望回头看看，想想走过来的路。个人如此，国家亦然。中国历史漫长，曲曲折折太多。也许只有经过岁月的磨蚀，才能更充分地感受到历史进程的复杂和艰难。

本人从政治学切入田野，也是从政治学切入历史。历史政治学不是复述历史，而是将历史进程掰散揉碎，用政治学理论重新加以联结和整合。这显然不是一件易事，但它是我努力的方向。由此才能成一家之言。

做学问绝不可说"第一"，但一定要追求"唯一"。所谓"唯一"，就是只有自己才能说得出来，且说得还有些新意，他人不可模仿，更不可能复制。博众家之长，成一家之言，一直是学人所追求的目标。我所在学校有"章门弟子"和"邢家学派"的说法。前者指历史学家章开沅先生培养了一批有成就的弟子，号称史学界的"章门弟子"。后者指语言学家邢福义教授多年致力于学派的创建，具有强烈的学派自觉。本人不才，有幸与两位先生同住一个门栋，尽管直接联系很少，但他们早已是我心中学习的楷模。尽管与两位先生不能比肩，但自成一体的"徐氏之言"还是我致力追求的意愿。本书写到第三卷时，这一追求更为明显。每一章每一节都要力求有自己的独到之言，否则宁可不言。不求周全，但求一孔之见！

历史政治学要将历史进程掰散揉碎，首先得进入和吃透历史。在阅读大量历史文献的过程中，我更加崇敬司马迁。他的独立中性立场、将书写视为志业，不正是韦伯所特别欣赏的精神吗？如今，没有谁的境遇比司马迁更差，又有几个"后浪"能超越司马迁这个"前浪"！我在写本卷时经常感慨：司马迁当年写《匈奴列传》，对游牧民族的民族性有鞭辟入里的认识。之后越来越多的族群加入与互动，可再无《匈奴列传》那样的史笔了，怎不被动！

写作此卷时，正值新冠疫情肆虐之际。在自我隔离中，回望历史：人类就是在不断地跌跌撞撞中一路走过来的。人类的自信终究是有限的。任何时候都需要多一分警醒，多一分敬畏，多一分谦卑。

疫情最为紧张时，我自设的小目标是"保三争四望五"，即保证完成第三卷，争取写出第四卷，希望着手第五卷。如今，第三卷如愿完成，格外宽心。

疫情中得到诸多关心。"贵老弱"的一言一行，都令人感动不已！其中，徐剑、朱敏杰、陈军亚等值班人员给予我特别关照，在此深表谢意。

在本书的文献整理和校核工作中，黄金平编辑和李旻昊助理出力甚大，特别感谢！

由于关注思想的表达，特别是在时间的紧迫感之下，我没来得及对书稿进行艺术般的精雕细琢，还请读者诸君批评指正。

徐　勇

2020 年 6 月 19 日于武汉顿悟小屋

**图书在版编目（CIP）数据**

关系中的国家. 第三卷, 地域—民族关系中的帝制国家 / 徐勇著. -- 北京：社会科学文献出版社，2023.8
ISBN 978-7-5228-2030-9

Ⅰ.①关…  Ⅱ.①徐…  Ⅲ.①国家-行政管理-研究-中国  Ⅳ.①D630.1

中国国家版本馆 CIP 数据核字（2023）第 120375 号

## 关系中的国家（第三卷）
### ——地域—民族关系中的帝制国家

著　　者／徐　勇

出 版 人／冀祥德
责任编辑／黄金平
责任印制／王京美

出　　版／社会科学文献出版社·政法传媒分社（010）59367126
　　　　　地址：北京市北三环中路甲 29 号院华龙大厦　邮编：100029
　　　　　网址：www.ssap.com.cn
发　　行／社会科学文献出版社（010）59367028
印　　装／三河市东方印刷有限公司

规　　格／开　本：787mm×1092mm　1/16
　　　　　印　张：27.25　字　数：391 千字
版　　次／2023 年 8 月第 1 版　2023 年 8 月第 1 次印刷
书　　号／ISBN 978-7-5228-2030-9
定　　价／188.00 元

读者服务电话：4008918866